自西徂東

中國近代基督新教
明信片研究

姚鵬　陶建平

A STUDY ON
PROTESTANT POSTCARDS
IN MODERN CHINA

目錄

CONTENTS

導語

盛唐岐山元公輔在《故相國杜鴻漸神道碑》評價傳主時道："自西徂東，足躧頭蓬。簡稽衣食，賦政理戎。"神州大地上曾有一個群體非常喜歡引用這段話訴説自己的歷史：懷揣往訓萬民之理想，歷經篳路藍縷之艱辛，實現披荊斬棘之征服，贏得自西徂東之業績。這個群體就是來華基督教傳教士。他們可以算是歷史學家卡萊爾[1]頌揚的那種"傳教英雄"。當一個偉大的靈魂向生命敞開神聖意義時，就會有人以偉大、成功、持久的方式傳佈和歌誦這種意義，為其殫智竭力，鞠躬盡瘁，這便是傳教英雄。"傳教士亦是先知，他們身上的啟示光環支配著人們之崇拜，是人們與無形神靈結合之黏合劑。他們是人們的精神領袖，藉憑自己的智慧引導芸芸眾生從蒼茫大地走向喜樂天堂。"[2]

馬禮遜（Robert Morrison, 1782—1834）牧師是踏上中國大陸的第一位基督新教傳教士。嘉慶十二年（1807）馬禮遜受倫敦會派遣來華。此時天主教已經可以著手籌辦紀念耶穌會士利瑪竇來華二百二十五年彌撒盛典了，"代差"不會使馬禮遜的歷史形象失去絲毫光澤。馬禮遜是基督新教在華傳道事業的先驅者，在基督新教歷史冊頁裏，他無論做什麼無疑都可冠以"第一個"、"開創性"等前置修飾。第一個中文本聖經翻譯者榮譽應該歸於馬禮遜，嘉

1 托馬斯·卡萊爾（Thomas Carlyle, 1795—1881），蘇格蘭哲學家，歷史學家；主要著作有 *The French Revolution*（《法國革命》），*On Heroes and Hero-Worship, and the Heroicin History*（《英雄和英雄崇拜》）和 *Past and Present*（《過去與現在》）。

2 〔蘇格蘭〕卡萊爾：《英雄和英雄崇拜——卡萊爾講演集》，"貓頭鷹文庫"本，張鋒譯，上海三聯書店，1988 年，第 1 頁。譯文有較大改動。

慶十五年（1810）他翻譯出版《耶穌救世使徒行傳真本》，嘉慶十八年（1813）完成中譯全本新約全書《耶穌基利士督我主救者新遺詔書》；道光三年（1823）新舊約中譯本《神天聖書》在馬六甲刊付棗梨。嘉慶二十年（1815）馬禮遜編纂《華英字典》，乃世界第一部英華雙語辭典；嘉慶二十三年（1818）創辦英華書院，開傳教士在華辦學之先河；嘉慶二十五年（1820）在澳門開設醫館，首創醫學傳道模式。自此以後，基督新教差會沿著馬禮遜的腳印紛沓而來，尤其是鴉片戰爭後中國國門洞開，西方幾乎所有國家、所有宗派的傳教士都曾出現在神州大地上，北至蒙古高原，南至瓊海漁船，東至膠州半島，西至帕米爾雪山，無不留下他們的宣教足跡；他們創制的少數民族文字助力福音走進傈僳、布依、彝族、佤族、苗族等族之村村寨寨。

新教作為基督世界新勢力，風起於十六世紀德國的宗教改革運動，歷經兩個多世紀的腥風血雨之奮鬥和精神之嬗變，新教在西方部分國家獲得獨立的神學、宗教和政治地位。德國宗教改革運動撕裂了歐洲社會、政治、文化的版圖，不可逆轉地改變了千餘年時空凝固的中世紀神權歷史，迎來之後五百年人類在精神和物質上的巨大進步。

宗教改革運動本質上是哲學革命。筆者讀研究生時，導師葛力先生曾讓我和師兄反反覆覆閱讀下面這段經典論述，以至滾瓜爛熟："意大利文藝復興運動反抗教權和經院哲學，從古典文化的文學藝術作品中得到啟發，那是人們的思想對文化迫害的抗議。德國的宗教改革是宗教上的覺醒或復興，那是精神對信仰的機械性抗議。"[1] 馬丁·路德、讓·加爾文、約翰·諾克斯、約翰·衛斯理這些改革派領袖固然反對與信仰對立的理性主義，宗教改革運動卻培育了批評、探究和獨立思考的精神，拒絕承認教會是基督教信仰的仲裁者，而是以聖經和良知為準繩，賦予理性批判基督教信仰的權利，事實上鼓勵了理性主義和個人主義。宗教改革運動蘊育的不僅僅是基督新教，其在意大利文藝復興與大陸理性主義和英格蘭經驗主義哲學之間發揮著重要的承前啟後作用。

宗教改革運動毫無疑議更是一場政治革命。"宗教改革運動和反宗教改革運動，同樣都代表文明較低的民族對意大利的精神統治的反抗。就宗教改革運動來說，這反抗也是政治上的、神學上的反抗。"[2] 在宗教改革運動的舞台上演出的有神學家、司鐸和信眾，更少不了國王、貴族和莊園主，一座座火山爆發，一頂頂王冠落地。宗教改革運動打破了教宗君臨天下、唯我獨尊的地位，宣揚了"因信得義"的自由觀念和"平信徒皆為祭司"的普世價值，對歐洲封建體制的衝擊如同摧枯拉朽。接續宗教改革的社會變革是英國光榮革命、法國大革命、美國南北戰爭，這些政治革命恰恰是對宗教改革之

1 〔美國〕梯利：《西方哲學史》，葛力譯，北京商務印書館，2000 年，第 255 頁。

2 〔英國〕羅素：《西方哲學史》，何兆武、李約瑟譯，北京商務印書館，1976 年，下卷，第 40 頁。

精神內核的最好注解。

如果從利瑪竇（Matteo Ricci, 1552—1610）覲見萬曆皇帝朱翊鈞（1563—1620）算起，基督新教比天主教來華晚了整整兩個世紀，卻比後者拓展更快，受普通民眾接受度更高，尤其深得中國士大夫階層的認同。新教傳教士給中國帶來了比保守的天主教更多、更新的西方科學知識和開明的法律體系，讓思想開放的知識分子有了"睜眼看世界"的更便利的機會和更全面的視野。"一個採行宗教改革各種原則的國家，居然提高自己的地位成為一個獨立的歐洲強國。這個強國注定要和耶穌新教一同開始他的新生命，這就是普魯士。"[1] 基督新教之"改教"歷史也使身處晚清的中國士大夫階層看到政治變革的希望和強國之路，太平天國、戊戌變法的領袖們幾乎都與新教傳教士過從甚密，把他們視為自己圖謀變革和維新的同路人。有如梁啟超在〈保教非所以尊孔論〉裏所言，歐洲文明的進步源於脫離天主教之樊籬而思想自由，"一洗思想界之奴性，其進步乃沛乎莫能禦。"

意大利歷史學家德禮賢[2] 在《孫中山先生對於基督教的態度》一書裏提醒人們注意，世人只是知道中山先生的"余致力國民革命凡四十年，其目的在求中國之自由平等"這個政治遺囑，卻極少有人了解他還有一份宗教遺囑："我本基督教徒，與魔鬼奮鬥四十餘年。爾等亦當如是奮鬥，更當信上帝。"[3] 國父中山先生多次指出："上主遣我到中國為救中國不受囚禁和欺壓，我並沒有違反上主的使命"；"我是基督教徒，上主遣我為我國人民與罪惡鬥爭。耶穌是革命家，我也是一樣。"中山先生肯定近代以來基督教在中國傳播西方文明和民主思想方面的貢獻："吾人排萬難，冒萬死而革命，今日幸得光復祖國，推其原因，皆由有外國之觀感，漸染歐美文明，輸入世界新理，以至風氣日開民智日闢……而此觀感，得力於教會西教士傳教者為多。此則不獨僕一人所當感謝，亦我民國四萬萬同胞，皆所當感謝者也。"[4]

本作承繼姐妹篇《往訓萬民——中國近代羅馬公教明信片研究》的撰寫宗旨，選擇清末民初傳教士留下的明信片著手，串編一部基督新教在華傳佈福音的視覺歷史，用或許沒有聽說、或許沒有見過的畫面，給讀者難以忘懷的印象。

1 〔德國〕黑格爾：《歷史哲學》，王造時譯，生活·讀書·新知三聯書店，1956 年，第 484 頁。

2 德禮賢（Pasquale M. D'Elia, 1890—1963），生於意大利皮耶特拉卡泰拉（Pietracatella），1904 年加入耶穌會，1913 年來華在上海徐家匯學習哲學，1917 年後在美國伍德斯托克（Woodstock）學院和美國黑斯廷斯（Hastings）學院完成神學課程，1923 年返回中國，在震旦大學擔任英文和哲學教授；1930 年開始在徐家匯專致研究和寫作；1933 年執教羅馬格里高利大學（Pontifical Gregorian University），逝於羅馬；主要學術成就在傳教史和利瑪竇的研究，著作有《中國天主教傳教史》、《中華本國主教》，譯注《坤輿萬國全圖》等，編纂《利瑪竇全集》（三卷本）。

3 引自〔意大利〕德禮賢：《孫中山先生對於基督教的態度》，香港公教真理學會，1930 年，第 16—17 頁。

4 引自〔意大利〕德禮賢：《孫中山先生對於基督教的態度》，香港公教真理學會，1930 年，第 27 頁。

釋例

一、明信片的質地通常有兩種，印製款和照片款。印製款明信片包括石印、鉛印、影印、膠印等；照片款明信片即批量洗印的照片，尺寸與一般明信片相似，背面有郵品的基本信息和格式，如寄件人和收件人地址，郵資粘貼處等。照片款明信片製作簡單，比較隨意，內容信息不完整。本作以介紹印製款明信片為主，為了敘事完整和連貫偶爾採用少量來龍去脈較為清楚的照片款明信片，比如美國施文克菲爾特會的“太谷女信徒”、美國貴格會的“六合的信教婦女和學生”等。

二、教會發行的明信片系列，其內容往往是圍繞某個國度，某個地區編輯發行的；也有一些內容是跨國度、跨地區的，本作通常只擇選與中國有關明信片。

三、同一差會的同一主題明信片往往發行過多次，凡原編者標明系列次序的一概用原次序，如第一二三系列，或 ABC 系列。凡原編者未標明系列次序且內容和發行時間明顯不同者，本書作者以不同形式標注區隔。凡原編者未標明系列次序，主題相近但明顯為不同系列者，如分別有獨立序號，本書標注為某系列某套；只是語言不同，本書注明某語言系列以作區隔。

四、特卡通常是指為特定事項發行的明信片，如募捐類、酬謝類、紀念類、節賀類明信片，大多不成系列，本書選編了少量比較有代表性的特卡。

五、教會發行的明信片多數對圖片加注了說明，使讀者比較清楚了解圖片的背景和編者的意圖。本書凡標“原注”為原編者的注釋，未標注的為本書作者的釋文。一些明信片的編者為自己的作品撰寫了宣傳口號，通常與該宗會的宗旨有關，或者闡明發行該明信片的目的，本書標為“主題詞”。少量明信片印有摘自聖經的語錄，為便於讀者理解圖片意思，作者根據“和合本”移譯為中文，並標誌“典出”。

六、本書所涉明信片的發行時間一般標注為首次發行，有些只是根據“實寄片”使用比較多的年代推斷，或有誤差，有待完善。

七、本書所涉西方傳教士的名字原則上採用其中國姓氏名號，極少數傳教士由於所在傳道會中文資料匱乏無法查到中文姓名，概採用標準通用譯名。

八、本書所涉外國地名一律採用新華社編纂的標準通用譯名。所涉中國地名依據名從時代原則，採用事件發生時期的名稱。傳教會發行的明信片使用拉丁字母拼寫的地名往往與現在拼寫出入很大，尤其本書作者不懂閩南話和客家話，故而可能會出現誤識，請讀者自辨。

九、實寄明信片都有寄件人撰寫的私人信息，由於手寫文字潦草，無法一一辨讀。出於尊重隱私權利，本書除了個別確有必要之外，對部分明信片做了技術處理。

十、本書所引用的明信片是作者本人多年之收藏，擁有所有權。任何個人或機構在以出版、複製、播放、表演、展覽、攝製片、翻譯或改編等形式使用這些作品時請通過合法途徑，尊重所有者權利。

01

路德宗

路德宗是十六世紀上半葉在馬丁·路德的德國宗教改革運動中形成的宗教思想流派，因強調“因信稱義”，亦稱為“信義宗”。1546 年馬丁·路德去世後，經過近一個世紀的爭執，他的追隨者逐漸形成基於其思想的主流神學理論，進而在歐洲成為與羅馬天主教和加爾文宗三足鼎立的路德宗。

編者　Luther-Gedächtniskarte zum 400 jähigen Reformationsfeste
紀念路德宗教改革四百周年明信片
語言　德文
印製　1917, München（慕尼黑）
尺寸　140mm × 90mm

◉ **青年馬丁·路德博士**

Dr. Martin Luther, Lucas Cranach d. Jüngere, um 1540

【原注】“盧卡斯·克拉納赫（Lucas Cranach, 1472—1553）1540 年繪，原圖尺寸：23 × 35cm”

馬丁·路德（Martin Luther）1483 年生於神聖羅馬帝國薩克森侯國艾斯萊本（Eisleben）農民家庭，1501 年就讀圖林根愛爾福特（Erfurt）大學哲學系，1505 年獲碩士學位；1505 年進入埃爾福特奧斯定會修道院，1507 年晉鐸；1508 年在維滕貝格（Wittenburg）大學任教，1512 年獲神學博士學位。1517 年馬丁·路德在維滕貝格大教堂的大門上張貼《九十五條論綱》“妄議教宗”。1520 年教宗利奧十世割除路德教籍。1546 年馬丁·路德在顛沛流離中逝於家鄉。

路德宗的基本信仰原則就是“因信稱義”，這是路德宗乃至整個基督新教秉持的核心信仰。路德宗根據基督教“原罪”理論，認為人的原罪不能使人達到正義，必須依靠上帝及其聖子耶穌的恩典從罪惡中被救贖。“因信”意為“憑藉信心”，“稱義”意為“脱離罪惡獲得神之恩典”。路德宗抨擊天主教是通過“善行”和“聖功”得到稱義，提出“唯獨恩典”、“唯獨信心”、“唯獨聖經”三項基本原則，即人們通過信仰而不是善行來得到稱義，人們依靠耶穌基督的恩典而不是靠人的行為而稱義。直白地說，人們的“稱義”不需要經過天主教所謂的教會和神父，唯有通過對基督的真正信仰，才能成為無罪的、得救的、高尚的、得永生之義人，只有具備了純正的信仰才能成為真正的基督徒，外在善功只是純正信仰之結果。

馬丁·路德鄙視天主教會和教宗把自己視為上帝與基督徒之間信仰的權威，認為基督徒信仰和行為的最高準繩唯有聖經，聖經是上帝的啟示，是信仰的唯一源泉和準則，任何人都可以研讀聖經而“稱義”。路德宗強調恢復到古代基督教，也就是回到天主教一統信仰之前的基督教，尤為重視聖經之外的《宗徒信經》、《尼西亞信經》、《亞他那修信經》，認為這三大信經直接源於耶穌的宗徒，可信度更高。

路德宗不贊同天主教的華藻繁縟禮儀，只保留“聖洗”和“聖餐”兩項被認為是耶穌基督親自設立的禮儀。按照路德宗的信仰，聖禮不單是象徵性的或者紀念性的儀式，也是神所命定的方法，藉以把祂屬天的恩典和能力賜給子民。洗禮是重生的方式，凡憑信心領受洗禮的人，在洗禮中蒙神賜予洗淨罪惡、更新生命的恩惠，成為新人。聖餐也不單是一種簡單的悼念耶穌之死的紀念性禮儀，而是神所製定的一種“恩具”，在聖餐中，神藉著有形的餅酒，把屬天的赦罪之恩賜給凡以悔改的心領受的子民，用這種聖禮加強上帝與信徒之間的團契，促進人們靈性的增長。

作為文藝復興和宗教改革之人文主義浪潮的產物，路德宗尤為強調基督徒在教會中的平等地位和權利，任何人在教會中都沒有特權。教堂裏祭司僅僅是崇拜儀式的組織者，就與上帝溝通和聯繫來說“平信徒皆為祭司”。路德宗重視聖保羅講解屬靈恩賜時的一段名言：“恩賜原有分別，靈卻是一位；職事也有分別，主卻是一位；功用也有分別，神卻是一位，在眾人裏面運行一切的事。聖靈顯在各人身上，是叫人得益處。”（《哥林多前書》第 12 章第 4—7 節）

路德宗各宗會十六世紀傳到西歐和北歐，瑞典、挪威和丹麥的路德宗教會擁有國教的地位，勢力非常強大，也與政府有著千絲萬縷的關係。路德宗被歐洲移民帶到北美十三州，初期只是北歐移民及其後裔的教會組織，後擴及其他州縣和其他族裔。

就來華差會數量而言屬路德宗為最多。鴉片戰爭後隨著中國的門戶開放，各國信義會紛沓而至，影響比較大的有道光二十七年（1847）來華的德國禮賢會和德國巴色會，光緒八年（1882）來華的德國巴陵會，光緒十年（1884）來華的魏瑪同善會，光緒十六年（1890）來華的瑞典信義會，光緒十七年（1891）來華的丹麥信義會和美國鴻恩會，光緒二十七年（1901）來華的芬蘭信義會，光緒二十八年（1902）來華的挪威信義會，光緒三十一年（1905）來華的北美奧格斯堡信義會，1921 年來華的北德布雷克盧姆信義會等，配合戴德生的中華內地會來華佈道的協同差會大部分屬路德宗。

為便於信義宗各派在中國拓展，也為了符合民國政府社團管理法規，在華信義會於 1920 年成立聯合團體“中華信義會”（Lutheran Church of China），各國差會陸續加入這個聯合會。並且大多數西差會也按照所在地更改名稱為“豫鄂信義會”、“豫中信義會”、“豫東信義會”、“湘西信義會”、“湘中信義會”、“魯東信義會”、“豫鄂陝信義會”、“湘北信義會”、“關東信義會”、“粵贛信義會”、“粵南信義會”、“陝南信義會”等，沒有用地域名稱的有“崇真會”、“禮賢會”、“道友會”等。

來華信義會的特點是差會紛雜，實力羸弱，在基督教創辦的中國高等學府名單裏幾乎找不到信義會的身影。作為培養神職人員必不可少的神學院，1913 年信義宗在湖北開辦“灄口信義神學院”（Lutheran Theological Seminary）。在出版事業上，中華信義會在漢口設立書報部（Lutheran Board of Publication），出版多為說不上什麼水準的宣教讀物。醫療衛生事業上可以圈點的有三家：巴色會和巴陵會在東莞合辦的普濟醫院、丹麥信義會創辦的安東基督教會醫院，及挪威信義會在湖南益陽創辦的桃花侖醫院。

德國巴門會

民國才女蘇雪林[1]修士上個世紀三十年代伴夫君旅居青島，留下系列隨筆〈島居漫興〉，洋洋灑灑的美文裏有這樣一段體現她一貫風格的“心靈訴説”：

> 這座墓園，面積不算太大，大小墳墓，已塞得滿滿，後死的人想在這美麗的墓園再佔一穴之地，已很不容易了。那些墳墓型式的設計，都匠心獨運，無一雷同，白石琢成的十字架，磨聾得晶瑩似玉，鐫刻著金色銘記，映在夕陽光裏，燦爛生輝。架上釘有救主苦像的，我知墓中人是個天主教友；作疊十字形的，我知死者是個希臘正教徒；普通十字當然代表耶教徒的信仰。背插雙翼秀美可愛的天使，所守護著的一定是個和祂一樣純潔的小靈魂，半缺的豐碑和斷折的圓柱，象徵功業已成而享年不久的偉大人物……“愛”雖不能教生命永久延續，但卻能教生命永久存在。“死人活在生者的記憶裏。”[2]

蘇雪林謁奠的這座陵園叫作“萬國公墓”，是德國膠澳總督府於1900年為在青島逝世的外國人開闢的墓園，在總督、軍人、牧師、商人鱗次櫛比的石碑中，有兩座的宿主是中國近代史研究無法遺漏的人物，一位是德國漢學家花之安，一位是齊魯大學奠基人狄考文，算是“死人活在生者的記憶裏”。

花之安（Ernst Faber）1839年出生於德國科堡（Coburg）的工人之家，1858年在巴門加入禮賢會，就讀禮賢會神學院。1862年他先後在巴塞爾大學和杜賓根大學攻讀神學、醫學和植物學，尤其對哲學和語言學感興趣。在此期間他本該在薩克森—科堡公國服兵役，因已納入傳教士派遣計劃得到豁免。同治四年（1865）花之安受禮賢會差遣來華，抵達香港，次年被安排到廣東虎門的太平傳道站行醫，當時他還沒有行醫執照，以實習生身份醫治過大約五六千名病人。工作之餘，花之安經常到周圍山區旅行，採集植物標本四千餘種，其中有一百餘種是國際植物學科的新發現，有些菊科植物是以他命名的。

光緒六年（1880）大概由於禮賢會內部管理問題花之安退會，以自養傳教士身份留在香港和上海工作，曾創建香港一家華人獨立傳道站。他不需要歸屬某家差會承擔佈道任務，寫在他的傳記裏的故事，不是蝸居上海寓所潛心研究儒家思想文化，以儒學思想來詮釋基督教義，就是遊走中國崇山峻嶺採集植物標本。光緒十一年（1885）花之安加入魏瑪同善會。光緒二十三年兩名聖言會傳教士在曹州府巨野縣被殺，史稱“巨野教案”，德國軍隊藉機

1 蘇雪林（1897—1999），名小梅，字雪林，筆名瑞廬、綠漪等，又名蘇梅，祖籍安徽太平，生於浙江省瑞安縣，自詡半個浙江人。1921年考入法國里昂中法學院，學西方文學和繪畫藝術，皈依了天主教；1925年回國。杏壇執教五十載，先後在滬江大學、安徽大學、武漢大學任教；出版著作涵蓋小説、散文、戲劇、文藝批評；1948年去香港，在公教真理學會謀得編輯工作，1952年應聘台灣省立師範大學教授，1957年執教台南成功大學，1974年退休。

2 蘇雪林：〈島居漫興〉，載《新世紀文學選刊》2008年第5期。

在青島登陸，迫使清廷簽訂《膠澳租借條約》，隨後花之安定居青島，1899 年感染惡性痢疾去世，1900 年葬於萬國公墓。

花之安以已被稱為“洋儒”而自豪，他從在華佈道實踐深切感悟到，若使中國人接受“耶穌道理”，須與“儒教之理”結合“同條共貫”：

> 夫儒教言理，則歸於天命之性，耶穌道理，則歸於上帝之命令，仁義皆全，雖用萬物，而非逐物，是以物養吾之心性，而物之精妙莫能達，此耶穌道理，實與，同條共貫也……今中國欲圖富強，有以振興，尚未能從耶穌之真理，雖有從道之人，欲助中國，勢有不能，如枘鑿之不相入也。誠能得中國君子同心合力，共往西國，真心求耶穌之理。[1]

讀此論理，彷佛穿越二百五十年回到朱明王朝晚期，利瑪竇在北京作《天主實義》為基督教傳行中國制定征服策略和實施路綫；艾儒略居福州與葉向高品茗談天，三山論學，“言慕中華風，深契吾儒理”[2]。這番道理出自花之安的名著《自西徂東》。“自西徂東”一詞最早見於《詩經．大雅．桑柔》，“自西徂東，靡所定處”，意為“從西到東都沒有安定之處”，花之安借用此句表達西學東漸的意思，與原詩本意略有差隙。《自西徂東》是用中文撰寫的，英文書名為 *Civilization, China and Christian*（《文明：中國與基督教》），意思表達得比較直白，1879 年連載在《萬國公報》，1884 年羊城小書會真寶堂初次鐫板印發。1898 年戊戌變法時期，光緒皇帝欽定百餘種維新書籍，《自西徂東》排在書單第一位。花之安還著有《大德國學校論略》（禮賢會，1873）、《馬可講義》（大英國印書會，1874）、《教化議》（羊城小書會真寶堂，1875）、《經學不厭精》（上海美華書館，1896），以及德文 *Lehrbegriff des Confucius nach*（《儒學匯纂》，Hong Kong: Barmen Missionshaus, 1872）等。

花之安最初所屬的禮賢會（Rheinische Missionsgesellschaft, RMG），1828 年由幾家信義會組織在德國北萊茵—威斯特法倫州烏珀塔爾的巴門城（Barmen Wuppertal）成立，初期稱為“巴門會”（Barmen Mission），中文舊譯“巴冕會”，後改稱為“萊茵會”（Rhenish Mission），依廣東話在華多稱“禮賢會”。禮賢會的宗旨與一般信義會的信仰差不多，即聖經是上帝的意旨、信徒言行的準繩。

道光二十七年（1847）禮賢會響應郭士立的號召，派遣柯士德[3]和葉納清[4]來華，經香港到廣東，負責粵南和粵西講廣東官話的地區，開闢有東莞鎮（Tungkun）、東莞的塘頭廈（Tongtowha），順德鎮（Shuntak）、順德的大良（Taileung），虎門的太平（Fumen Taiping），寶安的徑貝（Kangpui），增城的新塘（Santong）以及香港六個教區，共建有二十六個福音堂。禮賢會 1888 年與巴色會和巴陵會合作在東莞創辦普濟醫院，1905 年創辦東莞麻瘋病院。

1 〔德國〕花之安：《自西徂東》，廣學會，1897 年，第一冊，第 4 頁。

2 葉向高：〈贈思及艾先生詩〉，載〔意大利〕艾儒略：《三山論學》，土山灣慈母堂，1847 年，第 19 頁。

3 柯士德（Heinrich Koester, 1821—1847），德國人，1847 年來華，初駐香港，同年病逝廣東。

4 葉納清（Ferdinand Genaehr, 1823—1864），德國人，生於波蘭下西里西亞省什普羅塔瓦（Sprottau Niederschlesien），1843 年在巴門加入禮賢會，1846 年受遣前往中國，1848 年在廣東的虎門創建福音學校，1849 年建立女校，1847 年逝於廣東；著有 *Chinesisches Liederbüchlein*（《中文聖歌》）、*Leben Jesu in chinesischen Versen*（《耶穌的生平》）等。

Rheinische Mission in China

禮賢會中國系列

編者	Rheinische Mission 德國禮賢會
語言	德文
印製	1910s., Hermann Ludewig, Graphische Kunstanstalt, Leipzig（德國萊比錫路德維希圖片社）
尺寸	140mm × 90mm

◉ **麻瘋病醫院的教堂**

Kapell des Aussätzigen — Asyls Schautam

光緒十四年（1888）德國禮賢會在東莞文順坊修建“普濟醫院”，後在脈瀝洲建立新院址，光緒三十一年（1905）又在東莞高埗鎮稍潭村修建“東莞麻瘋病院”。

❶ 信教夫人和他的孩子們

Chin. Christin (Bibelfrau) mit ihren Kindern

❷ 照顧弟弟妹妹的女孩

Chinesenmädchen mit ihren kleinen Geschwistern

❸ 香港主日學校

Sonntagsschule in Hongkong

香港主日學校是德國禮賢會在港教堂的附設機構。1898 年德國禮賢會在香港西營盤修建教堂“禮賢堂”，內設學校免費讓區內的貧苦適齡兒童入讀，日間為主日學校，晚間則為佈道所。1914 年學校遷往般咸道禮賢堂，1919 年正式向政府註冊為“香港禮賢會女校”。第一次世界大戰結束後，香港英政府規定所有德國建立之教會均交由英國牧師管理。

德瑞巴色會

巴色信義會（Evangelische Missionsgesellschaft zu Basel, BM）是1815年由德國人斯皮特勒[1]創建於瑞士巴塞爾的傳道會，成員主要來自德國西南部各州信義會教徒和瑞士公理宗教徒。巴色會信奉的基本教義與其他信義會並無二致，推崇聖經是信仰之唯一準繩，強調上帝的恩典是拯救人類的源泉，也就是"唯獨恩典"、"唯獨信心"、"唯獨聖經"。但是巴色會在禮儀和內部管理上與路德宗各會有所不同，更為接近公理宗。

巴色會組建初期主要向高加索地區和西非派遣傳教士，後逐漸向東到達印度南部和印度尼西亞。1846年在郭士立動員下，巴色會遣派傳教士黎力基、韓山明乘舟東渡，道光二十七年（1847）抵達香港，協助郭士立在華拓展佈道。

黎力基（Rudolf Christian Friedrich Lechler）1824年生於德國黑伯廷根亨德辛根（Hundersingen）一個新教牧師家庭，從小在父親指導下居家學習拉丁語、希臘語、法語、聖經和教會歷史，1845年加入巴色會，來華後曾擔任巴色會總牧師。黎力基在客家話研究上頗有心得，同治十三年（1874）他與畢安合作翻譯羅馬字母本客家話《新約全書》（*The New Testament in the Colloquial of the Hakka dialect*, Basel: Printed for the British and Foreign Bible Society, 1874）；此外他還編譯客家話《養心神詩》（*Hymn Book*, 1851），著有 *Drei Vorträge über China*（《中國三講》，Basel: Buchdruckerei von F. Schultze, 1874），*Meine Heimreise aus China über Hawaii und quer durch Amerika*（《從中國經夏威夷和美國回家之旅》，Basel: Missionsbuchh, 1887）。1899年黎力基辭去巴色會中國總牧職務退休回國，1908年逝於家鄉亨德辛根。

韓山明（Theodor Hamberg）1819年生於瑞典斯德哥摩，是一名船長的兒子，成年後獨立經商，1844年加入巴色會，在瑞士宣教學校接受培訓後於道光二十六年（1846）赴華。韓山明在華傳道有兩項重要貢獻，他深入客家人裏傳道，非常熟悉客家話和客家文化，他撰寫的著作《客家方言》（*Hakka Dialect*）雖未正式出版，卻是後來西人客家話研究的奠基石。咸豐二年（1852）洪秀全的族弟洪仁玕谷嶺起義失敗後，韓山明幫助洪仁玕逃往香港，勸皈基督教，助其學習西方思想和科學文化，使其成為太平天國後期洪秀全倚重之臣。韓山明撰寫過 *The Visions of Hung-Siu-tshuen, and Origin of the Kwang-si Insurrection*（《太平天國起義記》，Hong Kong: The China Mail Office, 1854）。1854年韓山明逝於香港。

咸豐元年（1851）巴色會在香港西盤營購舊屋二間改設客家人教堂，還以建立學校、編修客家語教材、設立醫院、建立各種社會服務機構等方式，漸漸融人香港社會，又先後建立了旺角崇真堂、

1　斯皮特勒（Christian Friedrich Spittler, 1782—1867），德國人，生於巴登—符騰堡州維姆斯海姆（Wimsheim）牧師家庭，1801年在巴塞爾基督教會（Christentumsgesellschaft）工作，1812年在瑞士巴塞爾發起成立後來稱為巴色會的"德國基督教福音會"（Evangelische Missionsgesellschaft）；逝於巴塞爾。

深水崇真堂、粉嶺崇真堂、葵涌崇真堂、元朗崇真堂等十七所堂所。巴色會在香港的客家人中影響很大。

黎力基和韓山明從香港到粵後分工各擔責任，前者赴潮汕地區佈道，後者開拓香港和寶安地區。黎力基在汕頭南澳開辦施診所，在潮州澄海鹽灶建立學校佩蘭軒書屋等，但總的來説拓展並不順，於是撤離潮汕與韓山明合為一處，專致在客家人中佈道。他們創建四個傳道站，咸豐二年（1852）建立寶安縣的布吉和李朗傳道站，同治五年（1866）建立五華縣的樟村和元坑傳道站。

繼黎力基和韓山明之後，巴色會來客家地區比較知名的傳教士還有邊得志和畢安。邊得志（Heinrich Bender, 1832—1901），德國人，同治元年（1862）來華，長駐粵東北長樂等地，深入梅州地區佈道，第一個傳道站在五華縣樟樹村，同治三年（1864）立會設堂。次年邊得志再做“墾荒牛”，轉至距樟樹村四十公里的五華縣長布鎮元坑里建堂舍傳道。他在元坑籌建學校，希望通過興辦學校，吸引當地民眾入教。當地的客家人十分重視教育，元坑小學建立後，客家人為了子女能夠入學接受西方教育而紛紛入教，元坑福音堂一片興旺，這座元坑教堂也成為了基督新教在內地最早、最著名的教堂之一。

瑞士人畢安（Charles Philippe Piton, 1835—1905），同治三年（1864）來華，佈道於粵東北，次年任元坑堂主牧，同治五年在古竹設宣道所。同治七年擴建元坑小學，初小稱“宗源書室”，高小稱“養正書室”，開設古文、四書、算術、珠算、詩歌、書法、體操等課程。同年他籌建當時稱為“中書館”的元坑中學。有別舊式學館，“中書館”引入西方教育體制，設文學、科學、自然、哲學、神學、體育、音樂學科，蔚然一新。畢安諳熟客家話，除了與黎力基合作翻譯客家話《新約全書》外，更參與編纂《客英詞典》（*A Chinese—English Dictionary: Hakka-dialect as Spoken in Kwang-tung Province*, 上海美華書館，1905），編譯客家話《頌主詩歌》，撰寫研究客家文化的 *On the Origin and History of the Hakkas*（《客家源流與歷史》）以及 *La Chines sa Religion, ses Moeurs, ses Missions*（《中國的宗教、風俗和差會》，1902）等。1899 年黎力基退休後，畢安接任巴色會中國總牧，兼任巴色會在李朗開辦的樂育神學院院長。

經歷年努力，至清末民初，巴色會陸續建有傳道區之地有汕頭、香港、樟村、李朗、紫金古竹、浪口、嘉應、鶴樹下、柯樹灣、坪塘、默林、蕉嶺、龍川、河源、紫金、羅崗、長樂五華、和平、連平等，設有一百五十餘個傳道站，一百六十餘座福音堂。巴色會在客家地區創建兩家醫院，五所中學：梅州德濟醫院、河源仁濟醫院，元坑中書館、梅州黃塘中學、紫金樂道中學、五華黃塘嶺樂賢中學、李朗樂育中學。二十世紀二十年代中國基督教本色化運動中，巴色會把教會管理權逐步交給中國籍牧師，1924 年起亦稱為“中華基督教崇真會”。

Basler Missionsbuchhandlung, China

編者　Basler Missionsbuchhandlung
巴色會宣教書局
語言　德文
印製　1890s.—1900s., Verlag der Basler Missionsbuchhandlung in Basel（瑞士巴塞爾巴色會宣教書局）
尺寸　140mm×90mm

巴色會宣教書局德文中國系列

❶

❷

Neujahrsspiel in Hoichuwan (China).

Ahnen-Verehrung an einem Grab in China.

❶ 柯樹灣的新年

Neujahrspiel in Doichuwan (China)

柯樹灣屬廣東嘉應，光緒十一年（1885）巴色會開闢傳道站。

❷ 上墳祭祖

Ahnen-Verehrung an einem Grab in China

掃墓俗稱上墳，即祭祀死者，通常是在忌日、正月十五、清明節、七月十五、十月一日以及大年三十或者正月初三，晚輩要準備祭祀用品，包括煙酒、饃、香、紙錢、鞭炮、花圈等置墳前祭祀，表示後人對祖輩的思念。

Librairie des Missions, Bâle, Chine

巴色會宣教書局法文中國系列

編者　Librairie des Missions, Bâle
巴色會宣教書局
語言　法文
印製　1900s., Bâle（瑞士巴塞爾）
尺寸　140mm×90mm

„Voilà le diable étranger!" Jour de marché en Chine

◉ "洋鬼子來了！"

"Voilà le diable étranger!" Jour de marché en Chine

【原注】"在中國某一偏僻小鎮的商業街上，人們好奇地圍觀'洋大人'。"

Basler Missionsbuchhandlung, China

巴色會宣教書局中國五彩系列 A 套

編者 Basler Missionsbuchhandlung
巴色會宣教書局
語言 德文
印製 1910s., Basel（瑞士巴塞爾）
尺寸 140mm×90mm

◉ 茶館歇息

Rast auf der Reise in einer Teebude (China)

❶ 孩子玩耍

Chinesenkinder beim Spiel

❷ 中國紡車

Garnspulerin in China

❸ 奉教母親

Christliches Chinesenmäòch

Basler Missionsbuchhandlung, China

巴色會宣教書局中國五彩系列 B 套

編者 Basler Missions-Gesellschaft
巴色會

語言 德文

印製 1910s., Verlag der Basler Missionsbuchhandlung in Basel（瑞士巴塞爾巴色會宣教書局）

尺寸 140mm × 90mm

◉ 在華傳教士和他的學生

Ein Missonsarzi in China mit seinen Schülern

屋內懸掛的匾額“內扁外華”，意思是稱讚某人內科功夫像扁鵲一樣深厚，外科功夫可與華佗相媲美。

❶ ❷
❸ ❹

❶ 上學路上
Auf dem Weg zur Schule in China

❷ 學生搭人塔
Schüler in China beim Spiel

❸ 男孩愉快的周末
Chinesenknabe im Sonntagsstaat

❹ 節日盛裝的老太太
Alte Chinesin im Festschmuck

Basler Missionsbuchhandlung in Basel

巴色會中國民俗系列

編者 Basler Missionsbuchhandlung in Basel
巴色會
語言 德文
印製 1910s., Frobenius A. G. Basel（瑞士巴塞爾弗羅貝尼烏斯印刷公司）
尺寸 140mm × 90mm

◉ 中國僧人祈禱

Ein Buddhistenpriester in China mit Andachtsübungen beschäftigt

Evangelische Missionsgesellschaft zu Basel

巴色會客家系列

編者 Evangelische Missionsgesellschaft zu Basel
巴色會
語言 德文
印製 1920s., Basel（瑞士巴塞爾）
尺寸 150mm × 105mm

Eingang zui Missionsstation Nyenhang

Kirche in Nyenhang China

❶ 五華元坑傳道站

Eingang zui Missionsstation Nyenhang

五華縣，舊稱長樂縣，地處廣東省東北部，韓江上游，隸屬梅州。北宋末年先民因災荒、戰亂等由中原南下謀生，輾轉贛閩入粵，分批定居五華。經世代繁衍，遂形成以傳承中華文化的漢族客家民系為主體的群落聚居地。五華是南粵文化的發源地、中國釀酒文明的發源地之一和中國內地現代足球的發源地。

❷ 元坑真道堂

Kirche in Nyenhang China

元坑村，又稱源坑村，位於五華縣西北部長布鎮。同治元年（1862）邊得志牧師在梅州地區開教，第一站傳道點選在樟樹村。同治四年（1865）畢安牧師接手樟樹村教務，邊得志在距樟村四十公里的元坑村再闢傳道站，興建客家人福音堂。元坑教堂是基督新教在內地最早、最著名的教堂之一。

Kong Kui En

崇真會客家系列

編者 Kong Kui En
崇真會

語言 英文

印製 1920s.

尺寸 140mm × 90mm

❶
❷

❶ 布吉傳道站

Pukit Town

布吉，又稱布吉墟，現屬深圳龍崗區。咸豐二年（1852）黎力基牧師從香港到大陸佈道，在布吉、沙頭角、惠陽、淡水等地試水，在布吉墟和沙頭角設點，是巴色會在大陸的最早的存在，咸豐九年（1859）正式設立傳道站。

❷ 浪口傳道站

Basel Mission — Longheu

浪口現屬深圳龍崗區。同治五年（1866）畢安牧師到浪口佈道，修建福音堂，1878 年還創辦虔貞女校。1917 年浪口堂毀於國內戰爭，兩名外國傳教士殉難。1937 年日寇侵華，教堂及學校均遭嚴重破壞。

德國巴陵會

談到德國“三巴傳道會”（巴門會、巴色會、巴陵會）來華，離不開著名傳教士郭士立的故事。郭士立（Karl Friedrich August Gützlaff），又記郭實臘，筆名“愛漢者”，1803 年生於普魯士波美拉尼亞省的比列茲鎮（Pyritz Pomerania），父親以裁縫為業，家境清貧。郭士立自小天資聰慧，勤奮好學，十七歲那年適逢普魯士國王訪問斯德丁（Stettin），郭士立向其呈獻一首詩表達自己想成為一個傳教士的心願，幸運獲得國王資助進入柏林的仁涅克宣教學校（Janicke's Mission School）讀書。1823 年郭士立進入荷蘭傳教會神學院（Netherlands Missionary Society Seminary）深造，1825 年前往法國巴黎和倫敦遊學，在倫敦專程探望當時正在休假的馬禮遜，了解到很多有關在中國傳教的情況，堅定了自己到中國開創福音事業的決心。1826 年郭士立從荷蘭傳教學院畢業後按立為牧師，當年受荷蘭傳道會[1]派遣前往印度尼西亞的爪哇，次年抵達巴達維亞（雅加達），在這裏結識了英國倫敦會傳教士麥都思，二人建立起深厚的友誼。郭士立由此開始努力學習馬來語、閩南話和廣東話。1828 年他搭乘中國帆船沿馬來半島西岸北上暹羅，在曼谷佈道。為宣教方便，他入籍當地福建同安郭氏宗祠，取名郭士立（Kwo Shih-lee）。1829 年郭士立因故脱離荷蘭傳道會，以獨立身份在東南亞傳道，其間在馬六甲與倫敦會女傳教士紐惠露（Maria Newell, 1794—1831）結婚，隨後接受倫敦會交辦事務同往曼谷宣教。1831 年因難產紐惠露母子去世，同年郭士立走海路前往中國，到過海南島、南澳、澄海、廈門、天津、遼東等地，年底折返澳門，受到馬禮遜夫婦熱情款待。此後他又以東印度公司譯員身份兩次深入中國沿海各地宣教，到過台灣、福州、高麗、琉球、舟山、金門，事後著有 *Journal of Three Voyages Along the Coast of China*（《中國沿海三次航行記》，1934）。

在文字工作上，郭士立的成就主要體現是譯經。他極具語言天賦，能流利講説漢語官話、閩南話、廣東話、潮州話和客家話等。1831 年至 1937 年間他曾翻譯暹羅文、高棉文、老撾文和日文的福音書。馬禮遜逝世後不久，郭士立與麥都思、裨治文和馬儒翰共同修訂馬禮遜的《神天聖書》，《新遺詔書》1837 年在巴達維亞出版，《舊遺詔書》1840 年在新加坡刊印。郭士立依馬禮遜牧師臨終託付承繼其在華未竟事務，認為要將福音傳遍中國“只能由中國人自己勸導，來歸信基督教”。1844 年他在香港創立本土傳道組織“福漢會”[2]，傳教士遍及浙江、江蘇、山東、湖南、湖北、河南、江西等省

1　荷蘭傳道會（Nederlandsch Zendelinggenootschap, NZG），1797 年在鹿特丹成立的新教傳教士差會，1814 年向荷屬印度尼西亞派遣傳教士；1826 年派遣郭士立到爪哇；1846 年終止活動。

2　福漢會（Chinese Evangelization Union, CEU），1844 年郭士立在香港創立的基督新教傳教差會，專門差派華人向華人傳教；“福漢”指“造福漢人”；太平天國“南王”馮雲山是此會之信徒；1855 年終止活動。

份。他還多次回到歐洲推介福漢會，以期得到經濟和人員援助，並組織成立“中國傳道會”[1]，動員德國巴門會、巴色會、巴陵會來華傳佈福音，得到積極響應。1851 年郭士立因痛風在香港病逝。

巴陵信義會（Berliner Missionswerk, BMG），1824 年作為德國信義會（Evangelischen Missionswerk in Deutschland, EMW）的轄屬組織獲得普魯士國王批准成立於柏林，早期領導人有瓦爾曼[2]和王格曼[3]，在南非和東非派遣傳教士。同樣是響應郭士立的號召，巴陵會姍姍來遲，光緒八年（1882）才派遣傳教士來華，比巴色會和禮賢會遲到了三十五年。巴陵會傳教士先到香港，再入廣東，逐步從巴色會和禮賢會手中分擔了部分宣道任務，建立廣東廣州、始興（Chihing）、周塘凹（Dschutongau）、歸善、南雄（Namyung）、石角（Shekkok）、花縣、鹿坑（Lukhang）、韶州（Shiuchow）、仁化（Yinfa）、樂昌（Lockcheong）、惠州（Fui-dschu）、新會（Sunwe）、英德（Yingtak）以及江西南安等傳道區會。

德國侵佔青島後，巴陵信義會著手藉助德國勢力開拓第二個傳道區。1898 年昆祚[4]牧師到青島，擔任德國膠澳總督顧問和巴陵信義會青島區會長。巴陵信義會在鮑島山也獲得總督府劃撥的土地，兩年間先後修建膠州路德國教堂和清和路教堂，1901 年創辦女子傳道學校“愛道院”。1904 年巴陵會開始以青島為中心陸續向即墨、諸城、膠州拓展。1914 年日軍佔領青島，接管德國在青島和山東的特權和利益，沒收德國人財產，拘押德國僑民。巴陵會傳道活動被迫中止。“五四運動”爆發後，北洋政府迫於國內輿論壓力於 1922 年收回青島主權，發放被沒收的教產。由於母國經濟窘迫，1925 年巴陵信義會將其在山東之教務和資產轉讓給美國信義會（American Lutheran Mission）[5]，撤出山東，專心廣東教務。

與巴陵會一同在華傳道的還有巴陵女差會。1850 年郭士立回歐洲，與巴陵會合作成立巴陵女差會（Berliner Frauen Missions Verein, BFV），1851 年該會進入香港，1854 年把喬治・慕勒[6]的畢士大孤兒院理念引入香港，創建香港畢士大育嬰堂（Bethesda Foundling Home），從主要收留被遺棄的女嬰開始，逐步成為著名的女子學校“巴陵女書院”（Berlin Ladies Association for China, BFV）。隨著巴陵會本尊來華，巴陵女差會的業務和管理納入母會，因以收養女孤和教育傳道為主，改稱“巴陵中國女差會”（Berliner Frauen Missions Verein für China, BFM），1882 年進入廣東，1898 年拓展到青島。

1 中國傳道會（Chinese Evangelization Society, CES），1850 年郭士立在英國倫敦創立的宣教宗會，1853 年派遣首位傳教士戴德生來華；1865 年終止活動。

2 瓦爾曼（Johann Christian Wallmann, 1811—1865），德國人，神學家，1824 年創建巴陵會。

3 萬格曼（Hermann Theodor Wangemann, 1818—1894），德國人，神學家，1842 年獲神學博士，1849 年擔任卡緬（Cammin）神學院院長，1865 年瓦爾曼去世後出任巴陵會會長。

4 昆祚（Johann Adolf Kunze, 1862—1922），生於德國波茲南（Posen），父親是當地鞋匠，小學畢業後昆祚子承父業；1883 年加入巴陵信義會，1888 年被派往廣州，駐湖尾。1893 年與弗里達・霍赫（Frieda Hoch）結婚，1898 年受遣到青島開拓新的傳道區，1899 年創辦青島德華書院，1908 年創建膠州教區，修建膠州教堂。1918 年昆祚夫人和兩個女兒患霍亂逝於膠州，1922 年昆祚逝於青島福柏醫院。

5 美國信義會（American Lutheran Mission, ALM），1869 年成立於馬里蘭州，全稱為“美國信義會外宣會”（Board of Foreign Missions of the General Synod of the Evangelical Church），由北美幾家路德會聯合組建；1925 年接管德國巴陵信義會在山東教務，稱“魯東信義會”。

6 喬治・慕勒（George Müller, 1805—1898），德國人，1827 年加入不列顛大陸宣道會（Continental Society of Britain），1832 年在英國布里斯托創辦畢士大孤兒院（Bethesda Foundling Home），並資助世界各地開辦畢士大孤兒院。

Berliner Evangelischen Missionsgesellschaft, China

巴陵會中國 A 系列

編者 Berliner Evangelischen Missionsgesellschaft
德國巴陵信義會

語言 德文

印製 1890s., Berlin（柏林）

尺寸 140mm×90mm

❶

❷

❸

❶ 中國墓地（左）| 亂墳崗（右）

Ein chinesisches Grab | Ein Feld völler Totengebeine

❷ 湖尾傳教站

Missionsstion Fu mui

【原注】“1885 年的傳教站”（左），“1896 年重建的傳教站”（右）。

湖尾村位於現在的廣州增城區，光緒十一年（1885）開站，曾是巴陵信義會早期傳道基地，1888 年昆祚牧師主持湖尾村教務，成立湖尾區會（總堂），先後有二十餘位德國傳教士在此工作。

❸ 武衙（左）| 官府（右）

Chinesische Militär-Tribunen | Chinesische Gerichtshaus

右邊這張照片不是“官府”，而是“廣雅書院”。“廣雅書院”位於在廣州城西北，光緒十三年（1887）由時任兩廣總督張之洞創辦，目標是培養精於洋務的幹練人才，由張之洞自己籌措經費，親自選定書院院址。書院佔地面積達十二萬平方米，穿過院門依次為山長樓、禮堂、無邪堂、冠冕樓；兩側設東齋和西齋，分別為學生住宿用；還有清佳堂、嶺南祠、蓮韜館等。光緒二十七年清政府下令廢黜書院制後，廣雅書院改為兩廣大學堂；光緒二十九年又改為兩廣高等學堂。

Berliner Evangelischen Missionsgesellschaft, B.H.B., China

巴陵會中國 B.H.B 系列

編者 Berliner Evangelischen Missionsgesellschaft
德國巴陵信義會
語言 德文
印製 1890s., Berlin（柏林）
尺寸 140mm × 90mm

❶

❷

❸

❶ 迎親隊伍先導（左上）| 花轎（左下）| 新娘去教堂途中（右）

Vorläufer des Brautzuges | Chinesischer Brautchair. Links der Bräutigam | Braut auf dem Wege zur Kapelle

❷ 惠州兩座學校間的浮橋（左）| 惠州武官乘轎子出行（右）

Pontonbrücke zwischen den beiden Studten Fui Tschu u. Kwui schen | Militaltbeamte in Fui Tschu im Tragstuhle

光緒二十九年（1903）巴陵信義會在惠州設立傳道站。德國人傳教士杞希榮（Reinh Giesel）1901 年來華，在周塘凹、花縣石角等地佈道，1911 年至惠州設立區會（總堂）。

❸ 湖尾區會的山下村傳道站

Aussenstation San ha zu Fumei gehörig

山下村是湖尾區會（總堂）轄屬的分站。

Berliner Evangelischen Missionsgesellschaft, C, China

巴陵會中國 C 系列

編者 Berliner Evangelischen Missionsgesellschaft
德國巴陵信義會

語言 德文

印製 1900s., Missionshauses, Berlin（柏林）

尺寸 145mm × 90mm

❶ **華人宣道士**

Chinesische Nationalhelfer

據其他資料記載，這張明信片是惠州的幾位華人宣道士。

❷ **傳教士的孩子和中國孩子**

Missionarskind und Chinesenkinder

❸ **傳教士的中國家**

Blick in ein chinesisches Missionarshaus

Die Berliner Missionsgesellschaft, China

巴陵會中國 D 系列

編者 Die Berliner Missionsgesellschaft
德國巴陵信義會

語言 德文

印製 1900s., Berlin（柏林）

尺寸 150mm × 105mm

原注 “德國巴陵信義會成立於 1824 年，在南非，東非和中國等地傳播福音。”

❶

❷

❸

Wettrudern beim Drachenbootfest in Shiuchow.

❶ 中國監獄

【原注】“參觀中國監獄是非常難得的經歷。那裏中國官員在教區隨意抓捕教徒，關進監獄裏粗暴對待他們，逼迫他們不信上帝。在我們南雄教區，官兵居然從聖經學校抓走女生。讓人不禁黯然神傷。”

其他資料顯示，這張明信片的背景是廣東南雄監獄。

❷ 搖搖欲墜的木橋

【原注】“這座搖搖欲墜的木橋是從始興傳道站進城的必經之路。每逢趕集日，熙熙攘攘，車水馬龍，甚不安全。中國古代有許多美麗的橋樑，如北京公園的大理石橋。不幸的是大多數仍然是難以置信的原始橋樑。旅行是中國傳道生活的特別之處。”

❸ 韶州端午節龍舟會

Wettrudeen beim Drachenbootfeft in Shuichow

【原注】“中國人有著極為豐富的古老習俗，來源其異教傳統。圖中的龍舟會廣受民眾喜愛，熱鬧非凡。”

Berliner Evangelischen Missionsgesellschaft, E. K., China

巴陵會中國 E.K. 系列

編者　Berliner Evangelischen Missionsgesellschaft 巴陵信義會

語言　德文

印製　1900s., Berlin（柏林）

尺寸　140mm × 90mm

❶

❷

❶ 傳教士何邁賢和宣教同工

Gehülfen und Aelteste zur Konferenz bei Missionar Homeyer

何邁賢（Wilhelm Homeyer），巴陵會傳教士，1893 年來華，其妻何師娘（Mrs. Wilhelm Homeyer）1895 年來華，夫婦在廣東南雄宣道。

❷ 南雄城牆邊的六角塔（左）｜南雄城牆和寺廟的入口（右）

Aussichtsturm gen. Luk kok thin auf der Stadtmauer von Nam hyung | Aufstieg zum Aussichtsturm auf der Stadtmauer Nam hyungs und Eingang zum Stadtcempel

南雄古城牆始建於宋皇祐四年（1052），稱為斗城，明成化二年（1466）土城牆改為磚石，稱為甎城。古城牆邊的三影塔又名延祥寺塔，磚塔三層，平面六角形，北宋“祥符二年（1009）已酉異人建塔，其影有三，兩影倒懸，一影向上，故曰三影塔”。塔旁原有一座延祥寺，已毀。

1850 年在郭士立影響下成立的中國傳道會於咸豐六年（1856）派遣醫學傳教士韓仕伯（August Hanspach）來華，到南雄開教。光緒十四年（1888）巴陵信義會派遣來起力[1]牧師到南雄，光緒二十年設立南雄傳道站。

1　來起力（Friedrich Wilhelm Leuschner, 1862—1922）生於德國特雷普尼茨（Trebnitz），1883 年在巴陵會神道學院學習，1888 年受遣來華，其夫人（Mrs. Wilhelm Leuschner）1893 年來華，夫婦在韶州、南雄一帶宣教；逝於廣州。

Fuk fo myau (Friedens- und Glückstempel).
Darüber der Tshong schak (Stein d. Anstosses) Felsen.
Verl. der Berliner evangel. Missionsgesellschaft, Berlin N. O. 43, Georgenkirchstr. 70.
E. K. 24

Verlag der Berliner evangelischen Missionsgesellschaft, Berlin N. O. 43, Georgenkirchstrasse 70
Papierbambus
Reisfelder
Bergdorf mit Namen Tschong po thung.
E. K. 28.

Schutzwache der Missionsstation Syu yin.
E. K. 82

❶ ❷
❸

❶ 佛爺寺

Fuk fo myau (Friedens -und Glückstempel)
Darüber der Tshong schak (Stein d. Anstosses) Felsen

正果佛爺寺位於廣東增城正果鎮瑞山東麓。相傳宋代增城金牛都番峰村香浦塘有一牧童，八歲便喜談佛道，天性慈善，後於明山寺削髮為僧，北宋皇祐元年（1049）坐化於瑞山一石上，僧徒遂以其肉軀裝塑，名為賓公佛，又稱牛仔佛，南宋慶元三年（1197）建寺祀之。寺院依山面南而建，是一座三進三棟的古雅建築，尤以“三托”（蓮花托、燕子托、龍鳳托）和“三雕”（石雕、木雕、浮雕）聞名遠近。今正果地名即取自牧童坐化得道而成正果之佛教用語。正果寺東有皇祐元年的摩刻“成佛岩”。

❷ 沖口涌村

Bergdorf mit Namen Tschong po thung

【原注】“竹林”（上），“稻田”（下）

沖口涌位於廣州市荔灣區下芳村珠江邊的信義路，是巴陵信義會來華最早活動區域，光緒八年（1882）創建芳村傳教站和德國芳村大教堂，有六幢哥德式建築樓寓和一座哥德式鐘樓，後來是廣州中華信義總會和信義神學院所在地。芳村大教堂曾是孫中山領導興中會策劃廣州起義的秘密據點和基地。

❸ 修仁傳道站的護院

Schutzwache der Missionstation Syu yin

修仁現屬廣東韶關南雄。光緒十九年（1893）巴陵會在修仁設傳道站。

SHIN CHAW FU (SÜD-CHINA), BERLINER MISSION

巴陵會韶州系列

編者 Berliner Mission
德國巴陵信義會
語言 德文
印製 1900s., F. Lewerenz, Coswig in Anhalt
（德國安哈爾特科斯維希萊韋倫茨圖片社）
尺寸 140mm×90mm

❶
❷

❶ 華南韶州府女子學校

Mädchen-Schule in Shin Chawfu (Süd-China), Berliner Mission

巴陵會在韶州開教的時間比較遲，光緒二十九年（1903）建立韶州府曲江傳道站，1905年在曲江城南互勵路創辦私立德華女子小學堂。

❷ 韶州府女子學校開飯了

Beim Reis-Essen in der Mädchenschule in Shin-Chawfu (Süd-China)

Buchhandlung der Berliner Evangelischen Missionsgesllchaft, China

巴陵會宣教書局中國 A 系列

編者 Berl. Evang. Missionsges
德國巴陵信義會

語言 德文

印製 1900s., Buchh d. Berl. Evang Missionsges, in Berlin（柏林巴陵會宣教書局）

尺寸 140mm × 90mm

◉ 鹿坑信義堂內外

Inneres der Kirche Lukhang
Äusseres der Kirche

鹿坑（鹿抗）位於廣東花縣獅嶺圩揚義山，曾屬番禺，光緒十四年（1888）巴陵會在鹿坑開教，1897 年黎威廉[1]在鹿坑購地，修建了哥特式鹿坑信義堂，設立鹿坑區會（總堂），以此為中心在花縣的赤坭、國太、台坑等地擴展教務。1914 年巴陵會派遣甘穆德[2]牧師夫婦主持鹿坑教務，開辦德華小學和德華中學，盛極一時。鹿坑中學畢業的青年可進入廣州下芳村的信義會神學院深造，畢業後派至各堂任傳道之職。庚子義和團時期鹿坑信義堂遭焚毀，事後清政府責令花縣衙門賠款重建。1938 年日軍侵粵，教堂被日機炸毀，只存德國柏林名廠鑄造重五百公斤大鐘一口，被信徒妥藏，1948 年重建赤坭禮拜堂時懸掛鐘樓。

1 黎威廉（W. Rhein），德國人，1893 年受巴陵會派遣攜夫人來華，在周塘凹、鹿坑宣道。

2 甘穆德（E. Gramatte），德國人，1908 年受巴陵會派遣攜夫人來華，經香港到廣東，前後在花縣等地宣道。

❶

❷

❸

❶ 周塘凹傳道站（左）| 傳教士史可書和他的助手（右）

Missionsstation Dschu tong au | Missionar Scholz und seine Gehülfen

周塘凹村位於惠州，光緒十七年（1891）巴陵信義會派遣傳教士史可書在周塘凹設立傳道站。史可書（G. Scholz），德國人，1897 年受巴陵信義會派遣攜妻子來華，在周塘凹、鹿坑宣道。

❷ 仁化傳道站和市場（左）| 仁化的教徒在教堂前（右）

JinFa, Markt, Station | Christen vor der Kirche

仁化為廣東省韶關市屬縣。光緒二十八年（1902）巴陵信義會派遣嘉禮士進入仁化開堂佈道。嘉禮士（B. Greiser），德國人，1899 年受巴陵信義會派遣與妻子來華到南雄，是仁化教務開拓者，1902 年修建福音堂，1913 年在樂昌牛背廠設堂。

❸ 樂昌孔廟

Kongfuzius Tempel in Lok-Zschong

【原注】“外觀”（左），“內殿”（右），“老和尚”（下）

樂昌孔廟又稱韶州府學宮，始建於北宋景德三年（1006），明萬曆年間重建。韶州府學宮有明倫堂、東西兩廡、大成殿、崇聖殿、尊經閣、名宦祠、鄉賢祠等建築，曾是粵北最重要的官方教育機構，學制分文武兩類。樂昌孔廟見證了韶關客家人千年流傳的讀書耕田傳統。光緒二十九年（1903）巴陵信義會進入樂昌開教。

巴陵會宣教書局中國 B 系列

編者 Buchh. d. Berl. Evang. Missionsges
德國巴陵信義會宣教書局
語言 德文
印製 1910s., Berlin（柏林）
尺寸 140mm × 90mm

❶ ❷

❶ 基督徒牛伯良一家（上）｜基督徒任氏祖孫三代（下）

Christenfamilie in Niu boi liang | Der Christ Jen a fon mit Söhnen und Enkel

❷ 義和團運動前的鹿坑中學（左）｜鹿坑中學的盼老師和周老師（中）｜義和團運動後重建的鹿坑教堂（右）

Mittelschule in Lukang nach der Zerstörung durch die Boxer neuerbaut | Mittelschule in Lukang Miss.Bähr Lehrer Dschu Lehrer Fam | Kirche in Lukang nach der Zerstörung durch die Boxer

盼牧師（M. Bähr），德國人，1897 年受巴陵會派遣與妻子來華，常駐鹿坑。圖中的盼老師指在鹿坑中學任教的盼夫人。

Buchhdlg. der. Berl. ev. Missionsges, Süd-China

巴陵會宣教書局華南第一系列

編者 Buchhandlg. der Berl. ev. Missionsges
德國巴陵信義會宣教書局

語言 德文

印製 1910s., Buchhdlg.der. Berl. ev.Missionsges, Berlin（柏林巴陵會宣教書局）

尺寸 140mm×90mm

❶
❷

❶ 信義神學院

Prediger-Seminar in China

巴陵會來華初期在廣州油欄門修建禮拜堂，附設“信義神學院”，招納中國“各方青年俊秀”，培養傳道員。1882年另闢新址下芳村修建新教堂和神學院。1913年以此為基礎，廣東幾家基督教差會聯合成立“廣州協和神學院”（Canton Union Theological College）。

❷ 華南及第人家

Haus eines Gelehrten in Süd-China mit den Ehrenstangen

清代科舉及第者門前豎立“刁斗旗杆”。《清會典事例 · 禮部 · 貢舉》：“八年覆准，新中舉人，止許榜下赴燕，用鼓樂迎導外，餘日概不得濫用。新中進士，其旗杆禁刻龍虎等形。至進士舉貢等扁額，凡有新中者，除本家釘掛外，其同宗通譜之家，一概不得釘掛。”

❶
❷ ❸

❶ 廣東碉樓

Pfandhaustürme in Canton

碉樓是中國民居建築，形狀似碉堡。始建於清初，大量興建是在二十世紀世紀二十年代，鄉民建築碉樓作為防澇防匪之用。廣東以開平碉樓最為有名。

❷ 帶著孩子的母親

Süd-China. Mutter, die ihren Jungen trägt

❸ 奉教老夫婦

Ein altes christliches Ehepaar

Buchhandlg. der Berl. ev. Missionsges, Süd-China

巴陵會宣教書局華南第二系列

編者 Buchhandlg. der Berl. ev. Missionsges
德國巴陵信義會宣教書局
語言 德文
印製 1910s., Etern & Schiele, Berlin（柏林艾特恩—謝林印社）
尺寸 140mm × 90mm

❶ ❷ ❸

❶ 北江英德九重塔

9 stöckige Pagode bei Jindet am Nordfluss

英德九重塔名為“文峰塔”，位於英德市北江東岸，始建於明天啟年間。該塔為出檐平座空心磚塔，座南向北，八角九層，高近五十米，每層均有八個船蓬式券門，東南西北四門均通塔心，其餘四個門為外壁龕，有塔剎。

❷ 北江上的兵船

Kriegsschunke auf dem Nordstrom

❸ 英德岩洞寺院

Kloster mit Felsenhöhle in der Nähe von Jindet

Buchhandlung der Berliner Evangelischen Missionsgesllchaft, Östliches — Shantung

巴陵會宣教書局膠東系列

編者 Berl. ev. Miss
德國巴陵信義會

語言 德文

印製 1900s., Verl. d. Buchhandluns. d. Berl. ev. Miss.— Ges., Berlin（柏林巴陵會宣教書局）

尺寸 140mm×90mm

❶
❷

❶ 巴陵會青島會院（右）| 同善會青島會院（左）

Berliner Missions Haus | Haus des Allgem. Evgl. Prot. Miss.-Veceins

昆祚牧師是巴陵會山東教務的拓荒者，1898 年他受遣到青島，擔任德國膠澳總督顧問和巴陵信義會青島區會長。巴陵信義會在鮑島山也獲得總督府劃撥的土地，兩年間先後修建膠州路德國教堂和清和路教堂，1901 年創辦女子傳道學校“愛道院”。

❷ 膠州傳道站

Station Schaudschu

【原注】“教堂和傳道樓，樹後面是學校”（上），“傳教士收養的中國孩子”、“膠州傳道站牧師”、“中國孤兒”（下由左至右）。

❶ 傳教士盧威廉和郜錫恩途中打尖

Missionare Lutschewitz und Töpper beim chinesischen Mahl auf Reisen

郜錫恩（O. Töpper），巴陵信義會傳教士，1902 年與妻子來華，駐山東膠州、即墨宣道。

❷ 巴陵會萊陽教堂（右）｜萊陽街景（左）

Berliner Missionskapelle in Lai yang | Hauptstrasse in Lai yang

萊陽現屬煙台市。光緒二十八年（1902）巴陵會在萊陽開教，傳道站屬即墨區會（總堂）管理。

❸ 巴陵會在即墨

Tsimo (Berliner Mission)

【原注】“傳教士盧威廉”、“傳教士宿舍”、“基督堂”（上由左至右），“醫院”（下）

德國強佔膠州灣次年，光緒二十四年（1898）德國傳教士盧威廉牧師受德國巴陵信義會派遣，由青島到即墨開教，1905 年在城南花園村東建教堂，創辦萃英書院，在胡家村設醫院，陸續開拓王村、孫家白廟、靈山等地設十多處鄉村傳教點。盧威廉（Wilhelm Lutschewitz, 1872—1945），生於普魯士西波美拉尼亞省什切青（Szczecin, Zachodniopomorskie，現屬波蘭），父親是工廠主。盧威廉初中畢業後進入保險公司，1893 年加入巴陵信義會，1898 年來華駐青島，創建即墨傳道站，1901 年按立牧師，1910 年與同工喬安娜（Johanna Bode）結婚；1910 年因病回國，在巴陵會總部任職。1923 年盧威廉再次來華常駐廣東韶州，1925 年回國；1943 年退休，逝於德國馬爾喬（Malchow）。

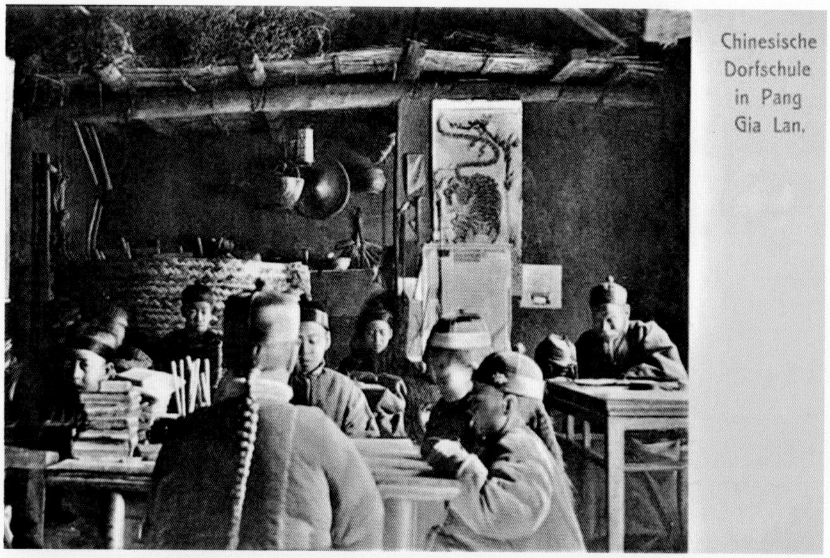

❶ 龐家嵐鄉村學校

Chinesische Dorfschule in Pang Gia Lan

龐家嵐位於萊西市姜山鎮。巴陵會龐家嵐傳道站屬即墨區會（總堂）管理。

❷ 佛教寺院華嚴庵（右）｜山間華嚴庵（左）

Aufstieg zum Kloster Hwa Jen An | Buddhist Kloster Hwa Jen An in Lauschau

中國稱為華嚴庵（寺）的佛教寺院很多，這裏指青島嶗山華嚴寺。華嚴寺東臨海濱，三面環山。寺內的那羅延窟面積宏大，窟頂有一洞直衝天宇。廟宇依山勢修建，為階梯式院落，錯落有致，莊嚴典雅。寺僧屬臨濟派，不掛單，唱梵唄，不坐禪。寺院一進為僧舍，二進為“藏經閣”，閣中有明代高僧憨山和尚手書中堂一幅：“獨立高台眺大荒，飛來空翠灑衣裳。一林爽氣生天籟，無數昏鴉送夕陽。厭俗久應辭濁世，濯纓今已在滄浪。何當得脱塵埃去，披拂雲霞坐石床。”

Buchhdlg. Der Berl. ev. Missionsges, Nord-China

巴陵會宣教書局華北系列

編者 Buchhandlg. der Berl. ev. Missionsges
德國巴陵信義會宣教書局
語言 德文
印製 1910s., Etern & Schiele, Berlin（柏林艾特恩—謝林印社）
尺寸 140mm × 90mm

❶ ❷

❶ 農戶人家
Auf einem Bauernhof

❷ 逆流而上
Stromenge

Aus dem Leben und Sterben der Chinesen

巴陵會宣教書局中國人生死觀系列

編者 Buchhandlung der Berliner ev. Missionsgesellchaft
德國巴陵信義會
語言 德文
印製 1910s., Etern & Schiele, Berlin（柏林）
尺寸 140mm × 90mm

❶
❷
❸

❶ 農舍堆放的靜物

Stilleben in der Halle eines chinesischen Bauernhauses

【原注】"南瓜，黄瓜，生薑，蓮藕，甘薯等，讓人誤以為表現的是一堆農物。真諦在構圖上部掛著一頂農夫的草帽：'書香傳家'，用豐收的果實隱喻思想之豐富。"

編者這裏介紹，在中國人傳統觀念中最為看重的是讀書以知禮義廉恥，耕田以事五穀稼穡。

❷ 中國基督徒的葬禮

Ein christliches Begräbnis in China

【原注】"逝者的棺材被放置在村外的祠堂，人們舉行了簡單的悼念儀式後，傳教士和哀痛的教友們將死者抬往他最後的安息地，在空曠的墓前，為他做最後的、真誠的祈禱和祝福，伴隨著讚美耶和華的歌聲，棺柩緩緩安落墓穴。"

❸ 華人秦牧師在富人墓地

Der chinesische Pastor Tschin am Grabe eines reichen Chinesen

【原注】"中國的墓地大多數是長滿草的土墳頭，比較講究的墓地鑲嵌石塊。黑色墓碑立在中間，其後是墓穴。每到春天人們都會來掃墓，祭祀亡者。"

❶ ❷
❸ ❹

❶ 中國的製糖廠

In einer chinesischen Zuckermühle

【原注】"製作工藝非常簡單。牛拉動一對硬木的垂直機構，壓榨放在上面的甘蔗，汁液經過木道流到木桶裏，加熱使之黏稠，然後冷卻結晶。"

❷ 華人基督徒覃奮先生和家人

Der chinesische Christ Tschin fai dschin mit Familie

【原注】"這位鹿坑教區基督教徒的名字本來意思為'掌握真理'，他的妻子和孩子也受洗。中國南方的鹿坑，靠近廣州。"

❸ 祭祀神樹

Ein heiliger Geisterbaum Opferstätte

【原注】"這棵神樹是這個村子的保護神，每到節期人們會獻上豐盛的糕點和酒類供品。這棵長青樹的榕樹樹齡遠遠超過百年。"

❹ 臨時安放骨灰的甕罐

Goldtöpfe, d. s. Urnen, in denen die Gebeine der Toten zeitweilig aufbewahrt warden

【原注】"死者下葬八到十年間，中國人會打開腐朽的棺材，清除遺骨上的附著物，放到甕罐裏。然後將甕罐半埋在土裏，等待風水師為其選中好墓地。基督徒沒有這種陋習，反對用掘墓方式以期死者復活。"

Aus Chinesischen Dörfern und Städten

巴陵會宣教書局中國城鎮鄉村系列

編者 Buchhandlung der Berliner ev. Missionsgesellchaft
德國巴陵會宣教書局

語言 德文

印製 1910s., Etern & Schiele, Berlin（柏林艾特恩—謝林印社）

尺寸 140mm × 90mm

❶

❷

❸

❶ 新生共和國的民兵

Milizsoldaten der neuen Republik

【原注】"1911 年至 1912 年間，古老的中華帝國嬗變為共和國。從前的中國士兵沒有戰鬥力，武器五花八門，而今他們都裝備了現代化的毛瑟步槍，鳥槍換炮了。"

❷ 村莊防匪的土圍子和壕溝

Ein zum Schutz gegen die zahllosen Räuberbanden mit Wall und Draben befestigtes Chinasendorf

【原注】"這是鹿坑傳教站附近的客家人村莊，中國牧師及其坐騎在護城河的堤岸上。圖片記錄著大革命後最為艱難時期，盜匪橫行，民不聊生。人們本能地保護自己，勢單力薄。"

❸ 廣東鹿坑傳道站

Missionsstation 'Luk-Hang' im Fa kreise der Kantonprovinz

【原注】"鹿坑傳道站位於廣州以北七英里，是該省人口最稠密的地區。1897 年傳道站設立以來命運多舛。1900 年義和團運動時第一次被焚毀，一年後在當地天主教徒煽動下再次被焚毀。現在教區有一千四百名信徒，住在臨近四鄉。"

魏瑪同善會

魏瑪是依偎在埃特斯山懷抱中的一座德國小城，城邊流淌著千古不變的清澈河水，鮮花翠木掩映的百年老宅彰顯著古城的神秘和驕傲。人的大腦在整個軀體上只是比例很小的器官，卻蘊育著人之為人的精神；魏瑪雖小，卻是德意志思想和文化的靈魂。歌德[1]1776年來到魏瑪生活了五十六個春秋，他的輝煌之作《浮士德》就完成在伊爾姆河畔的“夏季小屋”（Gartenhaus）。席勒[2]1787年寄居魏瑪，在歌德的勉勵下創作其生大部分文學作品，《華倫斯坦三部曲》、《奧爾良的姑娘》、《威廉·泰爾》至今膾炙人口。黑格爾[3]1801年執教德國文化復興和自由思想中心的魏瑪耶拿大學，兢兢業業十五年寫下《精神現象學》、《邏輯學》，創立了德國古典哲學之龐大體系。尼采[4]桀驁不馴的一生是1900年在魏瑪畫上句號的。1919年格羅皮烏斯[5]在這裏創建包豪斯學校，開世界現代設計之源，俄羅斯藝術家康定斯基[6]就是在魏瑪的這所學校系統地闡述現代抽象藝術理論。總之，魏瑪是蘊育偉大思想的搖籃。

1884年來自德國和瑞士信義會的一批信徒，為了到中國和日本佈道，聚集於魏瑪創建一家開放性的福音佈道會“同善會”（Allgemeiner Evangelisch Protestantischer Missions Verein, AEPMV），簡稱“魏瑪傳道會”（Weimar Mission），亦稱“東亞傳道會”（Deutsche Ostasienmission, DOAM）。1885年該會派遣斯賓內[7]赴日本，同年力邀花之安牧師加盟，代表同善會在中國開始活動，活躍在青島、高密、濟寧一帶。

魏瑪同善會在中國傳道與其他差會相比有兩個特點，主要採取教育、文化和慈善方式廣佈福音，在華沒有設立傳道區和傳道站；沒有設立教徒管理機構，傳統意義上的禮拜等聖事活動交給其他差會實施，也為相關差會的信友提供本會的服務。

本著“文化傳道”宗旨的同善會，通常擇選學歷比較高的傳教士差遣各國，在華傳教士多為

1 歌德（Johann Wolfgang von Goethe, 1749—1832），德國思想家和文學家，魏瑪古典主義文學代表，生於美因河畔法蘭克福，一生大部分時間為魏瑪共和國服務，代表作有《少年維特之煩惱》、《浮士德》等。

2 席勒（Johann Christoph Friedrich von Schiller, 1759—1805），德國詩人和劇作家，德國啟蒙文學代表，生於符騰堡馬爾巴赫（Marbach），1787年到魏瑪擔任耶拿大學歷史教授；代表作有《強盜》、《陰謀與愛情》、《威廉·泰爾》等。

3 黑格爾（Georg Wilhelm Friedrich Hegel, 1770—1831），德國哲學家，德國古典主義哲學創立者，生於斯圖加特，十八歲進入圖賓根大學新教神學院學習，受到法國啟蒙思想和法國大革命的影響；1801年到耶拿大學哲學系，後執教海德堡大學，1829年擔任柏林大學校長。

4 尼采（Friedrich Wilhelm Nietzsche, 1844—1900），德國哲學家，現代西方哲學奠基人，生於薩克森呂岑，逝於魏瑪；代表作有《權力意志》、《悲劇的誕生》、《不合時宜的考察》、《查拉圖斯特拉如是說》、《希臘悲劇時代的哲學》、《論道德的譜系》等。

5 格羅皮烏斯（Walter Gropius, 1883—1969），德國建築師和建築教育家，現代主義建築學派的倡導人和奠基人之一，生於柏林，1919年在魏瑪創建包豪斯學校（Staatliches Bauhaus），其留下的包豪斯風格建築列為世界文化遺產名錄。

6 康定斯基（Василий Кандинский, 1866—1944），俄羅斯畫家和藝術理論家，現代抽象藝術奠基人，生於莫斯科，1921年到魏瑪加入包豪斯學院，代表作有《藝術中的精神》、《作為純藝術的繪畫》、《點、綫、面》等。

7 斯賓內（Wilfried Spinner, 1854—1918），生於蘇黎世牧師家庭，1877年畢業於蘇黎世大學，後擔任鄉村牧師，1884年參與創建同善會，1885年到中國，不久轉赴日本，在東京、橫濱、京都佈道，1891年回到德國圖林根，逝於魏瑪。

中國近代史上的著名學者或漢學家，除了從禮賢會轉會來的花之安，還有衛希聖。衛希聖（Richard Wilhelm），字禮賢，1873 年生於德國斯圖加特，父親是當地繪製玻璃畫的工匠。衛希聖十八歲開始先後在圖賓根大學（Universität Tübingen）和信義會神學院（Studium der evangelischen Theologie）學習神學，1895 年按立牧師。光緒二十三年（1897）德國人強佔膠州灣，青島成為德國租借地，德國管理機構膠澳總督府要求本國教會組織派遣更多神職人員來華。衛希聖受魏瑪同善會派遣於光緒二十五年（1899）到青島，時花之安病重，老者向接班人移交了自己多年積累的研究資料和手稿。

膠澳總督府的教育部門提出在青島擴大教學機構的計劃，光緒二十七年（1901）衛希聖自薦由魏瑪同善會出資舉辦稱為“德華神學校”的師範學堂，1903 年更名“禮賢書院”（Richard Wilhelm Schule），1905 年禮賢書院設立女部，稱“美懿書院”。禮賢書院的建立適逢清末廢科舉、興學堂的時代潮流，聲名鵲起，光緒三十二年（1906）慈禧太后為這所新式學校的斐然成績，賞賜衛希聖四品頂戴，著官衣官靴。志得意滿的衛希聖獲得魏瑪同善會的同意，隨即又開辦後來併入上海同濟大學的“青島德華大學”。

1912 年衛希聖與康有為合作，聯絡避難於青島的前清遺老，在禮賢書院內成立“尊孔文社”，由中國學者講授中國傳統，德國學者講授西方文化。衛希聖本人也受益匪淺，他翻譯了一些中國經典在德國出版，諸如 *Gespräche: aus dem Chinesischen*（《論語》，1910）、*Tao te king, das Buch des alten vom Sinn und Leben*（《道德經》，1910），*Liä Dsi, Das wahre Buch vom quellenden Urgrund*（《列子》，1912），*Dschuang Dsi, das wahre buch vom südlichen Blütenland: Nan hua dschen ging*（《莊子南華經》，1912），*Werke von Mong Dsi*（《孟子》，1914）等。這些譯作使衛希聖在歐洲尤其是在德國漢學界受到關注。近代西方公認有三位中國經典翻譯大家：英譯本的理雅各[1]、法譯本的顧賽芬（Séraphin Couvreur, 1835—1919）、德譯本的衛希聖。衛希聖對漢學貢獻不僅在翻譯中國經典方面，還有大量論著，如 *China's Verteidigung gegen Europäische Ideen: Kritische Aufsätze Ku Hung-ming*（《辜鴻銘：中國對歐洲思想的抗拒》，1911）、*Die Chinesische Literatur*（《中國文學》，1926）、*K'ungtse und der Konfuzianismus*（《孔子與儒學》，1928）等。1922 年衛希聖從青島到北京，擔任德國駐華使館科學顧問，還在北京大學教授德國文學和哲學。這個時間在勞乃宣[2]的幫助下，衛希聖把《易經》譯為德文（*I Ging, das Buch der Wandlungen*（《易經》），這是至今

1 理雅各（James Legge, 1815—1897），英國人，出生在蘇格蘭阿伯丁郡，1831 年考入阿伯丁皇家學院，1835 年畢業後在海伯里神學院攻讀神學，1838 年加入公理宗的倫敦會；1839 年攜夫人東行傳道，次年抵馬六甲；1841 年在當地創辦歷史上著名的英華書院（Ying Wa College），自理校長；鴉片戰爭後，1843 年將英華書院及其中文印刷所遷入香港。1861 年他的 *The Chinese Classics*（《中國經典》）在香港出版；1875 年獲儒蓮獎；病逝於牛津。

2 勞乃宣（1843—1921），字季瑄，號玉初，又號韌叟，桐鄉人，中國近代音韻學家，清末修律，“禮法之爭”中的禮教派主要代表人物之一；同治辛未科進士，曾任直隸知縣；1908 年奉詔進京，任憲政編查館參議、政務處提調，授江寧提學使；1911 年任京師大學堂總監督，袁世凱內閣學部副大臣。

仍被視為《易經》的最好西譯本。

1924 年衛希聖受聘執教法蘭克福大學踏上回國之路，他成為德國漢學研究圈子活躍熱情的積極分子，1925 年創立法蘭克福大學“中國學社”(China-Institut der Universität Frankfurt)，熱心於音樂、戲劇、繪畫、書籍等方面的演出和展覽，還辦有多種漢學期刊，如《中國科學與藝術學報》、《中德年鑒》、《中國》、《東亞評論》等，一度成為德國漢學研究中心和漢學家交流的平台。

衛希聖的朋友圈裏沒有等閒之輩，康有為、梁啟超、勞乃宣、周馥[1]、張君勱[2]、辜鴻銘、蔡元培、羅振玉[3]、沈兼士[4]、徐志摩、林徽因、梅蘭芳、史懷哲[5]、黑塞[6]、榮格[7]、泰戈爾[8]，與衛希聖往來稠密的朋友本身也為他的學術品味和學術地位做了最好詮釋。

1930 年衛希聖逝於圖賓根。其子衛德明[9]承其衣鉢，也是著名漢學家。衛希聖在晚年撰寫的回憶錄《中國魂》留下世人銘記的肺腑之言：

“中國數百年來一直是個問題叢生的國家”，這是遠東殖民者的成見。時移世易，這種看法越發站不住腳了。中國的一切都在變化，革故鼎新，日新月異，一個新世界慢慢地出現了。改革的車輪加速向前，蕩滌著舊時代污泥濁水，迎來新社會的朝陽。他們身上固然還滴淌著污穢，積習成常，不足為奇。

吾有幸在中國生活了二十五年，愛那片熱土，愛周圍的人民。吾儕身逢其時趕上了中國新舊更替的二十五年，望見到持續千年的舊帝國之夕陽，目睹其榱崩棟折；也看著新生命在廢墟中開花成長。新舊交替中，唯有中國之魂保持著原有的溫柔和寧靜走向遠方，但願其世世代代永不迷失。[10]

1　周馥（1837—1921），字玉山，號蘭溪，安徽東流人；隨李鴻章辦洋務三十餘年，深受倚重，是為清末重臣；曾護理直隸總督、任山東巡撫加兵部尚書、署兩江總督兼南洋大臣、閩浙總督和兩廣總督，1905 年告老退居青島；逝於天津。

2　張君勱（1887—1969），字士林，號立齋，江蘇寶山人，中國政治家、哲學家，近現代學者，早期新儒家的代表之一。

3　羅振玉（1866—1940），字式如，號雪堂，祖籍浙江省上虞縣永豐鄉，出生於江蘇省淮安，晚號貞松老人，中國近代農學家、教育家、考古學家、金石學家、敦煌學家、目錄學家、校勘學家、古文字學家。

4　沈兼士（1887—1947），名堅士，浙江吳興人；北京大學教授，語言文字學家、文獻檔案學家、教育學家。

5　史懷哲（Albert Schweitzer, 1875—1965），德國哲學家、音樂家、神學家、醫學家、人道主義者，1913 年到非洲加蓬，建立叢林診所，開始從事醫療援助工作五十年，被譽為“非洲聖人”。

6　黑塞（Hermann Hesse, 1877—1962），德國作家，詩人；生於德國，1919 年遷居瑞士；一生曾獲多種文學榮譽，如馮泰納獎、歌德獎，1946 年更獲諾貝爾文學獎。

7　榮格（Carl Gustav Jung, 1875—1961），瑞士心理學家，西格蒙德．弗洛伊德精神分析學說合作者，後創立自己的人格分析心理學理論。

8　泰戈爾（Rabindranath Tagore, 1861—1941），印度詩人、文學家、社會活動家、哲學家和印度民族主義者；代表作有《吉檀迦利》、《飛鳥集》、《眼中沙》、《四個人》、《園丁集》、《新月集》、《最後的詩篇》、《文明的危機》等，1913 年獲得諾貝爾文學獎。

9　衛德明（Hellmut Wilhelm, 1905—1990），生於青島，1933 年至 1937 年在北京大學教授德語，抗日戰爭期間在北京德國學會任職，1948 年赴美定居，任華盛頓大學東方學院教授；曾參與父親德譯《易經》，並以講授《易經》而聞名於歐美；著有《中國思想史和社會史》、《中國的社會和國家：一個帝國的歷史》等。

10 Richard Wilhelm, *Die Seele Chinas*, Berlin: Hobbing, 1926, pp.I-III.

Chinesen-Viertel von China

同善會中國系列

編者 Allgemeiner evangelisch-prot. Missionsverein, Berlin
魏瑪同善會

語言 德文

印製 1900s., Lichtdruck & W. Neumann, Berlin
（柏林紐曼印刷廠）

尺寸 140mm×90mm

❶ | ❷

❶ 青島教區大鮑島禮賢書院

Chinesenschule in Tapautau im Chinesen-Viertel von Tsingtau

鮑島是膠州灣東山老村落，分為小鮑島村和大鮑島村，可謂是“青島源”。1898 年德國與清廷簽訂《膠澳租借條約》，侵佔膠州灣。德國人從此開始經營“租借地”，規劃形成青島區和鮑島區，填海修棧，鮑島連陸。1899 年德國總督府將大鮑島東山兩塊相鄰的土地，無償分別撥付給了魏瑪同善會和巴陵傳道會。傳教士把大鮑島東山稱為教會山，比擬耶路撒冷錫安山，象徵著家鄉、天堂、天國、上帝和理想之城。巴陵會在盧威廉牧師主持下修建了教堂等教區設施以及青島醫院。

1900 年魏瑪同善會衛希聖創辦“禮賢書院”，1903 年在大鮑島教會山擴建新校舍，頗有中國特色建築風格，黑瓦、黑牆，四合院，加上筒瓦、椆川、雀替、額枋，飛檐上飛人走獸俱全。初期辦學經費由同善會承擔，後難以為繼，山東巡撫周馥之子、北方實業家周學熙（1866—1947）長期施以援手。1913 年衛希聖書院東院建“藏書樓”，乃有青島最早的現代圖書館。禮賢書院門樓內的石碑上鐫刻著校訓：“君子所履，禮門義路。見賢思齊，德馨永沐。”

❷ 上海德國新禮拜堂

Die neue deutsche evangelische Kirche in Schanghai, eingeweiht am 27, Oktober 1901

光緒十六年（1890）德國僑民在外白渡橋北的黃浦路查理路毗鄰德國駐滬領事館之處，修建上海的第一座德國禮拜堂，1901 年落成，哥特式風格建築，為當時上海的地標建築之一。1911 年德國禮拜堂和德國僑民子弟學校“威廉學校”改擴建。1932 年老德國禮拜堂拆除，易地海格路（今華山路）與大西路（延安西路）路口重建，今不存。

TSINGTAU

同善會青島系列

編者 Allgem. Evang-Protest. Missions-Verein
德國同善會
語言 德文
印製 1910s., Berlin（柏林）
尺寸 140mm × 88mm

Ein Schüler, dessen Vater schon unser Schüler war und jetzt Lehrer am Seminar ist

Klein-Kinderschule
Links die Lehrerin Frau Dschang unserer Mädchenschule in Tsingtau

❶ ❷

❶ 這個孩子的父親曾是我們的學生，現在在神學院任教

Ein Schüler, dessen Vater schon unser Schüler war und jetzt behrer am Seminar ist

❷ 小孩們將要離開張嬷嬷去青島女校上學

Klein-Kinderschule binks die behrein Frau Dschang unserer Mädchenschule in Tsingtau

❶ ❸
❷

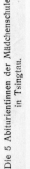

❶ 青島女校五名高中畢業生

Die 5 Abiturientinnen der Mädchenschule in Tsingtau

這裏的青島女校指青島“淑範女子學校”。光緒三十一年（1905）衛希聖在“禮賢書院”隔壁成立的“禮賢女學”，以其夫人衛美懿（Salme Blumhart）命名“美懿書院”，衛氏夫婦自任教師。美懿書院實行德國學制，初中三年，高中六年，重外文、輕中文，重古文、輕白話，重視基督教傳統。1910 年在武定路同善會醫院旁建了新校舍，1912 年美懿書院與衛希聖創辦的淑範女子學堂合併遷入新校舍，更名為淑範女子學校。

❷ 人頭攢動的街道

Strassenbild in China

❸ 賣炊餅的小販

Chinesisch Strassenhändler mit Backwaren

Allgemeiner ev.-Prot. Missionsverein, China

東亞傳道會中國系列

編者 Allgemeiner ev.-Prot. Missionsverein (Ostasien-Mission)
德國同善會（東亞傳道會）
語言 德文
印製 1930s.
尺寸 140mm×90mm

❶ ❷

❶ 北京萬壽寺菩薩造像

Buddhas im Tempel des langen lebens in Peking, China

萬壽寺位於北京市高粱河廣源閘西側，原稱聚瑟寺，始建於唐朝。萬曆五年（1577）改稱萬壽寺，主要收藏經卷。光緒初年毀於火，光緒二十年（1894）重修，慈禧來往頤和園時會在萬壽寺拈香禮佛，在西跨院行宮吃茶點，故有小寧壽宮之稱。

❷ 梳辮子的中國男孩

Chinesenknabe mit Zöpfchen

瑞典國信義會

曇華林如今已成為武昌遊客打卡之地。這塊在花園山與螃蟹岬夾隙之地有著大大小小幾十座花園洋房櫛比相鄰，園子舊主多喜愛栽植曇花，睹物而思名。明清時期有著老城牆拱衛的曇華林曾是官衙和楚地會館聚集處，咸豐十一年（1861）漢口開埠，曇華林成為武昌的“洋場”，這裏有 1862 年天主教湖北教區主教明位篤開始修建的主教公署樓、1864 年英國倫敦會楊格非牧師建造的武昌第一座基督堂“崇真堂”、1868 年意大利嘉諾撒仁愛女修會建造的花園山教堂、1870 年美國聖公會建造的聖誕堂、1871 年美國聖公會創辦的文華大學、1880 年意大利嘉諾撒仁愛女修會修建的小教堂、1883 年楊格非牧師修建的仁濟醫院、1889 年天主教湖北教區主教江成德[1]主持修建的花園山聖家堂以及神學院、孤兒院等。

曇華林最為矚目的是“瑞典教區”，這裏曾見證過許多歷史事件。光緒十六年（1890）瑞典行道會委派韓宗盛、任大德[2]幾位牧師到武昌，籌建瑞典行道會華中總會。他們陸續在曇華林依山修建了一組斯堪的納維亞風格的建築，有主任牧師樓、牧師宿舍、道路堂、行道會診所、孤兒院、真理中學以及瑞典駐武昌領事館等，歷經百餘年風采依舊。

瑞典作為曾經的“永久中立國”[3]在歐洲國家與中國交往中扮演著特殊角色，無論政府還是百姓從來沒有將其寫入列強名單，因而除了法國、意大利、英國、美國、德國外，瑞典教會在中國是相當活躍的。儘管瑞典與其他列強有所不同，但畢竟也是受惠於鴉片戰爭後西方與中國簽訂的不平等條約才得以進入中國，本土百姓對“洋人”不分畛域。瑞典是北歐人口小國，派往中國的傳教士數目佔人口比例很高，1847 年至 1949 年的一百多年間瑞典向中國派遣了六七百名傳教士。在義和團運動時遇難的外國人共有二百三十一人，包括五十三個兒童，其中有五十六位是瑞典人，包括十五個兒童。[4]

從十四世紀末開始，瑞典和挪威成為丹麥國王統治的卡爾馬聯盟的一部分，十六世紀二十年代，瑞典貴族古斯塔夫·瓦薩（Gustav Vasa, 1496—1560）領導反抗丹麥的民族獨立運動，於 1523 年建立瓦薩王朝，瓦薩加冕瑞典國王稱古斯塔夫一世。古斯塔夫一世即位後，1523 年寫信給羅馬教宗克萊門特七世要求廢除烏普薩拉教區原主教古斯塔夫·特羅爾（Gustav Trolle, 1488—1535），任命自己屬意的約翰·馬格努斯（Johannes Magnus, 1488—1544）為瑞典大主教。古斯塔夫一世的建

1 江成德（Vincenzo Epiphane Carlassare, 1844—1909），生於意大利維琴察，1865 年加入方濟各會，1866 年晉鐸，同年來華；1884 年任鄂東代牧區主教；擅長藝術和建築設計，1862 年受明位篤委託主持修建曇華林湖北代牧區主教公署樓，1885 年修建稱為“崇正書院”的教區大修院，1887 年修建曇華林嘉諾撒仁愛修女會會院，1889 年修建武昌花園山聖家堂，1890 年修建武昌沙湖咀真福董文學紀念堂，1892 年重建柏泉天主堂，附設孤兒院和公學等。

2 任大德（Karl Wiktor Engdahl, 1864—1940），瑞典人，1890 年受瑞典行道會派遣與妻子來華，初期在廣東、上海、煙台等地，1892 年駐武昌、沙市，1903 年到宜昌，1906 年到湖南辰州；1907 年離華。

3 2022 年 5 月瑞典申請加入“北約”，放棄永久中立國身份。

4 〔瑞典〕楊富雷：〈北歐視角下的中國形象〉，尚廣一譯，載《中國文化研究》2010 年春之卷，第 200—201 頁。

議被教宗拒絕後，1536 年毅然宣佈瑞典脱離羅馬教廷的管轄，自行任命大主教，借鑒路德主義和加爾文主義宗教學説，在瑞典中部王國故都烏普薩拉（Uppsala）成立瑞典國教會（Svenska kyrkan），自行翻譯瑞典文的聖經和讚美詩，簡化宗教儀式等。古斯塔夫一世去世後，瑞典國教會逐步完成“路德化”，1593 年的烏普薩拉會議正式確認瑞典國教會的路德宗屬性。十九世紀初期瑞典興起宗教自由主義運動，民眾要求打破瑞典國教會一教獨尊的傳統，允許各種教派共存，史稱瑞典宗教復興運動。六十年代自由派的改革訴求獲得國王認同，在維持瑞典國教會的基礎上推行宗教自由，瑞典湧現路德宗、浸信宗、公理宗等宗派，羅馬公教也恢復活動。

“瑞典信義會”這個稱呼有廣義和狹義之分，廣義上人們把瑞典信奉路德宗的組織都泛稱為瑞典信義會，狹義的“瑞典信義會”是指十九世紀前期瑞典宗教復興運動之後瑞典國教會內部形成的路德宗差會“瑞典國信義會”（Svenska Kyrkans Mission, SKM），該會 1874 年經瑞典國王批准成立，瑞典《教會法》確認其代表瑞典國教會在世界各地設立傳道機構，總部設在烏普薩拉。

1916 年瑞典國信義女差會代表瑞典國信義會派遣兩位女傳教士韋慷德和羅育德[1]來華。韋慷德（Ingeborg Wikander, 1882—1941），二十世紀初瑞典基督教學生運動著名領導人，1901 年畢業於斯特哥爾摩的安琳斯卡女子學校（Åhlinska skolan），1903 年創建瑞典國信義女差會（Svenska Kvinnors Missionsförening, SKMF），1916 年代表瑞典青年婦女基督教協會（YWCA）參加在印度舉辦的世界學生大會後來到中國，在上海、南京等地參加了中華基督教女青年會（Young Women's Christian Association, YWCA）工作，1918 年在長沙成立“瑞華信義會”或稱“湘北瑞華信義會”，1919 年擔任該會湖南分會會長；1927 年韋慷德返回瑞典。瑞典國信義會主要在長沙、桃花侖、益陽等地，通過與中華基督教女青年會合作，開展中國婦女佈道工作，1923 年成立桃花侖女子信義大學。抗日戰爭前後，瑞典國信義會傳教士陸續撤離中國。

1　羅育德（Ruth Gabriella Nathorst, 1883—1961），生於瑞典卡爾瑪縣（Kalmar län），畢業於烏普薩拉大學，1916 年受瑞典傳道會派遣來華，在湖南教會學校任教，1944 年返回瑞典；逝於斯德哥爾摩；著有《中國古代和現代女性》、《耶穌的山上寶訓》、《以色列宗教進化史》等。

Svenska Kyrkans Mission, Kina

湘北瑞華信義會 A 系列

編者 Svenska Kyrkans Mission, Kina
瑞典國信義會
語言 瑞典文
印製 1910s., A. E. Svensk tillverkning（瑞典 A. E. 印刷廠）
尺寸 140mm × 90mm

❶ | ❷

❶ 乘舟旅行
Resa med husbåt

❷ 華人牧師
En av våra kinesiska präster

Från Svenska Kyrkans Mission i Kina

湘北瑞華信義會 B 系列

編者 Svenska Kyrkans Mission
瑞典國信義會

語言 瑞典文

印製 1930s., Heliografi från A.B. Grafiska Konstanstalten, Stockholm（斯德哥爾摩美術社）

尺寸 140mm×90mm

◉ 湖南民間節慶

Kina. Folkfest i Hunan

湖南的民族眾多，節慶千差萬別，湘北以漢族為主，民間節慶主要有春節、端陽節和中秋節。圖中記述的是端陽節，人們在湘江、瀏陽河、撈刀河舉辦“龍舟競渡”，祈福禳災。

❶ ❷

❶ 長沙教堂

Kyrkan, Changsha

【原注】“此教堂毀於 1938 年。”

1920 年瑞華信義會在長沙藥王街修建外觀為中式風格的這座教堂。1938 年日軍進攻長沙，國民政府實施“焦土抗戰”，11 月 12 日深夜長沙城陷入火海，燃燒了五天，長沙百分之九十以上的房屋被焚毀，包括這座教堂。

❷ 路邊神龕

Tempel vid vägen

在中國傳統民俗裏，田間路邊經常建有獨立的小神龕，供奉不同神祇，或地藏菩薩，或觀音菩薩，或土地神，或關公爺，因信而設。

瑞典行道會

瑞典路德宗來華傳道差會裏，派遣規模最大、覆蓋區域最廣、影響最持久的當屬瑞典神學家王敦昌創建的瑞典行道會。王敦昌（Paul Petter Waldenström, 1838—1917）生於瑞典北部的呂勒奧（Luleå），1857 年至 1863 年就讀烏普薩拉大學（Uppsala University），完成博士論文後於 1864 年按立牧師。他一生都在中學和大學任教，講授基督教教義、希臘語和希伯來語。王敦昌是瑞典著名神學家，1868 年主編《牧師》（*Pietisten*）雜誌，鼓吹自由主義教會思想；他兢兢業業十一年，把聖經從希臘文譯為瑞典文。王敦昌還通過撰寫神學著作表述自己的觀點，他在《聖洗與嬰兒洗禮》（*Dop och Barndop*）一書裏提出，耶穌被釘在十字架並不是由於上帝對人類不滿，人類的贖罪的對象應該是自己的"人性"而不是上帝，人類應該向耶穌基督求得寬恕，而不是祈望上帝的救贖。王敦昌早期是瑞典國信義會的領導人，1878 年另起爐灶成立瑞典行道會（Svenska Missionsförbundet, SMF），把自己的思想付諸實踐。應該看到，瑞典行教會一躍成為瑞典第二大教會組織，並在海外拓展卓有成效，得益於王敦昌這位神學家的領導，組建一個宗教組織並不難，但要有一套較為完整的理論指導卻難得可貴，此即行易知難。

1890 年瑞典行道會派遣韓宗盛等四位牧師來華，總部設在武昌曇華林，在湖北的武昌、宜昌、沙市、黃州、麻城、監利、荊州、蘄水，河南信陽的雞公山，江西廬山以及洞庭湖一帶佈道，亦稱為"湖北行道會"或"南行道會"。二十世紀二十年代為了回應中國"非基督教運動"的衝擊，瑞華行道會把會名改為"基督教中華行道會"，日軍佔領武漢後，為了便於與日本人周旋，時任瑞華行道會主任牧師的夏定川[1]又將會名改回"瑞典行道會"。夏定川還代理瑞典領事館職責，把館舍從漢口遷至曇華林合署辦公。瑞華行道會在荊州設有神學院，中國本土神學家陳崇桂就曾在這所學院任教。瑞華行道會在沙市建有康生醫院，在黃州建有鄂東醫院和黃州懿範學校。

瑞典行道會在華還有一個差會叫作"北行道會"（Svenska Evangeliska Missions Förbundet i Amerika）。1885 年瑞典移民美國的後裔在芝加哥成立"瑞美行道會"（Swedish Evangelical Mission Covenant of America, CovMS），光緒十六年（1890）派遣傳教士馬德盛和其第一任妻子米婭（Mia）來華，組建"北行道會"（或稱"美國北行道會"）。馬德盛（Peter Mattson, 1868—1943），生於瑞典達拉納（Dalarna），十一歲隨家人移居美國明尼蘇達州，1889 年畢業於芝加哥瑞典神學院（Risberg's School），加入瑞美行道會。馬德盛夫婦到達到上海後在內地會幫助下學習中文。同年底，他們到樊城開拓新的傳道區，1892 年經協商北行道會分管

1 夏定川（Josua Sommarström, 1890—1956），瑞典人，瑞典行道會傳教士，1919 年與夫人夏傳賢（Herta Elisabet Sommarström）來華，初在河南雞公山傳道，後至湖北武昌，曾擔任瑞華行道會主任牧師，1951 年回國；著有 *Under Maos stjärna Intryck från Kommunist-Kina*（《毛澤東光輝照耀下的共產主義中國》，Gummesson, 1952）。

樊城南北區域佈道，馬德盛後來擔任瑞典行道會襄樊教區主任牧師。馬德盛著有 *Missionsbilder Fran Kina*（《中國傳道紀事》，Minneapolis, 1906）。北行道會在華六十年陸續建立樊城、襄陽、宜城、荊州、荊門、南漳等傳道站，通常把北行道會籠統歸為瑞典行道會。

就算武漢有九衢通達的譽稱，從曇華林到天山南部的喀什，之間不僅是地理的區隔，彷彿也是時間的跨度，那裏有沙漠、戈壁和綠洲，還有信奉伊斯蘭教的相對保守的民族。光緒十八年（1892）瑞典行道會決定開闢新疆佈道區。陸續派遣何一業[1]等六十位男女傳教士到南疆，建立了四個傳道站。瑞典傳教士率先於光緒二十年（1894）設立喀什噶爾傳教站，並將瑞典傳道會南疆辦事處設在喀什，設有福音堂、畢士大醫院和喀什印刷所等，1901在喀什噶爾漢城（疏附）修建福音堂和診所，1903年附設學堂。光緒十九年（1893）傳教士進駐葉爾羌（莎車），1896年成立傳道站，前後修建兩所福音堂，1909年購地十八畝修建學堂、兩所孤兒院（"男童之家"、"女童之家"）、診所和印刷所。光緒二十三年（1897）疏勒福音堂開堂，1908年正式建站，設立福音學堂。1912年在英吉沙爾建站，陸續修建福音堂、學堂和診所。瑞典行道會在各個傳道站組織當地人學習紡綫、織布、織襪子、織絲綢等技術，改善生活，緩解敵意。女傳教士每到一地都設法開辦學校，招收穆斯林家的孩子學習文化知識，有算術、拼寫、地理、音樂、體育、繪畫、手工等課程，還學習英語、歷史。最受歡迎的是她們修建的醫院和診所，讓當地人切身體驗到實實在在的"福音"。

瑞典行道會在南疆還有一段小插曲，女傳教士洛維薩·恩格瓦爾（Lovisa Engvall, 1865—1935）於光緒二十六年（1900）來華，在喀什醫院做護士，1914年她愛上一名當地維族男工，在當地維族人中引起軒然大波。她本人矢口否認，瑞典行道會為避免招致當地維族的麻煩將她除名，她離開新疆後逝於莫斯科。恩格瓦爾的遠方親戚、瑞典當代作家瑪麗亞·古斯塔夫道特（Maria Gustavsdotter）2005年根據恩格瓦爾當年寄給家人的信件創作紀實小說 *Från Min Syster Lovisa*（《洛維薩妹妹的來信》）。時過境遷，真相難辨，恩格瓦爾通過自己的視角對那個時代南疆各民族的生活場景有著不同常人的記述，對他們的文化多有美譽之辭，作為歷史文獻還是很有價值的。

瑞典行道會的傳教士在南疆付出了比在其他地區更多的努力，但收效並不如預期，他們來南疆頭十年只有幾十個當地人皈依基督教。1899年喀什和莎車等地發生排斥西方傳教士的騷亂，道台下令關閉傳道站，傳教士避難於英國和俄國領事館。1900年義和團運動時期行道會傳道站也被勒

1　何一業（Nils Fredrik Höijer, 1857—1925），生於瑞典斯萬斯庫格（Svanskog i Värmland），1887年畢業於克里斯蒂娜傳教士學校（Kristinehamn missionsskola），1880年開始先後在俄羅斯、阿塞拜疆、格魯吉亞、亞美尼亞、伊朗、烏克蘭佈道，1892年到過中國南疆喀什，1903年返回瑞典，創建瑞典斯拉夫傳道會（Swedish Slavic Mission）；1925年因海難逝於西雅圖。

令關閉。

面對困難，在南疆的傳教士以鍥而不捨的精神踐行會祖王敦昌牧師的思想，以己奉獻，拯救於民。他們不僅修建立了福音堂，1912 年還在喀什設立印刷所，這是當年新疆設備最精良、技術最先進的印刷機構，印製維吾爾文聖經和其他維文書籍，最早的當地貨幣“喀票”就是這家印刷所的產品。

他們遭受的最嚴重的打擊是 1933 年南疆發生的穆斯林暴亂，沙比提[1]大毛拉為首的宗教狂熱分子佔領喀什、英吉沙爾、葉爾羌、和闐（今稱和田）等地，封閉教會學校和孤兒院，男孩子被送進經文學校，女孩子被強迫嫁給士兵或關入監獄。狂熱分子殺死維族基督教徒，驚恐萬分的傳教士躲到英國領事館長達三個月之久，除了醫院仍維持著救治傷員外，教會工作全部停擺。1934 年叛亂平息後，新疆省政府以瑞典行道會的印刷所為叛亂分子印製偽幣和宣傳資料為由，下令沒收印刷所全部設備，關閉瑞典行道會喀什辦事機構，五十多名傳教士被驅逐出境。1937 年軍閥盛世才在蘇聯支持下武裝統一新疆，仿效蘇聯禁止宗教傳播，下令關閉全境瑞典行道會的傳道站、教堂、學校、孤兒院、醫院，勒令傳教士離境。面對組織化的“排教”，1938 年 8 月瑞典行道會無奈地徹底結束在新疆的傳道使命。

1 沙比提·阿卜杜勒巴克（Sabit Damulla Abdulbaqi, 1883—1934），維吾爾族，生於新疆阿圖什；二十世紀二十年代畢業於新疆俄語法政專門學校，後前往埃及、土耳其、印度、阿富汗斯坦、蘇聯等地遊學；1933 年新疆墨玉、和闐發生叛亂，控制疏附、和闐、喀什等地區，成立“和闐臨時政府”，沙比提被推舉為總理；1934 年國民政府第三十六師師長馬仲英平叛，逮捕沙比提，押解迪化處決。

Missionsförbundets Kinamission

瑞典行道會中國 A 系列

編者 Missionsförbundets Kinamission
瑞典行道會
語言 瑞典文
印製 1910s., Svenska Stockholm Litografiska
（瑞典斯德哥摩圖片社）
尺寸 140mm × 90mm

❶ 瑞典行道會中國傳教士在廬山牯嶺

Svenska Missionsförbuddets Kinamissionäier samlade pa Kuling

光緒二十一年（1895）英國美以美會傳教道士李德立[1]在廬山長沖河一帶花費二百兩白銀租賃四千五百畝土地，開發避暑地，借英文 Cooling（涼爽）之音稱為“牯嶺”。初期牯嶺為華中地區傳道會參與合作開發，自建自用，一時成為華中基督教傳道中心。後來牯嶺吸引長江下游，尤其是上海的洋人富商、華人買辦、政界名流蜂擁而至，掀起一幕幕中國政治風雲。廬山共有十六個國家六百三十六幢風格各異的別墅，中式二百五十九幢、美式一百八十五幢、英式一百二十五幢、德式十七幢、瑞典式十二幢、日式十一幢、法式七幢、芬蘭式三幢、挪威式三幢以及丹麥、加拿大、俄羅斯、葡萄牙、澳大利亞、瑞士等類型的別墅，最有名的當屬蔣介石夫婦的“美廬”。

❷ 教會學校的中國孩子

❶

❷

1 李德立（Edward Selby Little, 1864—1939），英國人。畢業於劍橋等大學；1886 年受大英循道會派遣來華，在湖北一帶傳道，1890 年攜妻子常駐九江；1895 年在廬山從中國官府租地開發外僑避暑地“牯嶺”；1898 年北上開發北戴河避暑地；1899 年被聘為上海英資卜內門洋行總經理，1904 年當選為上海公共租界工部局董事；辛亥革命時以上海外商代表身份參與清政府與革命黨在上海的南北和談；1929 年離開中國。

❶ ❷

❶ 傳教士黎立松夫婦與孩子保羅和伊娃

Missionär Karl Nilsson med fru samt barnen Paul och Eva

黎立松（Karl Nilsson），瑞典人，瑞典行道會傳教士，1907 年攜妻子來華，在湖北黃州佈道。

❷ 女傳教士樂盛安

Anna Jönsson

樂盛安（Anna Jönsson），瑞典人，瑞典行道會女傳教士，1903 年來華，駐武昌，逝於 1926 年。

Svenska Missionsförbundets

瑞典行道會中國B系列

編者 Svenska Missionsförbundets
瑞典行道會
語言 瑞典文
印製 1920s., Stockholm（瑞典斯德哥爾摩）
尺寸 140mm × 90mm

❶ ❷

❶ 喀什噶爾街景

Gatubild från Kaschgar

有人說喀什噶爾的靈魂在喀什老城。喀什老城古稱疏勒，西漢張騫出使西域"鑿空"絲路時，記述過兩千多年前的疏勒。今日漫步老街老巷，彷彿在平靜的生活中穿越到古老的過去。

❷ 南疆殉道者哈比爾和他的妹妹哈瓦

Martyren Habil Och Hans Syster Hava, Östturkestan

南疆曾發生多次穆斯林暴亂，宗教狂熱分子佔領喀什、英吉沙爾、葉爾羌、和田等地，封閉教會學校和孤兒院，男孩子被送進經文學校，女孩子被強迫嫁給士兵或關入監獄。狂熱分子殺死維族基督教徒，教會工作全部停擺。

❶
❷
❸

❶ 瓜果攤（左）｜商販（右）

Några av landets frukter | Försäljare av livsmedel

❷ 繁忙的河流

Kanalparti från Kina

❸ 黃州醫院

Sjukhuset, Hwangchow, Kina

1891年瑞典行道會到黃州開教，在漢川門清源門一帶設立基督教堂，先後辦有教會學校、醫院、孤兒院等文化和慈善機構，其中最知名的是黃州醫院和懿範學校。黃州醫院初期僅僅是一家診所，1927年擴建，修建門診大樓和住院部，醫療水平在鄂東首屈一指，正式名稱為“鄂東醫院”。

Missionsförbundets Kinamission

瑞典行道會華中系列

編者 Missionsförbundets Kinamission
瑞典行道會
語言 瑞典文
印製 1900s., Svenska Stockholm Litografiska
（瑞典斯德哥摩圖片社）
尺寸 140mm × 90mm

❶
❷
❸

❶ 皇家墓地

Kinesisk mandarins grav

明顯陵，位於湖北省鍾祥市純德山，始建於明正德十四年（1519），是明世宗嘉靖皇帝（1507—1567）的父親恭睿獻皇帝朱祐杬（1476—1519）、母親慈孝獻皇后（1477—1538）的合葬墓。崇禎十五年（1642）“李自成……攻顯陵，焚享殿”，地面建築木構部分毀壞。清代，顯陵在地方官員的干預下得到了一定的保護，現存一通咸豐年間的石碑記載著地方官員要求鄉里保護顯陵的告示。民國時期顯陵陵區荒蕪，成為耕地。

❷ 傳教士在護衛下出行

Missionärerna Sköld o. Fredén på resa

❸ 中國旅行書箱

Bok kersaljinning i Kina

書箱，亦稱書篋，古代文人用來盛放書籍和筆、墨、紙、硯文房工具的箱子，便於搬運以及外出時攜帶，是書香門第不可缺少的家具。行千里路讀萬卷書，書箱也成了有知識、有身份的象徵。《晉書．王祥傳》曰：“勿作前堂、佈几筵、置書箱鏡奩之具，棺前但可施床榻而已。”中國古代科舉考生進京考試少則幾年，多則十幾年，往往有自己專用書箱相伴，“一篋書卷，半生榮辱”。家境富裕的考生還會帶上調琴負篋的書童，“十年寒窗無人問，一舉成名天下知”。

❶ 武昌歡迎傳教士韓宗盛夫婦聚會

Välkomstfest för missionär och Fru Sköld. Wuchang

韓宗盛（John Sköld, 1859—1946），瑞典人，1890 年受瑞典行道會派遣攜妻子和兒子來華駐武昌，1899 年離華回國定居諾爾雪平（Norrköping）。韓宗盛的夫人韓夏娃（Eva Charlotta Eriksdotter, ？—1931）1907 年出版 *Mörka skuggors land eller något om Kina och dess folklif*（《陰霾之地——中國人的生活》，Stockholm），記述了她在中國貧困鄉村所見到的婦女兒童，在瑞典引起頗大反響。韓宗盛之子韓喬斯（Johannes Hannes Evelinus Sköld, 1886—1930）隨父母在華度過童年時光，後畢業於哥德堡大學，成為瑞典著名語言學家、作家和詩人；政治上擁護社會主義，反對軍國主義，1911 年被判入獄；1917 年移居蘇聯，用瑞典文翻譯馬克思倍倍爾和蘇聯領導人的著作。

❷ 女子學校的課堂

Lektion i en flickskola

❸ 武昌女宣道員

Kvinnliga församlinsmediemmar i Wuchang

❹ 牯嶺別墅

Vilohemmet på Kuling

光緒三十一年（1905）瑞典行道會夏定川牧師在廬山牯嶺鎮修建別墅，面積五百五十平方米，每年夏季傳教士到此修養，現稱“瑞園別墅”。

Missionsförbundets Kinamission. N:o 7. Stationshuset i Ichang.

Missionsförbundets Kinamission. N:o 8. Stationshuset i Shasi.

sionsförbundets Kinamission. N:o 18. Kapellet i Fancheng

Missionsförbundets Kinamission. N:o 10. Förbundsseminariet i Kingehowfu.

❶ ❷

❸ ❹

❶ 宜昌傳道站

Stationshuset i Ichang

光緒二十年（1894）瑞典行道會在宜昌設立傳教站，1895 年修建禮拜堂；1932 年在宜昌北正街修建會院，包括福音講堂及牧師住宅，逐漸在當陽、枝江、慈化等地設立分堂，成立宜昌區會。

❷ 沙市傳道站

Statoneshuset i Shasi

光緒十六年（1890）瑞典行道會在沙市開教，在大賽巷建福音堂和會院等，1894 年開設慈濟醫院。沙市區會是瑞典行道會在湖北的四個區會之一。

❸ 樊城禮拜堂

Kapellet i Fancheng

光緒十七年（1891）瑞典行道會進入襄樊，先在樊城開設教堂，次年過江到襄陽，舉步艱難，直到 1900 年之後才有起色，在穀城、棗陽等地設立分堂，形成樊城區會。

❹ 荊州府神學院

Förbundsseminariet i Kingehowfu

光緒二十六年（1900）瑞典行道會在荊州獅子廟建福音堂，為了加大基督教在荊州地區的傳播力度，1907 年與瑞美行道會聯手在荊州古城惠城街的遼王府修建荊州神學院，成為鄂西基督教傳播的基地。

Kinamissionär

編者　Svenska Missionsförbundets
瑞典行道會
語言　瑞典文
印製　1910s.—1930s., Svenska Stockholm Litografiska（瑞典斯德哥摩圖片社）
尺寸　140mm×90mm

"瑞典行道會傳教士系列"是瑞典行道會在很長時期陸續為來華傳教士印行的許多明信片，印製機構在各個時期也不一致。

瑞典行道會傳教士系列

❶ ❷ ❸

❶ 傳教士顧倫仁穿著乾隆樣式龍袍

Missionär Nils Kullgren iförd, Kejsar Ch'ien Lungs dräkt

【原注】"1799年乾隆皇帝去世，埋葬在北京北部的清東陵。1931年陵墓被盜，乾隆絲質龍袍出現在北京，中國人對壽衣進行研究並仿製。"

❶ 顧倫仁

Nils Kullgren

顧倫仁（Nils Jonasson Kullgren, 1869—1940），瑞典人，瑞典行道會傳教士，1869年生於瑞典西部希靈馬克的克列文（Klefven, Skillingmark），1893年來華，在宣化府和歸化府（今呼和浩特）傳道，1905年到湖北宜昌、荊州、蘄水；1940年逝於烏普薩拉（Uppsala）。

❷ 顧雲卿

Paulina Kullgren

顧雲卿（Anna Paulina Kullgren），瑞典人，瑞典行道會傳教士，1874年生於瑞典布蘭特（Brandt），1892年來華，1895年與顧倫仁結婚，在宣化府傳道，1905年到湖北宜昌；1933年逝於烏普薩拉。

❶

❷

Kinamissionärerna Dina och A. E. Wandel med döttrar.

湖北全省總圖
KINA
ENGLAND
I övre kanten 6 stora kinesskrivtecken = Hupehprovinsens karta. Denna provins, med omkring 30 millioner människor, ligger i Central-Kina. Rak linie från norr = Peking—Hankowjärnvägen. Hankow venster och Wuchang höger om floden. 1 Ichang. 2 Shasi. 3 Kingchow. 4 Kienli. 5 Hwangchow. 6 Kishui. 7 Macheng. Sungpu 30 km. från Macheng. Se korset. Där mördades Wikholm och Johansson. Korsen för öfrigt = utländska begrafningsplatser. 8 Kikungberget med Sv. Skolan.— Missionsförbundet i Amerika: 9 Fancheng. 10 Siangyang. 11 Nanchang. 12 Kingmen.

❶ 傳教士萬立德夫婦與他們的女兒們

Kinamissionär Dina och A. E. Wandel med döttrar

萬立德（Albert Emanuel Wandel, 1881—1962），瑞典人，受瑞典行道會派遣1909年與妻子來華，同駐湖北沙市。

❷ 晏立德夫婦在湖北武昌

Anna och Anders Tjellström

【原注】“最上邊六個中文大字‘湖北全省總圖’。這個擁有約三千萬人口的省份位於中國中部。北下直綫是京漢鐵路。圖左是漢口，圖右江對面是武昌。1、宜昌；2、沙市；3、荊州；4、監利；5、黃州；6、蘄水；7、麻城，標有十字架的地方是距麻城三十公里的宋埠，有樂傳道和梅寶善殉道墓地；8、瑞美行道會的會院和學校；9、樊城；10、襄陽；11、南昌；12、荊門。”

晏立德（Anders P. Tjellström, 1864—1946），瑞典行道會教育傳教士，1891年來華；夫人安娜（Anna Tjellström, 1870—1959），瑞典行道會女傳教士、助產士，1896年來華，夫婦二人駐武昌。

“宋埠教案”：光緒十八年（1892）端陽節，湖北麻城宋埠鎮民眾殺死瑞典行道會傳教士梅寶善（A. D. Johansson, 1981年來華）和樂傳道（Otto Fr. Wickholm, 1890年來華）。兩江總督張之洞親自處理，給瑞典被殺教士撫恤費四萬二千兩結案。瑞典行道會在宋埠為梅寶善和樂傳道修建墓地。

❶ ❷

❶ 傳教士顧倫仁夫婦和他們的兒子

Missionär Nils Kullgren med fru och son. Missionären i Kina

圖中間是顧約爾（Nils Joel Kullgren），瑞典人，顧倫仁和顧雲卿之子，1896 年生於直隸宣化城，子繼父業，後成為瑞典行道會牧師，逝於 1986 年；著有 Släktkrönika över släkten Kullgren från Skillingmark i Värmland（《顧氏紀事》）。

❷ 季德隆夫婦

Anna Enoch Gillström

季德隆（John Enoch Gillström, 1885—1945），瑞典利德雪平（Lidköping）人，1912 年受瑞典行道會派遣來華，駐武昌，後與同工安娜（Anna Gillström）結婚，1921 年離華赴加拿大傳道，逝於加拿大卡爾加里（Calgary Alberta）。此明信片是季德隆夫婦結婚照，“德行高尚天賜佳配，隆興教化榮志伉儷”，這幅交友送的藏頭賀聯頗有中西璧合韻味。

❶ ❷

❶ 傳教士賴德力一家

Fritz Rydgård

賴德力（Karl Fritz Rydgård, 1886—1938），生於瑞典東約特蘭縣（Östergötlands län），1913 年受瑞典行道會派遣與妻子克莉絲汀娜（Christina Karlsson）來華，駐湖北宜昌傳道，育子女 Sylvia 和 Rydgård 二人，逝於斯德哥爾摩（Matteus, Stockholm）。

❷ 陳崇桂

陳崇桂 1884 年出生於湖北荊州，祖籍孝感，六歲進入教會學校讀書，十六歲在武昌瑞典行道會受洗，1900 年就讀英國循道會創辦的武昌博文書院（Wesleyan College and High School）。1907 年瑞典行道會在湖北荊州創辦神學院，1909 年陳崇桂應聘任教員兼負行政工作。1920 年他赴美國伊利諾斯州的惠頓學院（Wheaton College）深造，1922 年學成回國仍在荊州神學院任教。1925 年陳崇桂應馮玉祥之請北上張家口擔任隨軍牧師，在士兵中傳福音，主持主日禮拜，講解基督教教義。1927 年陳崇桂離開馮玉祥部隊，輾轉多地，1929 年執教湖南聖經學校（Hunan Bible Institute）。1937 年抗戰爆發後陳崇桂滯留新加坡，1943 年回國與內地會合作開辦重慶神學院，並潛心著書立說，出版《靈修日新》、《基督與我》、《各樣的安慰》、《神的應許》、《個人佈道研究》。1954 年陳崇桂當選中國基督教三自愛國運動委員會副主席，1963 年逝於重慶。

Missionsförbundets Turkestanmission

瑞典行道會南疆系列

編者 Svenska Missionsförbundet
瑞典行道會
語言 瑞典文
印製 1910s., Svenska Stockholm Litografiska
（瑞典斯德哥摩圖片社）
尺寸 140mm×90mm

“瑞典行道會南疆系列”有兩套，大約五十張，主要記述傳教士在南疆喀什附近之傳道事業以及當地風土人情。

❶ ❷

❶ 喀什噶爾廣場

Stora Torget i Kaschgar

艾提尕爾廣場位於喀什市古城中心。提尕爾意為“節日活動場所”，是穆斯林群眾進行日常禮拜和“大禮拜”的場所。1442 年喀什噶爾的統治者沙克色孜．米扎爾死後亦葬於此，其後裔在此建起一座小清真寺，吾布力．阿爾伯克 1538 年將寺擴建成聚禮用的大寺，1798 年再次擴建取名艾提尕爾。之後又經歷代幾番修建和擴建，形成“正殿”、“外殿”、“教經堂”、“院落”、“拱拜孜”、“宣禮塔”、“寺門”七部分。寺門朝東，門前為艾提尕爾廣場。

❷ 喀什噶爾的小傳教士

En hälsning från missionärsbarnen i Kaschar

兩位“小傳教士”是跟隨身為傳教士的父母在南疆生活的瑞典孩子，不是喀什噶爾的當地信徒。

◉ **傳教士全家福**

Missionärerna samlade till Konferens

瑞典行道會自1892年至1938年的四十六年間向南疆共遣派二十四名男傳教士和三十六名女傳教士。這張早期"全家福"大致拍攝於1906年。

約翰·阿維塔拉尼安（Johannes Avetaranian, 1861—1919）生於土耳其埃爾祖魯姆（Erzurum）的穆斯林家庭，原名穆罕默德·蘇克里（Muhammad ükri），1885年在格魯吉亞第比利斯受洗，皈依基督教，改名約翰·阿維塔拉尼安（亞美尼亞語"福音"之意），1892年加入瑞典行道會，同年與何一業結伴來華，次年何一業離華後，阿維塔拉尼安常駐喀什噶爾，是瑞典行道會南疆教區開拓者；主要文化成就有翻譯喀什噶爾突厥語（維語）《新約全書》（大英聖書公會1914年保加利亞普羅夫迪夫出版）和《四福音書》（上海大英聖書公會1922年出版）。1918年阿維塔拉尼安離開南疆，次年逝於德國威斯巴登（Wiesbaden）。

拉爾斯—埃里克·胡格堡（Lars Erik Högberg, 1858—1924）生於瑞典厄勒布魯縣諾拉·貝格斯福林（Nora Bergsförsamling），1877年至1879年就讀韋姆蘭（Värmländska）宣道學校，1880年加入瑞典行道會，1880年至1893年受遣多次到俄羅斯聖彼得堡、高加索和波斯傳道。1882年胡格堡與伊娃·埃里克森（Eva Eriksson）結婚，後者1892年在波斯的塔布里斯死於霍亂；1894年與西格麗德（Sigrid Johanna Adelaide Braune, 1868—1946）結婚後到中國喀什噶爾和英吉沙，1917年回國，逝於斯德哥爾摩；著有*Läkarmissionen i Kaschgar*（《在喀什噶爾的醫學傳道》，1905）等。

戈斯塔·拉奎特（Gösta Raquette, 1871—1945）生於瑞典烏普薩拉省的托爾夫塔（Tolfta），先後在卡羅林斯卡醫學院（Karolinska Institutet）、隆德大學醫院（Akademiska Sjukhuset i Lund）、塞拉菲莫醫院（Serafimerlasarettet Sjukhus）、斯德哥爾摩的聖躍然醫院（St. Göran Sjukhus）、薩巴茨堡醫院（Sabbatsberg Sjukhus）以及利物浦大學學習。1891年他加入瑞典行道會，1895年在巴庫等地行醫傳道，1896年與艾娃（Evelina Elisabet Björkgren）結婚，同年到中國喀什噶爾，1911年獲得英國醫療傳教士資格，1913年起到喀什行醫佈道八年，1921年經西藏、印度返回瑞典，在隆德大學（Université de Lund）東方語言系擔任教授；逝於隆德。

榮通貴（John Törnquist, 1876—1937）生於瑞典科帕爾貝格縣利馬社區（Lima socken, Kopparbergs län），早年曾在奧斯陸和馬爾默接受教育，1901年加入瑞典行道會，參加宣教學校培訓，1904年受遣到中國南疆佈道；1906年與同工埃倫·羅森（Ellen Rosén）結婚，常駐喀什噶爾和疏勒。榮通貴是在喀什噶爾教區工作時間最長的瑞典傳教士，在二十世紀二十年代之前他是唯一會講漢語的瑞典傳教士，他寫過許多有關傳道生活的文章，拍攝了大量照片和影視紀錄片，對後世研究瑞典行道會在南疆的歷史甚為珍貴；1936年退休回國，次年逝於瑞典烏普薩拉。

阿爾伯特·安德松（Albert Andersson, 1865—1915）生於瑞典斯卡拉堡的拉斯堡社區（Rasberg Parish），1887年至1888年在奧斯陸的瑞典行道會學校學習，畢業後按立牧師。1893年安德松應范嵐生會（Fransson Missions）邀請到華北傳道，1895年與瑪麗亞·洛維薩（Maria Lovisa Mattsson）結婚，同年二人返回瑞典。1901年安德松夫婦脱離范嵐生會，轉隸瑞典行道會，經俄羅斯來華，1902年抵達喀什噶爾；1910年因健康原因離華返回瑞典。

阿道夫·勃林（Adolf Bohlin）1873年生於瑞典斯卡拉堡縣（Skaraborg），1902年受瑞典行道會派遣來華駐喀什噶爾和疏勒。勃林曾回瑞典進修印刷技術，1912年創建喀什印刷所，1938年回瑞典，餘跡不詳。

❶ ❷ ❸

❶ 農民在場院裏脱穀篩糧

Loge. Säden rensas

喀什噶爾古稱“疏勒”、“任汝”、“疏附”，包括古代的疏勒（今喀什市、疏附縣、疏勒縣、伽師縣）、蒲犁（今塔什庫爾干）、莎車、依耐（今英吉沙和阿克陶）、烏禾宅（今塔什庫爾干南部）、西夜（今葉城）等地。喀什作為古絲綢之路的交通要衝，是中外商人雲集的國際商埠。喀什地區的民族主要有維吾爾族、漢族、塔吉克族、回族、柯爾克孜族、烏孜別克族、哈薩克族、滿族、錫伯族、蒙古族、藏族、俄羅斯族等。

❷ 脱粒

Tröskning

維吾爾族與南疆其他大多數遊牧民族不同，是農耕民族。他們主要生活在塔克拉瑪干大沙漠西部，源於天山和喀喇崑崙山的葉爾羌河、喀什噶爾河滋潤著的幾大塊綠洲，此處的肥沃土地適於種植小麥、棉花、瓜果、蔬菜和飼養牛羊。

❸ 喀什噶爾畢士大醫院

Betesda sjukhus i Kaschgar

Betesda，中文譯“畢士大”，指耶路撒冷舊城的一組水池——“畢士大池”。典出《約翰福音》第五章，公元前八世紀和公元前二世紀人們曾經在耶路撒冷修建兩個水池，公元前一世紀被圈進醫神阿斯克勒庇俄斯廟，人們相信池子裏的水可以治癒病患。耶路撒冷屢建屢毀，宗教主人你來我走，這裏大多數時間供奉著藥神。“畢士大”成為救死扶傷的代名詞。

Missionsstat on Kishui Kina

瑞典行道會特卡

編者 S.M.U:s
瑞典行道會
語言 瑞典文
印製 1920s., Nordisk Rotogravyr（挪威凹印社）
尺寸 140mm×85mm

◉ 瑞典行道會在蕲水

Hälsning från S.M.U:s
Missionsstat on Kishui Kina

【原注】"來自中國蕲水的祝福"。

"住所"（左上），"揚內 · 尼倫視察蕲水（左下），"佛塔"（中），"教堂"（右上），"踏青"（右下）。

蕲水，湖北治縣，唐為浠水縣，明設蘄州府，後改隸黃州府，民國改名浠水。1905 年瑞典行道會在蕲水開教，修建福音堂。揚內 · 尼倫（Janne Nyrén, 1864—1945）生於瑞典克里斯蒂安斯塔德縣，1918 年至 1930 年擔任瑞典行道會會長，1919 年 6 月至 1920 年 5 月曾到中國傳道區視察。

KINAMISSIONÄR

瑞美行道會傳教士系列

編者 Swedish Evangelical Mission Covenant of America
瑞美行道會
語言 瑞典文
印製 1930s., Eric Sjöqvist, Örebro（瑞典厄勒布魯埃里克圖片社）
尺寸 140mm×90mm

❶ ❷

❶ 傳教士安義理一家

Missionär Elis Anvill med familj

安義理（Elis Anvill, 1893—1950），美國人，1922 年受瑞美行道會會派遣來華，駐湖北武昌；其妻 1923 年受瑞典行道會派遣來華，1925 年夫婦轉駐湖北監利，曾修建沙市基督堂。安義理是一位多產作家，著有 *Kinas Religioner*（《中國宗教》，Stockholm: Svenska missionsförb, 1932），*Kristendomen i Kamp om det Kinesiska Folket*（《中國人民鬥爭中的基督教》，Stockholm: Svenska missionsförbundets förlag, 1934），*Från Stormigt Fjärran Östern*（《遠東的暴風驟雨》，Stockholm: Svenska missionsförbundets förlag, 1942），*Den Første Blandt Kinas Kvinder, Fru Chiang Kai-shek*（《中國第一女性蔣夫人》，Kbh: Skjern, 1945），*Kinas Stærke mand, Chiang Kai-shek*（《中國強人蔣介石》，Kbh: Skjern, 1945），*Chiang Kai-Shek; Revolutionsmannen—Statsmannen—Människan*（《蔣介石：革命家政治家和人生》，Uppsala: J.A. Lindblad, 1946）以及多部描述中國生活的短篇小說。

❷ 來華傳教士瑪蒂爾達

Kinamissionär Mathilda Andersson

瑪蒂爾達・安德松（Mathilda Andersson），瑞典裔美國人，1938 年受瑞美行道會派遣來華，駐湖北襄陽，1948 年在湖北被土匪殺害，葬漢口萬國公墓。

瑞蒙宣道會

十九世紀中葉瑞典傳教士陸續來到中國，除了瑞典國信義會和瑞典行道會外，路德宗差會還有瑞蒙宣道會以及中華內地會系的瑞華會、瑞華盟會、北美瑞挪會等。瑞蒙宣道會（Svenska Mongolmissionen, SMM）是1897年瑞典王子奧斯卡親王（Oscar Bernadotte, 1859—1953）在斯德哥爾摩發起成立的跨宗派傳道差會，光緒二十五年（1899）派遣五位傳教士來華，總部設在張家口以北八十公里的霞朗烏蘇[1]，亦稱"霞朗烏蘇—庫倫會"（Hallong Osso and Urga Mission），義和團運動時期全部遇難，1908年再次派遣傳教士，設立霞朗烏蘇教區，主要活動在內蒙古的張北、五原以及當時還屬中國的外蒙古地區的庫倫[2]，以蒙古族為佈道對象，採取"遊牧"方式追隨牧民宣教，提供醫療和教育服務，1914年設立蒙古文印刷廠，陸續出版《舊約要義》、《新約要義》、《保羅行傳問答》、《天路歷程》、《天路之光》、《讚美詩歌》、《得福將軍的傳說》、《教會問答》、《苦惱的根源》、《聖經問答》、《充量施予論》、《為神意作見證的故事》以及課本《初學啟蒙教科書》、《初學算術課本》等。瑞蒙宣道會在庫倫（1919）、柴日圖[3]（1922）、海爾罕[4]（1924）等地設有傳道所。十月革命後蘇聯加強對外蒙古的控制，在意識形態上禁止西方宗教的傳播，瑞蒙宣道會在外蒙古的宣教工作比較艱難，二十年代被蘇聯驅離，被迫把禾場全部轉移到內蒙古和河北北部，1927年教區總部從霞朗烏蘇搬移到哈丹蘇莫[5]，稱哈丹蘇莫教區，購買哈丹廟大殿，增建了宿舍、校舍、醫院和印刷所，1935年修建禮拜堂。1943年日軍以蘇聯間諜罪名逮捕部分傳教士，1944年瑞蒙宣道會關閉哈丹蘇莫教區，主要人員留守在北京和張家口。1950年瑞蒙宣道會遷到日本，後併入瑞典東亞信義會（Evangeliska Östasienmissionen, EÖM）。

---

1 霞朗烏蘇（Hallong Osso），又稱哈倫烏蘇，位於察哈爾馬群旗，現為內蒙古烏蘭察布盟化德縣轄。

2 庫倫（Urga），舊稱烏爾格，現稱烏蘭巴托，蒙古國首都。

3 柴日圖，又稱柴爾圖，現為內蒙古鑲黃旗巴音塔拉鎮轄。

4 海爾罕，現為內蒙古錫林郭勒盟阿巴嘎旗轄。

5 哈丹蘇莫，位於察哈爾馬群旗，現為內蒙古錫林郭勒盟鑲黃旗轄。康熙十九年附近的雙合爾山建黃教寺廟（雙福寺），蒙語稱"特古斯巴雅斯古楞圖蘇莫"，內置釋加牟泥佛像和手抄《甘珠爾經》，為科爾沁草原著名廟宇之一，附近牧民稱其為"哈丹蘇莫"。

Svenska Mongolmissionen, Mongoliska Bilder

瑞蒙宣道會蒙古風情系列

編者　Svenska Mongolmissionen
瑞蒙宣道會
語言　瑞典文
印製　1910s.
尺寸　140mm × 90mm

❶

❷

❶ 庫倫

Urga

庫倫曾是外蒙古首府，乃今蒙古國首都烏蘭巴托的前身，建城於崇禎十二年（1639），當時稱“烏爾格”，蒙語為“宮殿”之意，為喀爾喀蒙古活佛哲布尊巴一世的駐地；乾隆四十三年（1778）改名“庫倫”，意為“大寺院”。

❷ 霞朗烏蘇傳道站

Hallong Osso missionsstation

光緒二十五年（1899）瑞蒙宣道會派遣五位傳教士來華，總部設在張家口以北八十公里的霞朗烏蘇（Hallong Osso），亦稱“霞朗烏蘇—庫倫會”（Hallong Osso and Urga Mission）。義和團運動時期傳教士全部遇難。光緒三十四年（1908）瑞蒙宣道會再次派遣傳教士，以蒙古族為佈道對象，採取“遊牧”方式追隨牧民宣教，提供醫療和教育服務。十月革命後受蘇聯影響的外蒙古限制基督教的傳播，1924年“蒙古人民共和國”驅逐了全部瑞蒙宣道會傳教士。1927年教區總部從霞朗烏蘇搬移到哈丹蘇莫，此後該會主要活動在張家口以北的五原、張北、霞朗烏蘇（Halong Osso）、高家淖（Gottjaggan）、各沙土（Geshatu）、多倫（Dojen）、哈丁蘇姆（Hattin Sum）等地。

❶ ❷ ❸ ❹

❶ 穿嫁衣的姑娘

Mongoliska bilder. Ung kvinna i bruddräkt

❷ 牧師出行

Präst på resa

❸ 蒙古家庭

Mongolfamilj

❹ 戈壁上的寺廟

Tempel i Gobi

MONGOLMISSIONÄR

瑞蒙宣道會傳教士系列

編者　Svenska Mongolmissionen
　　　瑞蒙宣道會
語言　瑞典文
印製　1920s., Eric Sjöqvist, Örebro（瑞典厄勒布魯埃里克圖片社）
尺寸　140mm×90mm

◉ 瑞蒙宣道會義克生牧師和家人

Mongolmissionärerna Joel och Annie Eriksson med Svea, Paul och Vera

義克生（Joel Eriksson）1890 年生於瑞典烏普薩拉，1897 年加入瑞蒙宣道會，1910 年在倫敦利文斯通學院進修傳道和醫學知識。1913 年義克生來華，駐內蒙古大馬群哈拉烏素，來華途中結識安妮（Annie Maria Eriksson），1918 年二人在張家口結婚。1916 年美國博物學家安得思（Roy Chapman Andrews, 1884—1960）率領中亞探險隊來華，1926 年至 1930 年間義克生擔任探險隊在蒙古地區的嚮導，發現恐龍化石。瑞典考古學家安特生 1932 年考古發現的一些青銅器據說是義克生在內蒙古哈丁蘇姆（Hattin-sum）發現的。1934 年義克生牧師擔任瑞蒙宣道會會長，時有總堂三座，傳教士八人，受餐信徒六人，主日學校學生十六人。日本侵華戰爭爆發，1938 年義克生攜妻兒回到瑞典老家，1947 年義克生夫婦重返內蒙古，包括兒子保羅（Paul Eriksson）也作為傳教士與他們同行，1948 年因戰事離開中國。義克生牧師保存了當年許多生活情景照片，“瑞蒙宣道會蒙古風情系列”的照片多數為義克生拍攝；1943 年義克生出版 *Vid Gobiöknens gränser: livsbilder ur Svenska Mongolmissionens historia*（《無垠的戈壁沙漠：瑞蒙宣道會史照》），1985 年他雙目失明後將所有照片的底片捐贈給烏普薩拉大學，1987 年逝於烏普薩拉。

丹麥信義會

丹東西南有孤山，乃千山之餘脈，突兀陡峭，茂林遮天，東臨洋河，南望黃海，孤峙河海之間。山腰有始建唐代的古剎百餘間，垂脊飛甍，斗拱雀替，供奉儒之聖、道之仙、佛之尊，世謂三教合一。其實這裏也曾是耶教興繁之地，悉者寡也。

1960 年 7 月的一天，孤山腳下集聚寥寥當地教友，為一位金髮碧眼的老嫗下葬，墳前豎著小小十字架，送別她歸赴天國。這位即將安詳在天主之懷抱的老人名叫聶樂信（Ellen Kirstine Marie Nielsen），1871 年生於丹麥西蘭島霍爾拜克鎮的布賴寧厄村（Bregninge Holbæk Sjælland），父親是掃煙囱工人，酗酒不持，家境貧寒，母親承擔撫養六個孩子的全部重任，在鄉間種植果蔬、餵養牛羊。身為家中老幺的聶樂信八歲起便務工掙學費讀書，十九歲那年母親過世，她隻身到哥本哈根參加基督教會女子青年會（Kristelig Forening Unge Kvinder），主要負責幫助妓女的社會工作。為了加入丹麥信義會到中國傳道，她參加了哥本哈根傳道學校的培訓課程，考取教師和醫護資格證書，學習中文基礎知識。1896 年聶樂信如願以償被丹麥信義會作為第一批女傳教士派往滿洲。

丹麥信義會（Danske Missionsselskab, DMS）源於丹麥神學家容訥[1]牧師於 1821 年創建的一家新教差會，當時僅限於在丹麥屬地格陵蘭島給土著居民佈道。1833 年容訥去世後，霍爾施泰因—霍爾施泰因伯格[2]擔任差會會長後正式使用“丹麥信義會”名稱。1836 年芬格[3]接任會長，丹麥信義會開始向小亞細亞派遣傳教士。為擴大海外傳道任務，丹麥信義會於 1862 年在設立一所傳道學校，1864 年在印度泰米爾人居住區建立傳道區。1893 年派遣傳教士到中國滿洲，在當地稱為“關東基督教信義會”，最多時有七八十位丹麥傳教士。

丹麥信義會的座右銘是從《馬可福音》裏選擇耶穌的一句話：“不要怕，只要信”（第 5 章第 36 節），鼓舞著傳教士們毅然決然地遠離親人，願把他鄉當故鄉。1893 年丹麥信義會決定派遣柏衛[4]到中國傳道，柏衛與相戀七年的同學米娜（Minna Gudrun Hass Bolwig, 1867—1960）結婚，夫婦踏上開往遠東的郵輪，拓荒使命權當蜜月旅行。他們從上海登岸，為尋找合適的傳道區域，經中華內地會的介紹，他們先赴漢口，光緒二十一年（1895）轉道滿洲，考察了營口、旅順口、安東、寬甸、桓仁、扶餘等地，最後在大孤山紮營。柏衛在孤山西麓九聖祠建立傳道站，1905 年創辦培英小學，

1　容訥（Bone Falch Rønne, 1764—1833），丹麥神學家，靈比（Kongens Lyngby）教區牧師，發起建立多家教會組織，最著名的是 1821 年創建的丹麥信義會。

2　霍爾施泰因—霍爾施泰因伯格（Frederik Adolph Holstein-Holsteinborg, 1784—1836），生於德國石勒蘇益格—荷爾斯泰因州的貝倫斯多夫（Behrensdorf Schleswig-Holstein），1833 年至 1836 年擔任丹麥信義會會長，逝於丹麥荷爾斯泰因堡（Holsteinborg, Sjælland）。

3　芬格（Johannes Ferdinand Fenger, 1805—1861），生於丹麥克里斯欽港（Christianshavn）牧師家庭，1827 年從神學院畢業後在德國、法國、瑞士、意大利、希臘、土耳其學習，1836 年擔任丹麥信義會會長，1842 年擔任《丹麥傳教士雜志》主編，逝於霍耶措斯楚普（Høje Taastrup）。

4　柏衛（Conrad Sophus Bolwig, 1866—1951），出生在丹麥哥本哈根牧師家庭，1891 年在哥本哈根奧爾本大學學習神學，後在愛丁堡大學學習醫學，畢業後擔任牧師，1893 年受丹麥信義會派遣來華，在丹東大孤山傳道，1937 年曾遭土匪綁票，被官兵解救。1946 年柏衛夫婦離華回丹麥。

1912 年設立培英中學，柏衛自任校長，柏衛夫人講授英文。柏衛的心思主要放在懸壺濟世上，免費給窮人看病，1896 年他在大孤山鎮上開起了一家西醫診所。

聶樂信光緒二十二年（1896）抵達中國，先在北京學習了兩年中文後被遣往到安東（今丹東），初期協助柏衛牧師在孤山鎮行醫，光緒二十六年在孤山東麓魁星樓建立傳道站，籌建了一所寄宿工藝學校，培訓當地女孩子學習刺繡，產品銷售國外，收入反哺學校，開設文化課程、講授衛生和宗教課程，初期的學生大多是她收養的孤兒。1908 年她在工藝學校基礎上創辦“崇正女子小學”，1912 年建立“崇正貧民院”，組織貧民耕織自救，把工藝學校救助的範圍擴大到成人、男性和農業種植。1913 年她建立了滿洲第一所幼兒園。為了幫助孤寡老人和殘疾人，1920 年她在孤山北關修建八棟房子設為孤殘院。1929 年聶樂信決定放棄丹麥國籍，1931 年正式拿到中國公民身份，戶籍登記名字是“聶樂信”。

聶樂信從丹麥募集資金購買土地，重建校舍，將她創建的幾所機構合併擴建為“聶樂信家庭村”（Nielsen's Family Village），安置來自滿洲和朝鮮各地幾百名貧困家庭的孩子，聶樂信家庭村有幼兒園、初小到初中的班級和師範班，還設農作部，安排孤寡老人和殘疾人耕種農田，圈養家畜，自食其力。她把丹麥信義會發給她的每年一千四百元大洋的生活費全部交給學校作為運營費用。她曾為聶樂信家庭村編寫過《聖歌選編》、《基督教五要選讀》、《基督教五要便覽》、《聖經易記》。她的扶危濟困助推丹麥信義會在丹東的傳道事業。日滿政府曾要求崇正女校師生晨起遙拜日本“天照大神”，聶樂信陳明基督教“篤信上帝，不拜他神”。1942 年偽政府接管聶樂信家庭村，更名“安東省大孤山國民高等學校”。

巾幗不讓鬚眉這句話在丹麥傳教士身上表現得淋漓盡致。1906 年丹麥醫療傳教士安樂克[1]在元寶山天后宮街創建“安東基督教會醫院”，1907 年丹麥醫學女傳教士郭慕深在醫院西側創辦“安東基督教女醫院”，二者統稱“丹國醫院”（Christie Memorial Medical College i Mukden）。郭慕深（Karen Dortea Gormsen, 1880—1960）生於丹麥北布羅比的沃伊斯特魯村（Vøjstrup Nørre Brobysg）的貧戶，1900 年加入丹麥信義會，在安德斯特傳道學校（Missionsskole i Andst）參加護士培訓和傳道業務培訓，1906 年被派往中國，在安東基督教會醫院當護士和助產士，1907 年主管剛剛設立的“安東基督教女醫院”。醫院規模不大，卻在當地婦孺心中留下深刻印象，郭慕深從“巫婆”、“大仙”手裏挽救許多生命。郭慕深在醫院接觸到棄嬰的事例，自己收養了許多女孩，1916 年她在丹東

1　安樂克（Søren Anton Ellerbæk, 1872—1956），丹麥醫療傳教士，1895 年獲丹麥行醫資格證書，1904 年來華，1906 年到丹東，在位於丹東元寶山天后宮的安東基督教會醫院行醫；1916 年在瀋陽與喬安娜（Johanne Graversen Ellerbæk）結婚，1920 年妻子病故；1922 年擔任瀋陽醫科專門學校校長，1923 年擔任丹國醫院院長，同年與丹麥傳教士多西婭（Dorthea Anne Marir）再婚；1940 年攜夫人回國。

元寶山麓修建一座三層小樓成立“安東基督教育嬰堂”，照顧更多孤兒。郭慕深的聲望在當地非常高，從舊朝皇室妃嬪、破落官宦妻妾的私生子、站街妓女的棄嬰，到流離失所的兒童，她的育嬰堂無所不收。據説當年人們只要在遺棄路邊的繈褓裏夾入寫著“郭慕深”三個字的紙條，孩子就算是找到歸宿，安然長大。郭慕深對孩子視如己出，每晚必定與孩子們睡在一張熱炕上心裏才踏實。孩子長大後，她逐一送他們讀書。當地政府只承認郭慕深的育嬰堂是合法的。郭慕深育嬰堂經費大部分從丹麥募捐，也有部分來自中國人的善款。“二戰”結束後，郭慕深與蘇聯軍隊斡旋，為孤兒爭取留下更多糧食，還收養一些日本遺孤。

安東解放後，郭慕深把育嬰堂全部財產，包括房屋、奶牛、奶羊移交給新政權。1950 年冬月一個大雪紛飛的早上，郭慕深出現在安東火車站，四十四年前，稚氣未脱的她心中喃喃默唸著“不要怕，只要信”，孤身一人惶然走下站台。四十四年後，年已古稀的她彷彿回到這個生命原點，最後一次回首望望她熱愛的第二故鄉，潸然淚下。由於朝鮮戰爭爆發，育嬰堂的孤兒都被轉移到大山裏，站台上沒有一個她惦念的孩子為她送行。一生未嫁的郭慕深行囊裏除了幾件貼身衣服別無他物，與安東相關的東西只有厚厚一冊育嬰堂孩子們的照片。後來十年間，郭慕深多次向中國政府申請回安東，均沒有回音，1960 年她在哥本哈根的家中安逝。丹麥女作家安吉．約根森（Agnes Albinus-Jørgensen）根據她的口述撰寫了 *Mine Børn i Kina*（《我的中國孩子》，DMS, 1961）。

郭慕深離開安東算比較遲的，“二戰”結束後丹麥信義會遣華傳教士大多相約回國。

認死理的聶樂信就是一句話：“我是中國人，我不離中國”。1947 年丹東實行土地改革，聶樂信的成分被劃為地主，財產被分給窮人，留下來幫助她的兩位丹麥女傳教士卜思溫[1] 和陳樂實[2] 被拘禁，不久被釋放後也匆匆回國，聶樂信從此孑然一身。1949 年新政府落實宗教政策，歸還聶樂信一座教堂、一個果園、一處池塘和四頭奶牛。失去的有形之物對她而言如水中浮萍，讓她最惆悵的莫過於畢其一生的事業和牽腸掛肚的孩子們。1960 年老邁的聶樂信跌傷後一病不起，在中國生活六十三年的“丹麥老嫗”撒手人寰，葬孤山之陰的基督教墓園。倘若追問聶樂信的“遺產”，大概只剩下她從丹麥引進的黃杏與當地土杏嫁接的“孤山杏”尚存了，讓今人在孤山下體驗到“沾衣欲濕杏花雨，吹面不寒楊柳風”。

1　卜思溫（Nanny Fridoline Brostrøm, 1881—1950）生於丹麥索羅附近的布羅梅（Bromme, Sorø），1906 年成為丹麥信義會女傳教士，在安德斯特傳道學校（Missionsskole i Andst）參加護士培訓和傳道業務培訓，當年受遣來華，駐大孤山、鳳凰城等地興學佈道，曾擔任兩地女子聖經學校（Bibelkvindeskolen）校長。

2　陳樂實（Astrid Poulsen, 1890—1990），丹麥信義會女傳教士，1920 年獲教師資格，1921 年受丹信義會差派來到中國，1922 年任教並執掌大孤山崇正女校，大孤山基督教會負責人，參與大孤山婦女傳道會工作，1950 年回國。

DET DANSKE MISSIONSSELSKAB, KINA

關東基督教信義會系列

編者 Danske Missionsselskab
丹麥信義會

語言 丹麥文

印製 1900s.—1910s.

尺寸 140mm × 90mm

“丹麥信義會中國系列”是一套數量非常多的明信片，大約有兩百餘種，每一種都有序號，研究文獻中有關丹麥信義會的照片大多與這套明信片有關。

❶ ❷

❶ 郭慕深和寧乃勝夫人

Marie Gormsen til Anna Jørgensen

前排右一郭慕深，後排居中寧乃勝夫人。寧乃勝夫人（Ane Kirstine Jørgensen Nielsen）1873 生於丹麥霍爾斯特布羅市維丁鎮（Vinding Holstebro），在美國接受教育，1902 年與寧乃勝結婚，1907 年受丹麥信義會派遣作為醫學傳教士與丈夫來華，在岫岩丹國醫院任護士，1941 年夫婦倆回國 。1950 年寧乃勝夫人逝於家鄉。

❷ 鴨綠江畔木筏

Tømmerflaader paa Jalu

安東今稱丹東，同治年間滿洲東部地帶開禁後，清政府設置安東縣、岫岩州、鳳凰廳、寬甸縣，以鳳凰廳為府治，管轄岫岩、安東、寬甸三個縣。1907 年安東開埠，全面對外開放。

丹麥傳教士來華後，初期一直在安東周邊開教，1902 年才設立獨立的安東教區，與大孤山教區和鳳凰城教區分隔。隨著安東城市的發展，安東與周邊城鎮的界限已然模糊，老人記憶裏大孤山的那些培英學校、崇正女校、丹國醫院都已完全融於安東的街巷中。

❶

❷

❸

Det danske Missionsselskab. – China.

No. 39. Theater i An-tung.

Det danske Missionsselskab. Kina.

No. 26. Missionærbolig i Da-gu-san.

No. 33. Familien Jen. Tov-svæ.

❶ 安東古戲樓

Theater i An-tung

安東古戲樓建於道光六年（1826），位於大孤山鎮，歇山式和硬山式交合的屋頂結構是古建築之典範。新歲、上元、端午、中秋為當地廟會舉辦地。大孤山廟會舊時聞名遐邇，吸引遍佈關外及河北、內蒙一帶的民眾來此進行商貿活動，也成為基督教傳教士廣佈福音、勸奉基督的場所。

❷ 大孤山傳教士之家

Missionærbolig i Da-gu-san

大孤山是丹麥信義會在華傳道大本營，1895 年柏衛牧師到大孤山開教，1896 年創建大孤山傳道站，1917 年柏衛和聶樂信在孤山東溝修建丹東最大的禮拜堂“丹國樓”。

❸ 孤山任氏家族

Family Jen. Tov-svæ

❶ 大孤山女子傳道站

Kvindestationens Veranda i Da-gu-san

大孤山婦女傳道站，俗稱“孤山講堂”，位於孤山魁星樓東側，聶樂信於 1900 年創建。魁星樓是孤山名勝，毀於 1932 年。

❷ 孤山教徒之家

Kristen Kineserfamilie Tov-svæ

孤山是丹麥信義會最早建立傳道站的地方。美國南加州的大學歷史學家很重視“孤山教徒之家”、“孤山任氏家族”，認為丹麥傳教士留下的這兩張珍貴照片，反映出那個時代皈依基督教的中國家庭仍然恪守中國傳統觀念和禮節，體現老幼有序，推崇闔家美滿。

❸ 岫岩傳道站

Indgangsporten til missionsstationen i Hsiuyen

岫岩原隸屬丹東，現歸鞍山市管轄。1898 年丹麥信義會在岫岩正式設立傳道站，1911 年寧乃勝[1]牧師在岫岩修建西山基督教會醫院。

---

1 寧乃勝（Niels Nielsen, 1875—1945）生於丹麥霍斯霍姆（Hørsholm Kommune），在美國明尼阿波利斯獲得行醫執照，1902 年結婚，1907 年受丹麥信義會派遣攜夫人來華，1923 年在岫岩西街建禮拜堂；1941 年寧乃勝夫婦離開岫岩退休回國。

Det danske Missionsselskab. – China.
No. 63. Skolen i Hsiu-yen aabnes med 3 Børn.

◉ 岫岩學校的教師和三個學生

Stolen i Hsiu-yen aabnes med 3 Børn

丹麥信義會在華舉辦學校主要有聶樂信的崇正女校、柏衛的培英中學、于承恩的三育學堂。

于承恩（Johannes August Vyff, 1870—1932）生於丹麥奧爾堡（Vonsild, Aalborg），曾在科靈（Kolding）學習過園藝，1891 年加入丹麥信義會，受差會派遣赴中國湖北，因病未到任；1892 年至 1896 年期間在海爾寧克赫學院（Herning Koch）學習神學。1896 年丹麥信義會派遣于承恩與夫人埃爾絲（Else Kristine Cathrine Pedersen Meldgaars Vyff）來華，他們在濟南學習漢語後到安東報到。于承恩對丹麥信義會開闢教區做了很多努力，他 1905 年建元寶山禮拜堂，1909 建大東溝禮拜堂，1916 年建天后宮禮拜堂。

于承恩的突出成績表現在辦學上。1898 年于承恩與教內縉紳王遂之在元寶山開辦“三育小學堂”，孩子們逐步長大，1912 年他們又升格在蛤蟆塘辦“三育中學堂”。三育學堂本來是一所中國私塾性質學校，王遂之聘于承恩出任校長，于承恩提出所謂三育“知識、技能、力量”的辦學宗旨，注重培養勞動技能培訓，學校在蛤蟆塘設有園藝中心，園藝師出身的于承恩手把手教授學生種植海內外瓜果蔬菜。1919 年丹麥信義會出資全面接管三育學校，三育學校由是成為教會學校，傳教士包樂深[1]接替于承恩擔任校長。于承恩又把精力轉到福音教育上，1919 年在安東劈柴溝創建培養神職人員的神道學校，後來發展為安東基督教信義神學院。1933 年于承恩因患白血病逝於安東。1942 年因戰爭因素三育學堂關門。

---

1 包樂深（Anders Aagaard Poulsen, 1860—1960），丹麥信義會傳教士，1912 年來華，在北京和大連學習中文，1915 年在哈爾濱傳道，1919 年出任三育學堂校長，1930 年轉為教區任職，1946 年離開中國。

Det danske Missionsselskab. – China.

No. 70. Stationen i Kvan-djen. Vinter.

Det første Hold Elever fra Bibelkvindeskolen i Feng-hwang-cheng i Kina samt Skolens Lærere og Lærerinder.
Nederste Række fra højre:
Frk. *Hsia*, (Lærerinde). *Chang-Pao-Chen*, (nu i Changchun). *Liang-Hsin-Chen*, (nu i Dalni). *Nanny Brostrøm*. *He-Su-Chen* (nu i Feng-hwang-cheng).
Liu-U-Chen, (nu i Swei-hwa-fu). Frk. *Li*, (Lærerinde). Missionærerne: *Olesen, Vyff, Waidtløw*.

❶

❷

❶ 寬甸傳道站的冬日

Stationen i Kvan-djen. Vinter

寬甸丹東屬縣。1906 年丹麥信義會傳教士顏深義[1]和韓設科[2]在寬甸縣城設堂傳道，有講堂五間，教員室一間，自修室兩間，為基督教活動中心。

❷ 1924 年鳳凰城基督教女子聖經學校第一屆結業

Det første hold elever fra bibelkvindeskolen i Fenghwangcheng i Kina samt skolens lærere og lærerinder

【原注】"于承恩（後排右一），吳樂信（後排右二），卜思溫（前排居中）"

鳳凰城，或稱鳳城，現為丹東屬縣，域內有鳳凰山，山裏有鳳凰洞。丹麥信義會 1899 年成立鳳凰城傳道區，1924 年于承恩在此設立"鳳凰城女子聖經學校"，後來亦稱"信義會女子神道學校"。照片西文題記的 Føng-tvang-tøng（鳳凰洞）即"鳳凰城"。吳樂信（Ole Peter Svenning Olesen, 1863—1956）生於丹麥比約靈的拉克比（Rakkeby, Hjørring），畢業於赫寧傳道學校（Missionsskole i Herning），1896 年受丹麥信義會差遣來華，在岫岩、大孤山和鳳凰城傳道，1928 年退休回國。

1 顏深義（Jørgen Emil Jensen, 1868—1943）生於丹麥斯勞利勒（Slaglille），1899 年受丹麥信義會派遣來華，先後在大孤山、鳳凰城、岫岩、寬甸、伯都訥（今扶餘）、旅順口等地傳道，1933 年回國，逝於斯凱恩（Skjern）。

2 韓設科（Laust Lauridsen Hagelskjær, 1879—1962）生於丹麥伊卡斯特索恩（Ikast sogn），1906 年受丹麥信義會派遣來華，在大孤山、鳳凰城、寬甸等地傳道，1912 年創辦寬甸三育小學，1920 年設立太平哨耶穌堂，1930 年攜家眷回國，逝於哥本哈根（København）。

❶
❷
❸

❶ 岫岩楊氏一家

Familien Yang fra Sju-jen

❷ 旅順口女子傳道站

Missionærbolig i Port Arthur

金州今屬大連轄區，1899 年外德勞牧師來此開教，設立丹麥信義會傳道站，歸旅順口傳道區管轄。1919 年女傳教士金濟生[1]接替外德勞主持金州教務，創辦金州“育英女學堂”，1923 年修建金州禮拜堂。

❸ 旅順口的中國人

Fra Port Arthurs Chineserby

旅順口是丹麥信義會在中國開設的第二個傳道站，外德勞（Peter Christian Bruun Waidtløw）1865 年生於丹麥韋爾寧厄（Verninge），1895 年受遣來華，1896 年到俄國人佔領的旅順口開教。日俄戰爭時期，外德勞組織傳教士以丹麥紅十字會名義救治士兵和百姓。1911 年外德勞向丹麥信義會提出籌建禮拜堂，在丹麥籌款並得到旅順口本地商人劉肇億的善款，1913 年動工，次年竣工，稱“承恩堂”，包括禮拜堂和牧師樓共一千七百平米。1936 年外德勞逝於大連劈柴溝。外德勞夫人（Karen Marie Rebekka Abildtrup Wasidtløw）1875 年生於丹麥尼爾森（Nielsen），1898 年受遣來華，駐大連，同年與外德勞結婚。

---

1 金濟生（Olga Marie Petra Kristensen, 1882—1967）生在丹麥哥本哈根，1908 年受遣來華，在旅順口駐堂傳道，開闢旅順口女子傳道站。金濟生來金州後創辦金州“育英女學堂”，1923 年還修建金州禮拜堂；1947 年回國。

No. 34. Gamle Fru Gu med en Søn Djo-taj-gov.

No. 8. Kinesiske Forbrydere.

Det danske Missionsselskab. Kina.

No. 31. En Tolder med sin Søn. Da-gu-san.

❶ ❸
❷

❶ 顧太太和兒子

Gamle Fru Gu med en Søn Djo-taj-gov

清朝晚期照相在大城市已經普及，而在偏僻鄉鎮還是很稀罕的事情。為了採光，傳教士請這家人把屋內陳設搬到院子當中，桌上擺放的有座鐘、書籍、鮮花、水壺以及小器物，唯獨沒有中國人家傳統的佛道祭物，似乎表明這位顧氏老夫人是位基督教徒。

❷ 囚犯

Kinesiske Forbrydere

❸ 酒館老闆父子

En Tolder med sin Søn. Da-gu-san

美國豪格會

德國哲學家馬克斯．韋伯（Maximilian Karl Emil Weber, 1864—1920）在《新教倫理與資本主義精神》這部名著裏枚舉了許多案例斷言，新教徒，尤其是清教徒，在歐洲和美國資本主義的興起與新教盛行存在著相互影響的關係，新教入世禁慾主義倫理為資本主義企業家提供了心理驅動力和道德能量，從而成為現代資本主義得以興起的重要條件之一。倘若韋伯再能修改這部著作，他還應該補充"豪格運動"的資料，會使他的論證更據説服力。

路德宗裏有一支派叫作"豪格會"（Hauge Synod Mission, HSM），發端於十八世紀挪威工業化時期，十九世紀被挪威移民帶到美國而盛行。漢斯．豪格（Hans Nielsen Hauge）1771 年出生於挪威南部東福爾郡格洛馬畔的洛爾賽（Rolvsøy Østfold）農民家庭，用他自己的話説，二十五歲之前一直在自家農場享受著"精神洗禮"，像周圍大多數人一樣務農，貧窮而平凡。1796 年豪格把自己很久以來思考的問題寫成書，便有了著名的 *Betragtning over Verdens Daarlighed*（《世間的凡事》）和 *Forsøg til en Afhandling om Guds Viisdom*（《上帝的智慧》）。他告別父母親，獨自遠行，徒步走遍挪威和丹麥大部分地區，立誓向人們傳播他的信仰，分享他的"恩典"體驗。豪格的神學理論與作為挪威國教的路德主義並沒有多大差異，卻因不斷違反挪威法律有關非神職人員不得私下傳道的規定，九年間被拘禁多達十四次。1811 年豪格獲釋後定居克里斯蒂安尼亞（Christiania，現稱奧斯陸），在巴克豪根（Bakkehaugen）創辦了若干家農場和工廠，一邊經營著自己龐大的"工業帝國"，一邊傳播信仰。長期的監獄生活摧垮了豪格的健康，1824 年他以年僅五十三歲逝於家中。

豪格生活的時代，挪威的宗教活動比較沉寂，克里斯蒂安尼亞地區人口上萬，經常到教堂參加禮拜的人屈指可數。豪格本著馬丁．路德"因信稱義"的神學原則，雖然並未否認洗禮、禮拜、懺悔等宗教活動的儀式感，但更為強調信徒個人信仰體驗的意義。豪格利用自己建立的組織體系，使挪威教會在十九世紀復甦活躍起來，宗教史稱為"虔誠派復興運動"或"豪格運動"（Haugianerne）。豪格對挪威宗教的影響是巨大的，他一生寫了三十三本神學著作，據説當時挪威九十萬人口中有十萬人至少讀過他的一本著作。豪格還是十九世紀挪威首屈一指的企業家，他建立過製鹽廠、木材廠、造船廠、紡織廠、印刷廠等，企業家自身的簡單、實用、節儉的性格與豪格的宗教學説也是一致的，後人評價説，正是豪格把基督教道德與他的謙虛、誠實和勤奮的企業家精神的結合，有力地推動了挪威工業革命的成功。從某種意義上説，"豪格運動"是挪威民族復興和資本主義工業化的產物；他蔑視宗教的和世俗的威權統治，為挪威的自由民主傳統鋪平了道路。正如馬克斯．韋伯所説的，工商界領導人、資本佔有者、近代企業中的高級技術工人，尤其是受過高等技術培訓和商業培訓的管理人員，絕大多數都是新教徒。艱苦勞動精神、積極進取精神的覺醒往往被歸功於新教，不必像流行的看法那樣將其理解為對生活樂趣的享受。如果舊日的新教精神和現代的資本主義文化之間有什麼內在聯繫的話，應在其純粹的宗教品性中去尋找。

“豪格運動”在美國的影響遠遠超過挪威，漢斯·豪格所勾畫的“最自由、最簡單、最實用”的宗教信仰，“最迎合、最匹配、最適應”美利堅合眾國的建國理念和清教徒帶來的倫理精神。把豪格會傳播到美國的是挪威移民艾爾森。艾爾森（Elling Eielsen）1804 年生於挪威西部米克爾河谷的沃思特朗德（Vossestrand），父母是篤信豪格信義主義的農民。二十五歲艾爾森離開鄉下到了西部城市卑爾根，跟著木匠師父和鐵匠師父學徒，曾應徵入伍。1831 年艾爾森成為豪格會一員，到丹麥做一些宣教輔助工作。1839 年艾爾森移民美國，希望在新大陸得到發展機會。1843 年他如願以償成為路德派牧師，組織挪威裔信義會教徒捐資在伊利諾伊州的福克斯河畔修建了一座教堂。1846 年艾爾森在威斯康星州的傑佛遜草原村（Jefferson Prairie Settlement）發起成立豪格會在美國的分支機構“北美信義會”（Evangelical Lutheran Church of North America），亦稱為“艾爾森會”（Eielsen Synod），隨後逐步擴展到明尼蘇達州、南達科他州和德克薩斯州等地，1873 年眾會總部設在芝加哥。1876 年北美信義會分裂，艾爾森的追隨者成立“豪格挪美信義會”（Hauges Norsk Lutherske Synode i Amerika, ELCA），亦稱“美國豪格信義會”。1879 年美國豪格信義會在明尼蘇達州設立“紅翼神道學院”（Red Wing Seminary）培養神職人員和傳教士。1883 年艾爾森逝於芝加哥。1917 年美國豪格信義會與成立於 1890 年的挪美信義會（Norwegian Lutheran Church of America, NLCA）合併，重新採用艾爾森的舊稱呼“北美信義會”。

1890 年美國豪格信義會決定派遣穰福林等人來華開教。穰福林（Halvor Rønning, 1862—1950）出生於挪威泰勒馬克（Telemark）貧傭家庭，從小放羊，繼而上學。當地教會深受豪格復興運動的影響，選派年輕人去美國學習，二十一歲的穰福林收拾行裝，告別父母遠赴大洋彼岸的紅翼神道學院深造，1887 年畢業後在明尼蘇達州法里博（Faribault）附近的三所教堂擔任牧師。光緒十七年（1891）穰福林牧師帶領兩位女傳教士，他的妹妹穰姑娘（Thea Rønning）和後來成為穰師娘的饒姑娘（Hannah Rorem）來華，取豪格會英文 Hauge Synod 兩個單詞的諧音，在華稱為“鴻恩會”，聽從楊格非的建議開赴湖北樊城開教。1907 年穰福林夫人去世，他帶著孩子們回到了美國，後到加拿大傳道。穰福林離開後，鴻恩會與挪威和瑞典的信義會協同佈道，傳道區域擴大到湖北的太平店、灄口，河南的新野、鄧州、雞公山等地。

編者 Hauge's Synod Mission
美國豪格信義會
語言 英文
印製 1900s., The Albertype Co., Brooklyn, N.Y.（紐約布魯克林珂羅印刷公司）
尺寸 140mm×90mm

鄂豫鴻恩會系列

❶

❷

❸

THE THEOLOGICAL CLASS OF HAUGE'S SYNOD AT FANCHENG, CHINA.

TA
Church at TAIPINGTIEN, China.

RECEPTION ROOM, MISSION STATION. TAIPINGTIEN, CHINA.
TO THE LEFT ARE THE EVANGELISTS AND TO THE RIGHT VISITORS.

❶ 鴻恩會樊城神學班

The Theological Class of Hauge's Synod at Fancheng, China

美國豪格會光緒十八年（1892）進入樊城設堂。

❷ 太平店福音堂

Church at Taipingtien, China

太平店隸屬樊城，光緒二十三年（1897）美國豪格會在太平店設堂。

❸ 太平店傳道站的客廳

Reception Rome, Mission Station. Taipingtien, China

【原注】*"左邊是傳教士，右邊是賓客"*

挪威信義會

與瑞典信義會一樣，挪威信義會也有廣義和狹義之分。廣義的挪威信義會是對尊奉路德宗若干挪威差會的泛稱，其中比較活躍的是在美挪威移民建立的組織。在中國開拓的有美挪信義盟會（United Norwegian Lutheran Church of America, UNLC）的"豫南信義會"，美國挪威路德會（Norwegian Lutheran Church of America, NLCA）的"豫鄂信義會"，美挪福音信義會（Norwegian Synod of the American Evangelical Lutheran Church, LSA）的"光州信義會"等。

狹義的挪威信義會是指1842年在挪威東南部的斯塔萬格（Stavanger）成立專門海外傳道的組織"挪威信義會"（Norske Misjonsselskap, NMS），差會的宗旨是通過提供教育服務和醫療救濟以消除貧困。1843年挪威信義會成立傳道學校"斯塔萬格學院"（Misjonshøgskolen i Stavanger），以培訓外派傳教士為主，兼顧為貧困百姓提供受教育機會。同年，挪威信義會派遣第一批傳教士到南非的祖魯蘭。1848年挪威信義會曾派施魯德[1]到過香港，逗留時間不長，沒有找到合適機會便轉赴南非。1902年挪威信義會正式派遣傳教士原明道[2]夫婦、戈德白[3]、倪爾生[4]來華，初期在湖南長沙和益陽活動，設立長沙南正街總堂和益陽五馬坊總堂，陸續開闢長沙、寧鄉、新化、桃花侖、東坪、益陽、沅江等牧區，二十世紀二十年代後成立"湘中信義會"。倪爾生醫生1902年曾經寫過一篇文章"Træk fra reisen til Kina, i Kamp og Serier paa Missionsmarken"（〈中國之行——禾場的播種和收穫〉，Det Norske Missionsselskabs illustrerede ungdomsblad），記述挪威信義會在湖南開教的經歷。近些年倪爾生的孫輩瑪塞德[5]和倪百禮[6]根據這篇文章和親友們的記憶，參加了挪威舉辦的一些講座、電視片、電視採訪等

1 施魯德（Hans Paludan Smith Schreuder, 1817—1882），生於挪威松達爾（Sogndal），畢業於當地神學院，1842年作為挪威信義會第一位傳教士派往南非祖魯蘭（Zululand），其間到過香港。

2 原明道（Nils Mikkelsen Arnetvedt, 1846—1935），神學家，挪威裔美國人，生於挪威瓦克斯達爾（Vaksdal），1868年移居美國，1875年畢業於明尼蘇達聖克勞茲師範學校（St. Clouds Normal School），1890年加入挪威路德會，1893年按立牧師，同年來華駐漢口；1899年因義和團運動離華；1902年受挪威信義會派遣攜夫人來華到湖南益陽，任傳道會會督，1914年回國。

3 戈德白（Johan Andreas Olsen Gotteberg, 1872—1955），生於挪威塞爾耶（Selje），早年在英國學習神學，1896年作為挪威路德會（Norsk Luthersk Misjonssamband, NLM）傳教士環球旅行時曾到過中國，1902年與妻子、醫學傳教士戈本普（J.A.O. Gotteberg）來華傳道，駐長沙、益陽等地，曾擔任挪威信義會在華會督，1928年回國。

4 倪爾生（Jørgen Edvin Nilssen, 1871—1922），生於挪威北部的特羅姆瑟（Troms）教師家庭，接受過醫療培訓，1902年來華到長沙，與戈德白開辦診所，1905年在益陽創建桃花侖醫院，1909年回挪威，次年按立牧師；1911年二次來華，擔任桃花侖福音堂牧師，組建湖南紅十字會，1912年創辦瞽目學校；1914年擔任挪威信義會在華會督，1918年回國，逝於斯塔萬格。

5 瑪塞德（Bjørg Gunvor Måseide, 1938— ），倪爾生和瑪雅的孫女，倪安耐的女兒，生於奧斯陸，1956年至1960年就讀挪威國立工藝美術學校（Statens Håndverks-og Kunstindustriskole），1965年畢業於奧斯陸國家工業技術女校（Billedveen Statens Kvinnelige Industriskole），1977年至1978年就讀布魯塞爾皇家美術學院（Académie Royale des Beaux Arts），現在是挪威的知名畫家和紡織品設計師。1996年為紀念桃花侖醫院成立九十周年應邀來華，據此撰寫 *Reiser til Kina*（《中國行》）。

6 倪百禮（Ingar Edvin Wisløff Nilssen, 1937—1996），倪爾生和瑪雅的孫女，倪斯文的女兒，生於湖南安化天罩坪，童年在資陽區五馬坊生活，七歲離開中國，能流利地用中文閱讀、交流；先後四次帶自己的丈夫、子女、孫輩回到益陽和安化，尋訪祖輩、父輩留下的足跡；逝於丹麥腓特烈堡（Frederiksborg）。

活動，回憶他們祖父母和挪威信義會傳教士在華的往事，生動地記述了挪威信義會和他們一家人在中國的蹉跎歲月。假文代述：

倪百禮：三位挪威人經過數月長途跋涉抵達上海，搭乘火輪溯江而上，1902 年 5 月 10 日到達湖南唯一通商口岸岳州，通過歐洲人管理的海關，進入煙波浩渺的洞庭湖，他們在明媚陽光下欣賞著湖光麗影。同船旅客好奇地觀察他們，時不時有人走入他們房間搭訕，從哪裏來到哪裏去？是否結婚？老婆為何沒來？需要介紹對象？還有人索要基督教書籍。

5 月 11 日傍晚火輪在他們此行目的地長沙靠岸。江邊炮艇上的士兵上前盤問後，他們三人被船長迎到輪船公司辦公室，端茶倒水，熱情有加，被告知現在這裏很安全，兩年前完全不是這樣。孩子們趴在窗外張望，好奇地喊道"歪果仁"、"歪果仁"。船長詢問送他們去哪裏下榻，他們在路途上聽說中華內地會的吳立德牧師和葛蔭華醫生在這裏似乎辦有傳道站，便要去那裏碰碰運氣。轎子穿行在狹窄曲折的街道上，到處人頭攢動，他們頓時感覺來到的是一座大城市。

終於落轎了。三個人帶著行李走進傳道站大門。傳道站負責人葛蔭華[1]醫生像見到久別的親人擁抱他們，彼此親切地唱喏："我們只有一位神，就是父，萬物都本於祂，我們也歸於祂。"[2]葛蔭華為他們接風洗塵，坐在長條板凳上，用筷子吃了頓地道湖南菜。一夜安穩。

他們仨是挪威信義會派往中國的第一批傳教士。最年長者為五十六歲的原明道，戈德白次之，最年輕的是一名三十歲的醫生，他就是我的祖父倪爾生。祖父 1871 年 6 月 7 日出生於挪威北部，在那度過了他的童年。他志向成為一名醫生，1890 年高中畢業進入大學學醫，專攻熱帶病、皮膚病和衛生學。挪威信義會派遣他到中國，接受這個決定對他來說是個異常困難的抉擇，他本想等著第二個孩子出生再去，但到中國去是他義不容辭的責任、沒有商量餘地的使命。祖父把身懷六甲的妻子瑪雅[3]和一歲大的女兒留在挪威，恪守承諾來到了世界的另一端。

中國當時水路交通最為便利，他們需要儘快選擇沿江最適合他們開展工作的地方。他們在長沙找房臨時住下，長沙人知道來的是個外國醫生，很多病人陸續上門，有一天祖父還被請去救治一個因槍支走火而傷勢嚴重的年輕士兵。不久，他們開始了沿江考

1 葛蔭華（Frank A. Keller, 1863—1945），美國人，中華內地會醫學傳教士，1897 年來華，初駐九江，1898 年至湖南茶陵，1899 年至衡州、湘潭，1901 年到長沙開拓，次年在學院街購屋立福音堂，附設診所，與山東寧海女同工狄秀孌（Ellen E. Tilley）結婚；1905 年回國述職，1908 年重返長沙；1910 年與華牧蕭慕光在湖南長沙發起創建逐家佈道團，任總幹事，組織人員赴窮鄉僻壤挨家挨戶宣講福音；1917 年獲美國洛杉磯聖經學院（Bible Institute of Los Angeles）贊助在長沙設立湖南聖經學校，正式啟用湖南聖經學校逐家佈道團（Bible Institute of Los Angeles Book Distribution Work; Hunan Colportage Work of the Bible Institute of Los Angeles）團名，或稱湘桂贛逐家佈道團；1939 年退休回國。

2 《哥林多前書》，第 8 章第 6 節。

3 瑪雅（Maja Jørgen Nilssen, Marie Valentine Wisløff, 1870—1953），生於挪威卑爾根（Bergen），1899 年與倪爾生結婚；1903 年作為挪威信義會女醫學傳教士來華，1918 年回國，逝於奧斯陸。她和倪爾生生育六個孩子，第五個孩子早夭，有三個孩子倪安耐、倪賡維和倪斯文曾成為挪威信義會醫學傳教士來華。

察，長沙知府派了一艘炮船和一隊士兵保護他們。祖父被江上的船隻和木筏所吸引，江邊有很多村落，河道一個彎處兀然矗立兩座寶塔，一個又大又漂亮的城鎮出現了。這個僅有一條街道的城鎮逶迤在資江邊上，名字叫益陽。他們想去看個究竟，在士兵的跟隨下登岸，前去拜訪知縣。來了個外國醫生的消息不脛而走，一些病人湧進縣衙，祖父又不得不忙碌了一陣。

原明道會督決定在資江北岸的益陽城裏建立傳道站，這年10月原明道在五馬坊建了三棟房子，有一棟綠色琉璃瓦屋頂的房子留存至今。這些先遣者們還勘察了河對岸一個名叫桃花侖的地方，這裏稻田蔥鬱、桃花盛開。

瑪塞德：祖父期待著與祖母和兩個孩子重聚。1903年秋祖母和孩子們歷經兩個月的艱辛旅程終於到達長沙。快滿周歲的倪安耐[1]第一次見到他的父親，有些生卻。與祖母同行的有她的堂妹赫本衛、妹夫赫資伯[2]以及她們兩歲的兒子格哈德（Gerhard Overland Hertzberg），他是我姑姑海倫[3]的玩伴。

祖母和赫資伯一家到來前，傳教士們重新購置房子，把其中一部分改造成了診所。1902年秋天，醫生戈本普夫人到達長沙，從此有了兩名醫生一起工作，仍然缺少護士。1903年年底祖父和戈本普醫生在益陽城裏開辦診所，每周三天男科三天女科。戈本普夫人還要照顧孩子，兩位醫生忙碌辛苦。水土不服的倪海倫患上重病，1904年夏天祖父母帶孩子們上廬山度假，當時我的祖母已經懷上了第三個孩子，我親愛的倪賡維[4]姑姑出生就在牯嶺。

倪百禮：1904年挪威信義會來電同意在益陽成立一家醫院，祖父得知期待已久的消息後高興極了，立刻想到河對岸那個叫桃花侖的美麗地方，他早就認定那兒合適修建醫院。他帶著兩個中國同工出發去河對岸，將舢板繫在岸邊，登上了桃花侖。祖父幸運地找到了一個理想的地塊，這塊地由兩個家族共有，姚家兄弟佔一半、陳家兄弟和一個堂兄弟佔另一半。祖父剛開始跟陳家兄弟談判，姚家兄弟湊上來說把他家那份也賣，祖父就與兩家討價還價，1905年初終於用一個好價錢買了那塊地，頗為開心。

修建醫院是項艱巨的任務。他先建了一個土坯牆茅草頂的工棚，在沒有窗户的工棚裏用繪圖板、直尺和三角板繪製醫院設計

1 倪安耐（Ragnar Wisløff Nilssen, 1902—1960），倪爾生夫婦的第二個孩子，出生於挪威奧斯陸，1903年隨母親來華，後在挪威和英國讀書，1930年大學畢業後攜妻子克里斯汀娜（Kristina Gundersen Wisløff Nilssen）作為醫學傳教士來華，先後在長沙、益陽、新化等地信義會醫院施醫。

2 赫資伯（Arthur Johan Hertberg, 1870—1941），生於挪威哈馬爾（Hamar），1898年作為挪威路德會（Norsk Luthersk Misjonssamband, NLM）傳教士來華，駐湖北老河口；次年與新來華的醫學傳教士赫本衛（Fredrikke Mariane Johanne Øverland, 1873—1930）結婚；1900年轉會挪威信義會，1903年攜妻再次來華，住長沙；1905年在湖南新化立會設堂；1908年在桃花侖創辦信義中學堂，1922年任桃花侖信義大學（Lutheran College）副校長，1931年退休回國，1941年逝於奧斯陸；撰寫 *Kom Heftet Kinesergutten og Korset*（《中國人與十字架》，1922）。

3 倪海倫（Elisabeth Margrethe Wisløff, 1901—1978），倪爾生夫婦的第一個孩子，出生挪威克里斯蒂安尼亞，1903年隨母親來華，夫姓海爾侖（Hallen）；逝於奧斯陸。

4 倪賡維（Gunvor Wisløff Nilssen, 1904—1967），倪爾生夫婦的第三個孩子，生於廬山牯嶺，回挪威受教育，1929年畢業後作為醫學女傳教士來華，在桃花侖醫院工作，1934年至1936年在湖南紅十字會工作，1938年擔任挪威信義會孤兒院院長；逝於奧斯陸。

圖，還要親自計算人工和材料費用。挪威信義會各組織熱情關心醫院的進展並積極籌款，為增強趣味性，信義會的兒童會以“釘子”的價格為單位來募捐，孩子們開心地為新醫院捐了許許多多顆“釘子”，這座醫院也被稱為“釘子醫院”（Spikerhospitalet）。當地沒有現成的合適建材，建材要先用船運，再人工搬運上桃花侖，祖父在河邊買了一塊地堆放材料，把紅泥巴小路鋪上石板。他很難招到按歐洲標準建房子的工人，與想盡辦法偷懶的苦力們鬥智也是一種樂趣。歷經千辛萬苦，一座漂亮的大醫院終於落成，祖父還在醫院一側為自己和醫生們建了宿舍。如賀立德[1]醫生在《長城背後尊榮》一書中所説的，在中國傳統文化裏，人們患病被視為中了魔，治癒患者就是驅逐人們靈魂裏的邪魔。傳教士只能耐心給病人提供幫助，避免直接戳穿那些迷信。

1906年11月14日醫院收治了第一批病人。醫院設有男病區、女病區，還有手術室、更衣室、廚房、辦公室、藥房、菜圃。祖父在河邊堆料的那塊地上建了一個綜合診所，為江上來往人看病。隨後他修建了桃花侖教堂。幾年以後這裏看上去像是一個聚集著許多漂亮建築的小村莊。赫資伯在附近建了一所中學並擔任校長，許多傳教士都在那教書，學校很受歡迎。挪威信義會同時還建了一所小學，現在是益陽市第一中學。中國正處在政治動蕩時期，萑苻遍野，祖父為醫院修築圍牆，在大院入口有一間門房，門房裏設有候診室和小圖書室。

瑪塞德：從長沙搬到桃花侖的新家，祖母可高興了。她想給兩個小孩找個奶媽，選中一位帶著兩個兒子來醫院工作的寡婦劉媽，她長相一般，祖母認為她非常需要這份工作就僱用了她。劉媽很愛孩子們也深得孩子們的喜愛。她的大兒子給祖父幹活，小兒子在教會小學讀書。

祖母的堂妹赫資伯把一些孤兒帶回她在五馬坊的家中照料，她建議挪威信義會能夠為不幸的孩子們成立一所孤兒院，挪威信義會兒童慈善機構收到她的信，立即籌款為那些女孩們修建一個家。孤兒院坐落於靠近桃花侖大門的圍牆邊，一棟漂亮的白色房子，有兩個房間十張床。祖母把那些女孩子從五馬坊帶到桃花侖，她是她們的第一個媽媽。孤兒院也收養了幾個男孩子。祖母雖有幫手，自感責任不輕。

倪百禮：中國的盲人無依無助，搖著鈴鐺四下乞食。很多中國人患有沙眼，本地醫生束手無策，祖父接待過因誤診而失明的人。祖父經常給傳道會雜誌撰文，講述他們在醫院的所見所聞和這裏盲人的處境。他常常拍攝人物和建築的照片，傳教士們把他的照片當作明信片郵傳四方。祖父在一篇文章中提到他希望在桃花侖成立一所盲人學校，挪威信義會再次籌款，1913年9月16日盲人學校建成。盲人學習布萊葉盲文，用指

1 賀立德（Peder Olaus Holthe, 1879—1955），生於挪威萊旺厄爾阿森（Levanger Åsen），挪威信義會傳教士，1909年來華駐湖南寧鄉；著有 *Et Gløtt Bak den Kinesiske Mur*（《長城背後尊榮》，1921）。

尖觸摸紙上的突起點閱讀和寫作。盲人還學習紡織和樂器演奏，教堂佈道時，人們會看到一支特別的隊伍，領頭的人視力正常，盲人們的手依次搭在前一個人的肩上跟著他。許多盲人後來生活還是不錯的，有人成了教堂的琴師，有人娶妻生子做起小買賣。傳教士發明的盲文很快在中國的盲人學校普及開來，更多難以溫飽的盲人陸續進入盲校學習，不再沿街乞討。祖父初到益陽注意到當地有許多殘疾兒童流浪，便為他們建了一所毛巾工場。

1909年瑪雅和倪安耐回國時，她想找一位年輕女士當孩子們的教師，選擇了準備到中國去的華立詩[1]姑娘。1911年2月24日祖母生下了倪斯文[2]，同年祖父母帶著四個孩子返回益陽。1912年9月30日華立詩在祖父母的小屋辦了一間小小的挪威學校，之後不久挪威孩子們在桃花侖有了自己的校舍。我祖父頻繁地通過郵件與挪威當局商討，1916年挪威學校爭取到政府完全認可中學畢業成績的挪威境外第一所學校。挪威孩子們可以和家人一起生活，終於不用到寄宿學校去了。1915年祖父母生下了他們最小的孩子倪格我[3]。

瑪塞德：我的祖父熱愛中國，熱愛桃花侖，他為這片土地瀝盡心血。1918年他被任命為挪威信義會秘書長，奉命離開這個他為之燃燒了自己生命的國家和事業。他這次是永遠離開中國，回到斯塔萬格。1922年10月28日祖父於睡夢中安然離世。瑪雅悲痛萬分，就在前一天他的幼子倪格我剛過完七歲生日。無論是在挪威還是中國，人們十分悲哀，兩國都舉辦大型的悼念活動，中國人穿著白色的喪服在教堂裏辦兩天追思會；在斯塔萬格無數身著黑色服裝的挪威人參加了他的葬禮，他的棺槨被運送到奧斯陸下葬。瑪雅於1953年9月15日去世，與他合葬在一起。

祖父的人生選擇影響著他的後代，他有三個孩子曾回到益陽工作，我父母親的心從未離開過中國。中國對我而言也意義深厚，我多次回到益陽，1949年至今益陽的變化翻天覆地，桃花侖的稻田已經消失，取而代之的是一個由漂亮大樓和林蔭大道組成的現代都市。唯有一件事情沒變，那就是益陽人的熱情和友好！[4]

1 華立詩（Lise Marie Flatla, 1888—1942），挪威人，挪威信義會教育女傳教士，1912年來華，駐益陽桃花侖。

2 倪斯文（Sven Edvin Wisløff-Nilssen, 1911—1960），倪爾生夫婦的第四個孩子，出生挪威奧斯陸，1936年與妻子埃爾娜（Elna Heranda Abrahamsen Wisløff-Nilssen, 1911—1993）來華，駐益陽；逝於奧斯陸。

3 倪格我（Trygve Nicolai Wisløff Nilssen, 1915—1992），倪爾生夫婦的第六個孩子，出生在中國。

4 本節文字根據瑪塞德的碩士論文 *Alle er vi brødre. Biografi over misjonslege og prest Jørgen Edvin Nilssen og hans hustru Maja*（《四海之內皆兄弟——傳教士倪爾生牧師和他的妻子瑪雅傳》，2013）和倪百禮的〈回憶祖父倪爾生〉（參考李涵馨譯文，載《益陽日報》2021年3月28日）編譯。

Det Norske Misjonsselskap, J.E.N.

湘中信義會系列

編者　Det Norske Misjonsselskap
　　　挪威信義會
語言　挪威文
印製　1910s.—1920s., Norsk Lystryk-& Reproduk-Anstalt, kr.a.（挪威奧斯陸普羅伊斯博物館圖片部）
尺寸　138mm×88mm

❶ ❷ ❸

❶ 挪威信義會成員在大樹邊
Gruppe af N.M.S. s missionspersonale ved et gammelt træ paa Kuling

❷ 湖南教堂舉辦聖誕節禮拜
Gudstjeneste Juledag i et kapel i Hunan, China

❸ 1907 年倪爾生醫生和葛海絲與益陽醫院的中國工作人員
Lægemissionær Doctor Jörgen Nilsen med Söster Dorothea og det kinesiske Personale ved Hospitalet i Iyang 1907

葛海絲（Anna Dorothea Gerhardsen, 1876—1963），挪威人，1903 年作為挪威信義會醫學傳教士來華，駐長沙，1905 年在廬山牯嶺與艾香德結婚。

❶ ❷
❸ ❹

❶ 湖南益陽桃花侖醫院

Taohwalun ved Yiyang, Hunan, China, Sygesai paa N.M.S.'s hospital

❷ 湖南桃花侖孤兒院

N.M.S.s barnehjem paa Taohwalun ved Yiyang, Hunan, China

❸ 快樂的小教徒

Kristne barn—Chinas haab!

❹ 一位中國女人在尼姑陪伴下向觀音菩薩求子

En chinesisk kvinde og en buddhistnonne bedende til Kwanyin, Barmhjertighedens Gudinde. Til hende beder de chinesiske kvinder om at faa sønner

北歐東亞基督教道友會

香港沙田有一座鬱鬱葱葱的寧謐小山，“雨過一蟬噪，飄蕭松桂秋。青苔滿階砌，白鳥故遲留”。山間“佛堂”白牆黛瓦，錯落有致，別具韻味。更為獨特的是善男信女來此不是為了長齋禮佛，膜拜之神卻是耶穌基督。

這座名遐海外的“仙山”是挪威信義會遣華傳教士艾香德牧師創立的“道風山基督教叢林”。艾香德（Karl Ludvig Reichelt）1877 年生於挪威南部港口城市阿倫達爾附近的巴爾布（Arendal Barbu），父親是位信仰虔誠的船長，在他幾歲時就過世了，在孤兒院當護士的母親把他撫育成人。艾香德得福人襄助完成中小學基礎課程，1894 年畢業後在泰勒馬克（Telemark）一所鄉村學校教書兼任教區執事。1897 年艾香德進入挪威信義會“斯塔萬格學院”深造，1903 年在奧斯陸大教堂按立牧師。

艾香德是挪威信義會第二批遣華傳教士，1903 年拿到派遣中國的任務書，與未婚妻葛海絲來華，光緒二十九年歲末二人抵達上海後轉赴湖南，在長沙補習一年中文後分配到寧鄉主持教務。“艾牧師道學淵博，和藹可親，接待殷勤，講道得法，本地學紳，樂與往來”[1]，艾香德設立寧鄉總堂，1906 年創設女子學校，1908 年再設男子學校，“除傳道外，兼施醫藥，全活甚眾，感頌的幾於有口皆碑”[2]。

艾香德與中國佛教的緣分始於 1905 年夏天，某日他隨性踏進寧鄉的溈山寺，這是唐代高僧溈仰宗初祖靈佑和尚（771—853）開闢的道場。艾香德被山深林密、人跡罕至的溈山寺吸引，小住十日。晨鐘暮鼓、梵唄圓音的僧人神秘生活讓他眼界大開，他“從寺廟後門偷偷溜出來，沿著竹林小道來到山頂。當第一縷陽光灑向壯觀的山嶽景觀、鳥兒開始歌唱時，那種強烈的生命旋律給艾香德帶來了新能量，他坐下來進行平靜的默想”，“似乎聽到了上帝的聲音”，在沉思默想中有種上帝臨在的神聖感覺。他堅信“很久以前，在傳教士還未到中國時，上帝就早就在中國。你通過真理的微光所發現的，都是上帝安放在那裏的。”[3] 艾香德在溈山寺彷彿瞥見了一個獨特而深刻的宗教神秘主義世界，雖有著豐富內涵卻偏離上帝的意旨而令人悲催。和尚們祈禱時面目僵化，缺乏靈性，沒有尋求個人拯救的願望。

> 後來是上帝憐憫我，並讓一縷光明照進黑暗。那是在溈山的最後一天。毫無疑問，我那晚失眠了：內在的掙扎和痛苦是如此之大。因此，當我聽到凌晨三點響起鐘聲時——這是讓僧侶們作第一次禮拜的信號，我很感激。他們聚集在寺廟大廳裏。像灰色的影子一樣，僧侶們靜靜地進入聖所，油

1 湘中信義會編：《湘中二十五年（1902—1927）》，漢口聖教印書局，1928 年，第 78 頁。

2 湘中信義會編：《湘中二十五年（1902—1927）》，漢口聖教印書局，1928 年，第 4 頁。

3 〔挪威〕田道樂：〈艾香德和中國基督教神學〉，載楊熙楠編：《風隨意思而吹》，香港道風書社，2010 年，第 42 頁。

燈和蠟燭把大廳照得朦朦朧朧的。隨後一聲鑼響，伴著它那通常是憂鬱的小調，長時間的、單調乏味的禮拜行為開始了。對傳教士來說，一切都感覺是雙重的黑暗——跪在那裏，在寺廟院子裏的支柱之間熱切地祈禱。[1]

與其他同工的觀念上有隙，艾香德認為不研究佛學不足以傳道。他似乎聽到上帝呼喚他以特殊的方式在佛教徒中間工作，與僧侶和開明的佛教平信徒進行友好的對話，向他們傳佈基督福音。艾香德非常有遠見地提出，基督教需要處境化，應發展一種中國基督教神學。

1911 年艾香德回國休假，其間應邀在奧斯陸大學講演，集冊 *Kinas Religioner. Haandbok i den Kinesiske Religionshistorie*（《中國宗教》，Stavanger, 1913）出版，後來英文版的書名用了 *Religion in Chinese Garment*（《披著漢服的宗教》，London, 1951），與艾香德的立意更貼切些。回到中國，1913 年至 1920 年他轉到在灄口信義神學院執教，其間與同事廣泛討論此類話題，潛心研究中國佛教和佛教經典。1919 年艾香德在南京結識年輕和尚寬度，把他請到灄口皈依基督教，次年又有兩位南京毗盧寺的僧人受洗。寬度和尚對艾香德後來的事業幫助很大。這個順利開端激勵艾香德著手實踐自己的理想。

1921 年艾香德再次返回挪威休假，他的想法得到挪威信義會同工的認同，於是他又花了兩年時間到瑞典、丹麥、芬蘭、德國、美國等地遊說，撰寫了 *Kinas Buddhister for Kristus: en Livsskildring og et Indlæg for en Stor Sag*（《皈依基督的中國佛教徒》，Kbh.: Gad, 1921）小冊子四處散發，闡述自己的理想。功夫不負有心人，他最終得到挪威、瑞典和丹麥三家信義會的財務承諾。

1922 年艾香德回到中國，有了田蓮德[2]牧師加盟，在南京和平門外購得一座小山，初期只是一處稱為“基督教佛家佈道招待所”的簡樸的房子，1923 年創建“景風山基督教叢林（Ching Fong Shan Christian Centre）”。“叢林”是佛教用語，意思是僧俗和合居住之處。由艾香德建立的所有向佛教徒宣教的機構都以“叢林”命名，這並非隨意的選擇。他在《中國佛教中的真理與傳統：中國大乘佛教的研究》中按自己的理解說明佛教叢林（monastery）跟佛教寺廟（temple）的分別，認為在叢林聚居的僧侶一般都較有學養。[3]“景風山基

1 〔挪威〕田道樂：〈艾香德和中國基督教神學〉，載楊熙楠編：《風隨意思而吹》，香港道風書社，2010 年，第 42 頁。

2 田蓮德（Notto Normann Thelle, 1901—1990），挪威人，烏普薩拉大學畢業後，1922 年在南京大學學習中文，加入艾香德創立的北歐基督教道友會，協助艾香德籌建“景風山基督教叢林”，1927 年回國在奧斯陸大學學習神學，1928 年再次來華，1929 年參與建立“道風山基督教叢林”，1941 年日軍佔領香港，景風山人員撤離，田蓮德獨守；著有 *Fra begynnelsen til nu av Den Kristne Buddhistmisjons Historie*（《基督教皈化佛教會始末》，Oslo: Kristne buddhistmisjons forl, 1939）、*En Buddhistmunks vej til Kristus: og andre Livsbilleder og Vidnesbyrd fra Østen*（《佛教僧侶通向基督之路》），København: Gad, 1940），*Karl Ludvig Reichelt: En Kristen Banebryter i Øst-Asia*（《艾香德：北歐東亞會的先驅》），Oslo: Den Nordiske Kristne Buddhistmisjon, 1954）等。

3 參見李智浩：〈混合主義的迷思——析論艾香德以耶釋佛的嘗試與根據〉，刊《成大宗教與文化學報》2006 年第 4 期，第 141 頁。

督教叢林”有住宅、小教堂、學校、禮拜大廳“雲水堂”、訪客大廳“兄弟之家”，為南來北往的和尚、道士、喇嘛提供生活便利，藉機傳佈耶穌基督福音。“景風山基督教叢林”存續期間每年接待四五千名“遊僧”，有二十二人皈依基督教。

艾香德在景風山修建了中國佛廟建築，試圖找到基督教神學與中國傳統文化的聯結點，讓那些來到佛寺式基督教叢林的人們真切地感受到耶穌基督的眷愛。他參酌了佛教的修行儀規，制訂富有中國特色的基督教叢林禮拜儀式，使那些前來參訪的中國人感到熟悉和親切。他主張“以佛釋耶”，用佛教名相向中國道友們詮釋聖經，講說基督教義理，拉近與中國人的心理距離。[1] 艾香德認為佛教與基督教的許多詞彙是相通的，如“莊嚴”即“榮歸上帝”，“發菩提心”即“心裏動了善功”，“心淨土淨”即“天國在人心裏”，“得大解脱”即“在主裏面得以釋放”，“冤親平等”即“愛仇敵”，“皆大歡喜”即“大喜信息”，“一真法界”即“上帝的國”，“福增無量”即“蒙主祝福”，“精進向道”即“儆醒禱告”，“正等正覺”即“真理生命”，“從聽思修”即“信道是從聽道而來”等。

且不論艾香德的實踐成效如何，他試圖找到基督教神學與中國傳統文化連結點的想法引發教會內部的爭議，1925 年挪威信義會放棄對艾香德的財務支持，與他斷絕往來。1926 年艾香德另起爐灶，成立“北歐東亞基督教道友會”（Nordic Christian Buddhist Mission, Nordic-East Asia Mission, Areopagus）。1927 年北伐戰爭打到南京，景風山基督教叢林全部建築和設施焚於戰火，僧眾四散，艾香德亡命上海，其間出版了 *Det Rene Lands Lære, med Vedføjede Indledningsbemærkninger*（《淨土》，København, 1928）。

1929 年艾香德在香港新界沙田創建他的第二家基督教叢林道友會“道風山基督教叢林（Tao Fong Shan Christian Centre）”。他這時有了兩個志同道合的同工田蓮德牧師和韓慕德牧師，他們在尚為荒山野嶺的道風山投入很大精力實現自己追求的理想，艾香德建議建築師“把耳朵貼在地面上，聆聽大地所說的言語”。為了與大自然渾然一體，不顯突兀，他要求建築材料因地制宜，就地取材。在建築規劃上，艾香德採用中式寺院佈局，順山而建，錯落有致，沿著山脊向南北兩翼展開，建築語言盡為中國建築元素，灰磚、白牆、柚木、花瓷磚、琉璃瓦。道風山基督教叢林石拱山門正反面分別鐫刻“道風境界”、“道風大千”。道風山基督教叢林的主殿叫作“景尊寶殿”，是為禮拜堂，殿內懸掛楹聯：“道與上帝同在，風隨意思而吹”。主殿呈八角形，藍瓦紅樑，檐角飛翹，尖頂中央豎立十字架，每一檐角上豎立青瓷瑞獸，並有神態各異的雲遊僧人塑像；聖殿內外共有四十根大紅圓柱。聖殿的窗有兩種式樣，下層為七扇八角形窗，採用江南菱形圖案；上層採用了哥特式教堂的排窗欞，具

1 參考韓煥忠：〈神學格義與基督教的中國化——從佛教中國化看艾香德在中國的宣教實踐〉，刊《金陵神學志》2016 年第 1—2 期。

有透光通氣之功效。接待客人的前殿叫作“開元居”，遊僧下榻的叫作“雲水堂”，教友懺悔和靜修的密室叫作“蓮花洞”，就連山中唯一的基督教文化符號十字架也稱為“蓮花十字架”。無處不在的壁畫人物以中國人的形象呈現，最終形成了今天獨特的道風山中國化的基督教藝術品。他還認為傳教士可以身披佛教袈裟。艾香德非常欣賞他在道風山按照佛教傳統製作的銅鐘，認為這是靈魂之橋、聲音之橋，提升人的境界。

艾香德仿照中國佛教寺院的三皈依和四弘誓願，制定了在基督教叢林中使用的祈禱文和發願文，要求信眾們在禮拜之初起立同誦：“至心皈命，無上主宰，創造諸有，萬德慈父！至心皈命，贖罪基督，復我性明，圓滿妙道！至心皈命，充滿宇宙，隨機感應，清淨聖靈！”[1] 基督教叢林有自己獨特的〈謝飯詩〉：“天父宏慈，育我生命。身體靈魂，同沾恩養。當飯食時，感謝主恩。謙卑信靠，與主同行”；“我主耶穌，為生命糧。讀經祈禱，靈魂建康。親近主的，必定不餓。凡信主的，永遠不渴”。道風山基督教叢林採用佛教的三皈依為信徒洗禮，把皈依的內容由佛、法、僧三寶改為聖父、聖子、聖靈三位一體；做禮拜時敲鐘、焚香、點蠟燭、跪誦禱文、唱頌中國曲調的讚美詩；每日齋飯皆為素食。

1935 年艾香德在杭州創辦“天風山基督教叢林”後又策劃在雲南大理、四川峨嵋、湖南衡陽等地設立類似機構，由於經費拮据，又逢日本發動全面侵華戰爭，艾香德放棄了後續計劃，離開大陸在香港定居。戰後已近古稀之年的艾香德與挪威信義會彌補分歧，盡釋前嫌，他和他的同工堅振信義會信德，“北歐東亞基督教道友會”回歸挪威信義會。1948 年灞口信義神學院遷址道風山。1952 年艾香德逝於道風山基督教叢林，墓石刻著一句聖詩：“萬股磐石為我開”。

田蓮德牧師的兒子田道樂[2] 在描述父輩事業時評價道，艾香德把“傳道”和“朝聖”看得同等重要，作為一個基督教福音傳教士，始終把使人們皈依基督教信仰為己任；作為朝聖者，他是一個不斷尋求真理的新經驗和新理解的旅行者。田道樂引用他人的話闡發自己的感慨：

> 他遠道而去，為了改變東方，然而，當他歸來之時，他自己也改變了……傳教士在遠東被轉化，最終是他自己不僅成為一個傳道者，而且成為一個國際主義者。一個在世上兩大文明之間的這中間人。[3]

1 〔挪威〕田道樂：〈艾香德的基督教禮拜儀式中的佛教修辭〉，載楊熙楠編：《風隨意思而吹》，香港道風書社，2010 年，第 171 頁。

2 田道樂（Notto Reidar Thelle, 1941— ），瑞典漢學家，田蓮德之子，生於香港道風山基督教叢林，著有〈艾香德和中國基督教神學〉、《傳教士的轉變：二十世紀早期中國耶佛關係的變化》等。

3 〔挪威〕田道樂：〈艾香德和中國基督教神學〉，載楊熙楠編：《風隨意思而吹》，香港道風書社，2010 年，第 24 頁。

Den kristna Buddhistmissonen

道風山基督教叢林道友會系列

編者 Nordic Christian Buddhist Mission, Nordic-East Asia Mission 北歐東亞基督教道友會
語言 瑞典文
印製 1930s., Papperbolaget, Malmö（瑞典馬爾默印刷社）
尺寸 140mm × 90mm

Den kristna Buddhistmissionen.

Tao Fong Shan vid slutet av år 1935.

Den kristna Buddhistmissionen.

Pilgrimshallen och kyrkan på Tao Fong Shan.

❶ ❷
❸

Den kristna Buddhistmissionen.

Våra fyra missionärer på Tao Fong Shan.
Thelle, Hamre, Reichelt och Hannerz.

❶ 乙亥歲末道風山

Tao Fong Shan vid slutet av år 1935

❷ 道風山開元居和景尊寶殿

Pilgrimshallen och kyrkan på Tao Fong Shan

❸ 四位傳教士在道風山

Våra fyra missionärer på Tao Fong Shan
Thelle, Hamre, Reichelt och Hannerz

【原注】“從左至右：田蓮德、韓慕德、艾香德、洪施德。”

韓慕德（Axel George Hamre），挪威人，1928 來華，在上海加入北歐東亞基督教道友會。洪施德（Stig H. Hannerz），挪威人，1934 年來華，參加香港道風山基督教叢林道友會。

芬蘭信義會

芬蘭信義會（Suomen Lähetysseura, FELM）1859 年成立於赫爾辛基，與北歐大部分國家的信義會一樣也曾是芬蘭的國教會，1862 年西瑞柳斯[1]組建芬蘭信義會外差會，同年向非洲的安哥拉和納米比亞宣派遣傳教士。芬蘭信義會在非洲由於社會環境和進入時機不適，諸事不順，遂把目光轉向遠東，派遣傳教士來到中國，在澧水流域的津市、永定、慈利、大庸和永順建立宣教站，亦稱“湘西北信義會”。蘇布倫牧師是芬蘭信義會在華宣道事業的開拓者。蘇布倫（Christian Johannes Hannes Sjöblom）1874 年出生於芬蘭西部的考斯蒂寧（Kaustinen），父親有伯爵頭銜。1893 年蘇布倫從貴族學校奧盧高中（Oulun Lyseon lukio）畢業後，在赫爾辛基大學先後獲得哲學和神學學位，1900 年按立牧師。光緒二十七年（1901）蘇布倫作為芬蘭信義會首批傳教士與新婚妻子蘇德曼[2]來華，在上海聽從中華內地會范明德牧師的建議選擇傳教士比較少的湘西作為芬蘭信義會的拓展地。1902 年夫婦倆到漢口，給上級的報告裏稱：“湖南人傑地靈，物產豐富。曾閉關自守，尤盲目排外。今有轉機，電報、汽船相繼出現，亦向基督教敞開大門。”對於北歐的小教會，再也找不到比湖南更好的地方了，這裏鄰近漢口，與世界各地交通甚為便利，且生活費用低廉。

得到母會認可後蘇布倫夫婦從漢口來到湘西的澧州津市定居。津市位於湘西北，澧水尾閭，濱洞庭，是湘鄂邊際的商業重鎮。他們是第一批將西方文化帶到澧水流域的芬蘭人，也是第一批用鏡頭和文字詳細記載晚清津市的西方人。時為義和團運動結束不久，他們得到澧州地方官紳兩界的格外關照，知府毛旭卿派官兵保護，鄉紳推薦師爺為他們教授中文。芬蘭信義會還增派赫爾辛基宣道學校畢業生喜渥恩[3]來華協助開教。1903 年在長沙召開湖南傳教士協調會，會上一致同意澧州為芬蘭信義會的禾場。這年夏天不知何為酷暑的北歐人倉皇逃到廬山避暑，為長久之計他們在牯嶺東谷購買一塊土地建造別墅。秋風近，蘇布倫留下夫人在牯嶺過冬，喜渥恩督造別墅，自己隻身回津市，修建津市福音堂等設施。

在蘇布倫的傳教思路裏教育是開蒙啟迪的重要手段，1903 年他向官府借用天后宮開辦“津蘭學堂”，次年學堂正式校址先於福音堂完工。學堂是一所寄宿制完全學校，包含幼稚園和中小學。蘇布倫提出窮人家孩子也應該像富人家孩子一樣有

1　西瑞柳斯（Klemens Johan Gabriel Sirelius, 1818—1888），生於東芬蘭省米凱利鎮（Mikkeli），在家鄉完成基礎教育，1838 年就讀赫爾辛基大學，1847 年按立牧師，1856 年至 1865 年在赫爾辛基、愛沙尼亞和拉脫維亞擔任隨軍牧師，1862 年組建芬蘭信義會外差會和赫爾辛基宣道學校，擔任外差會主任和學校校長，1872 年至 1876 年出任芬蘭信義會會長，1877 年以後他逐漸淡出管理層，專心擔任基層教區的牧師。

2　蘇德曼（Edla Ellen Maria Pöyry, 1878—1950），生於芬蘭東部海港城市科特卡（Kotka），外科醫生，1900 年與蘇布倫結婚，1901 年作為芬蘭信義會傳教士與丈夫來華，在湖南傳道。

3　喜渥恩（Erland Sihvonen, 1873—1967），芬蘭信義會傳教士，1902 年來華佈道，初駐湖南常德，嗣轉津市；1904 年督造津市福音堂，1911 年與女傳道醫師赫玉成（H. Heikinheimo）合作成立濟澧醫院；蘇布倫轉至灄口神學院任教後，喜渥恩接任總監督，喜渥恩攜眷轉駐灄口神學院任教；1928 年攜眷離華轉赴日本長崎；逝於赫爾辛基。

尊嚴地學習和生活，免收貧困生的學費和住宿費，只收伙食費，還為他們提供免費校服。蘇布倫辦義學的主張和實踐對於財政緊迫的丹麥信義會來説是難以承受之重，引發他與總會的一系列衝突。總會領導層認為蘇布倫迷失了工作的方向，忘記了宣教才是傳教士的首要任務，因而否決了增加經費的申請，蘇布倫不得不在當地自籌經費聊補學堂開支。學堂除了教會學校必不可少的講授神學知識外，開有中文、古典文學、算術、地理、歷史、英語等現代教育課程，蘇布倫和新到來的傳教士兼講神學，又在社會上廣招接受過西方教育的中國教師。光緒三十一年（1905）清廷廢科舉，倡新學，蘇布倫的津蘭學堂適逢其時，靡然鄉風。1905 年夫人蘇德曼從牯嶺回到津市，創辦了“津蘭女子學堂”，與之配套蘇布倫創辦了職業培訓機構“信義紡織實業學校”。

蘇布倫 1907 年提出建立的津市“濟澧醫院”，因夫人臨產返回芬蘭，沒能夠參加醫院的開業。蘇布倫這次回國時芬蘭信義會為他出版了 *Kiina ja Lähetystyö Kiinassa*（《中國與在華傳道》，Helsinki, 1907）和 *Kinesen inför sin Mur*（《封閉的中國人》，Helsingfors, 1908）。1912 年蘇布倫重返中國，重構醫院規劃，擴大院址社設住院部，更名為“津蘭醫院”。1913 年在華諸信義會聯袂在湖北黃陂設立“灄口神學院”，蘇布倫是發起人之一，遂將傳道會總監督職務交給喜渥恩，自己專職於神學院教授。1914 年芬蘭信義會派人來華督查教務，再次因教育和醫療等問題與蘇布倫發生衝突，把他從灄口神學院召回教區履職。1915 年心灰意冷的蘇布倫辭職返回家鄉。

芬蘭歷史上一直受著鄰國的統治，1808 年間的俄瑞戰爭中瑞典戰敗，將芬蘭割讓給俄國，芬蘭成為沙皇俄國的一個自治大公國。1917 年二月革命沙皇垮台，芬蘭議會制憲宣佈獨立，得到國際社會認同。十月革命後芬蘭左派成立赤衛隊，發起暴力革命，失敗後反叛者被關入“紅色戰俘營”。1918 年蘇布倫擔任戰俘營隨軍牧師，負責俘虜的精神撫慰，又不滿戰俘營的非人道主義管理，四個月後憤然辭職。1919 年他把貴族遺姓 Sjöblom 改為 Keijola，以示與過去徹底告別，在基層教區凱爾維艾（Kälviän）默默地擔任了七年牧師。1923 年蘇布倫接受芬蘭一家國際貿易公司聘請，隻身再次來華，從事與傳道絲毫無關的芬華貿易事務。二戰爆發後蘇布倫滯留上海，與國內家人失去聯繫，沒有生活來源，1944 年貧病交加中患風疹逝於上海。現在虹口公園內的“薤露園萬國公墓”有他的墓冢，綠蔭掩映、芳草萋萋。

Lähetysalaltamme Kiinasta
Från vårt missionsfält i Kina

湘西北信義會系列

編者	Suomen Lähetysseura 芬蘭信義會
語言	芬蘭文　瑞典文
印製	1900s., Postale Finlande（芬蘭郵政）
尺寸	140mm × 90mm

❶ ❷
❸

❶ 蘇布倫一家人

Sjöblom perhe
Sjöblom familjen

❷ 土地神龕

Maajumalan pyhäkkö
Jordgudens Helgedom

❸ 寺廟裏的偶像

Sisäkuva epäjumalan temppelistä
Det inre av ett avgudatempel

Lähetysalaltamme Kiinasta

湘西北信義會特卡

編者 Suomen Lähetysseura
芬蘭信義會

語言 芬蘭文

印製 1900s., Postale Finlande（芬蘭郵政）

尺寸 140mm × 90mm

◉ **芬蘭信義會的第一次洗禮儀式（1904 年 11 月 13 日）**

Ensimäiset kastetut Suomen lähetysasemalta Kiinassa 13/11 1904

【原注】從左至右：受洗人王崇堂（Uang-Chong-Tang）和裴寶成（Pei-Pao-Cheng），傳教士喜渥恩，牧師蘇布倫，中國書商教徒畢立橋（Pi-Rych-Ch'iao）夫婦。（中國人名均為音譯）

北美奧格斯堡信義會

1942 年 7 月 3 日，意大利遠洋郵輪“綠色伯爵號”(Conte Verde) 行駛在南中國海，夜深人靜，船上一千八百位旅客進入夢鄉。皓月當空，暖風拂面，後甲板聚集了十幾人，向一位七十一歲的老人做最後的告別，沒有鮮花鋪地，沒有聖童點燭，也沒有追思曲，濕潤的海風中送來人們喃喃的祈禱聲：“慈悲的天父，今夜我們在此為奧格斯特．魏廉．埃德溫弟兄祈禱，他已經走完了世間的路程，被主接去。我們深信，由於主耶穌基督救之恩典，凡一切相信主、接受主、照主真道而行的人，他的靈魂必蒙主救贖，在天家得享安息。正如主所教導我們的：‘從今以後，在主裏面而死的人有福了。’聖靈說：‘是的，他們息了自己的勞苦，作工的果效也隨著他們。’”聖禮完畢，在船員的幫助下，人們給他裹上白床單，將他放在木板上，徐徐推進大海……

是夜回到主身邊享受喜樂安福的老人中文名字叫作易德文，他來華傳道三十七年，是基督教豫中教區的開創者。易德文 (August William Edwins) 1871 年生於美國愛荷華州奧格登 (Ogden)，父母是瑞典移民，家境貧寒，年少沒有讀書機會，十六歲離家勤工儉學，1902 年從伊利諾伊州羅克島的奧格斯堡學院畢業後按立牧師。

易德文歸屬的“北美奧格斯堡信義會”(Augustana Synod Church of North America, Aug.) 始建於 1860 年，是移民美國的瑞典、挪威、丹麥人後裔在威斯康星州克林頓附近的傑斐遜草原定居點成立的路德宗組織。1870 年挪威人和丹麥人退出北美奧格斯堡信義會，另組成北美挪丹福音信義會 (Norwegian-Danish Evangelical Lutheran Church of America) 和挪威奧古斯塔信義會 (Norwegian Augustana Synod, NAS)。後人將這幾個宗派統稱為北美奧格斯堡信義會，抑或稱挪威奧古斯塔信義會。

Augustana 是德國中南部城市奧格斯堡 (Augsburg) 的拉丁文拼寫，中文舊譯“奧古斯塔納”，與神學家奧古斯丁無關。十六世紀二十年代德國因宗教改革形成水火不相容的兩個陣營，德國皇帝查理五世為了應對境外土耳其奧斯曼帝國迫在眉睫的威脅，緩和內部教派紛爭，避免內戰蔓延，1529 年起在奧格斯堡召開多次大公會議討論國內的政治危機。1530 年馬丁．路德向大公會議提交著名的《奧格斯堡信綱》(Confessio Augustana)，即“二十八條信綱”，全面解釋了自己的神學主張。大公會議終於在 1555 年達成《奧格斯堡和約》，以“教隨國定”的原則承認各邦諸侯有權自由選定其自身及其臣民信仰天主教或路德宗新教。《奧格斯堡和約》被視為德國宗教改革派的一次重要勝利，後來北歐和德國一些路德派組織在名稱上常常加上“奧格斯堡”表示尊奉《奧格斯堡信綱》的原則。

1901 年北美奧格斯堡信義會組建外差會 (Board of Foreign Missions of the Augustana Synod of the Evangelical Lutheran Church of North America, FMAS)，意圖向海外拓張，1905 年易德文與夫人受北美奧格斯堡信義會差遣來華，在上海學習了一

年中文，次年赴河南許昌履職，陸續開闢河南的許昌、洛陽、汝州、偃師、禹縣、郟縣、雞公山、鄭州和湖北的灄口教區，屬地名稱為“豫中信義會”，1917 年雞公山會議後豫中信義會加入中華信義會。

1922 年易德文被派往在華多家信義會聯合舉辦的灄口神學院擔任教授。1938 年武漢淪陷，易德文被日軍逮捕關入集中營，經美國政府與日軍交涉獲釋，1942 年搭乘日本軍艦從武漢遞解到上海。因精神折磨和旅途疲勞，易德文患中風住進中華內地會醫院（C.I.M. Nursing Home）。自知不久人世，他一再懇求家人把他帶回故鄉，葬於父母身邊。在夫人和差會同工陪伴下，七十一歲的易德文 6 月 29 日搭乘“綠色伯爵號”離開上海，不想僅僅過了四天，郵輪才行駛到北部灣河內以東一百六十海里處，他再發中風，溘然去世。他既沒能夠回到祖國，沒能實現葬在父母身邊的願望，也沒有朝夕相處三十七年的中國教友送行，在波濤洶湧的大海中歸主，他不孤獨，唯有浪花陪伴。

Augustana Synod Mission, China

豫中信義會中國系列

編者　Augustana Synod Church of North America, Aug.
北美奧格斯堡信義會

語言　英文

印製　1920s., Childs, Chicago, U.S.A.（芝加哥）

尺寸　140mm × 90mm

❶ | ❷ | ❸

❶ 走出許州西門開始我們第一次旅行（上）| 禹州與郟縣之間一座城鎮的殘破城門（下）

Our First Trip to the Plains, West Gate Hsuchow, China | Threshing Floor and Village Gate Between Yuchow and Kiahsien, China

❷ 1921 年郟縣兩位首批女畢業生（上）| 蕭宣教員的婚禮，1924 年郟縣結婚的首對在教伉儷（下）

Our Two First Girl Graduates, Kia-hsien, 1921 | Evangelist Shaw and Bride, the First Couple Married in Kia-hsien, 1924

❸ 改進的洋車——我們最便捷的交通工具（上）| 信教的教師和他的妻子（下）

Improved Foreign Cart — Our fastest modes of locomotion | A Christian Teacher and his Wife

Union Lutheran Theological Seminary, Shekow

華中灄口神學院特卡

編者 豫中信義會
語言 英文
印製 1920s.
尺寸 140mm × 90mm

The Central China Union Lutheran Theological Seminary, Shekow, Hupeh
Cost $10,000

◉ **灄口華中協和信義神學院**

The Central China Union Lutheran Theological Seminary, Shekow, Hupeh

"灄口華中協和信義神學院"即"灄口信義神學院"(Lutheran Theological Seminary Shekow),1913 年由挪威信義會管理的湘中信義會、芬蘭信義會管理的湘西北信義會、美國信義會(American Lutheran Mission)管理的魯東信義會、北美奧格斯堡信義會管理的豫中信義會、美國豪格信義會管理的豫鄂信義會聯合在湖北黃陂灄口設立,學制四年。1938 年武漢淪陷,灄口神學院停辦,1944 年復校,1948 年遷至香港新界沙田道風山,現由香港信義會、禮賢會、崇真會聯辦,稱"香港信義宗神學院"。

北德荷爾斯泰因信義會

德國北部的石勒蘇益格—荷爾斯泰因州（Schleswig-Holstein）歷來是路德宗的大本營，1857 年成立的“荷爾斯泰因信義會”（Schleswig-Holsteinische Evangelisch-Lutherische Missionsgesellschaft）在當地非常活躍，分支機構遍佈該州幾乎所有社區，建有孤兒院、青年協會、俱樂部以及書店等。荷爾斯泰因信義會要求成員必須秉承馬丁·路德教義，篤信耶穌基督是救世主，承認聖經是人們生活的準繩，人人貢獻自己的才能、技術和資源促進社區發展。

荷爾斯泰因信義會的第二任領導人約翰·威特（Johannes Witt, 1862—1934）生於巴黎，1895 年與妻子移居荷爾斯泰因首府基爾市（Kiel）。次年他與戴德生見面，應允組織傳教士加入中華內地會“夥伴差會”（Associate Missions），開拓廣袤的福音天地。威特牧師在基爾市組建中華內地會的北德分支機構“基爾信義會”（Kieler Mission, KCM）。在戴德生的統籌安排下，光緒二十四年（1898）威特率基爾信義會的三位傳教士來華，在廣西的北海、廉州、合浦、南康等地佈道，在當地稱為“長老教會”。1904 年威特因荷爾斯泰因信義會內部問題返回德國，次年基爾信義會增派其他傳教士來華。

早在 1876 年，荷爾斯泰因信義會的克里斯蒂安·詹森（Christian Jensen, 1839—1900）牧師在石勒蘇益格—荷爾斯泰因州最北部的北弗里斯蘭縣布雷克盧姆鎮（Nordfriesischen Breklum）成立北德布雷克盧姆信義會（Nordelbisches Missionszentrum, NMZ）。克里斯蒂安·詹森生於北弗里西亞的法赫特洛夫（Nordfriesischen Fahretoft），1873 年擔任布雷克勒姆教區牧師。1876 年克里斯蒂安·詹森購置一處農舍，建立布雷克勒姆信義會的“傳道之家”（Christian Jensen Kolleg），作為向海外派遣傳教士的培訓基地。1881 年布雷克盧姆信義會首次向亞洲一些國家派遣傳教士，也在美國和加拿大的德國北弗里斯蘭移民中佈道。與其傳道事業伴隨的學校、醫院和孤兒院遍佈世界各處，布雷克勒姆這個荷爾斯泰因州的小鎮因傳道而聞名。

1921 年，急於在中國尋找立腳點的布雷克盧姆信義會與約翰·威特達成協議，接管基爾信義會的在華傳道事務。布雷克盧姆信義會立刻派羅星（V. G. Rössing）夫婦、歐沛曼（F. Oppermann）夫婦來到廉州，北德荷爾斯泰因信義會兩家分支完成交接工作，按照中國政府屬地化管理要求，“長老教會”改名為“粵南信義會”。

KIELER MISSION, PAKHOI

基爾信義會北海教區系列

編者 Kieler Mission
基爾信義會
語言 德文
印製 1900s.
尺寸 140mm × 90mm

◉ 北海最早的基督徒

Die ersten Christen in Pakhoi

Missionsstation Pakhoi

布雷克盧姆信義會北海教區系列

編者 Breklum Mission
布雷克盧姆信義會
語言 德文
印製 1920s., Verlag der Schleswig-Holstein, Mission in Breklum（德國荷爾斯泰因布雷克盧姆）
尺寸 140mm × 90mm

❶ 北海教區的中國教師
Die Lehrer an der chinesischen Missionsstation Pakhoi (China)

❷ 北海教區的傳教士家庭
Die Missionsfamilie in Pakhoi (China)

❸ 廉州信教夫婦（設色）
Ein christliches Brautpaar in Limchow (China)

摩拉維亞弟兄會

歷史上基督教在西藏的傳播有幾次重要嘗試。早在天啟四年（1624），葡萄牙天主教會派遣耶穌會傳教士安德拉德[1]神父和他的弟弟幾人從印度果阿經過瑪那山口到達西藏西部的阿里古格王國首府扎布讓。古格王為了對抗作為宗教領袖的王弟，欲借力基督教抵消當地黃教僧侶勢力的威脅，允許安德拉德等人居留傳教。耶穌會創立古格教區，修建了西藏第一所教堂。崇禎六年（1633）黃教僧侶發動叛亂，王弟聯絡拉達克王圍攻古格城堡，在那裏的傳教士死於戰亂，只有安德拉德倖免。崇禎八年（1635）古格王不敵而降，古格王國滅亡。現在古格王國城堡遺址還可以見到當年教堂的十字架。

康熙四十三年（1704）法國嘉布遣會奉梵蒂岡傳信部之命，從印度西部的蘇拉特（Surat）經昌德納戈爾（Chandernagore）、聶拉木（Koti）抵達拉薩，七世達賴喇嘛曾聽取傳教士們講解基督教教義，欣然授予“與佛教善業永存之印章”，昭示西藏有選擇宗教信仰的自由，允許他們在西藏傳播福音及購置土地修建教堂。嘉布遣會建立了西藏監牧區。與耶穌會傳教士殊途同歸，雍正三年（1725）在黃教寺院上層僧侶聯合反對下，法國嘉布遣會被迫撤離西藏。

道光二十四年（1844）遣使會傳教士古伯察[2]與西灣子教區遣使會會長秦噶嗶[3]受命孟振生主教的派遣前往中國西部，往大漠深處、荒僻高原，尋找有可能皈依上帝的人群，把福音傳播至從未照到的地方。他們西進熱河、蒙古諸旗、鄂爾多斯、寧夏、甘肅，被草原牧民誤作是遊方喇嘛，受到熱情接待。他們在甘肅跟隨一支上千人的進藏使團繼續前行，南下經青海，翻越巴顏喀拉和唐古拉山，歷經千辛萬苦、九死一生的磨難，於道光二十六年初站到了布達拉宮山腳下。十八個月的艱苦旅行並未修得正果，古伯察和秦噶嗶抵達拉薩兩個月，尚未開展宣教活動即遭官衙驅逐，駐藏大臣琦善奉令將他們解往四川，又從打箭爐（康定）押遞澳門。古伯察在澳門住下，著手整理他們的旅行筆記，撰寫了 *Souvenirs d'un Voyage dans la Tartarie et le Thibet Pendant les Années 1844, 1845, 1846*（《韃靼西藏旅行記》）等。

時至近代，基督教從東西兩個方向進入到藏區。天主教巴黎外方傳教會從雲南和四川西進，咸豐二年（1852）在康巴藏區的打箭爐，同治五年（1865）在西藏芒康鹽井鄉，同治六年（1867）在雲南迪慶茨中村，1919 年在四川阿壩小金鄉等地修建起天主堂，這些是天主教西進最遠的地方。同時代大約光緒三年（1877）中華內地會戴德生派遣

1 安德拉德（Antonio de Andrade, 1580—1634），生於葡萄牙奧萊羅斯（Oleiros），1596 年加入耶穌會，1600 年到葡萄牙殖民地印度果阿，晉鐸；1624 年離開阿格拉赴德里，與其弟弟曼努埃爾．馬克斯（Manuel Marques）作為印度教朝聖者前往巴德里納特神廟，隨後與其他耶穌會傳教士進入西藏，創建古格教區；1629 年返回果阿述職，躲過古格大屠殺；逝於果阿。

2 古伯察（Evariste Régis Huc, 1813—1860），法國人，1836 年加入遣使會，1839 年晉鐸，同年來華，抵澳門，1841 年赴蒙古教區傳教。1844 年與秦噶嗶經青海進藏，1846 年到拉薩，後被驅逐，1846 年抵澳門；1855 年返回法國，1860 年逝於巴黎。

3 秦噶嗶（Joseph Gabet, 1808—1853），法國人，1833 年晉鐸，1834 年加入遣使會，1835 年來華；與古伯察西藏旅行後退出遣使會，赴巴西傳教。

賈美仁[1]牧師到西南腹地宣播福音，曾到過藏區，一些藏族人受其感化皈依基督。不過賈美仁西進的步伐在康巴藏區的巴塘和打箭爐受阻，折頭南下去了雲南大理和緬甸八莫。羅馬公教的聖言會、聖母聖心會和基督新教的中華內地會曾經活躍在青海藏區，並未踏入西藏腹地。

光緒年間有一支傳教團從西面進入過西藏。德國摩拉維亞弟兄會從俄羅斯至中國新疆的傳統古道南下，乘坐火車、馬車，騎馬翻越天山，沿塔克拉瑪干沙漠西緣，經南疆的喀什到達西藏。

摩拉維亞弟兄會的歷史源於十五世紀波西米亞的揚．胡斯（Jan Hus, 1369—1415）發起的基督教改革運動，1414 年胡斯遭到逮捕，被認定是異端，遭火刑處死。1419 年至 1434 年間胡斯派信徒與天主教會間爆發“胡斯戰爭”，胡斯派失敗後部分殘存者組成弟兄會，1548 年弟兄會被驅逐出波希米亞，遂後聚集到捷克東部的摩拉維亞，被稱作“摩拉維亞弟兄會”（Moravian Brethren）或“摩拉維亞教會”（Moravian Church）。1627 年弟兄會又被逐出摩拉維亞，成員散落歐洲各地。流亡德國的弟兄會成員得到薩克森伯爵青岑多夫的庇護。青岑多夫（Nicoloaus Ludwig von Zinzendorf, 1700—1760）出生在德累斯頓的富有家庭，祖先屬下奧地利最古老的貴族。1776 年青岑多夫進入作為馬丁．路德宗教改革運動大本營的荷蘭維登堡大學（Wittenborg University）學習法律，就學期間潛心習讀過馬丁．路德的著作，成為路德派的虔誠信徒。1722 年青岑多夫在自己領地薩克森州的貝特爾斯多夫莊園（Bethelsdorf）接待了摩拉維亞弟兄會的難民，倍生同情，1727 年修建赫恩胡特（Herrnhut）“主護村”，試圖以此為中心團結世界各地的弟兄會，促進摩拉維亞教會的復興。青岑多夫辭去政府的職位，定居在主護村，出任摩拉維亞弟兄會主教，引導摩拉維亞教會的教理“路德化”。1732 年開始摩拉維亞弟兄會走出主護村，傳教士人數不多，卻卓有成效地把他們的信仰帶到西印度群島、北美印第安部落、非洲、格陵蘭、波斯等地。據說 1735 年衛斯理兄弟從牛津大學畢業後，第一次前往新大陸踐行自己的理想，橫越大西洋時遇惡劣天氣，波濤洶湧，同船的二十六位摩拉維亞弟兄會成員憑著對主的信心和內心的喜樂，臨危不懼，信而步海。這些文化水準不高的摩拉維亞弟兄會傳教士的信德給衛斯理留下深深印象，他坦陳他們對自己神學思想和敬虔信念的形成影響匪淺。

摩拉維亞弟兄會早在乾隆七年（1742）到過西藏，未幾而歸。1758 年摩拉維亞弟兄會在居於裏海北岸的卡爾梅克蒙古族部落開始佈道，收效頗豐；1850 年又派遣葉斯開牧師率隊到中國新疆地區的與卡爾梅克同源的土爾扈特蒙古族部落尋

1　賈美仁（James Cameron , 1845—1892），英國人，1875 年受中華內地會派遣來華，1876 年經宜昌進入四川重慶，1877 年到川西藏區、雲南大理和緬甸八莫，1879 年始在芝罘、天津、牛莊、遼東半島、瀋陽、山海關等地巡迴宣道。

找福音受眾。葉斯開（Heinrich August Jäschke）1817 年生於德國赫恩胡特，父親是麵包師，開了間麵包坊，葉斯開早年就讀摩拉維亞弟兄會的涅斯基（Niesky）教育學院，有極高語言天賦，掌握八門語言，畢業後在德國和丹麥的多所學校教授語言，1847 年他擔任德國涅斯基摩拉維亞寄宿學校校長。1848 年葉斯開按立牧師率隊前往中國，他們在新疆地區未得機會，繼續南下，咸豐三年（1853）到達西藏西部。

1853 年葉斯開修建列城福音堂佈道。他本人偏於學者型，不擅交際，1856 年摩拉維亞弟兄會派來海德牧師和佩吉牧師協助他以列城為中心向周圍拓展，1857 年至 1865 年間先後在拉達克地區的列城（Leh），阿里地區魯巴（Luba）、卓普（Dort Pu）以及印度北部喜馬偕爾邦的蓋朗（Kyelang）、拉胡爾（Lahaul）、科努爾（Kinnaur）設立傳道站，創辦孤兒院、學校及藥房診所等。1900 年摩拉維亞弟兄會宣道事業達到顛峰，有二十一名傳教士和近百名藏族信徒，1909 年有一百多個家庭成為禮拜聚會地。摩拉維亞弟兄會在拉達克首府列城開設中心醫院，尤為重視對高原常見病白內障和麻瘋病的治療，在藏族中獲得極佳口碑。摩拉維亞弟兄會利用傳道便利兼做生意在歷史上是出名的，他們把當地特產品銷往德國，促進經濟發展。

身心俱疲的葉斯開 1865 年脫離傳道事務，潛心於藏學研究，1883 年這位被稱為摩拉維亞兄弟會最傑出的語言學家逝於赫恩胡特。有關葉斯開這位語言天才傳道的經歷，已有記載不太具體，除了他主持翻譯藏文版《新約全書》，提到的幾乎全是他對藏文化的貢獻，代表作有 *A Short Practical Grammar of the Tibetan Language, with Special Reference to the Spoken Dialects*（《實用藏文文法語法》，London: Hardinge Simpole, 1865），*Romanized Tibetan and English Dictionary*（《羅馬字母藏英辭典》，Oxford University, 1866），*Über die Phonetik der Tibetischen Sprache*（《藏語口語》，1869），*Handwörterbuch der Tibetischen Sprache*（《簡明藏語手冊》，Unitätsbuchhandlung, 1871—1877），*Tibetan-English Dictionary*（《藏英辭典》，London: Taylor and Francis, 1881），*Tibetan Grammar*（《藏語語法》，London: Trübner, 1883）等。

富朗開牧師也是一位在藏學研究上頗有成就的傳教士。富朗開（August Hermann Francke）1870 年生於德國西里西亞的格蘭德弗雷（Gnadenfrei），父親是德國著名神學家。1896 年富朗開受摩拉維亞弟兄會派遣到達拉達克，他的足跡遍佈西藏阿里地區和新疆和田地區，他的興趣不僅在福音佈道，更尤為熱衷於追隨斯坦因、伯希和等人的考古探險活動，樂此不疲。富朗開於 1906 年至 1908 年間在列城發表系列研究報告 *Collection of Tibetan Historical Inscriptions on Rock and Stone*（《西藏西部的古代藏文摩崖題刻》），1906 年與其他傳教士合著 *A Summer Ride through Western Tibet*（《穿越西藏西部的夏之旅》），1907 年出版 *A History of Western Tibet, One of the Unknown Empires*（《西藏西部史，一個未知的帝國》）等。1908 年富朗開陪護患重病的夫人返回德國。他的餘生專注於藏學研究，1920 年增訂了葉斯開的《藏語語法》，1925 年出版了 *Geistesleben in Tibet*（《西藏的精神生活》）。1925 年富朗開受聘柏林大學客座教授，受業帶徒，傳講藏語，中國著名語言學家陳寅恪[1]和傅斯年[2]清楚記得，留學德國時期富朗開是他們藏語的啟蒙老師。1930 年富朗開逝世。

摩拉維亞弟兄會對基督教在雪域高原傳播最突出的成果是藏文版聖經。葉斯開剛到西藏時就提出藏譯聖經的計劃，苦於沒有找到合適的人幫助他們實現。摩拉維亞弟兄會多次意圖從藏西深入印度北部各邦佈道，這些德國傳教士屢屢被英國殖民當局阻擾，無法從拉達克南進。1857 年海德和佩吉曾試圖繞道阿里翻越喜馬拉雅山什布奇山口到印度喜馬偕爾邦，又被英印部隊阻攔，滯留在阿里地區等待南進機會，其間他們陸續在札達縣底雅鄉和噶爾縣扎西崗鄉建立傳道站。古格王國是阿里地區的土邦政權，其首府札布讓就在札達縣，這裏的藏族對基督教並不陌生。1858 年海德和佩吉在底雅鄉一個叫作“魯巴”（Luba）的村莊，偶然機緣結識了西藏貴族出身的丹布噶甘（Tempu Gergan）。丹布噶甘曾擔任過西藏地方政府財政大臣，1856 年因涉嫌捲入十一世達賴喇嘛凱珠嘉措（1838—1856）“突然示寂”案而流亡於魯巴山谷。丹布噶甘與海德和佩吉相識後，熱情邀請兩位傳教士住在自己的莊園，丹布的妻子卓瑪盛情款待客人，糌粑、酥油茶、青稞酒、烤肉盡情享用。茶餘酒後，無話不談，海德醫生提出自己教授丹布噶甘西醫知識和技能，丹布噶甘幫助他們翻譯聖經。舉杯約定後，擺在他們面前最難解決的問題是用哪種藏語方言翻譯聖經。西藏區域遼闊，語言差異比較大，東部通行康巴方言，北部大多講安多方言，中西部以衛藏方言為主。更為複雜的是西藏各個階層也有自己的語言，奴隸、平民、喇嘛的語言並不完全相通。

葉斯開牧師來到魯巴村參與討論，確認使用藏傳佛教經典《甘珠爾》、《丹珠爾》所用的古藏文，相當於藏語的文言文，至少在各個地區熟悉佛教經典的人對譯文不會有歧義。翻譯聖經不僅僅是語言問題，最重要的是對經文的理解，“上帝”不是“活佛”，“禱告”不是“唵嘛呢叭咪吽”等，在這些問題上丹布噶甘真的無法幫助傳教士們，譯經工作進展極為緩慢。1862 年葉斯開牧師只完成《約翰福音》的翻譯，在克什米爾拉胡爾付印。1883 年葉斯開去世，其他傳教士整理了葉斯開的的遺稿，1885 年將《新約全書》交由大英聖書公會出版。

1885 年丹布噶甘家添丁，幺兒子索南噶甘（Sonam Gergan）出生。這個男孩從小跟傳教士一起生活，“魯巴山谷裏的白人是自己最好的朋友”，他喜歡依偎在他們的懷裏聽聖經故事，大衛、歌利亞、耶穌是他崇拜的英雄，耳聞目濡使他對上帝和基督心生敬畏。1897 年丹布病逝，不再受家承傳統約束的索南噶甘棄佛皈耶，改名約瑟噶甘（Yoseb

1 陳寅恪（1890—1969），字鶴壽，江西修水人，生於湖南長沙；中國現代歷史學家、古典文學研究家、語言學家，1902 年東渡日本入巢鴨弘文學院，1905 年就讀上海復旦公學，1910 年自費留學，先後到德國柏林大學、瑞士蘇黎世大學、法國巴黎高等政治學校就讀；1918 年在美國哈佛大學學習梵文和巴利文，1921 年轉往德國柏林大學攻讀東方古文字學，掌握梵、巴利、波斯、突厥、西夏、英、法、德八種語言；1925 年回國後先後任教於清華大學、西南聯合大學、香港大學、廣西大學、燕京大學、中山大學等校。

2 傅斯年（1896—1950），字孟真，山東聊城人；歷史學家、古典文學研究家，五四運動學生領袖之一；1919 年大學畢業後考取庚子賠款官費留學生，先後入英國愛丁堡大學和倫敦大學學習實驗心理學、生理學、數學、物理學，1923 年入柏林大學哲學院學習比較語言學等；1926 年回國，先後創辦中山大學語言歷史研究所、中央研究院歷史語言研究所。

Gergan）。隨後摩拉維亞弟兄會的傳教士保送他到克什米爾首府斯利那加英國學校學習基督教教義和西方科學知識。1906 年索南完成學業，本打算回到家鄉的莊園，但經不起摩拉維亞弟兄會的邀請，將家產散發給僕人和家臣，移居列城，1920 年按立牧師。

1891 年摩拉維亞弟兄會開始著手藏譯舊約聖經，索南加盟後協助富朗開牧師翻譯古藏文版舊約，1907 年大英聖書公會在上海先期出版了《利未記》、《民數記》、《申命記》等單行本。1910 年古藏文版《舊約全書》完成初稿，由於倫敦的大英聖書公會沒有藏文字模，必須手抄翻拍印製，手稿往來於柏林和拉達克之間，累年反覆校對修改。1930 年富朗開逝於柏林，臨終前《舊約全書》由大英聖書公會出版。1948 年《新舊約全書》在倫敦最終面世，為這項歷經九十年的工作畫上句號。

葉斯開當年決定採用古藏文譯經時就埋下隱患，文言文的古藏語過於陽春白雪，儘管比較嚴謹，不易有歧義，在西藏能夠讀懂的人卻少之又少，嚴重影響聖經的普及，就連索南噶甘也不能完全看懂。索南噶甘自 1903 年在富朗開牧師指導下，採用西藏西部使用的一種白話文——後來稱為"噶甘方言"（Tibetan Gergan）——著手翻譯聖經，亦稱為"和諧版"（Harmony）聖經。富朗開牧師離開西藏前曾完成《馬可福音》，此後二人討論譯經的書信頻繁往來於拉達克和柏林。歷經三十餘年，1935 年索南牧師完成初稿，二戰爆發前索南將手稿交給大英聖書公會，存於英格蘭北約克郡的里彭大教堂（Ripon Cathedral）地下室，躲避德軍轟炸。1946 年索南歸主，1948 年劫後餘生的藏語白話文版《新舊約聖經》在拉合爾出版。不論是葉斯開、海德、佩吉還是富朗開、索南噶甘，都未得見到自己的勞動全部果實，然他們留下的不世之業為人所記。

編者　Missionsgebieten der Brüdermeine
摩拉維亞弟兄會
語言　德文
印製　1930s., Bildstelle der Herrnhuter Missionshilfe（德國赫恩胡特弟兄會圖片社）
尺寸　140mm × 90mm

◉ **約瑟噶甘**
Yoseb Gergan

英國和德國是宿敵，英國駐印當局限制以德國人為主的摩拉維亞弟兄會活動，拉達克教區曾嘗試推行神職人員本地化，隨著信徒的減少，1940 年摩拉維亞弟兄會關閉列城總教堂，人員撤回德國。

自明末到近代，基督教在西藏的活動，排除旅行者和探險者，主要脈絡還是比較清晰簡單的。常見的有關藏區的明信片，絕大多數記述的是印度大吉嶺地區，與西藏關係不大；或者是西方赴喜馬拉雅探險隊的活動，與傳教士無關，唯有摩拉維亞弟兄會發行的明信片留下不多的宣教記憶。

Moravian Mission Fields

摩拉維亞弟兄會傳道區系列

編者 Missionsgebieten der Brüdermeine
摩拉維亞弟兄會

語言 德文

印製 1890s., Missionsbuchhandlung Herrnhut
（德國赫恩胡特宣教書店）

尺寸 140mm×90mm

❶

❷

❸

❶ 喜馬拉雅蓋朗傳教站

Station Keylang, Himalaya

❷ 喜馬拉雅蓋朗傳教站（左）| 拉達克舍戈拉寺（右）

Station Keylang, Himalaya | Shergola-Kloster Ladak, Himalaya

舍戈拉村（Shergola Phokar）是拉達克地區藏族村莊，從卡基爾（Kargil）沿瓦卡河谷走十公里即可到達，距離拉達克最古老的僧院拉馬玉如寺（Lamayuru）不遠。舍戈拉寺（Shergola-Kloster）在深山峽谷間鑿壁而成，是喜馬拉雅地區最著名的洞穴廟宇，山岩呈現紅、黃、紫、綠、棕等八十多種顏色，陽光照耀下彷彿打翻的水彩盒撒落在山間，其絢麗多彩不亞於佩特拉古城。傳說八世紀蓮花生大士（Padmasambhava）曾在此冥想修行。

❸ 列城的基督徒和校舍

Christenknaben in Leh

Schulhaus in Leh, Himalaya

列城是拉達克首府，1853 年建堂。拉達克（Ladakh）藏語意思是“喇嘛之地”，位於喀喇崑崙山和喜馬拉雅山之間的峽谷地帶，克什米爾東南部。拉達克是藏族的傳統居住區，流行藏族語言，信奉藏傳佛教。西藏和拉達克是清王朝的一部分，道光二十六年（1846）英國殖民當局沒有與清政府和西藏地方政府溝通，單方面施劃查謨—克什米爾土邦的東界，將拉達克併入克什米爾版圖，清政府和西藏地方政府從未認可，但清末內憂外患，國力羸弱，無暇顧遠。

Himalaya

摩拉維亞弟兄會喜馬拉雅系列

編者 Missionsgebieten der Brüdermeine
摩拉維亞弟兄會
語言 德文
印製 1890s., Bildstelle der Herrnhuter Missionshilfe
（德國赫恩胡特弟兄會圖片社）
尺寸 140mm × 90mm

❶ 喜馬拉雅傳教士海德夫婦與藏族基督徒在蓋朗

Das Missionsehepaar Heyde im Kreise tiberscher Christen Kyelang Himalaja

【原注】“傳教士海德是 1853 年[1]到達喜馬拉雅高原的兩位先驅之一，他們的工作深深地衝擊了佛教在當地的影響。”

這裏說的是摩拉維亞弟兄會傳教士海德和佩吉。海德（August Wilhelm Heyde, 1825—1907）出生於德國赫恩胡特主護村的“私淑弟子”，1856 年他與佩吉神父（Eduard Pagel, 1820—1883）一起受摩拉維亞弟兄會派遣到達拉達克的列城，1857 年以後他和佩吉主要負責拓展新教區，先是建立西藏阿里地區的魯巴、卓普傳道站，六十年代開拓印度的蓋朗、拉胡爾、科努爾傳道站。除了宣道工作外，他協助葉斯開在當地採集植物標本，在國際植物學領域略有建樹。海德和佩吉合作出版過 *Reisebericht der zum Zweck einer Mission unter den Mongolen ausgesendeten*（《蒙古傳道之行》，Gnadau, 1860）。海德於 1859 年與同工瑪麗亞（Maria Elisabeth Hartmann, 1837—1917）在蓋朗結婚，1862 年海德夫人在拉胡爾開辦婦女編織學校，教授當地婦女編織德國風格的羊毛襪，遠銷德國，至今仍以“拉胡爾羊毛襪”馳名。葉斯開和佩吉去世後，夫婦二人承擔起教區領導佈道工作，1893 年離開西藏，告老還鄉。

❷ 佛塔和祈禱牆

Tschorten und Gebetsmauer

【原注】“這是喜馬拉雅小西藏列城傳教站附近的佛教聖地。”

❶
❷

1 這張明信片注明的海德和佩吉 1853 年來華與正式記錄不符。

HIMALAYA

摩拉維亞弟兄會喜馬拉雅五彩系列

編者　Moravian Brethren
摩拉維亞弟兄會
語言　德文
印製　1900s., Missionsbuchhandlung Herrnhut
（德國赫恩胡特宣道書店）
尺寸　140mm × 90mm

❶ 喜馬拉雅列城新建的卓普傳道站

Dort Pu, Lechts neues Missionshaus, Himalaya

卓普（Dort Pu），亦稱典角（Dêmqog），獅泉河西岸一藏族村莊，屬西藏阿里地區噶爾縣扎西崗鄉的巴里加斯（Parigas），東距阿里地區首府獅泉河鎮九十公里，平均海拔四千二百餘米。典角村是喜馬拉雅山、岡底斯山、喀喇崑崙山三大山脈交會之處，流經典角村的獅泉河向西北流淌約八十公里後拐彎，切穿拉達克山、進入克什米爾地區後被稱為印度河，獅泉河谷是阿里地區通往克什米爾的重要通道。

巴里加斯（Parigas）位於獅泉河以西，是阿里的門戶。巴里加斯的獅泉河和典角曲（卓普河）兩岸有藏族居聚地典角、碟木綽克（Demchok）、烏木隆、果洛等。1955 年印度軍隊侵佔巴里加斯，1962 年中印戰爭期間中國軍隊收復整個地區。

❷ 喜馬拉雅列城婦女跳舞

Tanzende Frauen in Leh, Himalaya

❸ 喜馬拉雅拉達克藏族商人

Tibetische Kaufleute aus Ladak, Himalaya

02

加爾文宗

十七世紀六十年代法國西南部重鎮圖盧茲發生一起影響深遠的宗教迫害事件，是改變歷史進程的教科書式案例。讓·卡拉（Jean Calas）先生在商業中心菲拉蒂埃大街開了一家高檔綢布店，買賣興隆，顧客盈門。像那個時代法國大多數工商業者一樣，讓·卡拉一家八口都是胡格諾派教徒，為人謙和、待客寬厚。1761 年 10 月的一天，性格偏執的大兒子馬可—安東尼（Marc-Antoine Calas）抱怨時乖命蹇，懸樑自縊。在宗教氣氛狂熱的圖盧茲，街頭市尾瘋傳馬可—安東尼死因是家人不允許他棄絕胡格諾教、皈依天主教，將其謀殺。馬可—安東尼被心懷叵測的人拔高為殉道聖徒，當地天主教會為他舉辦隆重的葬禮，教堂掛著一副骷髏，一手拿著象徵殉道者的棕櫚葉，一手握著據説是他簽署放棄"異端"聲明的那支羽毛筆。有位神父忍痛拔下自己兩顆牙齒作為馬可—安東尼的遺物捐獻出來；另一位神父信誓旦旦保證自己在馬可—安東尼事跡感召下，用催吐劑幫助癱瘓日久的病人恢復行走能力；有位失聰多年的老嫗宣稱自己在馬可—安東尼葬禮上聽到教堂悠揚的鐘聲。來年春天，圖盧茲法院開庭審理卡拉一案，毫無懸念地判決讓·卡拉死刑。翌日，讓·卡拉被送上刑場，劊子手打斷他的四肢和肋骨，烤焦其皮肉，再車裂於市。

正義的情感是永存的，無論何時何地，總是有少數英勇無畏者挺身與人世間的惡魔戰鬥。蟄居日內瓦湖畔德利斯山莊的法國文學家伏爾泰聞訊拍案而起，拿起他那支讓舊勢力戰慄的犀利之筆，蘸著辛辣、刻薄、嘲諷、憤怒的墨水，毅然決定為卡拉一家伸張正義。這位受法國王室迫害而不得不流亡瑞士的老人，寫過不少揭露宗教狂熱、宗教偏執的劇本，他感到沒有一個作品能夠比現實舞台上的這個悲劇更令人髮指、毛骨悚然。1763 年伏爾泰發表《論寬容——寫於讓·卡拉之死》（*Traité sur la Tolérance, à l'Occasion de la Mort de Jean Calas,* Geneva: Cramer, 1763），怒懟祖國那邊的瘋子。無論何人，只要他的行為沒有危害公共秩序，都擁有沿著他所喜歡的道路進入天堂的自由；任何人都不能以莫須有的錯誤處罰他，只要這些錯誤不構成犯罪。擾亂社會秩序最常見的行為恰恰是宗教的偏狹和狂熱，以暴力或其他手段干涉別人正當的、天賦的自由權利。只有瘋子才相信存在輿論一律和信仰一律，故而一個健康的社會應該容忍不同信仰、不同思想的人共存。

在發表長篇檄文的同時，伏爾泰還動用他在法國上層的老關係為卡拉一家伸冤，1764 年法國高等法院撤銷對卡拉的判決，卡拉夫人拿到三萬六千金幣的國家賠償。聲譽大振的伏爾泰在普魯士、英格蘭、法蘭西被稱為"歐洲的良心"。狄德羅（Denis Diderot, 1713—1784）、愛爾維修（Claude Adrien Helvétius, 1715—1771）、達朗貝爾（Jean le Rond d'Alembert, 1717—1783）等百科全書派聚集在他的政治旗幟之下，後世把他稱為法國啟蒙運動的泰斗和法國大革命的精神領袖。1791 年法國國民議會發佈公告，決定把伏爾泰遷柩巴黎先賢祠，補行國葬。運送伏爾泰遺骨的靈車上寫著：

> 他為卡拉、拉巴爾、西爾文和蒙拜依洗刷了恥辱。
>
> 他是詩人、哲學家、歷史學家；他使人類的理性疾步前行；他為我們的自由開拓了道路。

卡拉一家信奉的胡格諾派（Huguenots）是加爾文主義教派在法國的稱謂。讓·加爾文（Jean Calvin）1509 年出生在法國北部皮卡第大區努瓦永鎮（Noyon, Picardy）中產階級家庭，父母期望他們三兄弟長大後成為神父。據說 1521 年加爾文才十二歲便修髮進教堂給主教當助手，兩年後為躲避當地鼠疫，他被父親送到巴黎，先後在馬吉學院（Collège de la Marche）和蒙塔古學院（Collège de Montaigu）學習哲學。老加爾文擔心兒子學習哲學當神父難以糊口聊生，建議他未來當律師，收入預期頗豐，聽話的加爾文於 1525 年底轉學到法國中部的奧爾良大學（Université d'Orléans）攻讀法律專業，1529 年進入布爾日大學（Université de Bourges）繼續深造。從蒙塔古學院到奧爾良大學再到布爾日大學，加爾文完成的不僅是未來職業生涯的擇選，更重要的是後者人文主義的學術氣氛使得他的世界觀發生根本性變化，他由此受到馬丁·路德神學思想的熏陶。

1531 年加爾文來到巴黎，潛心研讀希臘文、希伯來文和拉丁文的聖經，在馬丁·路德思想的啟發下，逐步形成自己的一套神學理論。1534 年加

編者 Musée International de la Réforme
國際宗教改革博物館
語言 法文
印製 1940s., Geneva（日內瓦）
尺寸 148mmx105mm

◉ 讓·加爾文

Johannes Calvinvs

爾文感覺到來自周圍傳統勢力的威脅，化名逃亡瑞士巴塞爾，在無干擾環境下整理些許年來自己對舊教會的批判積累之心得，1536 年發表宗教改革運動綱領性文獻《基督教要義》（*Institutio Christianae Religionis*）。在這部劃時代的新教理論著作裏，加爾文抨擊天主教僭越上帝和耶穌基督在人世間的地位，提出全部權利歸於上帝，救贖和恩赦只能來自上帝和祂的兒子耶穌基督，不需要也沒必要由教宗

及其教會代行。他繼承馬丁·路德的革命性主張，強調聖經是基督教信仰的唯一根據和權威，人們唯有因信稱義而得到救贖。他與馬丁·路德主義的根本不同點是提出預定論，上帝已經對世人的命運和是否得救做出了預定，種瓜得瓜，種豆得豆，乃是上帝的旨意，任何人無法改變。加爾文告訴他的追隨者，自己的目的就是要改革舊有的教會，正本清源，回歸原始基督教。因此加爾文主義也被稱為 Reformed Church，中文譯為"歸正宗"，亦稱"改革宗"。在組織體系上，加爾文主張選舉長老監督教務，由牧師和不受神職的長老集體管理教會，在教會組織內部沒有任何人享有無限權力。在加爾文眼裏，作為教會領導者的長老應該品行高尚、完美無缺、敬畏上帝高於一切，並在精神上能夠深思遠慮。加爾文力推這種民主的教會政治制度，迎合那個時代逐步走上社會舞台中央的資產階級的訴求，在新生貴族、工商業主群體中找到同盟軍。正因為這種管理體系，信奉加爾文主義的宗會組織也被稱為"長老會"（Presbyterian Church）。

1536 年開始加爾文長期居住在日內瓦，把這個第一個資產階級掌權的城邦共和國當作他宗教改革的試驗場和活動基地。他病逝於 1564 年，在世僅僅五十四年。死後秘葬不宣，在日內瓦大學有一座巨幅石雕，紀念他和追隨他的革命者。

法國和意大利是羅馬天主教的大本營。法國新教歷史上形成兩個群體，法國東部主要是德國路德宗新教徒，南部和西部則受加爾文主義影響較大，法國的加爾文追隨者被稱為"胡格諾教派"，名字來源不可溯。法國的胡格諾教派可以從兩層面來看，"宗教上的胡格諾派"和"政治上的胡格諾派"，前者體現在信仰上對加爾文主義的認同，後者反映新生貴族和工商業主在政治上挑戰君主制和舊勢力的訴求。由於有著比較強烈的政治背景，胡格諾教派一直與法國天主教會及其作為政治同盟的王室發生長期的武裝衝突，最為激烈的 1562 年開始的法國宗教戰爭，其間 1572 年發生的聖巴托洛繆大屠殺（Massacre de la Saint-Barthélemy）尤為慘絕人寰。最終本為胡格諾教派追隨者的法王亨利四世重新皈依天主教，才熄滅了長達二十年的戰火。新建立起來的波旁王朝於 1598 年頒佈《南特敕令》，正式給予胡格諾教派合法生存的權利，此後百年間胡格諾教派有了長足發展。路易十四登基後獨尊天主教，1685 年頒佈的《楓丹白露敕令》剝奪胡格諾教派的合法地位。又一個黑暗百年後，受卡拉案件的拖累，波旁王朝末代皇帝路易十六於 1787 年簽署《凡爾賽敕令》，對胡格諾教派的迫害才告結束，1789 年法國大革命爆發，制憲會議發佈《人權與公民權利宣言》，給予全體公民人身及信仰的自由平等權利；然而為時已晚，這時法國胡格諾教派十損八九，流落四鄉，存之寥寥。

比馬丁·路德年少二十六歲的加爾文，因時代和地域的不同，他的神學思想比其先驅者轉化出更多的政治訴求。加爾文學說為資產階級在瑞士建立共和國提供了信仰上和政治上的理論依據，這一進程又被複製到尼德蘭的民族獨立運動，1648 年尼德蘭聯邦打敗西班牙帝國獲得獨立後，加爾文宗一時成為荷蘭共和國的國教。加爾文主義的幽靈跨過海峽，比鼠疫、天花等瘟疫更兇猛地侵蝕著英倫三島，動搖著一統天下的安立甘會的國教地位。1620 年"五月花號"三桅杆輪船載著憧憬美好未來的英國清教徒到達新大陸，使加爾文主義成為搭建美利堅合眾國的一塊精神基石。在許多人眼裏，加爾文主義是一個包含哲學本體和倫理道德的神學體系，也是追求社會福祉和自由權利的政治學說。

蘇格蘭長老會

1572 年 11 月 24 日愛丁堡城堡隔壁的聖吉爾斯大教堂（St. Giles' Cathedral）的後花園草坪上又增添了一通新墓碑。墓志銘引用了聖經的一句話："那殺身體不能殺靈魂的，不要怕他們；唯有能把身體和靈魂都滅在地獄裏的，正要怕他。"（《馬太福音》第 10 章第 28 節）陵墓的主人正是位肉身將朽、精神永駐的偉人，生時飽嘗迫害，備受威脅；他死了，他反對不公正的政府、追求道德和精神變革、為爭取人類自由做出的貢獻得到後人尊敬，他使加爾文主義在歐洲強國落地生根，他給不列顛人民的信仰帶來天主教、聖公會之外的第三種選擇。

十六世紀約翰 · 諾克斯領導的蘇格蘭宗教改革運動，使作為國教的蘇格蘭教會城頭變換大王旗，脱離天主教統治，擁抱加爾文主義。約翰 · 諾克斯（John Knox）1514 年生於蘇格蘭東洛錫安大區哈丁頓（Haddington, East Lothian）的一個商人家庭，在家鄉一所語言學校接受啟蒙教育，後就讀格拉斯哥大學（University of Glasgow）習神學，最高學歷是在蘇格蘭最古老之大學聖安德魯斯大學（University of St. Andrews）完成的，1536 年他在愛丁堡獲得天主教鐸品。多年後他因參與蘇格蘭一系列政治和宗教事件被迫流亡英格蘭，當過法國人的階下囚，也出任過英王愛德華六世的神師，還參與過被稱為聖公會次經的《公禱書》（*The Book of Common Prayer*）的編撰。1553 年信奉天主教的"血腥瑪麗"坐上英格蘭女王寶座，已經改奉路德新教的約翰 · 諾克斯於次年流亡日內瓦，他在這裏結識了革命導師加爾文，接受了他的大部分理論學説。

1555 年約翰 · 諾克斯帶著新的思想觀念回到祖國蘇格蘭，自此至 1560 年的五六年間他頻繁往來愛丁堡和日內瓦兩地，把全部精力投入蘇格蘭宗教改革和政治運動，經歷了血與火、刀與劍的洗禮。在他激烈改革主張的煽動下，蘇格蘭的宗教、政治、文化都出現了渴望改教歸正的氛圍，許多蘇格蘭貴族成為加爾文主義追隨者。約翰 · 諾克斯不放過任何闡述加爾文主義主張的機會，他提出，基於聖約，個人與上帝建立了一種從當下到永恆的生命關係，獲得一種上帝選民的肯定身份；基於聖約，政府和人民都受制於上帝的律法，人民有反抗一切僭越上帝主權者的權利，不論其是國王還是貴族。他非常推崇加爾文有關教會管理體系長老制的思想，認為這種體制與蘇格蘭傳統的獨立自主的議會相似。約翰 · 諾克斯與信奉加爾文主義的蘇格蘭貴族聯手發動叛亂，逼迫信奉天主教的蘇格蘭瑪麗女王退位。他們經歷了英格蘭王室的背信棄義和法國軍隊的武裝干涉，1560 年的《愛丁堡條約》（*Treaty of Edinburgh*）最終結束了多年戰爭。此後又經過一百三十年的紛爭，直到 1690 年蘇格蘭議會通過一系列立法，確立了長老會在蘇格蘭的國教地位。

1572 年約翰 · 諾克斯逝於愛丁堡。1689 年他的信徒根據他的願望，在他生前擔任牧師的聖吉爾斯大教堂成立了世界第一家長老會——蘇格蘭長老會（Church of Scotland Mission, CSM）。約翰 · 諾克斯是長老會創始人，在加爾文主義框架下，長老會注重的是加爾文思想在教會政治中的制度保障。

蘇格蘭長老會此後兩個世紀逐步滲透到英倫三島，成為抗衡和侵蝕英國聖公會的重要力量。英國光榮革命時期，受戰亂影響，許多蘇格蘭加爾文信徒移居北愛爾蘭避難，推動了愛爾蘭地區的宗教改革，1642 年愛爾蘭長老會（Presbyterian Mission in Irish, PMI）成立，逐步在北愛爾蘭地區佔主導地位。十八世紀加爾文主義隨著移民傳佈美國，十九世紀長老會傳教士出現在門戶洞開的中國。蘇格蘭國教會於 1830 年成立海外宣道會（Church of Scotland Foreign Missions Committee, CSFM），光緒四年（1878）開始派遣醫師來華，在宜昌從事醫療傳道工作，在華稱為"蘇格蘭福音會"。蘇格蘭長老會內部的激進派不滿其"國教"地位，曾於 1732 年和 1747 年發起自由運動，脱離蘇格蘭教會成立獨立組織，幾經磨合於 1820 年結成各自為政的鬆散聯盟。同治四年（1865）其中兩支差會蘇格蘭長老會（United Presbyterian Church of Scotland, UPCS）和蘇格蘭自由教會（United Free Church of Scotland, UFS）來到中國開教。愛爾蘭長老會於同治八年（1869）來華，在中國東北（滿洲）傳道。1929 年在華的蘇格蘭長老會、蘇格蘭自由教會、蘇格蘭福音會以及愛爾蘭長老會聯合成立"蘇格蘭愛爾蘭東北宣教會"（Presbyterian Church in Scotland and Ireland），傳道區域分佈於寧波、煙台、遼陽、海城、瀋陽、永陵、鐵嶺、開原、朝陽鎮、阿什河、呼蘭、三姓、錦州、新民、法庫、長春、榆樹、吉林等地。

CHINA

蘇格蘭福音會中國系列

編者 Foreign Mission Committee of the Church of Scotland
Mission Study Council of the United Free Church of Scotland
蘇格蘭長老會海外宣道會

語言 英文

印製 1910s., London（倫敦）

尺寸 140mm×90mm

“蘇格蘭福音會中國系列”與“大英行教會青年社中國系列”內容一樣。

8.—A CHRISTIAN CHINESE BOY.
The Chinese have a proverb “the crooked tree when it is large will straighten itself,” a contradiction of the Christian teaching “Train up a child in the way he should go, and when he is old he will not depart from it.' There are 2,394 Christian schools and colleges in China, and only 52,965 out of at least 150,000,000 Chinese children get the chance of Christian teaching.

4.—OPIUM SMOKERS.
A Chinese Edict, quoted by *The Times*, says: “30 to 40 per cent. of the Chinese smoke Opium.” In some towns there is an Opium den to every 70 inhabitants. The Chinese Government has in 1907 condemned it as the greatest curse of the country and passed laws to restrict its use.,

5.—THE CEREMONY OF ANCESTRAL WORSHIP.

A Chinese believes that he has three souls, and when he dies one goes to the other world, one into the tomb, and the third into the Ancestral Tablet which is treasured and worshipped by his surviving family. It is said that the Chinese spend £24,000,000 per annum on Ancestral worship.

❶ ❷ ❸

❶ 小教徒

A Christian Chinese Boy

【原注】“中國人有句諺語‘樹大自然直’，這句話與基督教教義‘教養兒童使他走當行的道，就是到老他也不偏離’（《箴言》第 22 章第 6 節）是相悖的。中國有兩千三百九十四所教會學校，一億五千萬兒童中只有五萬兩千九百二十五人有幸得到受基督教教育的機會。”

❷ 乞丐食鴉片

Opium Smoker

【原注】“《泰晤士報》援引中國權威人士話說：‘百分之三十至四十的中國人吸食鴉片。’有些城鎮每七十個居民就有一個大煙館。1907 年中國政府嚴厲譴責吸食鴉片的行為，通過禁吸法令。”

❸ 祭祖儀式

The Ceremony of Ancestral Worship

【原注】“中國人認為自己有三個靈魂。當他死去後，一個靈魂去了另一個世界，一個靈魂進入墳墓，第三個靈魂則敷澤祖先的牌位上，為後人祭拜。據説中國人每年在祭祖上的花費有兩千四百萬英鎊。”

Church of Scotland Women's Association for Foreign Missions, China

蘇格蘭福音會女差會中國系列

編者	Church of Scotland Women's Association for Foreign Missions 蘇格蘭福音會女差會
印製	1900s.
尺寸	140mm × 90mm
主題詞	"蘇格蘭福音會女差會在印度、非洲和中國有五十八名傳教士，在學校、女子修道院、醫院和鄉村為婦女和女童服務。"

ICHANG. Mrs Rankine and her Three First Orphans.

THE MISSION BOAT, ICHANG, CHINA.

❶ ❷

❶ 在宜昌的冉蘭金和她第一批收養的三個孤兒

Ichang. Mrs.Rankine and her Three First Orphans

冉蘭金（Lilly Rankine），蘇格蘭福音會傳道醫師教士，1897 年與丈夫冉克明（David Rankine, 1865—1899）來華，駐湖北宜昌，她在璞寶街所辦的小型醫院是後來普濟醫院的發端，此外還創辦宜昌孤兒院。

蘇格蘭福音會傳道醫師安吉祥（Andrew Graham）1901 年來華，在宜昌濱江路購地擴建醫院，落成定名普濟醫院，為紀念冉克明，西名為"Rankine Memorial Hospital"（冉克明紀念醫院）。

❷ 在宜昌行舟傳道

The Mission Boat, Ichang, China

Irish Presbyterian Mission, China

愛爾蘭長老會中國系列

編者 Irish Presbyterian Mission
愛爾蘭長老會
語言 英文
印製 1900s.
尺寸 138mm × 88mm

◉ 新民屯李爾蒙夫人的病人

Patients of Mrs. Learmonth's in Hsin-min-t'un

李爾蒙（B.B.L. Learmonth）和夫人（Mrs. Learmonth）都是愛爾蘭長老會醫學傳教士，曾在牛莊、瀋陽、新民屯行醫，其他不詳。

新民屯鎮位於瀋陽市。同治六年（1867）愛爾蘭長老會派傳教士抵達牛莊（營口），以此為基地在關東拓展，同治十一年（1872）蘇格蘭長老會傳教士羅約翰（John Ross, 1842—1915）牧師攜妻子來華，光緒二年（1876）在奉天小北關設小堂。光緒十一年（1885）教育傳教士傅多瑪（Thomas Crosby Fulton, 1855—1942）來華，於光緒十四年（1888）在瀋陽大東門修建關東最悠久的基督教堂"東關大教堂"。

宣統二年（1910）馮玉祥在清朝新軍二十鎮第四十協八標當把總時，隨軍駐瀋陽新民屯。閒時逛街，路經東關大教堂，聆聽牧師宣講"基督的自由、平等、博愛"，感到基督教的教義平易近民、句句入耳，基督教牧師彬彬有禮、飽學詩書，隨後與基督教會往來頻仍，皈依上帝，雅稱"基督將軍"。

I. P. Mission, China.
Patients of Mrs. Learmonth's in Hsin-min-t'un.

美北長老會

齊魯大地，孔聖之鄉，十九世紀八十年代同時上演了兩齣興辦義學的大戲。

“拾綫頭，纏綫蛋，一心修個義學院；纏綫蛋，接綫頭，修個義學不犯愁”；“吃雜物，能當飯，省錢修個義學院”，趙丹的一部《武訓傳》讓“千古奇丐”在現代中國家喻戶曉。道光十八年（1838）武訓生於山東堂邑縣柳林鎮武家莊一貧寒之家，本名武七，大字不識一個的他冥頑固執，立誓要憑一己之力辦學校，讓窮家孩子有書讀。咸豐九年（1859）二十一歲的武七開始著手實施自己的夢想，四鄉八里總能看見這個蓬頭垢面的“儒丐”，像個江湖雜耍藝人錐刺身、刀破頭、扛大鼎，吃毛蟲蛇蠍、吞石頭瓦礫，博取賞錢。功夫不負有心人，沐雨櫛風三十八載，武七終於在光緒十四年（1888）實現自己心願，在堂邑柳林鎮東門外搭建幾間土坯房子，得鄉里秀才幫助，創辦第一所免費學校“崇賢義塾”，不久又在館陶、臨清複製了兩所。好事者將武七事跡報奏官府，不知是出自真心還是充充丟失久已的臉面，朝廷破格表彰了武七，光緒皇帝為他賜名“武訓”，還題寫“樂善好施”匾額，清廷授職“義學正”虛與委蛇。光緒二十二年（1896）武訓逝於臨清，葬於崇賢義塾院內。

“同光中興”時期的清廷力圖自強自救，穩固統治根基，把洋務運動視為改變落後捱打狀況的翻身機會。在如此格局下，武訓所謂的無私善舉不足為訓，拘攣之見成了市井笑料。當政者對武訓之迂腐只是在僵化的政治正確前綴下的無聊應付，從皇帝到重臣都明白，中國的振興在於教育，教育的振興在於現代化，因而這個時期來華從事教育事業傳教士的作用尤顯突出。

有一位名叫狄考文（Calvin Wilson Mateer, 1836—1908）的美國人，同治二年（1863）遠渡重洋從賓夕法尼亞來到中國，同行的還有他的妻子，中文名字很有特色，叫作邦就烈（Julia Anna Brown Mateer, 1837—1898），夫婦二人在上海登岸，次年轉舶北上，落腳現在稱為蓬萊的山東登州府。在此之前，同會的倪維思[1]牧師夫婦於咸豐十一年（1861）已經來到登州開教，買下一座廢棄觀音堂，草創一所女子學校。倪維思病重離職，狄考文接手後把女子學校擴建為稱作“蒙養學堂”的正規學校。蒙養學堂不僅施義務教育，還免費提供學生飲食、住宿、衣物、書籍、文具以及回家路費，尤為重視貧苦家庭的孩子上學。狄考文夫婦既是教師又是家長，講授文化知識的同時還擔當起照顧生活起居的繁複事務。光緒二年蒙養學堂首期學生畢業後，狄考文夫婦將蒙養學堂改名為中國近代史上赫赫有名的“登州文會館”，四鄉百姓送子女來新式學堂讀書已然攀比成風。光緒八年狄考文夫婦在文會館設立高等課程，形成小學、中學、大學

1　倪維思（John Livingstone Nevius, 1829—1893），美國人，美北長老會傳教士，1853 年來華，先後在上海、寧波、杭州等地宣教；1861 年到山東登州；1890 年參與官話本聖經翻譯；在煙台推廣新式農業種植；逝於濰坊。

的格局，這是近代中國第一所高等學校的雛形。狄考文、赫士[1]和其他在學校兼職的傳教士親自為學生們編寫新式教材，狄考文本人編寫的教材就有二十八種，比如《筆算數學》、《數學備旨》、《代數備旨》、《形學備旨》、《振興實學》、《電學全書》、《電氣鍍金》、《測繪全書》、《官話類編》等，其中數學類教材當年在全中國都是非常有名的通用書籍。

打虎親兄弟，上陣父子兵。狄考文夫人邦就烈來華後相夫教子，協助其夫宣教辦學，把每滴心血都澆灌給了蒙養學堂和文會館的孩子們。她講授史地課程，還編寫樂理啟蒙教材、辦音樂輔導班、組織歌曲演唱。狄考文的弟弟狄樂播[2]夫婦經不起哥哥的鼓動，於光緒七年（1881）也來到登州，在文會館當見習教師，後到濰縣宣教，光緒九年修建後來著名的“樂道院”，既是教堂、傳道站，也是學校。他仿照和採用文會館的體制和教材創辦“格致院”和“文華館”。庚子義和團動亂，樂道院被焚毀，事件平息後得到清廷賠償重建。光緒三十年（1904）登州文會館與青州廣德書院合併，在濰坊成立“廣文大學”（Shantung Christian University）。1917 年在濟南千佛山以廣文大學為基礎成立綜合性大學“齊魯大學”。早在光緒十六年（1890）狄考文擔任在上海成立的“聖經翻譯委員會”主席，主持完成“和合本”翻譯工作時已經與登州文會館等教育工作沒有瓜葛了，但齊魯大學建校時人們無法忘記這位為中國現代化教育鞠躬盡瘁的先驅者，把一幢科研建築命名為“狄考文紀念樓”。

狄考文是在中國點亮第一盞電燈的人，光緒五年（1879）狄考文回美休假，路經歐洲時訂購了一套發電設備，光緒八年登州文會館的教室被電燈照亮，這時距愛迪生的偉大發明僅僅過去七年。在中國大地上，狄考文不僅點燃了一盞物理光亮，還燃燒了自己的生命，點亮了四萬萬人民的心智光芒。光緒三十四年（1908）狄考文在青島德國醫院就醫時辭世，遺體海運至煙台，墓地可以遠遠眺望到文會館，身邊有夫人邦就烈的陪伴，碑陽鐫刻“西曆一千九百零八年十月四號，狄大牧師葬於煙台毓璜頂”。為他送行的人們肅立在墓碑前，用《論語》中的一句話向老師揖別：“其為人也，發憤忘食，樂以忘憂，不知老之將至云爾。”

狄考文是美北長老會遣華傳教士，與他同時代在中國從事教育事業的傳教士不乏傑出者，比如丁韙良。丁韙良（William Alexander Parsons

1 赫士（Warson McMillen Hayes, 1857—1944）生於美國賓夕法尼亞州默瑟縣，畢業於阿勒格尼學院，1882 年按立牧師，同年受美北長老會派遣，攜妻子前往中國登州，在文會館任教，後接任館主；1917 年廣文大學由濰縣西遷濟南南關，更名齊魯大學，赫士任齊魯大學神學院院長；1919 年在濰縣另外創辦華北神學院；赫士曾寫出數本關於對數表、聲學、光學、熱力和天文等方面的著作，並且創辦了《山東日報》，完善內地的郵政系統；曾上書清廷建言全國參照世界的習慣宣佈星期日休假；逝於濰坊。

2 狄樂播（Robert McCheyne Mateer, 1853—1921）生於美國賓夕法尼亞州彼得堡（Petersburg），1880 年畢業於普林斯頓大學，同年加入美北長老會傳道會，1881 年來華抵登州，1883 年創立濰坊宣道站，先後建立起三十多個教堂，創立各級男女學校和聖經學校，最為重要的是濰縣樂道院；逝於濰坊；著有 *Character Building in China: The Life Story of Julia Brown Mateer*（《狄考文夫人邦就烈傳記》，1912）。

Martin），字冠西，號悳三，1827 年生於美國印第安納州，1846 年畢業於印第安納大學，後入新阿爾巴尼長老會神學院修讀神學，1849 年按立為牧師，同年攜夫人來華。1916 年逝於北京，葬西直門外。

丁韙良在華生涯建樹有三，一是教育，二是制法，三是著述。丁韙良道光二十九年（1849）來華後辦的第一件事就是在北京辦了崇實中學，同治四年（1865）受聘擔任京師同文館教習，同治八年升任同文館總教習。光緒二十四年（1898）光緒皇帝採納維新派的主張，欽准設立為北京大學前身的京師大學堂，李鴻章舉薦丁韙良為京師大學堂總教習，授予二品頂戴。正是在丁韙良等人的推動下，光緒三十一年（1905）清廷正式廢除科舉制度。

丁韙良在西學中譯和漢學西介兩方面都很傑出，前者有《天道溯原》（浙寧華花印書房，1858），《西學考略》（同文館，1883），後者有 *The Chinese: Their Education, Philosophy, and Letters*（《中國人的教育、哲學和文字》，New York: Harper, 1881），*Hanlin Papers*（《翰林集》，Shanghai: Kelly and Walsh, 1894），*A Cycle of Cathay; or, China, South and North*（《花甲憶記》，New York: F.H. Revell Co., 1896），*The Awakening of China*（《中國覺醒》，New York: Doubleday, 1907），*Chinese Legends and other Poems*（《中國的傳說與詩歌》，Shanghai: Kelly & Walsh, 1912）等。

丁韙良和狄考文都是美國長老會遣華傳教士。十七世紀末蘇格蘭長老會從英國傳入美洲，由於神學觀點之不同和對待奴隸制態度之各異，在十八世紀和十九世紀中分裂為許多宗會。南北戰爭後各派趨於聯合，美國長老會（American Presbyterian Mission, PM）1831 年成立於匹茲堡，曾於 1837 年成立外宣組織美國長老會差會（Board of Foreign Missions of the Presbyterian Church in the U.S.A.），道光二十四年（1844）派遣麥嘉締醫生到寧波，他成為美國長老會踏上中國土地的第一位傳教士。美國長老會在華傳道區域廣佈浙江的寧波和杭州，江蘇的上海、蘇州和南京，海南的海口和瓊崖，湖南的長沙、衡州、湘潭和常德，安徽的宿州，華北的北京和保定，山東的煙台、濰坊、臨沂、登州、濟南和青島，華南的廣州和陽江等地。1861 年美國長老會發生分裂，南方會眾退出，殘軀於 1863 年改稱“美北長老會”（American Presbyterian Mission, North, PN）。

CHINA

美北長老會差會中國系列

編者 Board of Foreign Missions of the Presbyterian church in the U.S.A.
美北長老會差會

語言 英文

印製 1910s.

尺寸 140mm × 90mm

❶

❷

❸

In The Temple of the Five Hundred Gods.

Missionaries itinerating in China

Statuettes decorated in growing evergreens.

❶ 五百羅漢堂

In The Temple of the Five Hundred Gods

❷ 傳教士在中國巡迴佈道

Missionaries itinerating in China

❸ 常青樹製作的人像

Statuettes decorated in growing evergreens

CHINA

美北長老會差會中國五彩系列

編者 Board of Foreign Missions of the Presbyterian church in the U.S.A.
美北長老會差會

語言 德文

印製 1910s.

尺寸 140mm × 90mm

Ein Missionar spendet
Chinesen die hl. Taufe.

◉ 傳教士給中國人施洗

Ein Missionar spendet Chinesen die hl. Taufe

Presbyterian Mission, Peking, China

美北長老會北京系列

編者 Presbyterian Mission
美北長老會
語言 荷蘭文
印製 1910s.
尺寸 140mm × 90mm

❶
❷

❶ 北京長老會林恩思夫人

Miss M. F. Leynse. C.O. Presbyterian Mission, Peping

林恩思（James P. Leynse）1890 年生於荷蘭米德爾堡（Middleburg），1920 年與荷蘭姑娘安娜（Anna Marie Groenendyk）結婚，1921 年受美北長老會派遣攜妻子來華，常駐北京傳道，成立北京賑濟會，幫助窮人和乞丐；1941 年為換取兒子赴美讀書被拘留在日本做人質，1945 回到中國，1949 年夫婦退休回美，定居加利福尼亞州克萊蒙特（Claremont），大約逝於 1960 年。林恩思撰寫過自傳 *Beauty for Ashes*（《灰燼之美》），小說 *Dream Come True*（《夢想成真》）以及 *Fly the Dragon*（《飛龍》）。

❷ 師生禮拜聚會後

【原注】"信教的母親幫助我們給孩子們做禮拜，林（Leynse-Groenendyk），長老會，中國北京。"

C.C.C., SERIES A

嶺南學堂 A 系列

編者 Canton Christian College
廣東基督教大學
語言 英文
印製 1913 年
尺寸 136mm × 90mm

美國長老會在華南還創辦了赫赫有名的嶺南學堂。美國醫學傳教士哈巴安德牧師光緒十四年（1888）創建了廣東最早的高等院校“廣東基督教大學”（Christian College in China），又稱“格致書院”。哈巴安德（Andrew Patton Happer, 1818—1894），曾在賓夕法尼亞州的傑弗遜學院學習，1835 年獲得該學院文學學士學位，又在賓夕法尼亞的阿勒格尼野西方神學院學習，1843 年獲得文學碩士學位，次年獲得賓夕法尼亞大學醫學博士學位。道光二十四年（1844）受美國長老會派遣他與盧壹、克陛存[1]等人乘坐“科荷達號”郵輪來華，初抵澳門，開辦了一所男子寄宿學校，後轉赴香港協助經營馬禮遜紀念學校，1847 年轉赴廣州，將這所教會學校遷往廣州故衣街。1851 年他在廣州開設診所，三年後關閉診所，專心從事教育佈道，1865 年兼職廣州同文館英文教習。1860 年至 1891 年間哈巴安德先後創辦逢源堂、仁濟堂、中華堂、雙門底福音堂、芳村堂、養濟堂、黃沙堂，以及柔濟女醫院、端拿護士學校、夏葛女醫學校、瘋人病院、明心瞽目書院、真光書院、培英學校。哈巴安德的著作大多是這個時期撰寫的，主要有《天文問答》（1849）、《鴉片六戒》（1853）、《神道篇》（1860）、《幼學四字經》（1860）、《真神正論》（1863）等。1886 年經美北長老會同意，哈巴安德、香便文[2]等人擬在紐約成立基金會來華建立一所高等學校，光緒十四年（1888）格致書院在廣州沙基金利埠正式掛牌授課，採用美國高校的標準教科書。1890 年哈巴安德因病返美，1893 年格致書院在香便文主持下復校，後來出任學監的有那夏禮[3]、尹士嘉[4]、晏文士[5]。1900 年庚子事變後為避免政治干擾，格致書院移至澳門辦學，1904 年遷回廣州河南康樂村，更名“嶺南學堂”（Canton Christian College），1927 年完全脱離教會體制，易名“嶺南大學”。

C.C.C. A No. 1. CHRISTIAN STUDENTS VILLAGE PREACHING BANDS

◉ 信教學生的鄉村佈道隊

Christian Students Village Preaching Bands

1 克陛存（Michael Simpson Culberts, 1819—1862），美國人，1845 年受美北長老會派遣來華，駐寧波；1851 年調往上海，參與“委辦本”聖經翻譯，同年在上海縣城內設立第一座教堂；逝於上海。

2 香便文（Benjamin Couch Henry, 1850—1901），生於美國賓夕法尼亞州的沙匹斯堡，1870 年普林斯頓大學畢業後進入該校神學院深造，1873 年受美北長老會派遣來華駐廣州，先後在赤坎、順德設堂；1884 年香便文起草報告給長老會外宣會呼籲在廣州建一所基督教大學，旋成立“格致書院”，1893 年香便文出任第二任學監；著有《嶺南紀行》。

3 那夏禮（Henry V. Noyes, 1836—1914），生在美國俄亥俄州的吉爾福德，1866 年受美北長老會派遣與妹妹那夏理來華，初駐廣州，1879 年在廣州沙基同德大街創辦安和堂，1888 年創辦培英書院；1896 年接任嶺南學堂學監。

4 尹士嘉（Oscar Francis Wisner, 1858—1947），生於加利福尼亞州，美北長老會牧師，1895 年攜夫人（J. E. Wisner）來華，1899 年任嶺南學堂學監，與鍾榮光等人修建廣州河南康樂村校址；1907 年辭職回國。

5 晏文士（Charles Keyser Edmunds, 1876—1949），美國物理學家，霍普金斯大學哲學博士；1903 年由美北長老會聘請來華，任澳門格致書院物理學教習；1907 年出任廣州嶺南學堂學監；1923 年辭職回國後任霍普金斯大學教務長，兼任嶺南大學校董。

C.C.C A5. MODEL PRIMARY SCHOOL

C.C.C. A8. HONGLOK MIDDLE SCHOOL

❶

❷

❶ 模範小學

Model Primary School

嶺南大學附屬小學的前身是嶺南大學基督教青年會會員於 1909 年創辦的蒙養學塾。蒙養學塾學生有一百多人，教員十多人，1914 年小學由嶺南大學直接管理。

❷ 康樂中學

Honglok Middle School

1904 年嶺南大學遷至康樂村初期稱“康樂中學”，開設初等農事教習科，1912 年改稱“嶺南學校”，1914 年始設大學課程。

❶
❷
❸

C.C.C. A 11. MARTIN HALL OF INSTRUCTION

C.C.C. A 12. BIBLE CLASS ON VERANDA OF MARTIN HALL

C.C.C. A 13. VOLUNTARY CLASS IN GARDENING

❶ 馬丁堂

Martin Hall of Instruction

馬丁堂始建於 1905 年，嶺南學堂第一座校舍，為紀念向嶺南學堂捐款的美國辛辛那提州的亨利．馬丁而命名；初用作教學樓，後將學校博物館移至該樓。博物館建館之始，館內標本、貨幣和器物，皆為學生研究之用。1923 年正式成立嶺南大學博物館，嶺南才女冼玉清（1895—1965）擔任嶺南博物館館長達二十五年。

❷ 馬丁堂迴廊的聖經課

Bible Class on Veranda of Martin Hall

❸ 園藝志願班

Voluntary Class in Gardening

C.C.C., Series B

嶺南學堂 B 系列

編者　Canton Christian College
　　　嶺南學堂
語言　英文
印製　1913 年
尺寸　136mm × 90mm

C. C. C. B 6. Kindergarten and Primary School
Dining Room and Garden

◉ 幼稚園和小學的飯堂和果園

Kindergarten and Primary School Dining Room and Garden

C. C. C. B 3. Dress Parade

C. C. C. B 7. The Geography Class in the Field

C. C. C. B 9. Soccer Team, 1912

❶ 儀仗隊列

Dress Parade

❷ 野外地理課

The Geography Class in the Field

❸ 足球隊

Soccer Team, 1912

美南長老會

“蘇杭素稱福地，余自本國至蘇歷有歲年，聞俗語每云上有天堂下有蘇杭。其實蘇雖繁華，較之天堂究有霄壤之別。”有本難覓一見的基督教宣教小冊子《天堂勝蘇杭説》(*Above is Heaven; Below, Soochow and Hangchow?*)，作者開篇明義信心滿滿地如此説。何以見得？作者列舉了二十條理由：

蘇城有磚石建造的城門六座；天堂有珍珠築成的城門十二座，明亮輝煌。蘇城會垣高三四尺，石基磚體；天堂城垣十四丈四尺，寶石為根基，十二種美玉築成。蘇城街道鋪石子或石板；天城用精金鋪街。

蘇城面積長十里，闊六里；天城方圓五千里，乃中國十八省之地，比蘇城大四十萬倍，能住下世界所有人。蘇城河道窄而濁；天城有從天主寶座流出的生命河，透明如晶，兩岸長著生命樹。

蘇城房屋或平房或樓房，紳富所居軒敞亦無甚高大；天城房屋極華極麗，有若皇宮規模者乃是耶穌為聖徒預備的。

蘇城有景致略加名園四所；天城有樂園，其花異香撲鼻，其樹無月不結佳果。蘇城天氣夏熱冬寒；天城終年溫暖如春，花開不敗。

蘇城享福者百中遇一，所享之福僅為當下受用；天堂乃福樂之城，無憂無慮，洪福全備，自在逍遙，所享之福莫有限止。蘇城貧困者多；天城內黃金鋪地，寶石壘牆，所居之人安有貧困。

蘇城病患多，尤見至夏；天城以內無疾病、無痛苦、無悲傷、無哭泣，所居之人爽快舒服。蘇城重擔者苦工者甚多；天城無勞苦費力，永遠平康安樂。

蘇城犯王法者少，犯天律者多；天城乃潔淨之城，城內之人毫無罪愆，不萌私欲，不染惡俗，不沾污穢，不受魔鬼引誘，凡行巫術淫亂者、拜偶像者、與夫説謊而妄行者俱不得入此城。

蘇城城內多棺材舖，城外荒墳接連；天城內人人身強體健，長生久視，竟似返老還童，無有死日，可得永生。

蘇城人丁甚眾，五十萬人；天城之民千千萬，無人可數，萬國九州島信主之人俱集於此，豈有不眾。蘇城衣褐者多，穿絲綢者亦眾；天城衣則白衣，冠則金冠，蓋取聖潔榮耀之意。

蘇城乃會城，如同中國之順天，英國之倫敦，法國之巴黎，美國之華盛頓；天城即天地萬國總匯之京師。

蘇城春秋時有吳王，現有巡撫；天城之王是耶穌救主，乃萬王之王，萬君之君，萬主之主，掌管天地人物和各國興衰。

蘇城晝有日光，夜有月光，以及人所燃之燈光；天堂無須日月，耶穌救主自放光，榮華輝耀，城門晝夜不閉，聖人靈魂不論何時即可直入。蘇城寺觀終日鳴鐃擊鼓，拜懺唸經；天堂之內大眾齊立救主前，終日唱詩讚美耶穌，感謝贖恩。

從光緒九年（1883）美華書館出版的這本《天堂勝蘇杭說》看，作者久居姑蘇，偏愛蘇城，儘管此書的立意是蘇杭不如天堂，此乃作者身為傳教士的職責所在，但能把二者放在一起比較，就說明蘇杭在作者心目中的地位豈一個高不可攀所能述說，"上有天堂，下有蘇杭"。本書的作者是美南長老會遣華傳教士杜步西牧師。

美南長老會（American Presbyterian Mission, South, PS）成立於 1861 年，同治六年（1867）派遣應思理[1]牧師到杭州開教，先後建立傳道區有杭州、嘉興、蘇州、鎮江、江陰、宿遷、徐州、上海、淮安、泰州、鹽城、濟南等。在美國大覺醒運動中，長老會舊有的"新思維"和僵化多年的體制受到浸信宗、衛斯理宗的衝擊，在加爾文主義的框架下出現一些呼籲再改革的派別。

杜步西（Hampden Coit DuBose）1845 年出生在美國南卡羅來納州達靈頓（Darlington, South Carolina），文獻記載他的正規學歷是在哥倫比亞神學院取得的。同治十一年（1872）受美南長老會派遣，他和妻子杜寶琳（Pauline Elizabeth McAlpine DuBose, 1850—1914）來華傳道，初駐杭州。某日夫妻倆僱了一艘小櫓船沿著風景綺麗的蘇杭運河悠悠北上，一路景色令他們流連忘返，"野步西湖綠縟，晴登北渚煙綿"，他給自己起了中國名字"杜步西"，從此定居蘇州三十八年，"曉起坐書齋，落花堆滿徑，只此是文章，揮毫有餘興……瑞雪飛瓊瑤，梅花靜相倚，獨佔三春魁，深涵太極理。"朝起讀書寫字，午後盤經講道，夜適姑蘇生活。據說此公"會講一口地格蘇州方言"，街交蘇州百姓，投帖名師宿儒，在方言文學上也頗有心得。杜步西在漢學上的成就有 *The Image, the Dragon, and the Demon: Or the Three Religions of China Confucianism, Buddhism and Taoism*（《中國三教：儒釋道》），New York: Armstrong & Son, 1887）。

閒情寄附正理。蘇州干將道有條養育巷，自唐宋起已是繁華市井，唐記麗澤坊，宋作永安巷，清稱養育巷。來蘇州的當年，杜步西夫婦便在養育巷置地修建盤門教堂，據稱信徒麇集，車轍盈庭。經近四十年夏暑冬寒，他們還在蘇州及周圍的滸墅關、陸墓等八個鎮設堂十四座。他宣教的代表作有 1893 年出版的 *Preaching in Sinim: The Gospel to the Gentiles, with Hints and Helps for Addressing a Heathen Audience*（Richmond: Va., 1893），光緒三十二年（1906）上海美華書館出版該書中文官話本《天道講台》。

杜步西在世時已是在中國頗有名氣的傳教士，這也緣於他在中國戒毒事業上的付出。自林則徐虎

1 應思理（Elias Brown Inslee, 1822—1871），美國人，1856 年受美北長老會派遣來華，駐寧波，1867 年轉會南長老會，1856 年從瑪高溫接手《中外新報》；還著有《聖山諧歌》、《聖教鑒略》。

門銷煙已然半個世紀，最讓杜牧師不能忍受的是中華大地上鴉片仍如癌細胞般擴散蔓延。光緒十六年（1890）杜步西與美國監理會柏樂文[1]醫生發起並在上海成立中國禁煙會（Anti-Opium League in China），杜步西擔任會長。1895年中國禁煙會上書英國議會和美國總統，要求停止對華鴉片貿易；1899年又向英國議會提交*Opinions of Over 100 Physicians on the Use of Opium in China*（《一百多位醫師對中國的吸食鴉片問題之見解》）的調查報告，認為沒有買賣就沒有吸食，要求調查英國對華鴉片貿易。"公義使邦國高舉，罪惡是人民的羞辱"（《箴言》第14章第34節），英美議會公開承認鴉片貿易在道德上是罪惡，並分別通過禁止與華鴉片貿易的決議。光緒三十一年（1905）他們發動慕稼谷[2]、戴德生、楊格非、瑪高溫等一千三百三十三名在華傳教士聯署要求清政府禁止鴉片，迫使光緒皇帝即刻頒旨：十年為期，禁絕鴉片。

宣統二年（1910）杜步西逝於蘇州倉米巷寓所，夫人杜寶琳比他壽長四歲，恩愛夫妻合葬在一生摯愛的堪比天堂的蘇城，教友立碑："先生雖死，如永生也。巍巍先生道參古今華美交深渺矣，先生中外同欽。"他在蘇州修建的教堂更名為"思杜堂"。

1 柏樂文（William Hector Park, 1858—1927），美國人，美國監理會來華醫療傳教士，畢業於田納西州范德比爾特大學醫學系和貝爾維尤醫學院，1882年來華經上海到蘇州，1883年創辦蘇州博習醫院；1927年退休回美，逝後骨灰葬蘇州葑門外安樂園。

2 慕稼谷（George Evans Moule, 1828—1912），英國人，聖公會傳教士，1858年攜妻子來華，在寧波傳道；1880年被任命為聖公會華中區主教，傳道足跡遍佈浙江的武康、上虞、嵊縣、台州等地，並用寧波方言翻譯了《新約全書》，出版了《杭州古今記略》。

CHINA MISSION

美南長老會中國系列

編者 Presbyterian Committee of Publication, Richmond, Va.
美國長老會書報部（弗吉尼亞里士滿）

語言 英文

印製 1910s., Germany（德國）

尺寸 140mm × 88mm

❶
❷
❸

❶ 傳教士在蘇北乘坐官轎出行

Traveling in Pekin Cart, North Kiangsu

❷ 奉教的中國母親和孩子

Chinese Christian Mothers and Babies

❸ 金陵協和神學院

A Building. Union Theological Seminary, Nanking

為紀念馬禮遜來華宣教一百周年，光緒三十三年（1907）美南長老會和美北長老會聯合在南京漢中路創辦"金陵聖經學院"（Nanking Bible Training School）。1911 年衛斯理會的"聖道館"（The Fowler School of Theology）、基督教長老會華中聯合神學院"聖道書院"和美國基督會（Disciples' Mission）的"使徒聖經學院"加盟合併成立"金陵神學院"（Nanking School of Theology），以"欲以歐美同等，最高之神學教育，培植中國青年，成為優秀人才"為宗旨。1912 年更名"金陵神學院"（Nanking Theological Seminary），同年開辦"金陵女子聖經學校"（Bible Teachers' Training School for Women），1917 年更名"金陵協和神學院"（Union Theological Seminary, Nanking）。抗日戰爭期間，金陵神學院避難上海和成都，1947 年遷回南京。1952 年華東地區十一所神學院併入金陵神學院，校址遷至南京上海路原金陵女子神學院舊址，丁光訓（1915—2012）任院長。

新西蘭長老會

洋涇浜英語（Pidgin English）是一種不確切的對譯，其字典和教科書整篇都是用上海話發音的漢字拼寫英語詞句。早於上海的洋涇浜英語，南方沿海也有一種廣東方言英語（Canton English）稱為“紅毛番話”。十九世紀作為晚清對外開放的窗口，以英國東印度公司為代表的外國洋行紛紛在廣州設立商行，還有大批英美傳教士來粵開堂佈道，英語成了坊間時尚。英國人最初靠著澳門懂中國話的葡萄牙人與中國人交流，便形成基於葡、粵、英的一種混合語言“紅毛番話”。有好事之人編寫實用性極強的“紅毛番話”字典和課本，用粵音漢字標記英語字音，這種“英粵對音”是外國人聽得懂看不懂、中國人看得懂聽不懂的英文。歷史文獻中有許多“紅毛番話”的記錄，美國公理會傳教士衛三畏[1]1833年曾撰文提到一部刊刻於佛山的英語小冊子《紅毛買賣通用鬼話》（*Hungmaou MaeMae TungYung KweiHwa*），稱其為“幫助中國商人與他們的‘紅毛’顧客打交道的語言工具書”。1876年美國人查理斯．李蘭德[2]在倫敦出版的《洋涇浜英語歌謠集》（*Pidgin-English Sing-Song*）中也介紹過一種名為《紅毛番話》（*A Vocabulary of Words in Use among the Red-Haired People*）小冊子。在馬六甲英華書院學習過中文的美國商人威廉．亨特[3]1882年撰寫一部著作 *The 'Fan Kwae' at Canton before Treaty Days: 1825-1844*（《廣州番鬼錄》），講到他在廣州做生意期間曾在商行附近書肆購得一本名叫《鬼話》（*Devils' Talk*）的書。[4]

曾經風靡一時的“紅毛番話”讀本，一二百年後幾乎成了珍稀古籍。據歷史學家考據，現存有廣州璧經堂刻本《紅毛通用番話》、廣州富桂堂刻本《紅毛番話貿易須知》、廣州以文堂刻本《紅毛話貿易須知》、廣州榮德堂本刻本《紅毛買賣通用鬼話》、成德堂刻本《紅毛通用番話》以及廣州五桂堂刻本《紅毛番話貿易須知》。廣州五桂堂刻本《紅毛番話貿易須知》發現於新西蘭長老會傳教士唐願高牧師檔案裏[5]。唐願高（Alexander Don）1857生於澳大利亞維多利亞州巴拉瑞特（Ballarat），父母是蘇格蘭移民，唐願高十歲起到當地一家礦業公司工作，讀夜校，十五歲通過教師資格考試，當了六年教師。1878年聽說新西蘭長老會招募赴太平洋地區的宣道志願者，他來到南島奧塔戈區首府達尼丁（Dunedin）報名點時名額已滿，不得不就地教書等

1 衛三畏（Samuel Wells Williams, 1812—1884），美國人，受美國公理會派遣來華，1833年抵達廣州；1856年在美國駐華公使團工作；1876年返美。

2 查理斯．李蘭德（Charles Godfrey Leland, 1824—1903），美國民俗學家，生於賓夕法尼亞州的費城，畢業於普林斯頓大學，長期從事新聞工作，周遊世界，出版過許多民俗、歌謠、漫畫等類書籍。

3 威廉．亨特（William C. Hunter, 1812—1891），美國商人，生於美國肯塔基州，1825年前往廣州美國夷館工作，不久被派至馬六甲的英華書院學習中文，是最早系統學習中文的美國人；1829年起進入美資公司旗昌洋行工作；1842年退休後前往澳門，在廣州、澳門、香港等地居住了二十年，創辦了亨特洋行；晚年赴法國定居，逝於法國尼斯；著作有《廣州番鬼錄》（*The 'Fan Kwae' at Canton*, 1882）和《舊中國雜記》（*Bits of Old China*, 1885）。

4 參閱周振鶴：《逸言殊語》，上海人民出版社，2020年，第190—193頁。

5 參見丘志紅：〈“鬼話”東來：“紅毛番話”類早期英語詞匯書考析〉，載《清史研究》2017年第2期，第117頁。

待機會。“新西蘭長老會”（Presbyterian Church of New Zealand, PCNZ），十九世紀隨蘇格蘭和愛爾蘭移民帶入，成員主要聚集在南島奧塔戈（Otago）地區，新西蘭一直是英國殖民地和領地，通常稱為“英國新西蘭長老會”，中國舊稱“紐絲侖長老會”。當時奧塔戈地區發現富蘊金礦，吸引懷揣淘金夢想的華人湧入，他們主要來自廣東番禺、四邑、增城等地的農村。新西蘭長老會為了在華人礦工傳播福音，1879 年選中文化水平較高的唐願高去廣州學習粵語，1881 年唐願高返回新西蘭，出任達尼丁諾克斯學院聖堂（Theological Hall, Knox College）牧師。唐願高在新西蘭長老會的職責是在華人礦工中傳道，他帶回廣州五桂堂刻本《紅毛番話貿易須知》，借鑒“紅毛番話”幫助沒有文化的華工學習英語。1883 年他在新西蘭開設了第一家華人教堂，徒步在奧塔戈和南島巡迴傳道，探訪分散在各地的中國礦工。隨著金礦枯竭，華人礦工大批離開新西蘭，唐願高於 1898 年發起成立新西蘭長老會外宣會（Foreign Missions Committee），光緒二十七年（1901）他率領“廣州鄉村傳教團”（Canton Villages Mission）來華，接管聖公會移交的兩座教堂及醫院、學校等設施，又得到從新西蘭歸國的僑民的歡迎，陸續建立廣州（1901）、江村（Kongchuen, 1908）、高塘（Kotong, 1909）、人和（Renhe, 1902）等傳教站。唐願高 1923 年退休回到奧塔戈，1934 年逝於旅行途中的火車上。他留下手稿 *Memories of the Golden Road*（《黃金之路回憶錄》，Dunedin, 1936），講述新西蘭長老會在奧塔戈的歷史。

The Canton Villages Mission

廣州鄉村傳教團傳教士系列

編者 Presbyterian Church of New Zealand
新西蘭長老會

語言 英文

印製 1920s.

尺寸 140mm × 90mm

原注 "新西蘭長老會廣州鄉村傳教團成立於 1901 年，麥沾恩是傳道先驅者之一。傳教區廣州北部及周邊鄉村，總人口一百萬。傳道中心位於江村，辦有醫院和女子寄宿學校，大多數傳教士也居住在這裏。"

麥沾恩（George Hunter McNeur, 1871—1953）生於新西蘭克魯薩（Clutha），1900 年畢業於達尼丁神學院（Theological Hall Dunedin），1901 年作為廣州鄉村傳教團第一批傳教士來華駐廣州，接管美國長老會在廣州的三座教堂和兩所男學堂。1903 年與在廣州公立學校教書的瑪格麗特（Margaret S. Sinclair, 1869—1957）結婚。1911 年開始執教廣州協和神學院，1920 年因眼疾退職回到達尼丁，在當地華人圈傳道，逝於達尼丁。麥沾恩撰寫過 *China's first preacher, Liang A-fa, 1789-1855*（《第一位華人牧師梁發傳》，上海廣學會，1934）。梁發（1789—1855），又名阿發，字濟南，廣東省肇慶府高明縣人，早年在廣州當製筆和印刷工人期間結識馬禮遜和米憐，嘉慶二十年（1815）伴米憐前往馬六甲參與傳道，皈依基督。道光三年（1823）梁發在廣州經馬禮遜按立為中國第一位華人基督教牧師，其撰寫的《勸世良言》是洪秀全的基督教啟蒙書籍。

REV. J M. McKENZIE, B.A., LL.B.

THE CANTON VILLAGES MISSION.

The Canton Villages Mission (Presbyterian Church of New Zealand) was founded in 1901, Rev. G. H. McNeur being the pioneer Missionary. In addition to the Canton Villages District lying to the north of the city, part of Canton itself is included in the mission area. The total population is about one million. The principal mission centre is Kong Chuen, where are the Hospital and Girls' Central Boarding School, and where most of the missionaries reside.

MRS McKENZIE (appointed 1923).

Mc Mie

◉ 莫如真牧師夫婦

Rev. J.M. McKenzie B. A. LL.B. Mrs. McKenzie

莫如真（John Murdoch McKenzie, 1891—1981）生於奧克蘭，是一名船長的兒子；就讀於奧克蘭文法學校（Auckland Grammar School）和奧克蘭大學（Auckland University），獲文學、法學學士（B.A., LL.B.），1916 年以隨軍牧師身份參加新西蘭軍隊到法國參加第一次世界大戰；1919 年在達尼丁教堂任職，次年按立牧師；1921 年與卡特琳娜（Catherine Anne McLaurin, 1897—1975）結婚；1923 年作為廣州鄉村傳教團傳教士攜妻子來華，奉派江村佈道興學；1935 年因妻子患病結伴返回新西蘭；1957 年退休。

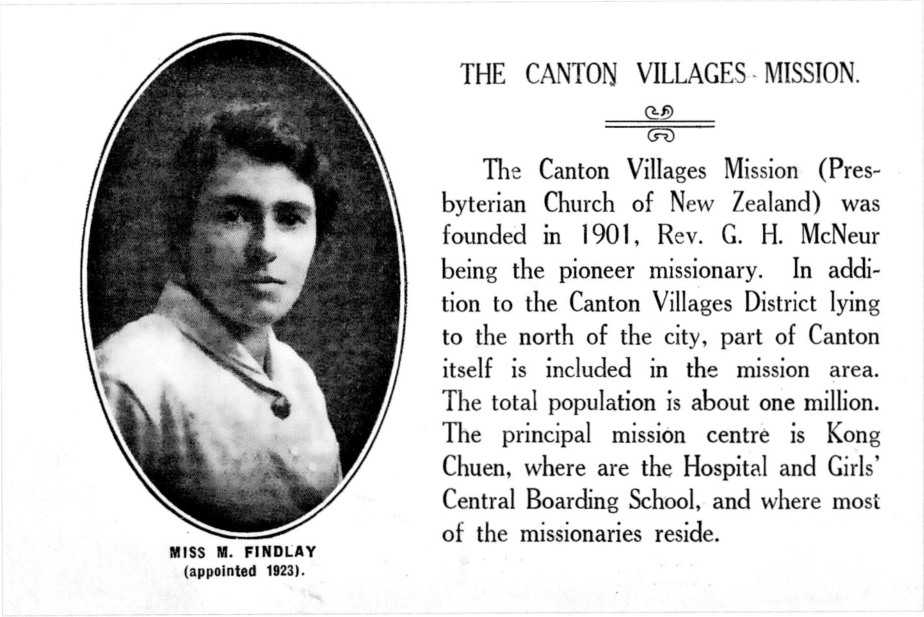

THE CANTON VILLAGES MISSION.

The Canton Villages Mission (Presbyterian Church of New Zealand) was founded in 1901, Rev. G. H. McNeur being the pioneer missionary. In addition to the Canton Villages District lying to the north of the city, part of Canton itself is included in the mission area. The total population is about one million. The principal mission centre is Kong Chuen, where are the Hospital and Girls' Central Boarding School, and where most of the missionaries reside.

MISS M. FINDLAY
(appointed 1923).

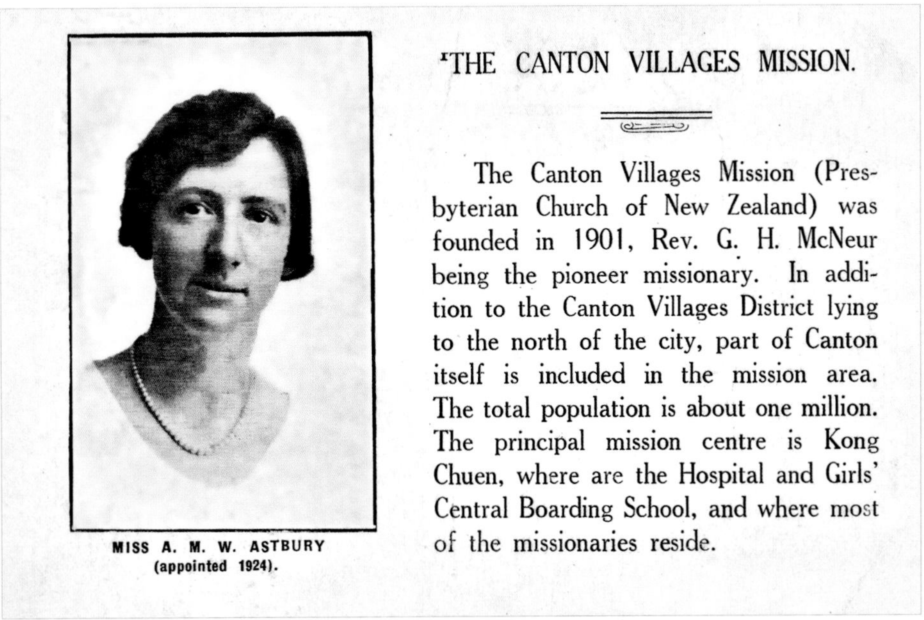

'THE CANTON VILLAGES MISSION.

The Canton Villages Mission (Presbyterian Church of New Zealand) was founded in 1901, Rev. G. H. McNeur being the pioneer missionary. In addition to the Canton Villages District lying to the north of the city, part of Canton itself is included in the mission area. The total population is about one million. The principal mission centre is Kong Chuen, where are the Hospital and Girls' Central Boarding School, and where most of the missionaries reside.

MISS A. M. W. ASTBURY
(appointed 1924).

❶
❷

❶ 芬美禮姑娘

Miss M. Findlay

芬美禮（Mary Mollie Findlay, 1892—1975）生於北奧克蘭，商科畢業，受新西蘭長老會派遣，1923 年作為廣州鄉村傳教團女傳教士來華，奉派江村任傳教團會計師，1929 年按立牧師，1931 年任江村醫院院長；1935 年因病回國，擔任過奧克蘭華人宣教會秘書；1946 年再次來華，擔任廣州鄉村傳教團司庫；1951 年經香港回國。

❷ 區慈悲姑娘

Miss A. M. W. Astbury

區慈悲（Annie M. W. Nancy Astbury），新西蘭長老會女傳教士，1922 年在新西蘭長老會女子培訓學院（Presbyterian Women's Training Institute）學習，1924 年來華，初在廣州學習漢語，後奉派江村佈道，1925 年回澳大利亞布里斯班與同會牧師魏廉 · 麥克菲特（William McPheat, 1902—1987）結婚；同年去世。

03

安立甘宗

路德宗、歸正宗、公理宗、浸信宗、衛斯理宗等都是站在神學立場上發起的宗教改革運動之產物，而安立甘宗（Anglicanism）最初是英格蘭世俗君主與羅馬教宗間政治爭鬥的結果，又隨著世俗王朝的更替而不斷地掀起波瀾。如果把與羅馬天主教對立的教派一概稱為基督新教的話，安立甘宗也是基督新教，不過其早期神學思想和教會治理體制與路德主義和加爾文主義的訴求有很大不同，被稱為最像天主教的基督新教，因而也成為宗教改革派，如歸正宗、公理宗、浸信宗直接的革命對象。

英格蘭都鐸王朝的亨利八世（Henry VIII, 1491—1547）1509 年登基，還兼任愛爾蘭國王，是歐洲歷史上膽大有為的君主。十六世紀英格蘭專制王權與羅馬教廷爭奪英國教會最高統治權和經濟利益的鬥爭薪火欲燃，新生的資產階級和新貴族覬覦教會佔有的大量土地財產而心有不甘，這些矛盾加劇了社會矛盾和階級對抗。多才多藝又風流倜儻的亨利八世於 1525 年提出與王后凱瑟琳離婚，另納新歡，羅馬教宗按例將其革教出門。1529 年起亨利八世利用新生資產階級和新貴族的支持，推行宗教改革，操縱議會先後通過法令取消教廷的最高司法權及其種種特權，禁止向教廷納貢，把什一稅歸為己有，解散所有修道院，將巨額土地財產收歸王室。亨利八世 1534 年頒佈《至尊法案》（*Supremacy Act*）獲得制定教規和任命主教的全權，取代羅馬教皇成為英國教會最高首領。英格蘭脱離了羅馬天主教會體系，形成由國家政權控制的、以國王為最高統治者的英格蘭國教會（Anglican Church），即“安立甘宗”。英格蘭國教會是主教制教會，設立坎特伯雷大主教（Archbishop of Canterbury）和約克大主教（Archbishop of York），名義上以坎特伯雷大主教為領袖。

英格蘭國教會是與天主教相較差別最少的基督新教，但它也並非一成不變。亨利八世時期的聖公會除了使自己取代羅馬教宗的地位外，基本沿用舊教會教義、禮儀和主教制。亨利八世的後繼者愛德華六世和伊麗莎白一世順應時代要求，進一步改變和完善安立甘宗的基本原則，形成與路德宗和加爾文宗並立的基督新教基礎教派。為英格蘭國教會奠定神學理論的是坎特伯雷大主教克藍麥[1]，他於1552年起草、制訂的《三十九條信綱》（*Thirty-Nine Articles*），成為安立甘宗神學思想的綱領性文獻。他根據路德主義的《奧格斯堡信綱》（*Confessio Augustana*）制訂了英格蘭國教會的信仰圭臬，崇拜儀式更多借鑒加爾文歸正宗的安排，而教會組織和政教關係則堅持亨利八世時期的傳統，不同於其他新教教派的主張。

約翰．諾克斯給愛爾蘭帶來的加爾文主義，也影響到作為英格蘭國教的安立甘宗。英國聖公會採用主教制，英王直接委任主教治理地方教會，在公共崇拜中遺留許多天主教的禮儀。這種新瓶裝舊酒的舉措引起體制內一些教徒的不滿，十六世紀六十年代英國聖公會內部出現新的改革呼聲，要求全面淨化英格蘭教會的羅馬天主教習俗，清除國教中的天主教舊制和繁瑣儀式，如廢除主教制和聖像崇拜、減少宗教節日等。英格蘭教會裏的一批改革者奉加爾文主義公理宗的教條"唯獨聖經"，只承認聖經是唯一最高權威，認為任何教會或個人都不能成為傳統權威的解釋者和維護者，所有信徒在上帝面前一律平等；擺脱王權對教會的控制；提倡"勤儉清潔"的生活，後人用拉丁文的Purus（清潔）稱呼他們為"清教徒"（Puritan）。

十七世紀三四十年代，被稱為清教徒的聖公會內部反對派在英格蘭越為主要政治力量，與蘇格蘭長老會結盟贏得議會控制權，1643年迫使國王查理士一世同意在威斯敏斯特大教堂召開神學會議以修改《三十九條信綱》，為英格蘭、蘇格蘭、愛爾蘭制訂一部更加符合宗教改革信仰和被稱為"加爾文主義"的改革宗神學的公認信條，恢復代議制的教會治理體制，以代替剛剛被英國國會決定廢除的主教制，去除英格蘭教會中仍然殘存的羅馬天主教的毒醉，使每個人都能按聖經和良心自由地敬拜神。經過一千多次會議討論，1648年頒佈《威斯敏斯特信綱》，其基本原則是，就教會行政而言，教會會議只能處理與教會有關的事；就教義信仰而言，教會必須服從聖經，順從基督的教訓以及藉著使徒和先知所賜下的啟示。

英國清教主義在歷史上從來不是獨立的宗教派別，而是自聖公會誕生之日起就一直存在的改革勢力。從都鐸王朝的亨利八世、愛德華六世、瑪麗一世、伊麗莎白一世，到斯圖亞特王朝的詹姆斯一世、查理一世，隨著政治舞台的角色變化，伴隨清教徒的卻是深深的挫折感。1660年查理二世復辟，建立斯圖亞特王朝，1689年輝格黨人通過《權利法案》確立了英國的君主立憲體制，以"光榮革命"贏得資產階級的基本訴求。同時英國清教徒意識到自己被政治勢力玩弄和出賣，對改革徹底失望，保守派成員或參加長老會或另建公理會，激進的分離派信徒（Separatists）則集體出走流落海外，或亡命荷蘭或去了北美十三州殖民地，有些人成為

1 托馬斯．克蘭麥（Thomas Cranmer, 1489—1556），英格蘭諾丁漢人，1532年當選坎特伯雷大主教，推動英格蘭宗教改革；瑪麗一世女王主政時期被處火刑；在世時主持翻譯聖經（1538），編寫《總禱文》（1545）和《公禱書》（1549）。

美國長老會和公理會骨幹成員。被稱為"清教徒"的這一群體在英國的勢力和影響日漸式微，逐步淡出歷史學家的視綫。

十九世紀牛津大學發端的衛斯理宗促使安立甘宗與時俱進，逐步形成多層次的"因人施教"的神學體系：恪守保守傳統的高階教派，尊奉信義宗和歸正宗的低階教派，堅持公眾治理反對主教制的自由教派。這種教會治理的中庸之道體現了安立甘宗神學的寬容之義。在海外傳道事業上成立了高階的大英聖公會（SPG）和低階的大英行教會（CMS），前者是英王威廉三世御筆欽定的"特批差會"（chartered society），後者為英國國教會中福音派領袖推動的"志願差會"（voluntary society）。

現在許多著作對清教徒的描述是基於馬克斯·韋伯的《新教倫理與資本主義精神》一書，認為清教徒對財富從不縱欲和貪婪，以克制和禁欲的精神為社會財富的積累做出貢獻；清教徒崇尚商業和工業活動，誠實守信、珍視信譽、決不坑蒙拐騙；清教徒企業家不僅追求利潤最大化，還具有回饋社會的意識，擔當社會責任，扶持社會公正；清教徒對一切充滿了信心，無論從事商業貿易還是生產耕種，都具有排除萬難、獲得非凡成功的勇氣和信心，他們善於創造和創新，不斷地開拓和征服。

這是美國學者對清教徒的過度解讀。建國歷史只有兩百餘年的美國人總在尋找一種其或許有的"美國精神"，既不情願繼續掛著柏拉圖的希臘哲學之舊幌子，更不可能移栽孔夫子的儒家學說之苗圃，清教徒的故事似乎最利於塑造他們心中的美國精神：一批骨子裏仇恨舊制度的反叛者，懷揣著對自由平等的渴望，背井離鄉遠渡重洋，來到未開化的大陸墾荒，憑藉自身非凡智慧和堅韌意志，建立起無可比擬的繁榮國度。其實歷史上的清教徒就是英國國教會內部的一批信徒，要求改革的願望不得滿足，或流亡舊大陸避難趨易，或遠赴新大陸發達建業。這些人不是政治家，不是思想家，更不是神學家，他們為了信仰自由來到美利堅大陸，驅逐原住民印第安人，販賣非洲黑人蓄奴，其作為不足為訓誡，其史鑒無用以經世。

安立甘宗先後有三支遣華傳道會：道光二十一年（1841）來華的"美國聖公會差會"（Domestic and Foreign Mission Society of the Protestant Episcopal Church, PEC）、道光二十四年（1844）來華的"大英行教會"、同治二年（1863）來華的"大英聖公會"。此宗之傳道會早期稱為"安立甘會"，宣統元年（1909）在上海舉行的中國安立甘會主教會議上，以古代基督教倡導的"聖而公之教會"的意思，確定中文名稱為"聖公會"。

大英行教會

漢譯書籍是吾人開啟現代文明、融入大千世界的重要手段。在中國譯書最多的人既不是唐玄奘、鳩摩羅什[1]，也不是林琴南[2]、嚴幾道[3]，是一位叫作傅蘭雅的英國聖公會牧師，適逢洋務運動最熱情擁抱“賽先生”的時代，他畢其一生把一百二十九部科學著作翻譯成中文，其功至偉。傅蘭雅（John Fryer）1839年生於英格蘭肯特郡的海斯（Hythe），父母奉衛斯理主義，家業有一間商舖，一家人賴以為生。他曾在“展望之家學院”（Prospect House Academy）讀書，曾因家中營生周轉困難而輟學，在一家啤酒廠做雜工，望子成龍的父母在生意緩困後送他到布里斯托爾的聖詹姆斯學校（St. James School）繼續學業，1860年畢業於倫敦海伯雷師範學院（Highbury Government Training College）。

聖保羅書院（St. Paul's College）是英國聖公會1843年創辦的香港最早的英語學校，聞名遐邇，傑出校友錄裏有伍廷芳[4]、王寵惠[5]、貝聿銘的名字。1861年傅蘭雅受奉大英行教會委派出任聖保羅書院校督。不清楚傅蘭雅怎麼會得到這麼一項任命，這個職務成就了這位在中國近代文化史和思想史上有著特殊貢獻的傳教士。傅蘭雅遠涉重洋，大輪換舢板，在香港亞厘畢道（Prince Alfred）登岸，開始他的漢學家兼傳教士的不凡生涯。

從小對中國事物感興趣的傅蘭雅在香港只逗留了兩年，同治二年（1863）申請獲准前往大陸，在中國第一所外語翻譯學校“同文館”擔任英文教習，與當年已經功成名就的丁韙良和包爾騰等人共事。1865年傅蘭雅憑藉在香港聖保羅書院的履歷，被上海外僑子弟學校英華書塾相中聘為校長，移居浦江。精力旺盛的傅蘭雅還兼職主編英商字林洋行的中文報紙《上海新報》，薄取收入，賺得名氣。

1 鳩摩羅什（343—413），東晉十六國時期後秦高僧，中國漢傳佛教四大佛經翻譯家；出身天竺望族，後至龜茲，七歲隨母出家，初學小乘，後到罽賓、沙勒，遇到莎車國大乘名僧，改學大乘，名聞西域諸國；後秦弘始三年（401）姚興攻伐後涼後親迎羅什入長安，禮待國師，主持譯經；與弟子譯《大品般若經》、《妙法蓮華經》、《維摩詰經》、《阿彌陀經》、《金剛經》、《中論》、《百論》、《十二門論》、《大智度論》、《成實論》，系統地介紹龍樹中觀學派的學説。

2 林紓（1852—1924），字琴南，號畏廬，福建閩縣人；近代文學家、翻譯家。光緒八年舉人，1900年在北京五城中學任國文教員；辛亥革命後在北京專以譯書售稿與賣文賣畫為生；以意譯外國名家小説見稱於時，如托爾斯泰的《現身説法》，小仲馬的《巴黎茶花女遺事》，大仲馬的《玉樓花劫》，狄更斯的《賊史》，莎士比亞的《凱撒遺事》，司各特的《撒克遜劫後英雄略》，歐文的《拊掌錄》，希臘伊索的《伊索寓言》，易卜生的《梅孽》，斯托夫人的《黑奴籲天錄》，巴爾扎克的《哀吹錄》，雨果的《雙雄義死錄》，德富健次郎的《不如歸》等。

3 嚴復（1854—1921），字幾道，福建侯官縣人，近代啟蒙思想家，著名的翻譯家、教育家；先後畢業於福建船政學堂和英國皇家海軍學院，曾任京師大學堂譯局總辦、上海復旦公學校長、安慶高等師範學堂校長、清朝學部名辭館總編輯；翻譯有《天演論》等。

4 伍廷芳（1842—1922），本名敍，字文爵，後改名廷芳，清末民初傑出的外交家、法學家；祖籍廣東新會西墩，出生於新加坡，早年入香港聖保羅書院，1874年自費留學英國，入倫敦大學攻讀法學，獲博士學位及大律師資格，回香港任律師；1882年進入李鴻章幕府，參與甲午中日議和、中法談判、馬關談判，1896年被清政府任命為駐美國、西班牙、秘魯公使；辛亥革命爆發後任中華民國軍政府外交總長，1917年赴廣州參加護法運動，任護法軍政府外交總長；逝於廣州。

5 王寵惠（1881—1958），字亮疇，祖籍廣東省東莞市，生於香港，曾任中華民國外交部長、代總理、國務總理，曾任職海牙國際法庭，還參與起草《聯合國憲章》。

1864年太平天國都城天京陷落，曾國藩和李鴻章騰出手專致推進洋務運動，效法西制，引進先進西方工業體系，企圖挽救國家於中興。同治四年（1865）曾國藩和李鴻章謀劃在上海設立的江南製造局（Kiangnan Arsenal）是洋務派開設的規模最大的近代軍事企業。謀大事者，首重格局，曾文正公深悟僅憑堅船利炮不能完全改變落後捱打的局面，需要啟發民智，改變固化的迂腐和愚昧。1868年曾、李二人責江南製造局設立翻譯館，專職於翻譯和引進西方的科技類書籍。熟諳漢語又擅長英漢互譯的傅蘭雅，二十九歲便成為這家官辦譯書機構的首席"洋專家"，與他共事的還有偉烈亞力[1]、林樂知、瑪高溫等九位傳教士以及在中國近代思想史上貢獻卓著的徐壽[2]、華蘅芳[3]等華人。洋華同事配合默契，外國學者口譯，中國學者筆述並潤色。自成立到清王朝垮台，凡四十三年，共出版四百六十八種西方科學著作中譯本。翻譯館自設印刷機構，早期採用木雕刷版，後期也採用過鉛活字印刷和石印。

傅蘭雅本人譯書有政治類的《佐治芻言》，商學類的《保富述要》，交涉類的《公法總論》、《西禮須知》，史志類的《俄國新志》，兵學類的《防海新論》、《營城揭要》，兵制類的《美國水師考》、《英國水師考》，工藝類的《器象顯真》、《考工記要》，工程類的《開地道轟藥法》，船政類的《船塢論略》，交通類的《美國鐵路匯考》，礦學類的《井礦工程》、《寶藏興焉》，醫學類的《儒門醫學》、《西藥大成》，農學類的《種植學》，格致類的《格致釋器》，化學類的《化學鑒原》，算學類的《運規約指》，地理類的《海道圖說》、《測地繪圖》、《地理須知》，電學類的《電學綱目》，天學類的《氣學須知》，聲學類的《聲學》等百餘種。傅蘭雅把這些譯作編成兩個叢書"江南製造局所刻書"和"格致匯編"。

精力充沛的傅蘭雅沒有為自己當上江南製造局翻譯館首席譯書官而滿足，閒餘還側目文化教育，光緒二年（1876）他與麥都思和偉烈亞力合作開辦教育機構"格致書院"，並創辦科學雜誌《格致匯編》，口碑甚好。次年他參與韋廉臣益智書會工作，翻譯了《水學圖說》、《熱學圖說》等教材。光緒十年他創辦科技專業書店格致書室（Chinese Scientific Book Depot），在華北、華南和華中設立多處分銷站，圖書年銷售量達五十多萬冊，為中國科學技術的普及和傳播提供極大便利。

---

1 偉烈亞力（Alexander Wylie, 1815—1887），英國漢學家，倫敦會傳教士。1846年來華致力傳道、傳播西學，並向西方介紹中國文化；1877年返回倫敦定居；一生著述甚豐，有關中國的著作有《滿蒙語文典》、《中國文獻紀略》、《匈奴中國交涉史》等。

2 徐壽（1818—1884），字生元，江蘇無錫人；1853年到英國倫敦會傳創辦的墨海書館工作，1862年進入了曾國藩創辦的安慶內軍械所，參與設計和製造中國海軍"黃鵠"、"惠吉"、"操江"、"測海"、"澄慶"、"馭遠"等軍艦；1868年起在江南製造局翻譯館從事譯書工作十七年，專門翻譯西方化學、蒸汽機方面的書籍。

3 華蘅芳（1833—1902），字若汀，江蘇無錫縣蕩口鎮人；青年時遊學上海，結識著名數學家李善蘭，學習西方代數學和微積分；1861年為曾國藩擢用，與徐壽一同到安慶的軍械所，繪製機械圖並造出中國最早的輪船"黃鵠"號；1865年入江南製造局"建築工廠，安置機器"；1867年後投入全部精力在"翻譯館"譯書。

大清甲午戰爭慘敗於日本，深深傷透了竭盡全力幫助中國圖強復興的那批西方人的情感，傅蘭雅覺得自己二十八年的譯書工作與中國最迫切的需求不一致，荷國重恩，愧無報效。他向加州伯克利大學申請謀得該校東方文學語言教授職位，藉口第二任妻子執意帶孩子回美國居住不得已隨往照料，1896 年離開中國赴美履職。他離開中國後仍然年年為江南製造局翻譯館譯書，還派長子傅紹蘭（John Rogers Fryer）到江南製造局翻譯館承繼己業。1911 年傅蘭雅捐銀六萬兩，在上海建立盲童學校，讓自己的小兒子傅步蘭（George B. Fryer）擔任校長，1926 年他又捐資在上海創辦了“傅蘭雅聾啞學校”。傅蘭雅 1913 年退休，1928 年逝世於美國加州伯克利家中。

傅蘭雅是受大英行教會派遣來華的，他在中國主要從事文化教育工作，按當年的習慣算是文化傳教士或教育傳教士。1868 年他加入江南製造局翻譯館後，便脫離大英行教會而獨立行為，名至實歸。

大英行教會（Church Missionary Society, CMS）成立於 1799 年，全稱“安立甘非洲和東方行教會”（Church Missionary Society for Africa and the East），屬安立甘宗的低階教會，最早能夠遣派的傳教士均來自德國符騰堡的路德會，他們在柏林神學院接受短期培訓後於 1804 年派往印度，直到 1815 年該會才開始募集到英格蘭牧師。

印度傳統文化裏有一種 purdah（深閨）制度，印度教或伊斯蘭教要求婦女終日頭披面紗，常年自行幽閉在“zenana”裏與世隔絕。Zenana 本義是指印度較為富裕的家庭專門為未出閣女孩在室內設立的休憩聚居區域，男士不得進入，有文比作後宮，其實不妥，在中文中可稱為“閨閣”。深閨制度的“閨閣”是限制和禁錮婦女的生活牢籠，摧殘人性。西方傳教士來到印度後欲破除這種非人道的風俗，最早是英國浸信會組建稱為 zenana 的女傳教士組織，深入鄉村挨家挨戶登門拜訪，勸說她們脫離苦海，皈依基督教。浸信會女傳教士的工作還是頗有成效，在印度的英國安立甘會仿其道而行之，從英國招募女傳教士，又培訓了大量當地女志願者，於 1880 年正式創立“大英行教會女差會”（Church of England Zenana Missionary Society, CEZMS）。深閨制度使許多缺醫少藥的印度婦女，尤其是一些種姓比較高、生活並不困難的婦女卻忍受疾病的折磨，“大英行教會女差會”從醫療救助著手，開設流動診所和婦女醫院給予她們幫助。

大英行教會道光二十四年（1844）到香港，陸續建立香港教區、浙江教區、華西教區、福建教區、桂湘教區，在中國亦稱為“英行教會”。大英行教會女差會成立不久就派女傳教士來中國，光緒十年（1884）在福州設立第一個傳道站，後陸續工作在福建的南台、古田、羅源、建甌、浦城和湖南的衡陽、零陵、桂林等地。

1912 年大英行教會聯合在華的安立甘宗組織，大英安立甘會、美國聖公會、加拿大聖公會、大英行教會女差會以及聖經佈道會，成立統一的屬地機構“中華聖公會”。

FUH-CHOW

大英行教會福州系列

編者 Church Missionary Society, C.M.S.
大英行教會
語言 英文
印製 1890s.—1910s.
尺寸 138mm × 90mm

Buddhist Monks in a Chinese Monastery who have accepted New Testaments.
Bishop Price is on the right and the Rev. Ll Lloyd (C.M.S.) on the left of the group

◉ **中國寺廟僧人接受饋贈的《新約全書》**

Buddhist Monks in a Chinese Monastery who have accepted New Testaments
Bishop Price is on the right and the Rev. Ll Lloyd (C.M.S.) on the left of the group

【原注】"中國寺廟僧人接受饋贈的《新約全書》，右邊是長老會畢來思主教，左邊是聖公會羅為霖牧師。"

這張明信片記述的是光緒二十四年（1898）畢來思和羅為霖兩位牧師在福州鼓山代表福州美華書局向湧泉寺贈送福州平話版《新約全書》。[1]

畢來思（Philip Francis Price, 1864—1954）生於美國弗吉尼亞州里士滿，就讀漢普登—悉尼學院（Hampden-Sydney College）的協和神學院（Union Theological Seminary），1890 年受美國長老會遣派來華，初在蘇州、嘉興，1909 年任在南京成立的中華基督教勉勵會全國總會（Christian Endeavor Union of China）執行總幹事；1912 年舉家搬到南京，在金陵神學院講授神學和佈道術。他還擔任過 1929 年成立的中國基督教長老總會（Chinese Presbyterian Churches of Christ）負責人，1936 年在美國晉升長老會主教；1941 年退休，1954 年逝於南卡羅來納州。畢來思的兒子畢范宇（Francis Wilson Price, 1895—1974）子承父業，也是活躍在中國基督教傳道舞台上的重量級人物，曾任金陵神學院教授、上海國際禮拜堂牧師、美國南長老會主席。

羅為霖（Llewellyn Lloyd, 1850—1931），英國人，1876 年受英國聖公會差遣攜夫人來華，初駐福州南台，在莆田、連江、霞浦等教區服務；曾參與《榕腔注音字典》修訂和深文理和合本聖經翻譯等工作。

1 參閱 George Kam Wah Mak, *Protestant Bible Translation and Mandarin as the National Language of China*, Brill Academic Pub, 2017, p.118.

❶ ❷

C.M.S. Girls' School, Foochow.
The Headmistress, with some of the "Second Generation," (i.e. children of former pupils).
June 22nd, 1915.

❶ 福州盲童學校的孩子們

Boy's C.M.S. Blind. Fuh-chow

根據有關檔案[1]記載，圖片背景是岳愛美1898年在福州附近連江東岱（Dongdai）鄉初創的"福州盲童學校"。左後是岳愛美，右後是兩位學校職員，四個男孩拉手風琴。背板的文字："他們會看到主的臉"，典出《啟示錄》"祂的僕人都要侍奉祂，也要見祂的面。祂的名字必寫在他們的額上。不再有黑夜，他們也不用燈光、日光，因為主神要光照他們，他們要作王，直到永永遠遠。"（第22章第4節）

❷ 英國聖公會福州女校

C.M.S. Girl's. School, Foochow

【原注】"'校長'和'二代生'（即以前學生的孩子），1915年6月22日。"

同治三年（1864）英國聖公會在英國領事協助下租用福州烏山彌陀寺房屋創辦女子小學校，稱"安立間女學堂"；光緒四年（1878）聖公會佔用寺產建造西式校舍，遭周邊居民反對，他們將在建中的校舍拆毀、縱火燒毀舊租房兩間，學校停辦，史稱"烏石山教案"。光緒八年（1882）安立間女學堂遷至倉山下渡東窑，租用原大東電報局樓房作臨時校址，俗稱"舊電綫書齋"。光緒二十五年（1889）英國聖公會募款購地於載嶺後山建新校舍，四年竣工，定校名為陶淑女子學校（Do-Seuk Girls' School）。1951年福州"陶淑"、"鶴齡"、"華南"三所教會女校合併。

1 University of Bristol: Historical Photographs of China reference number: JC-s273.

Picture and Fact

編者 Church Missionary Society
大英行教會
語言 英文
印製 1900s., London（倫敦）
尺寸 135mm×85mm

大英行教會圖片與事實系列

“大英行教會圖片與事實系列”是綜合性明信片，包括中國、印度和非洲等內容。

A CHINESE SCHOOL

ALMOST every form of educational work is carried on by the C M.S. 78.000 boys and 36,000 girls are in the Society's schools of whom 4,800 pupils are Chinese.

CHURCH MISSIONARY SOCIETY, Salisbury Square, E.C.
"Picture and Fact" Post Cards.

A CHINESE CHILD.

CHINESE children have wonderful memories. A girl under twelve years of age in a C.M.S. School has learnt by heart the whole of the four Gospels in Chinese. Chinese baby girls are often thrown out to die. Numbers are being rescued by C.M.S. agencies, and are being trained in Homes and Schools.

CHURCH MISSIONARY SOCIETY, Salisbury Square, E.C.

❶ ❷

❶ 中國學堂

A Chinese School

【原注】“大英行教會開辦了幾乎所有形式的教育機構，有七萬八千名男孩和三萬六千名女孩，其中在中國就有四千八百人。”

❷ 中國女孩

A Chinese Child

【原注】“那些孩子有著超常的記憶力。一個在聖公會學校十二年的女孩子可以用中文背下整部福音書。中國女嬰常常因被拋棄而夭折。聖公會的機構拯救了大批棄嬰，她們得到收養和讀書的機會。”

Y.P.U. Series

大英行教會青年社中國系列

編者　Church Missionary Society Young People's Union, Y.P.U.
　　　大英行教會青年社

語言　英文

印製　1910s., London（倫敦）

尺寸　140mm × 90mm

"大英行教會青年社中國系列"與"蘇格蘭福音會中國系列"內容一樣。

大英行教會青年社（Church Missionary Society Young People's Union, Y.P.U.）是 1912 年成立的大英行教會內部青年組織，主要任務是支持大英行教會的工作，為全球派出機構培養新生力量。

10.—GOD'S ACRE AT FUHCHOW—
GRAVES OF MISSIONARIES MARTYRED AT HWA-SANG.
Chinese Christianity has suffered much persecution. These are the graves of eleven Missionaries martyred in 1895. In 1900, during the Boxer rising, 135 Protestant Missionaries and 53 children were massacred. 16,000 Chinese Christians disappeared, and there is no doubt the great majority of these died for their faith.

2.—A STREET AND GATE OF A CHINESE CITY.
There are 2,033 great walled cities in China. In not more than 500 of these is there a resident Christian Missionary.

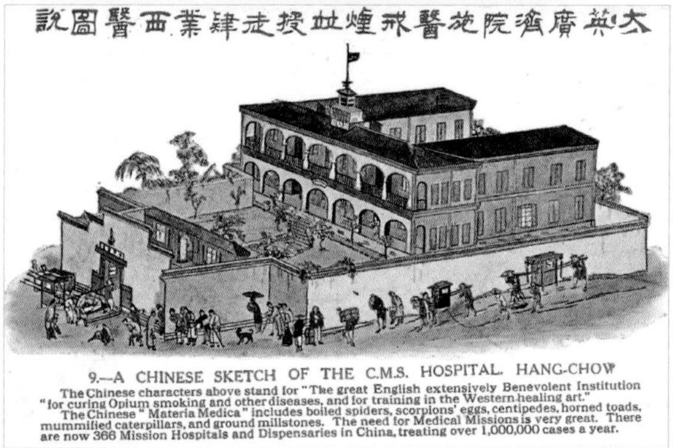
大英廣濟院施醫戒煙並授徒肄業西醫圖說
9.—A CHINESE SKETCH OF THE C.M.S. HOSPITAL. HANG-CHOW
The Chinese characters above stand for "The great English extensively Benevolent Institution "for curing Opium smoking and other diseases, and for training in the Western healing art."
The Chinese "Materia Medica" includes boiled spiders, scorpions' eggs, centipedes, horned toads, mummified caterpillars, and ground millstones. The need for Medical Missions is very great. There are now 366 Mission Hospitals and Dispensaries in China, treating over 1,000,000 cases a year.

❶ 福州倉山殉道傳教士墓地的神像

God's acre at Fuchow — Graves of Missionaries Martyred at Hwa-sang

【原注】"中國基督教徒遭受迫害。這是 1895 年為十一位殉道者修建的墓地。義和團運動時期有一百三十五名傳教士和五十三個孩子被殺害，一萬六千中國基督徒失蹤，絕大多數已經殉道。"

編者記述有隙，倉山墓園始建於 1848 年。美以美會教育傳教士懷德（Moses Clark White, 1819—1900）牧師的夫人懷德醫生（Jane Isabel White, 1822—1848）道光二十七年（1847）年來華，次年在福州去世，清政府准許美以美會在倉山區麥園路西端租地葬懷德夫人，該地後來逐漸成為洋人墓園，曾葬有西方傳教士、醫生、領事、商人等四百餘人，稱為"洋墓亭"。1930 年英國行道會女傳教士漢師姑（Eleanor Jane Harrison）和念懿德（Edith Nettleton）在閩北崇安地區傳道時遭到綁架撕票，洋墓亭裏立了兩根石柱紀念這兩位女傳教士。

❷ 城與門

A Street and Gate of A Chinese City

【原注】"中國有兩千零三十三座建有城牆的城市。基督教傳教士已經生活在其中五百餘座裏。"

❸ 大英廣濟院施醫戒煙並授徒肄業西醫圖說

A Chinese Sketch of the C.M.S. Hospital. Hang-Chow

【原注】"壓圖漢字意思是：'大英廣濟醫院戒食鴉片和其他疾病以及培訓西醫。'中醫用蜘蛛、蠍毒、蟾蜍、乾毛蟲等在一起研磨後熬湯。因而醫療傳教非常必要，目前在中國有三百六十六家醫院和診所，每年收治病患一百萬人次。"

Extending the Kingdom of Jesus Christ throughout the world

大英行教會萬國萬邦系列

編者 Church Missionary Society
大英行教會

語言 英文

印製 1930s., London（倫敦）

尺寸 155mm × 100mm

“大英行教會萬國萬邦系列”是大英行教會為世界各國兒童發行的募捐明信片，類似於“附加郵票”，在明信片本身的售價之外附加捐資金額用於籌集善款。內容涉及印度、埃及等國，此處所載為其中有關中國內容的之一。

CHURCH MISSIONARY SOCIETY

"WILL THE CAMERA HURT US?"

THESE two Chinese refugee girls are a wee bit afraid of the camera and look rather anxious. But they will soon smile when the missionary tells them about the love of the Lord Jesus, and that He wants to be their Friend too.

So many people in China are sad at this time. Let us think lovingly of them all, and pray that the war may soon be over.

(Tear here)

In acknowledgment

of your gifts for the work of extending the Kingdom of Jesus Christ throughout the world.

Five of these tickets can be exchanged for a certificate of enrolment as a Helper of the Church Missionary Society.

(Ticket Receipt Scheme. Picture Card, 1s.)

No. 4

◉ **“拍照片有害嗎？”**

"Will the Camera Hurt Us?"

【原注】“這兩個難民女孩對著鏡頭有點害怕，焦慮不安。傳教士講述了救主耶穌的愛，她們瞬間露出笑容，彼此成為好朋友。中國眼下有許多人生活貧困潦倒，我們應該熱心關愛他們，祈禱戰爭儘快結束。”

China

大英行教會女差會中國系列

編者 Church of England Zenana Missionary Society 大英行教會女差會

語言 英文

印製 1900s., Chancery Lane, London, W.C.（英國倫敦贊善里）

尺寸 140mm × 90mm

"大英行教會女差會中國系列" 數量非常多，前後發行了十二個子系列，包括人物、風俗、教育、醫療等。

SEVEN STARS' BRIDGE HOSPITAL, KIEN-NING, CHINA.
Church of England Zenana Missionary Society, 27, CHANCERY LANE, LONDON, W.C. (Series V.—*Medical Work.*)

◉ 建寧七星橋醫院（設色）

Seven Stars' Bridge Hospital, Kien-Ning, China

建寧處福建西北部武夷山脈。自同治三年（1864）後基督新教諸差會陸續進入福建，舉會劃分宣道區域，在閩北，美部會執牧邵武府，美以美會執牧延平府，大英行教會執牧建寧府。大英行教會建寧總堂設在建甌，下轄芝城、建陽、松溪、上堡、浦城、武夷山等六個牧區。早期對建寧教區貢獻比較大有葉先聲牧師和鹿崢嶸牧師兩位傳教士。

葉先聲（John Rigg），大英行教會醫學傳教士，光緒十四年（1888）抵達建寧，初駐南雅（Nang-Ua），次年在大州設醫館，後在七星橋設立五十餘床位的基督教醫院（C.M.S. Hospital），亦稱"濟世醫院"。

鹿崢嶸（Hugh Stowell Phillips, 1865—1940）生於曼徹斯特，1888 年與夫人明妮（Minnie Mary Phillips）作為大英行教會教育傳教士來華，駐建寧，初在南雅開辦義塾，後發展為"漢英初級中學"。鹿崢嶸在語言學上有重要貢獻，建寧窮山僻壤，大部分人聽不懂官話，鹿崢嶸等人借鑒福州話平話字和建甌話韻書《建州八音》，於 1896 年創造了一套"建寧羅馬字"，又稱建州羅馬字或建甌話羅馬字，1898 年鹿崢嶸夫婦等人用這套羅馬字翻譯並出版了《馬可福音》和《馬太福音》。"建寧羅馬字"在中國語言實踐中是短暫的，但有一定的歷史研究價值。

THE HOPE OF THE FUTURE, SIENG IU, CHINA.
Church of England Zenana Missionary Society, 27, *Chancery Lane, London, W.C.* Series X.

◉ 仙遊：未來的希望

The hope of the future, Sieng iu, China

仙遊縣地處福建東南沿海中部湄洲灣，舊屬興化府，現屬莆田。基督新教在興化府主要有兩個差會：美以美會和大英行教會。同治二年（1863）美以美會差人到興化府開教，設莆田教區。蒲魯士（William Nesbitt Brewster, 1862—1916），字叟堂，美以美會教育傳教士，生於美國俄亥俄州克拉克縣（Clark County），1888 年畢業於美國波士頓大學，獲神學博士學位，1889 年派赴新加坡等地佈道，光緒十六年（1890）來華至興化，是年與同會傳教士蒲星氏（Elizabeth Fisher Brewster, 1862—1955）結婚，後夫婦居莆田主持美以美教會，建立哲理學堂、咸益女校、福音書院、仙遊女醫院、涵江興仁醫院、美興印書局等。為便於宣講福音，蒲叟堂夫婦掌握了流利的莆仙話，以莆仙話音韻創造了"興化羅馬字"（Hinghwa Brewster's Romanized），又稱為"興化蒲氏平話字"（Hing-huà-Pó-sī-bá^{n}-uā-cī），使許多本為文盲的當地教徒很快學會讀書寫字、誦讀聖經。光緒十八年（1892）蒲叟堂夫婦著手用興化話羅馬字翻譯聖經，當年出版《興化羅馬字平話本約翰福音》，1901 年出版《興化羅馬字平話本新約全書》，1912 年出版《興化羅馬字平話本新舊約全書》。

光緒二年（1876）大英行教會派遣傳教士胡約翰和羅為霖到興化府。胡約翰（John Richard Wolfe, 1832—1915）生於愛爾蘭科克郡斯基伯林（Skibbereen），1857 年進入倫敦伊斯靈頓（Islington）聖公會學院，1861 年畢業後出任聖保羅大教堂執事，同治元年（1862）來華駐福州烏石山，在南後街建榕城第一堂"翠賢堂"，1864 年與同工瑪麗（Mary Ann Maclehose）結婚；1887 年出任聖公會福州主教，1910 年擔任大英行教會中國教區主任。胡約翰和羅為霖在莆田建"復原堂"，兩年後因經費緊張將莆田設施交給美以美會，轉至仙遊拓展，建聖公會仙遊總堂，下轄有南門、楓亭、蓋尾、六峰、大濟、坑北、埔兜、上洲、三角埕、賴店、石馬等堂。大英行教會在興化府建有莆田聖路加醫院、仙遊聖路加醫院、江口聖路加醫院、莆田雙鳳醫學校、培哲女學校、培貞女學校、莆田學習齋、培元小學、莆田聖路加助產護士學校等。

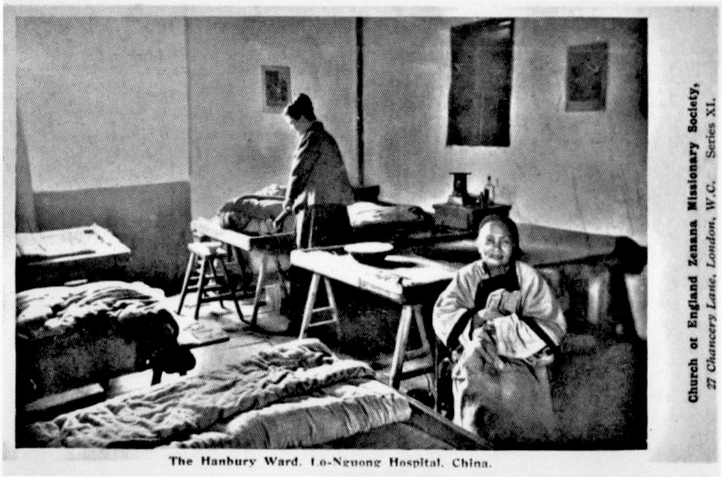

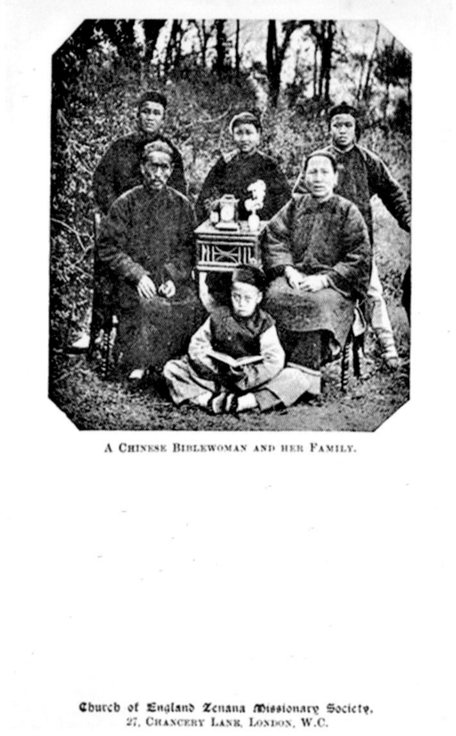

❶ 羅源聖教女醫院

The Hanbury Ward, Lo-Nguong Hospital, China

大英行教會在閩設有多家醫院：福州柴井醫院、福清惠愛醫院、普愛女醫院、連江普孺醫院、霞浦聖教醫院、屏南潘美顧女醫院、寧德婦幼醫院、建甌基督教醫院、建寧婦幼醫院、莆田聖路加醫院、華實產科醫院、仙遊聖路加醫院、羅源聖教女醫院、福安德濟醫院。圖中醫院亦稱"羅源基督教醫院"，1882 年大英行教會雷騰[1]醫生開設"霞浦聖教醫院"，1883 年開辦"羅源聖教女醫院"（Christ's Doctrine Hospital）。

❷ 大英行教會女差會創辦一所全日制小學

A Little Day School in China where the Church of England Zenana Missionary Society has many of its kind

❸ 宣道婦和她的家人

A Chinese Biblewoman and her Family

1 雷騰（Birdwood Van Someren Taylor, 1847—1911），生於印度，大英行教會醫學傳教士，父母是大英行教會傳教士，1878 年攜妻來華駐福州。

Church of England Zenana Missionary Society

大英行教會女差會中國五彩系列

編者 Church of England Zenana Missionary Society
大英行教會女差會

語言 英文

印製 1910s., Chancery Lane, London, W.C.（英國倫敦贊善里）

尺寸 140mm×90mm

❶ ❷
❸

❶ 瞽目宣道婦

A Blind Chinese Biblewoman

【原注】“一位中國信教盲夫人，可以閱讀和記寫賬目，參加教會活動。”

❷ 古田幼兒園的孩子

Children in the Bird's Nest, Kutien China

❸ 興化的學童做家務

Chinese Schoolgirls at Work, Hinghwa

Action Song, Blind School, Foochow. Church of England Zenana Missionary Society. 27, Chancery Lane, London, W.C.

Blind Children playing at See-Saw, Foochow, China. Church of England Zenana Missionary Society. 27, Chancery Lane, London, W.C.

Three of China's Little Ones. Church of England Zenana Missionary Society. 27, Chancery Lane, London, W.C.

❶ 福州盲人學校做音律遊戲

Action Song, Blind School, Foochow

❷ 福州盲童在玩蹺蹺板

Blind Children playing at See-Saw, Foochow, China

❸ 三個中國娃娃

Three of China's Little Ones

大英聖公會

十六十七世紀席捲歐洲的宗教改革使得意大利、葡萄牙、西班牙等傳統天主教國家的影響力日漸式微，改奉基督新教的荷蘭、英國完成政治革命和工業革命後成為不可一世的世界強國。緊隨著殖民拓土者的步伐，傳教士們一批又一批走向海外，去掌管那些背土離鄉人的靈魂。三百二十年前一位叫作托馬斯 · 布雷的英國聖公會牧師發起成立為這些傳教士服務的組織。托馬斯 · 布雷（Thomas Bray）1656 年（一說 1658 年）生於英格蘭什羅普郡的馬頓（Marton, Shropshire），在牛津大學等高等學府獲得優質教育，1678 年畢業後回到家鄉的布里奇諾斯（Bridgnorth）擔任鄉村牧師，直至 1696 年安立甘會倫敦主教亨利 · 康普頓[1]任命他為安立甘會駐美國馬里蘭州的代表。

鄉村牧師和海外傳道的兩段經歷使托馬斯 · 布雷深深體驗到什麼叫貧窮和無助，兢兢業業埋頭在窮鄉僻壤的那些底層神職人員，家徒四壁，何奢望擁書幾冊；砥礪四方出沒於半開化土地的遊方傳教士，食不果腹，怎敢想精進不休。為了使每個人都被基督教知識所改變，首要任務是讓貧窮的神職人員獲得更多的圖書，以幫助更多的人擁有豐富的基督教知識和正確的信仰。1698 年托馬斯 · 布雷得安立甘會首肯，在倫敦組建“基督教知識普及社”（Society for Promoting Christian Knowledge, SPCK）。他的願望是在英國建立兩百座圖書館，在北美殖民地建立一百座圖書館。圖書館裏不僅有神學書籍，還有一般教育類和人文類圖書。1730 年托馬斯 · 布雷逝於英格蘭林肯郡的波士頓（Boston, Lincolnshire），他身葬聖博托爾夫教堂（St. Botolph's Church），卻在英格蘭、威爾士以及美洲殖民地的一百二十多個教區留下自己的夢想。

三百多年間，基督教知識普及社還在英美多地修建圖書館、設立慈善學校，為低齡貧困兒童提供受教育的機會。基督教知識普及社還是一家大名鼎鼎的出版機構，曾是僅次於牛津大學出版社和劍橋大學出版社的第三古老的出版社，不僅在歐美各地設立書店，還向工人、農民、囚犯、士兵、海員、奴隸、僕人等特定人群免費發放書籍，有大量洗禮、堅振、聖餐、祈禱圖書。基督教知識普及社出版過三十八種語言的聖經譯本，如威爾士語聖經，阿拉伯語聖經，印度南部和斯里蘭卡北部的泰米爾語和特拉古語聖經等。

1700 年托馬斯 · 布雷接受亨利 · 康普頓主教交辦的任務，調查安立甘會在英屬美洲殖民地發展的狀況，他花了近一年時間造訪北美十三州，次年提交調研報告。調研報告向亨利 · 康普頓說明，北美安立甘基層教會比起其他教會死氣沉沉，缺乏活力，而且組織狀況欠佳。托馬斯 · 布雷建議康普頓呈報大主教重組北美殖民地教會組織，投入更多人力和物力振興安立甘會在大西洋彼岸的影響

1 亨利 · 康普頓（Henry Compton, 1632—1713），英格蘭北安普敦（Northampton）伯爵之子，就讀劍橋大學和牛津大學，1669 年獲法學博士學位；1675 年至 1713 年擔任倫敦主教；光榮革命中擁護威廉三世和瑪麗女王。

力。1701 年 6 月英王威廉三世簽發“皇家特許狀”（Royal Charter），批准設立安立甘會高階組織“海外福音傳道會”（Society for the Propagation of the Gospel in Foreign Parts, SPG），最初的目標是向北美十三州派遣更多可以勝任的牧師，為殖民者提供更好的聖事服務；同時這個新組織還要擔負向全部海外英國人以及非基督教徒傳佈福音的責任。托馬斯·布雷創建的“海外福音傳道會”在英格蘭、愛爾蘭、蘇格蘭得到廣泛支持，三百年間有上萬傳教士加入這支隊伍，不乏像衛斯理宗創始人約翰·衛斯理這樣的歷史翹楚。信仰比較自由、思潮比較多樣化的新大陸不時受到“大覺醒運動”和公理宗、浸信宗、衛斯理宗一波一波的衝擊，自身總體趨向保守的安立甘會尚能保留一席之地，與這些人的個人奉獻密不可分，美利堅合眾國開國領袖托馬斯·傑斐遜（Thomas Jefferson, 1743—1826）稱“海外福音傳道會”傳教士是“安立甘的耶穌會士”。1730 年托馬斯·布雷逝世。

同治二年（1863）“海外福音傳道會”進入中國，稱為“大英聖公會”，傳道區域有華北的北京、永清、祁州、河間、大同，山東的煙台、泰安、平陰、威海、兗州、濟南，滿洲的瀋陽。史嘉樂[1]主教和林披基[2]牧師曾參加光緒四年（1878）華北大饑荒的賑災。1912 年大英聖公會加入“中華聖公會”後又稱“華北聖公會”。

1 史嘉樂（Charles Perry Scott, 1847—1927），生於英國赫爾河畔金斯頓一個牧師家庭，就讀於查特豪斯公學和劍橋大學耶穌學院，1871 年按立牧師，隨後執牧伊頓廣場聖彼得堂，1874 年作為大英聖公會傳教士前往中國山東煙台，1878 年前往山西省賑災；曾任聖公會華北教區主教；逝於上海。

2 林披基（Miles Greenwood, 1838—1899），生於英國蘭開郡伯恩利（Burnley），1869 年按立牧師，1874 年作為英國聖公會傳教士與史嘉樂一同來華，駐山東煙台，1885 年至 1890 年駐北京；逝於煙台。

SPG Missionary Postcard

大英聖公會傳道明信片系列

編者 SPG Missionary
大英聖公會

語言 英文

印製 1900s., London（倫敦）

尺寸 135mm×90mm

❶ ❷
❸

❶ 苦力的午飯

Chinese workmen at Tiffin

❷ 教會男校的學童

A Missionary School for Chinese Boys

❸ 北京篤志女校的孩子們

Children at St. Faith's Mission Peking

大英國聖公會光緒二十七年（1901）在北京舉辦"篤志學堂"（St. Faith's School），宣統二年（1910）遷入石附馬大街克勤郡王府新校址，校名歷稱"篤志女校"、"北京第八女子中學"、"魯迅中學"。

S. P. G. Missionary Postcard

大英聖公會傳道明信片五彩系列

編者 S. P. G.
大英聖公會
語言 英文
印製 1910s., Westminster（英國倫敦威斯敏斯特）
尺寸 138mm × 88mm

❶ | ❷

❶ 北京男童學校

Boy's School, Peking

【原注】"大英聖公會的學童在北京新教堂門口。"

這所男童學校是大英聖公會同治十三年（1874）在北京創辦的"崇德學堂"（Chung Teh），一度停辦，光緒三十四年（1908）在絨綫胡同復校，新中國成立後改稱北京市第三十一中學。

大英聖公會於光緒六年（1880）成立華北教區，光緒三十三年（1907）在原清政府刑部官員殷柯庭宅邸修建教區主教座堂，稱"南溝沿救主堂"。青磚筒瓦，中西合璧，風格獨特，蔚為壯觀。建築平面為雙拉丁十字形，教堂大門採用中式風格，兩側和上面雕刻有匾額，右款為"此城真主殿"，左款為"此乃上天門"，橫批是"可敬可畏"。教堂的正面牆體上鑲有幾塊歷史銘碑，第一塊是救世主教堂信徒 1918 年為紀念中華聖公會會長伯里夏而立；第二塊是 1928 年時華北教區全體信徒為紀念創建救世主教堂的史嘉樂主教而立；第三塊是 1946 年為鄂方智立的紀念碑。

❷ 宣道婦

Chinese Bible Woman

【原注】"大英聖公會華北女宣教婦林太太。"

S.P.G. Missionary, China

大英聖公會中國系列

編者 S.P.G. Missionary
大英聖公會

語言 英文

印製 1900s., England（英格蘭）

尺寸 140mm×90mm

A CHINESE GARDEN PARTY.

THE S.P.G. supports work in North China. Three of its Missionaries were killed by the Boxers. The S.P.G., however, refused to receive any compensation, as it desired to make clear to the Chinese that the message which its Missionaries came to bring was one of forgiveness and peace.

TWO MANDARINS.

THE S.P.G. sent its first missionary to China in 1863, who began work at Peking.

❶

❷

❶ 中國人花園晚會

A Chinese Garden Party

【原注】“大英聖公會在華北有三位傳教士被義和團殺死。大英聖公會放棄任何賠償，向中國人表明其主張的是寬容與和平。”

❷ 兩位官員

Two Mandarins

【原注】“1863 年聖公會差會第一次派傳教士到中國北京。”

同治二年（1863）英國聖公會傳教士包爾騰和施約瑟在北京開教。包爾騰（John Shaw Burdon, 1826—1907）生於蘇格蘭珀斯郡（Perthshire），1849 年就學安立甘會宣教學院（Anglican Mission College），1852 年在倫敦出任會吏，翌年由大英行教會派往中國宣教，1854 年按立牧師，主要在江浙一帶宣教，期間曾前往南京拜訪太平天國領袖。同治元年（1862）到北京，承聘京師同文館擔任首任總教習，“以之教習學生，似可無事苛求”。同治二年包爾騰辭去同文館職務，專致傳道。同治四年他與艾迪瑾、丁韙良、施約瑟等人組建“北京譯經委員會”，著手翻譯第一部北京官話本《新約聖經》。同治十一年包爾騰還與施約瑟合作，在北京編譯出版中華聖公會通用本《公禱書》。1874 年他出任香港維多利亞主教，主理香港、廣東、上海、浙江、福建在內的華南教區和日本教區事務。他一貫反對英國對華鴉片戰爭，反對西方列強強加予中國的傳教特權。1896 年包爾騰退休回英國，逝於貝德福德（Bedford）。

S.P.D. Coloured Post Card. Series 16

大英聖公會中國五彩系列

編者 S. P. G.
大英聖公會
語言 英文
印製 1910s., England（英格蘭）
尺寸 140mm × 90mm

❶ ❷ ❸

❶ 華人高約翰牧師

A Chinese Clergyman

【原注】"山東教區高約翰牧師。大英聖公會 1863 年派遣傳教士到中國。"

高榮慶，教名高約翰（John Kao），自幼加入聖公會，1910 年晉升會吏。1913 年大英聖公會在泰安州新泰縣城西南關馬家胡同設立教堂，高榮慶擔任新泰牧區會牧。

❷ 聖公會學校的校督和校長

A Chinese Deacon and Schoolmaster

【原注】"山東新泰教區（Lingcha Church）的高約翰牧師（右）和王校長。"

1916 年聖公會在新泰教堂旁設立明德小學，1929 年又設立南分校，學生達百人。高榮慶校督聘請教徒王茂儉擔任明德小學校長。

❸ 藤家莊禮拜堂

A Church in China

【原注】"英國聖公差會滕家莊（Teng-Chia-Chuang）禮拜堂。"

S. P. G. Coloured Postcard

大英聖公會五彩系列

編者 S. P. G.
大英聖公會
語言 英文
印製 1910s., P. T. O. 圖片社
尺寸 140mm × 88mm

"大英聖公會五彩系列"是一套內容廣泛的明信片，介紹了大英聖公會在中國、印度、非洲等傳教地的人文風情。

◉ 中國官吏

Chinese Mandarins

SOCIETY FOR PROMOTING CHRISTIAN KNOWLEDGE

聖公會基督教知識普及社系列

編者 Society for Promoting Christian Knowledge, S.P.C.K.
英國聖公會基督教知識普及社

語言 英文

印製 1920s., England（英格蘭）

尺寸 140mm × 88mm

“聖公會基督教知識普及社系列”是跨地域明信片，內容包括中國、日本、巴布亞新幾內亞、緬甸、朝鮮、越南等國家兒童生活狀況。

◉ **孩子們去上學**

Chinese children to school

【原注】“這些中國孩子乘獨輪車去上學。他們與其學習怎樣讀寫那些構成漢字的難以掌握的古怪符號，還不如聆聽上帝之愛。異教寺廟裏的那些偶像對他們未來的生活不會有影響，這六個幸福的孩子很快就會認定耶穌基督是他們的救世主。”

美國聖公會

筆者在上海讀書時，周末經常住在阿爺姚耐[1]家。阿爺家在上海萬航渡路1575號，是聖約翰大學的舊址。阿爺自1958年至1991年去世一直是七號樓的主人，這是座淺綠色調的帶有維多利亞式檐廊的洋樓，北側是褐紅色的“校長樓”，南側是大草坪。

聖約翰大學是美國聖公會在華舉辦的高等學府。美國聖公會上海主教施約瑟力主把本會1865年成立的“培雅書院”和1866年成立的“度恩書院”合併設立“聖約翰書院”。施約瑟把美國聖公會在上海的教產作為抵押物，購得曹家渡蘇州河以南三百畝土地修建校園，光緒五年（1879）在極司菲爾路1575號落成，陸續開設文、理、醫學、神學諸科。1905年學校在美國華盛頓註冊，正式稱為“聖約翰大學”（St. John's University）。卜舫濟[2]牧師從1888年至1941年主持聖約翰大學五十三年，陸續增建“懷施堂”、“格致樓”、“思顏堂”、“思孟堂”、“校長樓”、“西門堂”、“樹人堂”、“裴蔚堂”等。在他經營下聖約翰大學有了文學院、理學院、醫學院、神學院、商學院、新聞學院、土木工程學院等，他見證了中國大學許多學科的從無到有。卜舫濟為聖約翰大學的制定的校訓是：“光與真理”、“學而不思則罔，思而不學則殆”，前句出自基督教信仰，後句則為孔子名言。聖約翰校刊《約翰聲》如此詮釋校訓道：我們要使聖約翰大學成為中國之光和真理的火炬，沒有再比此目標更崇高的了。我們將努力給予我們的學生一個廣闊的和豐富的基督化教育。我們將充分地教授英語和文學，相信這將有助擴大學生的智能水平。我們將傳授科學，不僅因科學有實用價值，還由於科學真理和所有真理都來源於上帝。聖約翰大學的校訓把基督教信仰和孔夫子儒家思想融合在一起。

這座校園裏走出中國近現代歷史上的諸多名人，如政治界宋子文、宋子良、宋子安、施肇基、嚴家淦，文化界吳宓、林語堂、鄒韜奮、張愛玲，經濟界經叔平、潘序倫、榮毅仁，醫學界吳肇光、郁知非、顏福慶，以及外交家顧維鈞，建築設計師貝聿銘，神學家丁光訓等。

北美殖民時代，安立甘會在十六世紀晚期就曾在卡羅來納州、緬因州有過設立教區的嘗試，追隨者寥寥，不了了之，尤其在新英格蘭六州常常遭冷眼相待。十七世紀局面稍有改觀，1607年安立甘

1 姚耐（1909—1991），祖籍杭州留下鎮，生於福州，經濟學家，早年就讀於北平朝陽大學經濟系，1936年赴日本留學，就讀日本東京專修大學（後稱早稻田大學）經濟專業，參加中國共產黨領導的社會主義同盟，1937年蘆溝橋事變後回國投身抗日救亡運動，1938年加入中國共產黨，歷任山西民族革命大學教授、新四軍第一師宣傳科長、鹽城抗大五分校和抗大九分校訓練處副主任；解放戰爭時期歷任華中建設大學民政系副主任、山東大學教務長、山東財辦黨委教育部長；1949年隨軍到上海任華東軍政委員會人事局教育處處長；1951年起任上海財政經濟學院院長兼黨委書記，1958年任上海社會科學院副院長兼經濟研究所所長；1978年任上海財經學院黨委書記兼院長。姚耐是中國圍棋泰斗，擔任中國圍棋協會副主席、《圍棋月刊》主編，是陳祖德、聶衛平等人的啟蒙老師。

2 卜舫濟（Francis Liister Hawks Pott, 1864—1947），生於美國紐約，1883年畢業於哥倫比亞大學，1886年獲紐約神學院學士學位，加入美國聖公會，1886年來華擔任聖約翰書院英文教師，1888年出任校務主任；1905年擔任聖約翰大學校長兼文理學院院長；1941年按民國政府規定將校長一職轉交華人，保留名譽職務；逝於紐約。

會在南部的馬里蘭州和弗吉尼亞州吸收到會眾，建立了自己的教堂。他們的牧師一再向新教自由派靠攏，但在北美的地位與天主教和新教其他福音派別相比仍處下風。1701 年英王威廉三世批准設立高階組織“海外福音傳道會”。托馬斯·布雷等人付出非凡努力，然成效不盡如人意。

1775 年北美十三州殖民地的革命者發起反抗宗主國的獨立戰爭，毋庸多言，強烈擁護英國王室的安立甘會被美利堅人民視為缺乏對革命事業的忠誠，他們的“不愛國行為”受到鄙視和攻擊。1783 年獨立戰爭的硝煙散盡後，美國安立甘宗的領袖們被兩個問題深深地困擾，他們意識到要融入自己生活的這個新興民族國家，自己的教會首先就必須是這個民族的教會；而擺到他們面前的現實問題是，按照安立甘宗現有規則，不發誓效忠英國國王就不能被任命為主教，也就是說無法成立本來意義上的安立甘宗教會組織。塞繆爾·西伯里[1]牧師前往英國，經過多時談判，於 1784 年達成妥協方案，美國聖公會（American Church Mission, ACM）採取主教制，保持安立甘宗的神學認識和宗教傳統，在神學信仰、宗教禮儀以及組織制度方面恪守安立甘宗基本原則，同時美國聖公會領袖可以不用發誓效忠英國國王而獲得主教資格。塞繆爾·西伯里把協議帶回美國，不出意料遭到自由派的反對，但仍被大多數領導人接受。1787 年有三個州的主教到英國，從坎特伯雷大主教手裏拿到象徵任命的聖杖，兩個世紀來安立甘宗在美洲新大陸終於按立了自己的主教。在名稱上美國安立甘會稱為“美國主教制教會”（American Episcopal Church）。

安立甘宗在美國發展的坎坷歷程，並不說明其在美國影響力不大，畢竟美國精英階層大多是英格蘭移民及其後代，這個相對保守的階層或多或少有著安立甘宗傳統，即便是清教主義和衛斯理主義的追隨者大多數也並沒有徹底脱離安立甘會，只是作為會中反對派存在而已，若離若即。美國歷史上四十五位總統中有十一位是安立甘宗教徒，包括喬治·華盛頓、詹姆斯·麥迪遜、詹姆斯·門羅、威廉·哈里森、約翰·泰勒、扎卡里·泰勒、富蘭克林·皮爾斯、切斯特·阿瑟、富蘭克林·羅斯福、傑拉爾德·福特和喬治·赫伯特·布什（老布什）。坐落在華盛頓威斯康辛大道旁、被稱為美國國家教堂的“聖彼得和聖保羅大教堂”（Cathedral Church of St. Peter and St. Paul）也是美國聖公會的座堂。

1820 年美國聖公會成立傳道組織“美國聖公會差會”（Domestic and Foreign Mission Society of the Protestant Episcopal Church, PEC），曾於道光十五年（1835）派人到廣州踩點，道光二十一年（1841）正式遣派文惠廉[2]到澳門和廈門，道光二十五年他到上海出任中國教區主教。而後美國聖公會以上海為基地，沿著長江流域，在漢口、武昌、蕪湖、宜昌、沙市、安慶、常熟、長沙、南昌、無錫、蘇州、揚州、南京等地開闢傳道區。

1 塞繆爾·西伯里（Samuel Seabury, 1729—1796），生於美國康涅狄格州，1748 年畢業於耶魯大學，1753 年在愛丁堡醫學系，後在美國新澤西、紐約擔任牧師；獨立戰爭時期與亞歷山大·漢密爾頓意見相左，被愛國党人關入監獄；1784 年至 1796 年擔任美國聖公會首任主教。

2 文惠廉（William Jones Boone, 1811—1864），美國卡羅萊納州人，習法律和醫學，1837 年受美國聖公會派遣攜妻子到新加坡；1841 年隨英軍到澳門、香港和廈門，1845 年任中國佈道區主教，同年到上海，1853 年修建聖公會救主堂；1847 年曾代表美國聖公會參與中文聖經“委辦本”翻譯工作，1864 年在上海病逝；著述有《進教要理問答》、《聖教幼學》、《教子有方》等。

AMERICAN EPISCOPAL CHURCH

美國聖公會系列

編者 American Episcopal Church
美國聖公會
語言 英文
印製 1910s., 上海商務印書館代印
尺寸 140mm × 90mm

❶

❷

❶ 聖約翰大學校長樓

St. John's University

【原注】"此樓的底層是圖書館，上層目前是校長辦公室。這是聖約翰大學最新的建築。"

聖約翰大學校長樓原為英籍兆豐洋行大班勤努·霍格建造的"霍格別墅"，1911 年由美國聖公會等籌資購得，作為聖約翰大學辦公室及校長住宅，大學內部稱為四號樓，樓上為校長住宅，樓下是圖書館。

❷ 嘉定石拱橋

Native stone bridge near Kading, Shanghai—Note the graceful form of the arch

【原注】"注意其優美的拱形。"

嘉定這座美麗石拱橋叫"聚善橋"，始建於明洪武十三年（1380），初建時是簡易的木結構"牛橋"，天啟二年（1622）鑿石重建。現見為同治三年（1864）復建，單跨圓拱，稱"聚善橋"，民間亦稱"女橋"、"虬橋"，跨練祁河，橋寬四點八米，南北兩側石階均二十四級。橋南（圖左）是西下塘街，原有"成豐麵粉廠"，橋北是嘉定鎮老街"西大街"，有美國聖公會光緒八年（1882）建立的"善牧堂"。

◉ **安慶培媛女校**

Anking — District of Wuhu

【原注】"培媛女校建於1910年，目前有六十名女孩，由於住宿條件的不足，無法增加班級。"

民國才女蘇雪林修士早年隨謀差的父親蘇錫爵在安慶生活，就讀百花亭的這所培媛女校，給她一生留下滿滿的記憶。這時的安慶是安徽的省城，光緒二十年（1894）美國聖公會在長江邊畔這座歷史名城落足，光緒二十五年華禮門和林子魚（Carl F. Lindstrom, 1868—1949）抵達安慶，奠定了美國聖公會在安慶的佈道格局。

醫學傳教士華禮門（Edmund Lee Woodward, 1873—1948）生於美國弗吉尼亞州里士滿，1896 年畢業於弗吉尼亞大學，1897 年獲醫學博士學位，1899 年畢業於弗吉尼亞神學院（Theological Seminary in Virginia），按立牧師，同年來華常駐安慶，1900 年出任聖公會安慶主教。光緒二十七年（1901）華禮門與林子魚修建了安慶"聖救主堂"（Cathedral of Our Saviour），後來還有聖誕堂、天恩堂等；他們在安慶大興教育，培德學校、培媛女校、聖保羅學校、天恩小學等無一不是歷史名校。光緒三十三年（1907）華禮門籌資興建的"安慶同仁醫院"（Saint James Hospital）落成。1914 華禮門回美，在美國聖公會總部工作。

◉ **上海新閘聖彼得堂**

Shanghai, St. Peter's Church Sinza

美國聖公會在滬教堂中最著名的是“聖三一基督堂”（Holy Trinity Church），初建於道光二十七年（1847），為旅滬英國僑民禮拜場所。同治八年（1869）美國聖公會耗銀七萬兩重建，為典型哥特復興式建築風格，外砌清水紅磚，俗稱“紅禮拜堂”，光緒元年（1875）成為聖公會北華教區主教座堂，光緒十九年（1893）教堂左側增建高聳的鐘樓，成為上海地標建築，為江滬往來人祈福。“紅牆隱隱雲中見，琉璃作棟金為殿，生伯斷人腸，鯨鐘歷寅上亂撞。風吹花片片，繡院盈芳甸，禮拜是今朝，紛然各見招。”

美國聖公會在上海還有“上海聖彼得堂”、“聖保羅堂”、“諸聖堂”、“救主堂”、“天恩堂”、“復活堂”、“聖約翰堂”、“聖靈堂”、“忠主堂”等。光緒十三年（1887）美國聖公會傳教士湯藹禮（Elliott Heber Thomson）在當時上海英租界西部邊緣的泥城橋租用民房，設立了“顯主堂”，數年後顯主堂遷至界外的新閘路長慶里，湯藹禮 1897 年回美，繼任者在附近的愛文義路梅白格路口、聖公會廣仁醫院隔壁修建“聖彼得堂”（St. Peter's Church）。同盟會元老、辛亥革命領導人黃興（1874—1916）1913 年在這裏受洗。中共上海地下黨領導人董健吾（1891—1970）畢業於聖約翰大學，二十世紀二三十年代在上海中央特科工作時，公開身份是聖彼得堂牧師，他以此掩護開辦大同幼稚園，收養中共烈士和領導人的子女，包括毛岸英（1922—1950）、毛岸青（1923—2007）、毛岸龍（1927—1930）兄弟都在這裏享受過難得的安謐生活，後來他又設法送毛岸英和毛岸青去蘇聯。

04

公理宗

道光十四年八月七日，陰沉悶熱，瀝瀝小雨，澳門“基督教墳場”（Cemitério Protestante）聚集一些來自廣東各地的傳教士和逝者親友，見證一位歷史偉人辭別人世間。靈柩落穴，豎立潔白墓碑，辭簡的碑文窮理逝者一生：

> 獻給這個極富天賦、最有熱情的人。他朝著偉大的成果前進，積累十年完成巨著《漢英詞典》。在米憐博士的協助下，完成了偉大的聖經翻譯。在他生命結束之際留給他的支持者以美譽，留給他的祖國以榮耀。他享年五十二歲，於一八三四年八月一日去世。[1]

碑主馬禮遜（Robert Morrison）牧師，祖籍蘇格蘭，1782 年生於英格蘭諾森伯蘭郡的布勒格林（Bullers Green, Morpeth Northumberland）有著八個孩子的農戶，在工業化大潮推動下一家人背井離鄉來到泰恩河畔的北堡（Northcastle），其父在這座英格蘭東北部經濟繁榮城市的製鞋工場謀得一份工作。馬禮遜只有十四歲但不得不放棄學業，跟隨父親到鞋場做工，他的日記告訴後人，自己每天進行繁重的體力勞動長達十四個小時，只有一點點時間讀書學習。

受益於約翰・衛斯理推動的“大覺醒運動”，許多知識精英為了改變工業化造成的社會戾氣，呼籲人們重視基督精神、回歸虔誠信念。在英國日漸濃厚的宗教氣氛中，1801 年北堡長老會受洗名冊上添了馬禮遜的名字，他還有幸脱產在教堂做專職工作，為當傳教士做準備。1803 年長老會保送他進入倫敦霍克斯頓學院（Hoxton Academy）深造，在學期間接觸到公理宗的神學思想，畢業他後向英格蘭公理會於 1795 年建立的專事海外傳道的倫敦會提交入會申請。為了勝任未來的傳道職責，必須身負至少一技之長，他選擇在聖巴塞洛繆醫院（St. Bartholomew's Hospital）學習醫術、在格林威治天文台（Greenwich Observatory）進修天文學。嘉慶十二年（1807），忐忑不安的馬禮遜終於踏上了去那個“視洋人如魔鬼”的神秘國度之旅。

1 〔英國〕愛利莎・馬禮遜：《馬禮遜回憶錄》，大象出版社，2008 年，第二卷，第 272 頁。

導致馬禮遜遠赴東方的這次使命的緣由是偶然的。幾年前，大英博物館發現一批福音書中文手稿，譯者可能是早年赴華耶穌會傳教士。這個發現一時激發廣泛的興致，當時的教會學者建議成立一家把聖經翻譯為世界各民族文字的組織，以利於福音更廣泛地傳播。令他們掃興的是周圍居然沒有能夠整理這些中文手稿的人。這個機遇落在興致勃勃、迫切希望到中國去的馬禮遜身上，也使得他的東方之旅有了必要的盤纏。

有趣的是，馬禮遜的到東方之旅乃“向西行”。與利瑪竇一班傳教士不一樣，有了美利堅合眾國後，往來西歐與遠東的人員有了一條途經美國的跨太平洋新航路。這位二十五歲的年輕人搭上東印度公司由紐約至澳門的“三叉戟”號郵輪，經過一百一十三天的漂泊到達目的地。馬禮遜初到中國混跡於澳門和廣州社會底層，之中故事無需細言，但可以確切知道，1810 年他翻譯出版《耶穌救世使徒行傳真本》，1813 年完成全本新約全書《耶穌基利士督我主救者新遺詔書》，並在廣州鐫刻。

嘉慶十八年（1813）馬禮遜身邊多了位同會事工米憐牧師。米憐（William Milne），筆名“博愛者”，1785 生於蘇格蘭阿伯丁郡肯尼斯蒙特（Aberdeenshire Kennethmont）一農家，1804 年加入英格蘭公理會，1809 年申請參加倫敦會，培訓合格，按立牧師，1812 年在樸茨茅斯登船赴華，次年在澳門與馬禮遜會合。1815 年米憐攜眷前往馬六甲，主持月刊《察世俗每月統紀傳》（*Chinese Monthly Magazine*）的編輯出版，並開辦印刷廠印製聖經、宣教書籍和教材，其間頻繁往來廣州、澳門和馬六甲三地。1819 年米憐協助馬禮遜完成的舊約全書中譯本在馬六甲雕版，1823 年兩約合笈《神天聖書》在馬六甲鐫刻。

London Missionary Society, 16, New Bridge Street, London, E.C.

ROBERT MORRISON.

Born January 5th, 1782, near Morpeth
First Protestant Missionary to China, 1807-1834.
Died at Canton, August 1st, 1834.

Copyright.

◉ **馬禮遜（倫敦會中國五彩系列）**

Robert Morrison

【原注】“馬禮遜（Robert Morrison），1782 年 1 月 5 日生於莫珀斯（Morpeth），來華第一位新教傳教士（1807—1834），1834 年 8 月 1 日逝於廣州。”

1815 年馬禮遜與米憐合作在馬六甲創辦第一

本傳道雜誌《察世俗每月統記傳》（*Chinese Monthly Magazine*），介紹基督教的教義以及西方歷史和自然科學知識。1818 年馬禮遜在馬六甲創辦“英華書院”（Anglo-Chinese College），委託米憐出任校長，以中英文施教，講授神學、數學、歷史、地理，七年後又始招女生，1843 年遷往香港交理雅各管理；英華書院開傳教士在華辦學之先河。1820 年馬禮遜在澳門開設醫館，首創醫學傳道模式。

英華書院曾經是馬禮遜和米憐用於傳道的出版機構。馬禮遜來華出版了二十一種中文書籍，從第一種《耶穌救世使徒行傳真本》開始到《耶穌基利士督我主救者新遺詔書》、《神天聖書》、《西遊地球聞見略傳》、《大英國人事略說》；米憐的《求世者言行真史記》、《進小門走窄路解論》、《諸國異神論》、《賭博明論略講》、《全地萬國紀略》、《靈魂篇大全》、《鄉訓五十二則》等宣教著作大多是木刻刷印的。1815 年米憐在馬六甲鑄造了一套中文字模，英華書院印刷所開始在澳門和馬六甲嘗試金屬活字印刷，1816 年印刷了馬禮遜的《問答淺注耶穌教法》，1821 年印刷了米憐的《三寶仁會論》，這是活字印刷用於宣教書籍最早的嘗試。馬禮遜偏愛大方、莊重、美觀的中式刻版，且其當時的成本比鉛字印刷低廉，問題在於刻版解決不了西文中文混排問題，英華書院印刷所逐步改進技術，過渡到以石印和鉛印為主，乃於 1832 年在澳門還成立了專注鉛印的“馬家英式印刷所”（The Morrison's Albion Press）。1873 年英華書院將已經集中在香港的印廠轉賣給了中國本土出版商。[1]

明季來華的天主教傳教士把中國經典介紹到西方，用的大多數是法文和拉丁文，馬禮遜是比較系統地將中國經典翻譯成英文的第一人，1812 年起他陸續翻譯出版了英譯本的《三字經》、《大學》、《三教源流》、《太上老君》等。編纂世界上第一部英漢雙解字典的歷史榮譽也應該歸於馬禮遜，嘉慶二十年（1815）他編纂了三帙六冊的 *Dictionary of the Chinese Language*（《馬禮遜字典》），他在扉頁上印上一句中文：“博雅好古之儒，有所據，以為考究，斯亦善讀書者之一大助”[2]，說明這部詞典的價值。1819 年米憐在馬六甲發表福音小說《張遠兩友相論》，就中文正式出版物而言，開創了傳教士以文學載體傳佈福音的先河。

“夫德為永福之質，善者已得此質，故該欣然入那福樂之地也。”[3] 米憐英年早逝，1822 年年僅三十七歲歿於馬六甲，其子美魏茶[4] 承續父業，後來也成為倫敦會著名傳教士。道光十四年（1834）馬禮遜逝於廣州，為紀念他對基督教傳播中國的開創性貢獻，人們澳門修建了馬禮遜教堂。“他們息了自己的勞苦，做工的果效也隨著他們”（《啟

1 參見蘇精：《鑄以代刻——傳教士與中文印刷變局》，台大出版中心，2014 年，第 6—27 頁。

2 〔英國〕馬禮遜：《字典》，澳門東印度公司，1815 年，扉頁。

3 〔英國〕米憐：《鄉訓五十二則》，上海美華書館，1870 年，第 27 頁。

4 美魏茶（William Charles Miline, 1815—1863），倫敦會來華傳教士，傳教士米憐之子，生於父母從廣州到馬六甲旅途的船上；四歲喪母，七歲喪父後回倫敦讀書，1839 年受倫敦會派遣來華傳道，先後在香港、寧波、舟山傳道；1846 年參加上海聖經翻譯委員會工作，1856 年出任英國駐福州領事館翻譯官，1861 年到北京在英國駐華大使館擔任翻譯員教師，1863 年因中風去世，葬於北京安定門外俄羅斯墓地。

示錄》第 14 章第 13 節），倘若當年派馬禮遜來華的那些人尚能回首往事，對他的評價一定是“不辱使命”。

加爾文主義被約翰·諾克斯引進愛丁堡，帶動了蘇格蘭宗教改革運動，建立了蘇格蘭和愛爾蘭的長老會。在英格蘭，不滿意安立甘宗宗教制度安排的改革者形成“清教主義運動”。清教徒遭受長達一個多世紀的思想壓制和制度迫害，有些人藏鋒斂鋭，蝸居一隅，推動英國聖公會的漸進改良；有些人重支爐灶，另立門戶，把長老會宗教體制引入英格蘭。1581 年羅伯特·布朗[1]在英格蘭東部城市諾里奇（Norwich）創建脱離安立甘體系的“公理宗”（Congregational Church），1658 年發佈的《薩沃伊宣言》（*Savoy Declaration*）完整地闡述了公理宗的信仰原則和治理體系。

最初的英格蘭公理會源於聖公會內部的分離主義派別，以加爾文的神學思想為基礎。公理宗的神學理論比加爾文主義開放得多，公理宗承認聖經的權威性，又尊重個人對聖經的不同理解，這是加爾文不可能認同的。公理宗的信仰是寬容的，信徒只要承認耶穌為救主就可以入會為伍，不贊成以強力推行信條，不要求信仰一律，允許教友的某些具體信念跨越宗派，信仰不拘細節，求同存異。如果加爾文當年有這種公民意識，就不會為自己被稱為“日內瓦教皇”而沾沾自喜了。公理宗重視個人的理性和信仰自由，尊重持異議的少數派的權利，倘若加爾文有這樣的心胸，也不會殘忍地把邁克爾·塞爾維特[2]掛在火刑架上炙烤了。公理會受路德主義影響，秉持聖洗和聖餐兩項聖禮，與浸信宗不同，講究為嬰兒施洗。

公理宗最大特色是其教會制度的治理體系。公理宗提出，教會是信徒自願結合的組織，縱向上民主自治，沒有從屬關係；橫向上協商和支援，有道義沒有責任。公理宗主張男女平權，平信徒皆為祭司。各個教堂獨立自主而由各該堂的教徒公眾管理，教職可由各教會的意願設置長老、牧師、教師、執事，均出自民主選舉。公理宗比起基督新教其他幾大宗派來説，其發展的歷史最為直綫、神學理論最為簡單、教會制度最為開放，也許正是這樣，公理宗在中國基督教傳播史上才有最為精彩的故事、最為濃厚的傳承，以及最為眾多的傳道名人。

1 羅伯特·布朗（Robert Browne, 1550—1633），英國公理會“布朗派”領導人，生於英格蘭斯坦福德（Stamford），畢業於劍橋大學基督聖體學院；反對英格蘭聖公會，主張取消教階制和教會儀式，不贊成國家對教會的控制，多次被捕下獄，1580 年在諾里奇（Norwich）創辦第一個不從屬國教會的獨立教堂，1582 年被流放；鼓動英格蘭、荷蘭和蘇格蘭等教堂獨立，由教徒公眾管理；逝於北安普頓。

2 邁克爾·塞爾維特（Miguel Serveto, 1511—1553），生於西班牙的圖德拉（Tudela），在薩拉戈薩和圖盧茲學習法律，1531 年出版了很有爭議的小冊子 *De Trinitatis Erroribus*（《論三位一體之謬誤》），1536 年在巴黎學習醫學；開始與約翰·加爾文通信交流，把闡發他的宗教觀點的手稿交給加爾文，受加爾文譴責，1553 年該手稿秘密出版後，被宗教裁判所判為死刑；從監獄裏逃脱，又在日內瓦被加爾文派拘捕，再判異端遭火刑。

倫敦會

在中國歷史輪迴裏數不清的農民起義中，唯有太平天國與基督教有著千絲萬縷的聯繫。干王洪仁玕[1]金田起義後曾於咸豐二年（1852）被捕，僥倖逃脱轉至香港，結識瑞典巴色會教士韓山明，受洗皈依基督。洪仁玕留給了韓山明兩篇文章，披露了他們這批“拜上帝會”兄弟的心路歷程。洪秀全是一位教書先生，在參加科考時得到了中國第一位華人牧師梁發撰寫的小冊子《勸世良言》，始學耶穌教義，體悟神示，擯棄對學堂裏孔夫子和家中所有偶像的崇拜，創建“拜上帝會”，勸誡家人及親朋都信奉基督教。道光二十六年（1846）洪秀全辭去學校職務，走村串鄉佈道，宣告福音。次年他得到郭士立和裨治文根據馬禮遜的《神天聖書》重譯的《新遺詔書》、《舊遺詔書》，如獲至寶，後成為太平天國的思想綱領，太平軍領袖們所信奉的基督教福音思想主要依據這個聖經中譯本，在此基礎上太平天國於癸好三年（1853）出版自己編選的《新遺詔聖書》、《舊遺詔聖書》。

道光三十年（1850）受地方官吏迫害的百姓聚眾造反，洪秀全這位“佈道者就順理成章地成為百姓的領袖，並將百姓組織起來公開宣稱要推翻清政府”。洪仁玕自信滿滿地告訴韓山明，洪秀全就是上帝派來拯救萬民的使者：

> 偉大的上帝派遣了一位使者，當上帝返回天國時，便委託使者去處死那夥惡魔。上帝又派下天王統領帝國，拯救萬民……救世主耶穌顯明了自己的身份，施展自己的神力，讓那些頑冥不靈的惡魔在激烈的戰鬥中一敗塗地。[2]

清文宗咸豐五年（1855）石達開（1831—1863）領太平軍驍勇在湖口、九江、武昌大敗湘軍，逼得統帥曾國藩欲投水自盡未成，太平軍又揮師江西，連下七府四十七縣，官府哀嘆“民心全變，大勢已去”。這一年一艘英國郵輪繞道好望角航行了一百二十七天到達上海，從船上走下一位英國紳士，後來以“楊格非”之名為世人銘記。楊格非（Griffith John）1831年生於威爾士南部的斯旺西（Swansea），八歲加入家族傳統信奉的公理教會。這位注定要成為傑出傳教士的孩子，十四歲便顯露出佈道潛質，在一次祈禱會上做了番滔滔不絕的講演，口才之好被周圍人譽為“少男傳教士”。1853年楊格非向倫敦會提交海外傳道服務申請，先後參加公理會布雷肯學院（Brecon Congregational Memorial College）和貝德福德學院（Bedford Academy）的教育培訓，1855年按立牧

1 洪仁玕（1822—1864），廣東花縣人，洪秀全的族弟，1843年參加拜上帝會；1852年被捕，脱險後轉至香港，結識瑞典巴色會教士韓山明，受洗皈依基督教；1860年輾轉到達天京，封為“精忠軍師”、“干王”，總理太平天國朝政。他提出施政綱領《資政新篇》，經洪秀全旨准刊刻頒佈。《資政新篇》包含太平天國領袖們對中國未來的革新方案，在經濟上修築道路、興辦郵政、獎勵發明、創立銀行、發行紙幣；在文化思想上關閉寺觀、崇信上帝，革除溺嬰、吸食鴉片、婦女纏足陋習；外交上呼籲各國平等待我、互通有無；1864年天京陷落後，洪仁玕在南昌就義。

2 〔英國〕查爾斯·麥克法蘭：《太平天國》，華文出版社，2020年，第147—148頁。

師，同年與妻子瑪格麗特[1]一道動身前往上海，開始了長達五十五年的傳道生涯。

楊格非來華任務區是長江流域的華中幾省，迫於形勢英國駐華使館要求傳教士滯步觀望，他流於上海、松江、平湖、蘇州、杭州等地，其間於咸豐十年（1860）在容閎陪伴下於蘇州多次拜見太平天國忠王李秀成（1823—1864）、干王洪仁玕、英王陳玉成（1837—1862）。與楊格非一起去的艾迪瑾牧師事後在《北華捷報》（*North China Herald*）刊文介紹說，主要由英國傳教士組成的五人小組與忠王會面，互贈聖經，交流基督教知識，受到友善待遇。忠王列數了基督教義中很多重要的部分，並對外國也信仰基督教感到高興。幾位傳教士感嘆道：

> 很顯然，在這場浩大的革命運動中，宗教的力量起了很大的作用……宗教是這場運動的力量源泉，並且一直貫穿始終。破除偶像崇拜，尊奉真正的主，是他們的目標，與推翻滿清王朝的目標同樣堅定不移，同宋朝哲學家的“泛神論”相反，他們篤信神格的教義；同盛行的“眾神論”相反，他們有著純正的神的獨一性理論；同佛學的“宿命論”相反，他們堅信並宣揚上帝主宰一切。[2]

楊格非在另一篇文章裏記述他與忠王李秀成和干王洪仁玕的書信往來。干王的信中寫道，在旅居上海期間，他與所有的傳教士相處得都非常愉快，在同他們談論教義真諦的時候，他對於福音書的理解有了大量收穫。他說自己離開香港前往南京並非貪慕富貴榮華，而是要協助天王傳播福音，使整個國家蕩滌偶像崇拜的污垢，一同皈依天父與天兄的聖教。[3]楊格非認為這兩位太平天國領袖的男子漢氣魄和仁慈令他感佩不已，如果不是基督徒，中國人是永遠都寫不出這種信的。

楊格非等人與太平軍將領對上了“接頭暗號”，欣欣然於咸豐十一年（1861）離開上海，溯江西上湖北、湖南、四川等地尋找合適的傳道區域，擇地而蹈，把傳道基地落在漢口，終其一生。他在漢口、武昌及周邊區域修建了教堂首恩堂和崇真堂，創辦為武漢協和醫院前身的兩家“仁濟醫院”，以及後世著名中學“博學書院”。

楊格非為後人稱道的主要有兩件事，一是佈道方式，一是創建漢鎮英漢書館。這位自幼口齒伶俐的佈道天才喜愛在街頭、村邊、集市、廟會、考場，登台高呼、宣解福音、散發傳單，煽動性極強，雅稱“街頭佈道家”。楊格非宣教走的是下層路綫，佈道特色表現在通俗及人，他撰寫了來華傳教士最多的宣教書籍，其中沒有陽春白雪之作，如《真道入門問答》、《真理撮要》、《德慧入門》，目不識丁者皆能聽懂其間道理。他擅用文學體裁，

1 瑪格麗特 · 簡（Margaret Jane, 1830—1873），英國人，1855 年與楊格非結婚，受倫敦會派遣來華，在漢口傳道；逝於新加坡。

2 引自〔英國〕羅夫 · 華德羅 · 湯普森：《楊格非：晚清五十年》，趙欣等譯，天津人民出版社，2012 年，第 90—91 頁。

3 引自〔英國〕羅夫 · 華德羅 · 湯普森：《楊格非：晚清五十年》，趙欣等譯，天津人民出版社，2012 年，第 94 頁。

編者　London Missionary Society
　　　倫敦會
語言　英文
印製　1905, London, E.C.
尺寸　140mm × 88mm

FIFTY YEARS IN CHINA.—For particulars of the GRIFFITH JOHN JUBILEE FUND apply to London Missionary Society, 16, New Bridge Street, London, E.C.
Rev. GRIFFITH JOHN, D.D.,
Ordained for Missionary Work in China, April 6th, 1855.
Shanghai, 1855—1861; Hankow, 1861 to present time.

◉ 楊格非牧師來華五十年

Rev. Griffith John, D.D., Ordained for Missionary Work in China, April 6th, 1855.
Shanghai, 1855-1861; Hankow, 1861 to present time.

【原注】"楊格非牧師 1855 年 4 月 6 日來華傳教，1855 年至 1861 年在上海，1861 年至今在漢口。""為紀念來華五十年倫敦會特允成立楊格非篤信基金（Jubilee Fund），倫敦新橋街。"

創作了膾炙人口的《引父當道》、《引君當道》、《引民當道》、《引家當道》、《紅侏儒傳》、《莫包腳歌》等，圖文並茂，老少咸宜。光緒二年（1876）楊格非得到倫敦會的批准，在漢口成立"中國基督聖教書會"（Religious Tract Society in Hankow China），其出版物版權頁多署"漢鎮英漢書館"。漢鎮英漢書館像那個時期的其他教會出版機構一樣，早期主要以宣教為己責，光緒十一年出版了楊格非淺文理譯本的新約以及舊約的《詩篇》、《箴言》等，光緒十五年又出版他的官話譯本新約。影響最大的是書館發行上百萬冊這些譯本篇章的單行冊，廣佈孺子婦嫗、市井巷陌。漢鎮英漢書館從開始就採用金屬活字排版或者鑄版技術，既滿足大量印刷的需求，又降低了成本。當年膾炙人口的許多重磅書籍皆歸於漢鎮英漢書館權下，比如英國倫敦會牧師施伯珩[1]的《善牧之喻》(1897)，英國本仁·約翰的名著譯本《天路歷程》(1898)，德國禮賢會傳教士花之安的《馬可講義》(1899）等。也可以說漢鎮英漢書館是楊格非一個人的印書館，因他而盛、因他而衰，楊格非身後人們很少再見到漢鎮版新書。

1905 年楊格非突發中風，被兒子接到美國休養，次年執意返回漢口。武昌起義爆發後，暴風驟雨中僵臥床榻日久的楊格非不得不選擇回國養病，1912 年逝於倫敦，葬於家鄉的伯特利教堂（Bethel Chapel）。居華五十五年，楊格非只離開過中國三

1　施伯珩（Charles George Sparham, 1860—1931），英國人，倫敦會傳教士，1884 年來華駐漢口。

次，第一次是送髮妻骨甕回鄉，第二次是拖著僵軀投子醫病，第三次竟是永別於世。

鴉片戰爭後傳教士接踵而來，新教傳教士創辦五大出版機構美華書館、美華浸會書局、墨海書館、廣學會、漢鎮英漢書館，前兩者分別屬美國長老會和美國浸信會，後三家都是倫敦會傳教士創辦的。

英國倫敦會派遣來華的第三位傳教士麥都思的最大歷史貢獻是拉開了漢學研究新時代的帷幕。麥都思（Walter Henry Medhurst）1796 年生於倫敦赫里福德郡羅斯（Ross-on-Wye），父親在當地開了一家小旅社。麥都思早年就讀聖保羅學校（St. Paul's School），為了養家糊口離開學校，在印刷工場當排版工和印刷工。1816 年倫敦會為米憐在馬六甲開設的印刷所招募技工，麥都思的申請獲得認可，在公理會教育家喬治．柯里森[1]開辦的哈克尼學院培訓後當年啟程赴任。麥都思在馬六甲協助米憐管理印刷所，提高鉛印和石印技術質量，業外還掌握了馬來語、漢語和閩南話。

1819 年麥都思通過米憐按立為牧師，1821 年被派往檳城（Penang）和巴達維亞（Batavia）華人聚居區開教，今日雅加達著名的萬聖堂（All Saints Jakarta Church）和帕拉帕坦孤兒院（Parapattan Orphanage）就是麥都思當年創建的。頗具語言稟賦的麥都思這個時期的主要學術成果有《福建方言字典》（*A Dictionary of the Hok-këèn Dialect of the Chinese Language*, 1831）以及《神天十條聖誡注解》、《東西史略和合》、《耶穌贖罪之論》、《論善惡人死》等中文作品。馬禮遜和米憐去世後，麥都思承擔起二者留下的繁重工作，頻繁往來於廣東、澳門、南洋幾地，為信徒提供聖事服務。他曾北上到上海和山東等地考察開教條件，撰寫調查報告 *China; Its State and Prospects, with Especial Reference to the Spread of the Gospel*（《中國的現狀和展望》，London: J. Snow, 1838）。

道光二十三年（1843）麥都思穿過鴉片戰爭漸漸淡去的硝煙，奉命從印度尼西亞到上海，繼續從事他所擅長的印刷和出版工作。這年麥都思在上海發起成立倫敦會的出版機構"墨海書館"（London Missionary Society Press），最初任務是為教會印製聖經和福音書籍，道光三十年開始翻譯、出版和印刷西方科技書籍，廣含數學、幾何、物理、化學、天文、地理、動植物等各個領域，聲譽和影響日增，有些書籍甚至被引入東瀛，對日本的維新運動產生了積極的影響。墨海書館從 1843 年創辦到 1863 年停辦歷二十年，至今日不過一百五十來年，其出版的圖書在國際收藏界卻與宋元明清古籍同架，記為善本。

1 喬治．柯里森（George Collison, 1772—1847），英國人，生於約克郡貝弗利（Beverley），律師出身，主日學校兼職教書；1802 年創建慈善學校哈克尼學院（Hackney College），後併入倫敦大學。

麥都思以墨海書館為平台出版他自己的多部漢學研究著作，*Three Character Classic*（《三字經》）、*Feast of the Tombs*（《清明掃墓之論》）、*Birth-day of Ma-tsoo-poo*（《媽祖婆生日之論》）等。他潛心多年編纂的《華英辭典》（*Chinese and English Dictionary: Containing All the Words in the Chinese Imperial Dictionary*, 1843）也完稿付梓。他還把中國經典《書經》（1846）和徐光啟的《農政全書》（1849）推介給世界。

在漢譯聖經上，麥都思是著名的"委辦譯本"主持人，他在南洋從事傳道活動時意識到翻譯出一個易於為中國人接受的聖經中譯本對於在華傳道工作的重要性，在上海安頓下來之後，翻譯聖經的工作立即提上日程。道光二十七年（1847）麥都思把在上海的傳教士組成一個以他為首的五人編譯委員會，實施這一計劃。"委辦譯本"是馬禮遜譯本到和合譯本的居間產品，在他的協調下一些重要名詞的翻譯得以解決，對漢譯聖經的成熟起了重要的作用。倫敦會為麥都思聘請王韜[1]做助手，使得"委辦譯本"聖經在"信、達、雅"上優於之前所有譯經的嘗試，頗具文學色彩的"委辦譯本"《新約全書》、《舊約全書》分別於咸豐二年和咸豐四年出版。

麥都思創辦墨海書館最重要的意義表現在以書館為圓心凝聚了一批學術造詣頗深的傳教士，雒魏林、美魏茶、偉烈亞力、慕維廉[2]、艾迪瑾[3]、韋廉臣等都先後進入墨海書館工作，合力推出一批影響近代中國現代化進程的科學、政治、文化書籍，對中國近代思想啟蒙和民智開化功在千秋。1857 年"墨海老人"麥都思因急症逝於倫敦，倫敦會在華事業完成世代更替。

麥都思去世前一年，墨海書館推出韋廉臣等人主編的月刊《六合叢談》。韋廉臣（Alexander Williamson）1829 年生於蘇格蘭的福爾柯克（Falkirk），就讀格拉斯哥大學，為加入倫敦會赴中國傳道，他選修了藝術和神學。1855 年韋廉臣按立牧師後受倫敦會差遣來華居上海，1583 年因病回國，1863 年二次來華駐煙台，代表蘇格蘭聖書公會在華北、滿洲和朝鮮等地派發聖經。

韋廉臣於咸豐六年（1856）間參加墨海書館的工作，親自操刀為《六合叢談》撰寫過多篇有關西學的文章，比如介紹了化學元素及其定律的《真道實證》。咸豐九年他與李善蘭合作為墨海書館翻譯了英國植物學家林德利（John Lindly, 1799—1865）的《植物學》（*Elements of Botany*），系統地介紹了

1 王韜（1828—1897），蘇州人，清末思想家和政論家；道光二十五年秀才，1849 年應英國傳教士麥都士之邀到上海墨海書館工作，1867 年開始遊學英法，1870 年在港辦維新刊物《循環日報》，後前往日本，1884 年回上海，任上海格致書院院長。

2 慕維廉（William Muirhead, 1822—1900），生於英格蘭雷茲，1847 年受英國倫敦傳道會差遣與偉烈亞力和艾迪瑾一道來華，駐上海；協同麥都思創辦墨海書館；著有《地理全志》、《大英國志》、《六合叢談》、《儒釋道回耶穌五教通考》、《中國與福音》等作品五十餘部；逝於上海。

3 艾約瑟（Joseph Edkins, 1823—1905），字迪瑾，生於牧師家庭，倫敦大學畢業後繼續接受神學教育，1847 年按立為牧師，加入倫敦傳道會，1848 年來華；在上海參加墨海書館工作；1860 年《北京條約》簽訂之後艾迪瑾北上天津、北京開闢華北教區，創建北京缸瓦市教會；逝於上海；著有《中國的佛教》、《中國的宗教》、《中國見聞錄》、《訪問蘇州太平軍》等，譯作《重學淺說》、《光學圖說》、《格致新學提綱》、《西國天學源流》、《中西通書》、《談天》、《代數學》、《代微積拾級》、《圓錐曲綫說》、《奈瑞數理》、《重學》、《植物學》等。

西方植物學知識。

光緒三年（1877）應韋廉臣的建議，來華基督教諸教派同意在教學和教材工作上協調各自意願，避免重複工作，在上海成立常設機構"益智書會"（School and Textbook Series Committee），丁韙良、狄考文和傅蘭雅等傳教士擔任委員會成員，韋廉臣是召集人。益智書會編譯了許多當年通用的教科書，如《水學圖說》、《百鳥圖說》、《地學指略》、《百獸圖說》、《天文圖說》、《全體圖說》、《電學圖說》、《水學圖說》、《熱學圖說》、《聲學揭要》等，還力求統一數學術語、天文術語、地理術語、歷史術語、機械術語、恒星名稱。

科學搭台，福音唱戲。光緒十三年（1887）韋廉臣在上海發起組建出版機構"同文書會"，後以"廣學會"（Christian Literature Society for China）知名。益智書會其實並不符合韋廉臣的理想，編寫和翻譯教材的局限性很大，他動員好友赫士、狄考文、傅蘭雅等人參與益智書會的教材編寫，自己卻幾乎沒有做出直接貢獻。他的構想是建立一家對標墨海書館的出版機構，"以西國之學廣中國之學，以西國之新學廣中國之舊學"。廣學會影響最大的刊物是《萬國公報》（*Globe Magazine*），刊有韋廉臣自己撰寫的連載文章〈格物探原〉和〈治國要務論〉，前者介紹了天文、地理、地質、生物和人體構造等方面的知識，後者論述女子接受教育對國家發展的重要性。光緒十六年（1890）韋廉臣病逝於煙台，與早他四年去世的妻子合葬於毓璜頂墓地。

英國浸信會牧師李提摩太接手哺育僅僅三歲的廣學會，使之走向風華正茂。廣學會出版了大量宗教、政治、科學書籍，在推廣基督教的同時，極力傳播西方近代的自由、民主觀念，呼籲清廷實施政治體制改革。有人統計自廣學會自成立到滿清被推翻凡二十四年，共出版過四百六十一種一百多萬冊西學書籍，宣教書籍只佔百分之三十。戊戌年間，光緒皇帝為了推行新政而廣泛搜求西學，各地官府呈進的一百二十九種西學書籍中有八十九種為廣學會所出版。

London Missionary Society

倫敦會中國系列

編者　London Missionary Society
　　　倫敦會
語言　英文
印製　1900s., London, W.C.（倫敦）
尺寸　140mm × 90mm

❶ **傳教士在客棧打尖**

Missionaries at Supper in Chinese Inn

❷ **華北祁州義和團運動後中國民工重建教堂**

North China, Chinese workmen rebuilding the mission houses at Chi Chou after the Boxer outbreak

祁州，今河北省保定市安國市，唐末分定州置祁州，治無極，宋移蒲陰，1913 年更名為祁縣，1914 年稱安國縣。祁州自古有習武傳統，明清兩代僅武進士、武舉人五十二人；光緒二十六年（1900）祁州武林人加入義和團，攻打南馬和西長仕教堂。

London Missionary Society

倫敦會中國五彩系列

編者 London Missionary Society
倫敦會

語言 英文

印製 1900s.—1910s., New Bridge Street London, E.C.（倫敦新橋街）

尺寸 140mm×90mm

"倫敦會中國五彩系列" 是一套介紹中國人文風俗為主題的明信片，皆為彩色照片。

CHINESE PREACHER AT WUCHANG. *Photo by Rev. B. Upward.*

Copyright : London Missionary Society, 16, New Bridge Street, E.C.

◉ **武昌的華人傳教士**

Chinese Preacher at Wuchang

咸豐十一年（1861）楊格非從上海到武漢，把倫敦會在華中地區大本營設在漢口。1864 年在武昌開教，次年在戈甲營修建"崇真堂"。1883 年倫敦會在武昌曇華林開辦仁濟醫院。

London Missionary Society, 16, New Bridge Street, London, E.C.

JAMES GILMOUR.

Born June 12th, 1843, at Cathkin, near Glasgow.
Missionary in North China and Mongolia, 1870-1891
Died at Tientsin, May 21st, 1891.
Copyright.

Photo by Rev. Wilson H. Geller.
A MAGISTRATE OF SIAO-KAN IN STATE DRESS.
Copyright: London Missionary Society, 16, New Bridge Street, E.C.

Photo by Rev. Wilson H. Geller.
A CHINESE PREACHER.
Copyright: London Missionary Society, 16, New Bridge Street, E.C.

❶ ❷
❸

❶ 景雅各

James Gilmore

【原注】“景雅各（James Gilmour），1843 年 6 月 12 日生於格拉斯哥凱司金（Glasgow Cathkin），1870 年至 1891 年在華北和蒙古傳道，1891 年 5 月 21 日逝於天津。”

❷ 身著官服的孝感知縣

A Magistrate of Siao Kan in State Dress

孝感隸屬湖北布政司漢陽府，清朝最後一位孝感知縣為陝西華州人郭毓章，光緒三十四年至宣統三年（1908—1912）在任，官階正七品。

❸ 華人傳教士

A Chinese Preacher

Missionary Film Committee

編者 Missionary Film Committee
倫敦會宣教影像館

語言 英文

印製 1920s.—1930s., New Oxford, London
（倫敦新牛津街）

尺寸 140mm×90mm

倫敦會宣教影像館中國系列

倫敦會宣教影像館（Missionary Film Committee, MFC），二十世紀二十年代倫敦會發起成立的輔助傳教機構，與世界各國、諸家傳道差會有密切合作，提供贊助和工作便利，大英行教會、英國循道會、倫敦會、救世軍等都是其會員單位。倫敦會宣教影像館派遣攝影師追隨宣教士腳步走遍世界各地，也注重收集傳教士個人“見證”，保存下傳教士在世界各國傳播福音和日常生活的影像資料，其著名的檔案館為研究傳道歷史積累了豐富素材。

A CITY GATE

A FORTUNE-TELLER

A LITTLE PILGRIM

❶ ❷ ❸

❶ 洞開城門
A city gate

❷ 相命先生
A fortune-teller

❸ 小朝聖者
A Little Pilgrim

美國公理會

華夏歷來是萬邦朝覲、四海慕學的中央帝國。奈何近代，自西徂東，靡所定處，多我覯痻，孔棘我圉，於乎有哀，國步斯頻。中華子民不得已放下身段，拉開海外留學的帷幕，有組織地派遣留學生赴洋，學強國之學，習富國之策。一百五十年前留美幼童的故事和一個人密切相關，他就是中國最早的畢業於美國著名大學的學生——容閎。容閎個人的傳奇經歷，造成了大清國歷史上出現的留美幼童這樣一個破天荒的事件。

容閎，號純甫，道光八年（1828）生於廣東省香山縣南屏村貧困農家。馬禮遜去世後，美國公理會傳教士裨治文和馬禮遜之子馬儒翰[1]在廣州共建"馬禮遜教育協會"（Morrison Education Society），1834年幫助郭士立夫人在澳門創辦了"馬禮遜紀念學校"（Morrison Memorial School）。道光十五年（1835）容閎隨父前往澳門謀生，七歲得郭士立夫人面試進入這所剛剛接受男生的學校讀書。第一次鴉片戰爭期間學校關門，戰後遷往英國新闢殖民地香港，聘請美國公理會教育傳教士塞繆爾·布朗[2]牧師擔任校長。道光二十六年（1846）布朗夫婦因病返美，臨行前表示願意擇選三五名本校學生赴美留學，次年初容閎、黃寬、黃勝三人有幸被布朗夫婦選中，一起登上開往美國的"女獵人"號郵輪，離開黃埔港。容閎到美國後就讀馬薩諸塞州孟松學校（Monson Academy）預科，1850年肄業後考入美國公理會舉辦的耶魯學院，1852年加入美國國籍，1854年以全優成績拿到文學文憑。"為實現我畢生中最有意義、最熱衷的大事業，第一步就是返回闊別十年的祖國。我雖出國多年，但無時無刻不在想念她，也無時無刻不渴望她走向強盛。"他懷揣"通過西方教育，祖國能夠復興，變得開明和富強，這一目標成為我一展宏圖的指路明燈，我將盡一切智慧和精力為之奮鬥"[3]的抱負返回中國，先後在廣州給伯駕醫生做秘書、在香港高等法院當翻譯、在上海海關税務司從差。容閎在近代洋務運動、戊戌變法和辛亥革命中都有積極作為。咸豐九年（1859）容閎與楊格非等幾位傳教士到蘇州和南京，秘密會見太平軍將領干王洪仁玕，相談甚歡，"干王對外部世界的了解更多，甚至比洪秀全本人的見識更廣，很了解英國及其歐洲列強得以強盛的奧秘"。容閎在自傳裏對太平天國有著中肯評價：

> 太平天國起義並未在中國肇生足以搭建新型政府的新的政治觀念和政治理論。無論是從宗教方面還是政治方面，中國人和外國人都沒有從中獲益。太平天國起義唯一值得

1 馬儒翰（John Robert Morrison, 1814—1843），英國諾森伯蘭人，馬禮遜的長子；生於澳門，逝於香港；曾出任英國駐華商務監督處中文秘書兼翻譯官；遵父遺命參與修改馬禮遜的聖經漢譯本，又與郭實臘、裨治文等合作完成聖經新譯本；著有《英華行名錄》、《對華商務指南》等。

2 塞繆爾·布朗（Samuel Robbins Brown, 1810—1880），生於美國康涅狄格州的東溫莎。1832年畢業於耶魯大學，後在南卡羅來納州學習神學；1839年到廣州為馬禮遜教育協會工作，1841年在香港任馬禮遜紀念學校校長，1846年妻子病重返回美國，幫助過容閎等中國最早的留學生就讀耶魯大學。

3 容閎：《容閎自傳》，王志通譯，江蘇鳳凰文藝出版社，2018年，第41—42頁。

稱道的是上帝將他們作為一股力量去打破了這個偉大民族之麻木呆滯的狀態，喚醒他們意識到需要一個新的國家。[1]

同治二年（1863）容閎在安慶大營拜見曾國藩，提出設立上海江南機器製造局的建議，次年他身負重託，攜六萬八千兩白銀赴美採購現代化工業設備。同治九年（1870）容閎藉曾國藩向朝廷呈交《挑選聰穎幼童留學泰西摺》，得李鴻章助力成立"幼童出洋肄業滬局"，1872 年至 1875 年間容閎組織四批共一百二十名幼童，遠涉重洋，官費留美，開風氣之先。

1912 年 1 月 1 日，孫中山就任臨時政府大總統，第二天親筆寫信給遠在美國的容閎，誠邀他回國襄建國家。三個月後容閎陳痾不治逝於美國家中，這位一生渴望祖國富強的中國人葬在異國他鄉——康涅狄格州哈特福德（Hartford）雪松岡。

晚清政壇的變化，使得這批西學所造之子的命運也隨之發生變化。曾經被認為西化過重而失信於朝廷的這一批留美學生，在二十世紀初年紛紛成為朝廷重臣，活躍在鐵路、電報、礦冶這些新興產業。在外交領域，他們的足跡更遍佈世界各地。1919 年，這些當年的留美幼童平均年齡已是六十歲，中國爆發了五四運動。這群號稱在民主、科學國度長大的留學生顯然已經被高舉"德先生、賽先生"兩面大旗的新青年們遺忘。他們滿口地道的英文，保留著西方人的生活習慣，但在一個革命的社會，他們不但會被人看成前清遺老，還有洋奴之嫌，在中國的歷史舞台上，是他們謝幕的時間了。這是一個百年的傳奇、一群孩子的悲歡離合、一個古老國家的命運跌宕，他們是荒原中的第一批探路人，是驚濤裏最早的遠航者，他們歡樂、哭泣、成功、失敗，他們親歷激蕩的百年，被遺忘，又被重新發現。[2]

1620 年 9 月 6 日，英國三桅杆輪船"五月花"號（May Flower）從英格蘭樸利茅茨港出發，在荷蘭鹿特丹停靠上客後，開始駛向新大陸，經過六十六天的航程到達弗吉尼亞北部的樸利茅茨殖民地。這艘船運來的不僅是一百零二個生靈，充滿對舊世界舊秩序不滿的船客還把公理宗帶到新大陸。當年新英格蘭的馬薩諸塞、康涅狄格、新罕布什爾、佛蒙特、緬因和羅得島六個地區以公理宗為官方宗教，1648 年樸利茅茨殖民地的公理會成員與馬薩諸塞的清教徒協商，化解分歧，聯合發表《劍橋宣言》，接受英格蘭聖公會的《威斯敏斯德信條》之神學理論。《劍橋宣言》標誌著北美殖民地的公理會的成立，他們 1636 年在馬薩諸塞州的查爾斯河畔建立了美國第一所高等學府哈佛學院（Harvard College），1701 年在康涅狄格州紐黑文創立耶魯學院（Yale College）。

美國公理會為了加強自身在海外的影響力，1810 年成立美國公理會差會（American Board of

1 容閎：《容閎自傳》，王志通譯，江蘇鳳凰文藝出版社，2018 年，第 104 頁。譯文有修改。
2 胡勁草、錢鋼：《幼童》，2004 年，第五集。

Commissioners for Foreign Missions, ABCFM）。響應馬禮遜支援中國傳道事業的請求，1829 年美國公理差會選中裨治文和雅裨理[1] 作為遣華代表，這是美國基督新教的差會第一次到中國，中文稱為“美部會”。裨治文（Elijah Coleman Bridgman）的祖輩是 1636 年從英格蘭來到新大陸的清教徒，他 1801 年生於馬薩諸塞州的貝爾徹敦（Belchertown），十一歲在罕布什爾縣（Hampshire）加入公理會，1826 年和 1829 年先後畢業於阿默斯特學院（Amherst College）和安多弗神學院（Andover Theological Seminary）。道光十年（1830）裨治文和雅裨理在黃埔碼頭見到翹首等待他們多日的馬禮遜，裨治文安頓下來後，師從馬禮遜學習中文。兩年後裨治文開始獨自傳道活動，馬禮遜去世後，他接手廣州地區的宣教工作。裨治文創辦一份為外國僑民服務的英文月刊《中國叢報》（*The Chinese Repository*），他在月刊上發重文抨擊英國對華鴉片貿易，指責英國這個號稱是開明的、信奉基督的國家，帶頭從事鴉片貿易，給尚陷在黑暗中、信奉異教的中國帶來有害的東西，是一種怪誕的道德顛倒。欽差大臣林則徐從《中國叢報》認識了裨治文這位有著正義感的洋教士，特邀請裨治文莅臨虎門銷煙現場觀摩，當期的《中國叢報》對林則徐的大膽舉措做了正面報道。

道光十四年（1834）裨治文和郭士立合辦出版機構“中國益智會”（Society for the Diffusion of Useful Knowledge），道光十八年（1838）裨治文與伯駕、雒魏林等人推動成立“中國醫學傳道會”（Medical Missionary Society in China）。鴉片戰爭前後裨治文避亂澳門，主編過《澳門月報》，1844 年加入顧盛[2] 的美國公使團，擔任秘書及隨團牧師，參與訂立中美《望廈條約》。

馬禮遜去世後不久，1835 年麥都思、裨治文、郭士立、馬儒翰組成四人小組，以修訂馬禮遜《神天聖書》的名義重譯聖經《新遺詔書》、《舊遺詔書》。

裨治文的夫人愛利莎（Eliza Jane Gillett, 1805—1871）是美國聖公會傳教士，道光二十五年（1845）來華，在香港與裨治文結為伉儷，改稱裨愛利莎（Eliza Jane Gillett Bridgman），以“貝滿夫人”為中國人熟知，隨夫駐廣州，兩年後夫婦二人遷居上海。道光三十年貝滿夫人在上海創辦了中國第一所女子學校“裨文女塾”，“宋氏三姐妹”的母親倪桂珍就是這所女校的畢業生。裨治文咸豐七年（1857）創辦並出任“皇家亞洲文會北中國支會”（North-China Branch of the Royal Asiatic Society）會長，其西文會刊是當年影響非常大的學術刊物，在華許多漢學家都是通過這個平台嶄露頭角，該會的圖書館在上海灘也小有名氣。咸豐十一年（1861）裨治文罹患痢疾逝於上海後，貝滿夫人移居北京，咸豐十四年（1864）在北京燈市口大鵓鴿市胡同創辦了貝滿女塾（Bridgman Girls' School），以紀亡夫。同治十年（1871）貝滿夫人去世後與夫同葬上海。

1　雅裨理（David Abeel, 1804—1846），生於美國新澤西州新布朗斯維克，皈依基督後學習醫學；1826 年畢業於新不倫瑞克神學院，按立為美國歸正會牧師；1829 年與裨治文同船前往中國，次年抵達廣州，三年後前往爪哇、新加坡和曼谷傳道；逝於紐約。

2　顧盛（Caleb Cushing, 1800—1879），美國外交官，眾議院議員；1843 年受美國總統約翰．泰勒委派，以專使身份來華，與清朝欽差大臣耆英在望廈村簽訂了中美《望廈條約》。

AMERICAN BOARD OF COMMISSIONERS FOR FOREIGN MISSIONS, CHINA

美部會中國系列

編者 American Board of Commissioners for Foreign Missions
美部會
語言 英文
印製 1900s.—1920s.
尺寸 140mm × 90mm

MRS. ARTHUR H. SMITH AND MRS. HU, "SUNNY HEART"

ALL HAPPY—JUST VACCINATED!
Dr. Francis F. Tucker and Chinese Babies, Pang Chuang, North China

❶ | ❷

❶ 明恩溥夫人與胡太太"談心"

Mrs. Arthur H. Smith and Mrs. Hu."Sunny Heart"

明恩溥夫人（Emma Jane Smith Dicknson, 1849—1926）又稱惠氏（Emma Jane Dickinson），美國公理會傳教士，1871 年與明恩溥牧師結婚，同治十一年（1872）隨夫來華，常駐山東，1926 年在北京通州去世。

❷ 剛接種疫苗，開心極了！

All Happy — Just Vaccinated!

【原注】"華北龐莊，德福蘭醫生和孩子們在一起。"

德福蘭（Francis Fisher Tucker, 1870—1957），美部會醫學傳教士，1894 年獲內布拉斯加大學理學士，1901 年獲芝加哥拉什醫學院醫學博士。1902 年偕同為醫師的妻子艾瑪（Emma Jane Boose Tucker）來華，在山東恩縣龐莊佈道，1909 年創辦"衛氏博濟醫院"（Williams-Porter Hospital），自任院長。衛氏博濟醫院是魯西北第一所現代化醫院，分設男院女院，附設護校，經費來自美部會籌集的基金。1919 獲北洋政府所頒嘉禾勳章。1931 年德福蘭因開槍誤傷醫院工友引發教案，辭職回國。

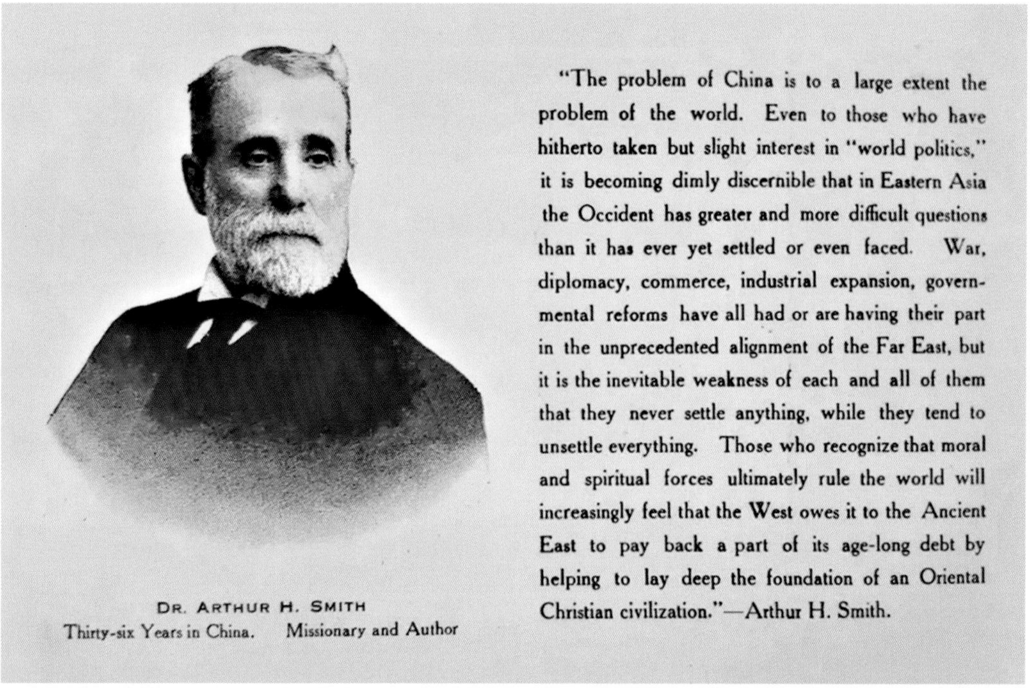
"The problem of China is to a large extent the problem of the world. Even to those who have hitherto taken but slight interest in "world politics," it is becoming dimly discernible that in Eastern Asia the Occident has greater and more difficult questions than it has ever yet settled or even faced. War, diplomacy, commerce, industrial expansion, governmental reforms have all had or are having their part in the unprecedented alignment of the Far East, but it is the inevitable weakness of each and all of them that they never settle anything, while they tend to unsettle everything. Those who recognize that moral and spiritual forces ultimately rule the world will increasingly feel that the West owes it to the Ancient East to pay back a part of its age-long debt by helping to lay deep the foundation of an Oriental Christian civilization."—Arthur H. Smith.
DR. ARTHUR H. SMITH
Thirty-six Years in China. Missionary and Author

◉ 明恩溥博士，在華三十六年，傳教士和作家

Dr. Arthur H. Smith

Thirty-six Years in China. Missionary and Author.

【原注】"中國問題很大程度上是世界問題。即使對'世界政治'略知一二的人也説不清東亞的情勢，西方人面臨越來越多無法解決的難題而備受挑戰。遠東國家在戰爭、外交、商貿、實業、乃至政體改革上，或多或少形成前所未有的一致意見，然而致命弱點是久拖不決，無所作為。那些主張道德和精神力量最終統治世界的人越加相信，西方人有責任正視古代東方對文明的貢獻，傾力奠定東方基督教文明深厚基礎。——明恩溥"

明恩溥（Arthur Henderson Smith）1845 年生於美國康乃狄克州的小鎮佛農（Vernon），1867 年畢業於貝洛伊特學院（Beloit College），又先後就讀波士頓的安多弗神學院（Andover Theological Seminary）、紐約協和神學院（Union Theological Seminary）和紐約外科醫學院（College of Physicians and Surgeons of New York）。同治十一年（1872）受美國公理會派遣攜妻惠氏來華佈道，初駐天津。光緒三年（1877）山東發生大災荒，明恩溥被派往魯西北賑災傳教；光緒八年（1882）夫婦二人在山東恩縣龐家莊定居，建立傳道站以及小學、中學和醫院。明恩溥竭力建議美國政府退回"庚子賠款"，用來在中國辦教育，資助中國學生到美國留學，如設立留美預備學校——清華學堂。明恩溥還是北京協和醫院和協和醫學院的積極推動者，為落後的中國提供現代醫療服務。1926 年明恩溥退休回國，1932 年病逝於加州克萊爾蒙特。

明恩溥不僅是傳教士，也是敏鋭的政治家和多產作家，寫了大量有關中國的著作，如 *Chinese Civilization*（《中國的文明》，1885），*Chinese Characteristics*（《中國人的性格》，1894），*Village Life in China: A Study in Sociology*（《中國鄉村生活：社會學研究》，1899），*China in Convulsion*（《動亂中的中國》，1901），*Proverbs and Common Sayings from the Chinese*（《漢語諺語成語集》），1902），*The Uplift of China*（《中國之進步》，1906），*China and America Today*（《今日的中國與美國》，1907）等。

❶

❷

❶ 美部會在邵武

ShaoWu, China

【原注】“伯駕醫院第一座建築”（上左），“女校縫紉班”（上右），“漢美書院的吃水井”（下左），“女子寄宿學校”（下右）

美部會早在同治十一年（1872）派遣傳教士和約瑟（James E. Walker）等人到閩北邵武開教，諸事艱難，直到光緒八年（1882）才建立東門福音堂，立足後擴張到邵武四鄉。受庚子事件衝擊，傳教士撤至福州。1904 年美部會重新派遣多察理（Charles L. Storrs）到邵武收拾殘局。多察理生於美國馬里蘭州，1904 年受美部會派遣來華，駐邵武。他的夫人瑪麗（Mary Goodwin Storrs）1914 年來華，隨夫駐邵武。多察理 1904 年在邵武東門外王墓墩創建“漢美書院”，1915 年至 1921 年修建“伯駕醫院”（Saran Parker-Hosipital），1916 年多察理夫人創建女子寄宿學校“樂德女校”（Lombard School）。

EMERY W. ELLIS, LINTSINGCHOW, SHANTUNG, CHINA.

❷ 美部會在臨清州

Ferry in foreground. Mosque in background at right. In background (central) American Board Mission Property destroyed by Boxes in 1900. Emery W. Ellis, Lintsingchow, Shantung, China.

【原注】“衛運河西岸岸邊是渡船，東岸右邊是清真寺，中間是美國公理會的財產，毀於義和團事件。葉理士攝於山東臨清州。”

這張照片是葉理士[1]牧師從臨清衛運河西岸拍攝的。原注所說的清真寺是臨清桃園街清真寺，清真寺北邊有美部會於光緒十二年（1886）修建的教堂和“施醫院”，公理會醫學傳教士衛格納（E. R. Wagner）攜妻子 1889 年來華，擔任“施醫院”院長，該院庚子年毀於義和團運動，事件平息後，臨清州作為賠償出資重建教堂和醫院，醫院更名為“華美醫院”。

1 葉理士（Emery Ward Ellis, 1876—1946），生於美國愛荷華州，1904 年受美國公理會差遣攜妻子（Minnie C. Ellis）來華，常駐山東恩縣、滕州、臨清等地，1927 年離華回國，逝於美國內布拉斯加州。

Congregational Girls in America

美部會女差會中國系列

編者 Congregational Girls in America
美部會女差會
語言 英文
印製 1910s.—1920s.
尺寸 140mm×90mm

Just off to Church

The
Abbie B. Child Memorial School
DIONG-LOH, via Foochow, CHINA

❶ ❷

❶ 福建長樂陶媛女校的孩子從教堂出來

Just off Church, The Abbie B. Child Memorial School, Foochow, Diong-Loh

美部會女差會大約清朝光緒年間來華，主要在福建長樂（Diongloh）做輔助傳道事工。1884 年許高志（George Henry Hubbard, 1855—1928）攜妻子艾倫（Ellen Louisa Hubbard）來華，1890 年許夫人創建長樂陶媛女校，後稱"蔡爾德[1]紀念學校"（Abbie B. Child Memorial School）。1918 年田毓貞（Annie Louise Kentfield）、1924 年賀孋德（Lyda Suydam Houston）先後擔任長樂陶媛女校校長。

❷ 美國公理會來華女傳教士孔祥貞

Elizabeth Cushman Missionary of the Congregational Girls in America to the People of China

孔祥貞（Elizabeth F. Cushman），1925 年來華，常駐福州佈道興學，在長樂陶媛女校任教。

1 蔡爾德（Abbie B.Child, 1840—1902），生於美國馬薩諸塞州洛厄爾（Lowell），1870 年起一直擔任美國公理會女會執行幹事，1888 年在倫敦舉行的世界新教宣教百年大會上，發起成立世界基督教婦女宣教委員會（World's Missionary Committee of Christian Women），被推舉為主席；1895 年曾到中國和日本訪問。蔡爾德去世後，福建長樂陶媛女校以她的名字命名。

Tungchow College

美部會潞河書院系列

編者 American Board of Commissioners for Foreign Missions
美部會
語言 英文
印製 1920s., 洗印
尺寸 140mm × 90mm

❶
❷

❶ 潞河書院公理會神學院

同治六年（1867）美部會江戴德[1]牧師在北京通州創辦“八境神學院”，旋即成立“潞河男塾”，招收窮苦子弟，給以衣食和教育。1893年八境神學院隨潞河書院遷入新校舍，更名為“戈登紀念神學院”。

❷ 潞河書院衛氏樓

1889年潞河男塾開設大學課程，升格為“潞河書院”，謝衛樓牧師任院長。1891年美部會撥款兩千五百美元在通州西門外購置十英畝土地興建新校舍，先後有衛氏樓（Williams Hall）、謝氏樓（Sheffield Hall）等教學設施陸續投入使用；義和團運動時期被毀，後部分重建。

1 江戴德（Lyman Dwight Chapin, 1836—1894），1863年作為美國公理會教育傳教士與妻子克拉克（Clara Labaree Evans Chapin）來華，初駐天津，著有《地理志略》等書。

❶
❷

❶ **潞河書院謝氏樓**

謝氏樓（Sheffield Hall）又稱“紅樓”，潞河書院教學樓。現存為義和團運動後重建，為紀念第一任校長謝衛樓而命名。謝衛樓（Davelle Z. Sheffield, 1841—1913），美國公理會傳教士，生於美國紐約懷俄明的甘斯維爾，1866 年考入紐約奧伯爾尼（Auburn）神學院，1869 年按立牧師；1869 年攜妻子來華駐通州，在通州傳道和辦學，死後葬在通州。

❷ **潞河書院運河畔**

1912 年潞河書院改稱“通州協和大學”。1919 年美部會的協和女子大學和通州協和大學與美以美會舉辦的北京匯文大學合併，組建成立“燕京大學”。

美國施文克菲爾特會

施文克菲爾特會（Schwenkfelder Church）最早是德國宗教改革運動時期新教的一個團體，創始人卡斯珀·施文克菲爾特（Caspar Schwenckfeld von Ossig, 1489—1561）為出身於西里西亞（現屬波蘭）的德國貴族，他否認聖餐禮中上帝的臨在，提出只有在神理的心證得到確定後才接受聖經。施文克菲爾特追隨者聯繫非常鬆散，各地團體獨立運行，也不講究任何禮拜儀式。這些擁躉者因神學教義和信仰上的分歧，與在德國佔主流宗教意識形態的馬丁·路德派分道揚鑣，創建施文克菲爾特教會，因而受到正統教會的排擠，1734 年有一百八十多名信徒流落他鄉，移民美國賓夕法尼亞費城，他們表示對英國王室的效忠，感激上帝的拯救使其脫離迫害，在新世界獲得安樂生活。一直各自為政的施文克菲爾特信徒於 1895 年在賓夕法尼亞伍斯特（Worcester）召開會議成立“美國施文克菲爾特會”，信徒最多時不超過兩千五百人。光緒三十年（1904）美國施文克菲爾特會派遣第一位女傳教士賀芳蘭來華到山西太谷從事傳道活動，後來又增派派遣女傳教士田雛菊[1]、衛瑞福[2]和李美白[3]。美國施文克菲爾特會沒有自己的傳道組織，派遣人員都是參與美國公理會差會（American Board of Commissioners for Foreign Missions）在華傳道活動，文獻統計往往將其列入美國公理會差會。

1　田雛菊（Daisy P. Gehman），美國施文克菲爾特會女傳教士，1907 年來華，駐太谷，1911 年適美國公理會田滲（Wynn C. Fairefield）牧師。

2　衛瑞福（Gladys M. Wiliams），美國施文克菲爾特會女傳教士，1918 年來華，駐太谷。

3　李美白（Mabel H. Reiff），美國施文克菲爾特會女傳教士，1946 年來華，駐太谷。

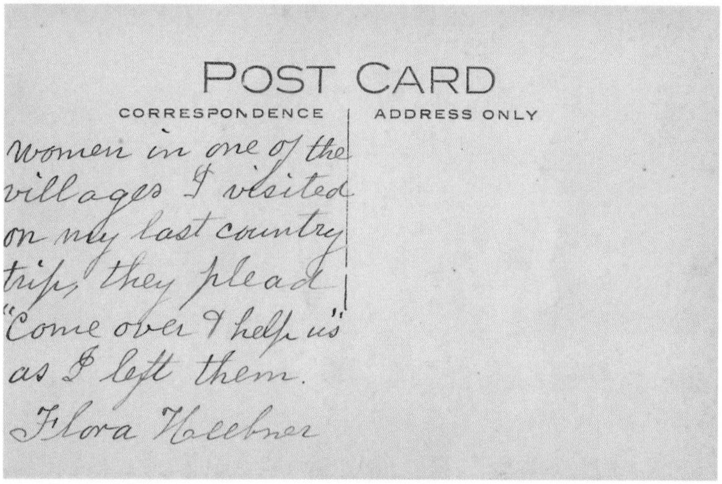

編者　Schwenkfelder Church
美國施文克菲爾特會
語言　英文
印製　1910s., 洗印
尺寸　140mm × 90mm
紙張　相紙

◉ 太谷女信徒

【原注】"這是我上次鄉村旅行訪問過的一個村莊的婦女。我離開時她們真切地表示'過來幫幫我們'。——賀芳蘭"

這張相片款明信片是美國施文克菲爾特會女傳教士賀芳蘭簽贈的。賀芳蘭（Flora Krauss Heebner）1874 年生於美國賓夕法尼亞州蒙哥馬利市伍斯特鎮（Worcester, Montgomery），是德國移民的孩子，1891 年畢業於當地公立學校後進入西切斯特大學（West Chester University），在校期間加入施文克菲爾特會，1896 年畢業，1899 年在歐柏林學院（Oberlin College）深造。1904 年她與美國公理會康保羅（Paul Corbin, 1886—1937）夫婦來華，在山西太谷接手義和團運動造成的傳道空白。她曾與"復興太谷教會"四傑之一的孔祥熙以及其他晉籍留美歸國學生往來密切。賀芳蘭在太谷設立醫療站、幼兒園、女子學校和戒毒所，日軍侵佔山西後，她撤離太谷，1942 年回國，1947 年逝於伍斯特，葬施文克菲爾特會墓地（Worcester Schwenkfelder Cemetery）。

05

浸信宗

浸信宗（Baptists）是基督新教的重要宗派，依規範說法，十七世紀發端於英國清教徒獨立運動，因採用漫浸式洗禮入會儀式為世人關注而得名。

浸信宗的基本信仰和原則有三個來源和四個組成部分。三個來源是加爾文主義的神學思想、門諾主義的重洗主張以及公理會的會眾自立體制。依浸信宗的會史描述，其信仰和實踐自古代基督教就存在，從未中斷，延續至今，也就意味著浸信會的思想原則是古代基督教的當然的、正統的繼承者。浸信宗是世界廣泛性宗派，由於沒有正式的、強制性的神學信仰，各國各地組織的信仰有所不同，教義有著難以掩飾的差異。

學界根據1689年《倫敦浸信會公約》、1742年《費城浸信會公約》和1833年《新罕布什爾州浸信會公約》，通常認為浸信宗教義主要有四個組成部分：上帝是唯一真神；聖母瑪利亞生了上帝之子耶穌基督；耶穌之死和復活為的是拯救人類；救贖是上帝對人類的恩典，耶穌在將來公正地審判每一個人。這些都是基督新教福音派信仰的基本原則。天主教的繁文縟禮無神聖性，信徒僅因信仰而獲恩典。浸信宗的實踐中只遵守兩項禮儀，“浸洗”和“聖餐”，“浸洗”表示信徒自願洗滌自己的罪惡，獲得新生。浸信宗受門諾主義重洗思想的影響，反對兒童受洗。人類的罪惡不是天生的，受洗者需在成年後“自覺”地參加洗禮，以得到悔罪之目的。洗禮是順服上帝的象徵，標誌人們願意洗刷自己的罪惡；然而洗禮並不能使人們免除自己的罪惡，需要耶穌基督的復活來拯救。“聖餐”象徵著信徒通過耶穌的救贖獲得新生。浸信宗把宗教自由主義奉為圭臬，不論在英國還是在瑞典都是“國教”不屈不撓的反對派，絕不接受任何把宗教信仰和教會事務置於政府指導和控制之下的體制安排，認政教分離是不二選擇。浸信宗的各種公約只是彌補和削弱分歧的指導性文件，不具權威性和約束性。在教會組織內部，浸信宗實行公理制，所有信徒在教會中的地位和權利一律平等。牧師和執事是信徒選舉產生的，信徒自願結合而成的地方教會組織擁有全部自治權。

浸信宗信仰最早出現在英格蘭，通常記載追溯到英國國教聖公會牧師史密斯。約翰·史密斯（John Smyth）1554年生於諾丁漢郡雷特福德（Nottinghamshire Retford）附近的一個村莊，成年後在當地蓋恩斯伯勒語言學校（Gainsborough Grammar School）完成基礎教育，又進入劍橋的基督學院（Christ's College）深造，畢業後留校執教。1594 年史密斯晉升英國聖公會牧師，1600 年以後他受到清教分離主義影響，脱離聖公會，1608 年前往荷蘭萊登，宣傳後來被認為是浸信宗的思想，他提出敬拜上帝是信徒內心的活動，禱告、誦經和佈道必須是完全自發的，不需要天主教和聖公會鋪陳的複雜的儀式；聖經是一切信仰的基礎，是至高無上的經典。

1609 年史密斯與一些英國人和荷蘭人在阿姆斯特丹成立浸信會（Baptist Church）。史密斯接受門諾主義再洗禮派的觀點，與門諾會往來密切，甚至一度談及二者合併事宜，遭到自己教會內部的反對，1611 年托馬斯·赫爾維斯（Thomas Helwys, 1550—1616）率眾與史密斯分道揚鑣，把史密斯"請出"這個團體。1612 年史密斯患肺炎去世後，赫爾維斯帶領信眾回到英國，在倫敦建立浸信會教堂。赫爾維斯領導下的英國浸信會仍然步履艱難，他們在政教分離、信仰自由等方面與國王和聖公會抗爭，要求浸信會教徒不得成為聖公會成員，強調唯有基督而非世俗君主才是教會的至尊。這些抗爭活動導致赫爾維斯被捕，1616 年死於獄中。1689 年英國頒佈《信仰容忍法案》（*The Toleration Act*），規定只要服從國王，不反對《三十九條信綱》，長老宗、公理宗、浸信宗等任何教派在英國都有合法存在的權利。

浸信宗主要分佈在世界四大區域：西歐的英國和荷蘭、東歐的烏克蘭、北歐的瑞典和挪威、北美的美國和加拿大；1905 年成立國際組織"浸禮宗世界聯盟"（The Baptist World Alliance, BWA），入盟的宗派達一百多家。

英國浸信會（Baptist Missionary Society, BMS）是一家 1792 年成立於英格蘭北安普敦的海外傳道差會，成立初期主要在印度傳播福音，咸豐十年（1860）伊始增加了中國業務，聘請在華的古路吉[1]牧師和夏禮牧師在山東煙台兼職佈道。光緒十九年（1893）英國浸信會女差會（English Baptist Zenana Mission, EBZM）來華。1900 年義和團運動期間，在山西的浸信會傳教士全部罹難。事件平息後，傳道會利用清政府賠償款項，在敦崇禮[2]帶領下重建教會設施，光緒十五年（1889）在陝西三原創建著名的"福音村"（Gospel Village）。英國浸信會先後在青州、太原、忻州、代州、三原、西安、周村、蒲台、福音村、濟南設立傳道區或傳道站，中國管理總部設在上海，有浸信會出版機構。

1 古路吉（Hendrikadius Zwaantinus Kloekers, 1828—1898）生於荷蘭德倫特（Drentse Veenhuizen），1850 年加入中國傳道會，1854 年與安妮傑（Annichje Louman）結婚，1855 年夫婦來華駐上海，同年加入英國浸信會，曾與太平軍首領往來密切；1861 年到煙台，1865 年回荷蘭。

2 敦崇禮（Moir Duncan, 1861—1906），蘇格蘭人，先後就讀蘇格蘭浸會學院、格拉斯哥大學和牛津大學曼斯菲爾德學院，1887 年作為英國浸信會教育傳教士來華駐山西太原；1900 年義和團運動期間避難上海，事後返回太原等地；1902 年擔任山西中西大學堂代理校長；卒於太原。

英國浸信會

光緒二十九年（1903）在時運不濟、命途多舛的晚清還算難得的喘息間隙，甲午癰疽決潰，戊戌變法夭折，庚子鬧劇平復。坊間流行一本《興華萬年策》引得憂國憂民的士大夫階層追捧。開篇曰："縱覽地球數千年以來之史乘，厥唯震旦一國，地廣民眾，文教昌明，蔚起東方，盛名鼎鼎。矧大清創業垂統，幅員益廣，生齒益眾，庶績益熙。馴至重譯扣關，競學中朝之治法。宏謨茂規，更足朝古而冠當時。"話鋒一轉，憂然紙上："豈料無平不陂，繼泰以否，挽近百年之內，疆宇漸遭侵削，戶口漸形雕瘵。其幸而綿延嗣續者，多不免北門終窶之嗟。誰為為之，若或使之，有心人所以拊膺而嘆也。及考泰西各國，向之閒足頡頏震旦者，今皆蓬蓬勃勃，氣壓遠東。危險情形，不可思議。"[1]

作者為大清國把脈，不諱三病，其一排外，"天欲合地球人類為一體，華人偏仇視異族。病在違天。"其二失人，"與列邦交，面糅而心忮，遂不能得一臂助。"其三守舊，"萬國通行之良法美意，或鄙夷而不屑，或淺嘗而輒止，或貌合而神離。"為此言者提出"興華萬年策"，一曰"保安"，加強武備，練兵禦敵；二曰"保富"，建鐵路、輪船、礦業、機器、銀行、電信、郵政，保"民業之富足"；三曰"保學"，專以致精於一業，普以遊藝於百家，古瞽而今明，古宵而今晝；四曰"保道"，信仰自由，永除異教之猜測。"保安保富保學保道四大端，不外養民愛民新民教民四要訣，此皆

◉ 李提摩太博士（英國浸信會傳道明信片五彩系列）

Dr. Timothy Richard, of China

【原注】"李提摩太博士 1845 年出生，1869 年前往中國傳道，1874 年定居青州府，1870 年至 1879 年在山東和山西積極參與賑濟饑荒。曾為中國政府工作，獲得雙龍寶星和頭品頂戴。1891 年擔任廣學會總幹事和山西大學校長。英國浸信會中國傳道事業開拓者。"

1 〔英國〕李提摩太：《興華萬年策》，上海廣學社，1903 年，第 1 頁。

上天之定理，中西古聖先賢萬年太平之上策。”[1]

《興華萬年策》出自大英浸信會傳教士李提摩太之筆。目睹大清國力衰退，民不聊生，列強橫行，這位五十八歲的傳教士比紫禁城的皇帝還要坐立不安。他剛剛訪問日本歸來，目睹日本明治維新給這個島國帶來的深刻變化，也感覺到野心勃勃的日本人對中國的威脅迫在眉睫，急冀中國之變革。[2] 他憑一己之力疾呼：“各國有益無損之善政，中國不可一分缺失”，“中西古聖先賢之素志，今世不可一毫廢棄”。

李提摩太（Timothy Richard）1845 年出生於威爾士南部卡馬森郡法爾德普林村（Ffaldybrenin），其父是鄉村鐵匠。李提摩太畢業於一所師範學校後擔任過鄉村教師，1865 年進入哈弗福德韋斯特神學院（Haverfordwest Theological College）深造，他本打算加入中華內地會，但以不明原因被戴德生婉拒。1869 年他受英國浸信會派遣來華，在山東煙台活動，光緒元年（1875）創建英國浸信會青州教區。“丁丑大饑荒”時期李提摩太率先到太原賑災，在媒體上撰文呼籲在華傳道會施予援手，並募集十二萬兩銀元幫助災民，順便開闢了太原傳教區。1886 年他客居北京，為曾國藩家人擔任英文教師。1890 年應李鴻章之約，李提摩太擔任英文《中國時報》（*The Chinese Times*）主筆，開始關心中國改革論題。1891 年他來到上海，接替韋廉臣主持“同文書會”（後稱“廣學會”）長達二十五年，出版當時著名期刊《萬國公報》以及兩千多種書籍，他本人完成《七國新學備要》、《天下五大洲各大國》、《歐洲八大帝王傳》、《泰西新史攬要》等二十餘多種，尤其 1895 年出版的介紹十九世紀歐美各國政治變法歷程的《泰西新史攬要》風靡一時，據説曾被光緒皇帝擺在案邊榻前備讀。李提摩太與李鴻章、張之洞、左宗棠、曾紀澤、慶親王奕劻、恭親王奕忻等幾乎所有的朝廷大員都保持著良好關係，戊戌變法時期被視為維新派的精神領袖。庚子年間在山西的英國浸信會機構被全部摧毀，傳教士罹難，李提摩太親自善後。事後他提出普及教育可以減少仇外事件，懇請各國政府撥出部分賠款用於中國教育事業。1902 年他聽從李鴻章建議，擬在太原開辦中西大學堂，西太后看在他盡心協助大清處理山西教案的面子上恩准他的申請，並賜一品頂戴。1916 年李提摩太健康狀況每況愈下，不得不離開中國回到故鄉，1919 年逝於倫敦。

英國浸信會在山東的一位名叫庫壽齡的牧師也有故事可説。庫壽齡（Samuel Couling）1859 年生於英格蘭伊韋比林肯郡（Ewerby Lincolnshire），是家中幼子，父親是當地浸信會牧師；因家庭經濟狀況比較拮据，庫壽齡十五歲就到保險公司謀生，1878 年就讀布里斯托爾浸會大學（Bristol Baptist College）習神學，1883 年在托特尼斯（Totnes）擔

1 〔英國〕李提摩太：《興華萬年策》，上海廣學社，1903 年，第 8 頁。

2 參見〔英國〕李提摩太：《親歷晚清四十五年》，天津人民出版社，2011 年，第 308—309 頁。

任牧師。光緒十年（1884）庫壽齡受英國浸信會派遣，遠涉重洋來到中國在山東傳道，初期在曲阜學習漢語，後在濰坊任神職。同治五年（1866）浸禮會在青州創辦當地第一所新式學堂“廣德書院”，光緒二年（1876）李提摩太擴大學校規模至全日制中小學。光緒十三年（1887）庫壽齡赴青州接手管理廣德書院，購置宅地，新建校舍，先後開辦七期大學班，課程有聖經、中國經學、國文、中西歷史、輿地、算術、幾何、三角、微積分、格致、體操、英文等。1902 年庫壽齡利用假期回國獲取愛丁堡大學碩士學位。光緒三十年（1904）廣德書院大學班與登州文會館合併更名“廣文大學”，庫壽齡隨校遷居濰坊。庫壽齡對廣德書院合併一事頗有不滿，光緒三十四年（1908）毅然脱離浸禮會，隻身赴上海。1914 年庫壽齡擔任“皇家亞洲文會北中國支會”（North China Branch of the Royal Asiatic Society）幹事和編輯的職務，還曾於 1919 年代理上海“麥倫書院”（Medhurst College）院長一職。後於 1922 年去世。

庫壽齡在濰坊期間接觸到甲骨文，敏鋭地確認其價值。他與美國長老會傳教士方法斂[1]、英國駐天津領事金璋[2]一起研究甲骨文，日積月累自己也成為專家，據説在中國古董販子面前，庫壽齡對甲骨文講得頭頭是道，價格、成色都瞞不住他。一些中國和西方的文物藏家經常請他援手，鑒定和解讀甲骨文和卜辭。在華傳教士經濟上一般比較拮据，常常被形容為家徒四壁、室無長物。囊中羞澀的庫壽齡和方法斂無能力購買更多甲骨滿足自己的研究需求，他們邊購買搜集邊摹寫研究，把謄抄過的甲骨轉售，再購得更多甲骨。西方博物館成為他們的“顧客”，國外慕龜者在他們這裏可以拿到可靠的貨源。美國匹茲堡卡納基博物院所藏的四百三十八片甲骨即於 1904 年購自庫壽齡和方法斂，美國普林斯頓大學所藏一百一十九片甲骨於 1906 年購自方法斂，蘇格蘭皇家博物院所藏的七百六十片甲骨於 1909 年購自庫壽齡，大英博物館所藏的四百八十五片甲骨於 1911 年購自方法斂，芝加哥費爾德自然歷史博物館、劍橋大學圖書館收藏的八百五十篇甲骨來自金璋，上海皇家亞洲文會圖書館購買的四百片甲骨也都與他們三人有關。

1 方法斂（Frank Herring Chalfant, 1862—1914），美國人，畢業於拉斐耶特大學神學院，加入長老會；1887 年來華，在濰縣樂道院任教；著作有 *Early Chinese Writing*（《中國最早的文字》，1906），*The Couling-Chalfant collection of inscribed oracle bone*（《甲骨卜辭》，1935）；逝於匹斯堡。

2 金璋（Lionel Charles Hopkins, 1854—1952），英國人，1874 年以外交官身份來華，曾任國駐天津總領事；專於甲骨文收藏和研究，1908 年退休回英。

Missionary Pictorial Cards

英國浸信會傳道明信片系列

編者 Baptist Missionary Society
英國浸信會
語言 英文
印製 1900s., Holborn, London（倫敦霍爾本）
尺寸 140mm × 90mm

❶ 蔚蘭光牧師的盲人助手李新昌夫婦

The Rev. Wm. A. Wills' Chinese (Blind) Helper, Li-Hsin-chang and his Wife

英國牧師蔚蘭光（Wm. A. Wills, 1854—1927）生於英國佩克漢姆（Peckham），十六歲接受浸信會洗禮。1876 年受內地會派遣來華初駐浙江台州；1880 年到華中地區行醫，因健康原因回到上海，為美國聖經公會工作。1886 年蔚蘭光改隸英國浸信會，轉至山東青州佈道施醫興學。蔚蘭光是英國浸信會鄒平教區開創者之一，他們在鄒平放賑救濟，傳佈福音。

❷ 光被中學堂

The Rev. Wm. A, Wills' School in China

1897 年蔚蘭光在周村開辦男子學堂，在此基礎上 1905 年縣城南門開辦“光被中學堂”，蔚蘭光任校長。“光被”一詞來自於《尚書 · 堯典》:“光被四表，格於上下”，是説古代帝王堯的光輝形象，照耀四海，以至於上下天地。傳教士借用此語喻意基督聖恩普照。1911 年蔚蘭光又設立“遵道女校”。兩校文化課有國語、算術、地理、歷史、衛生、英語、修身，宗教課有基督本紀、耶穌言行、師徒事跡、保羅言行傳，早晚禮拜，星期天大禮拜。

❶
❷

The Rev. Wm. A. WILLS' Chinese (Blind) Helper, Li-Hsin-chang and his Wife.

The Rev. Wm. A. WILLS' School in China.

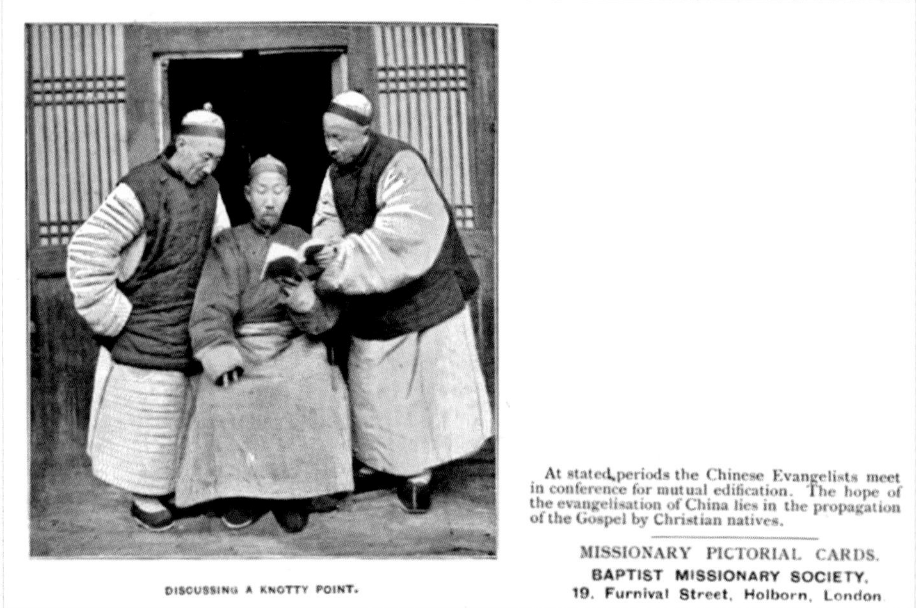
DISCUSSING A KNOTTY POINT.
At stated periods the Chinese Evangelists meet in conference for mutual edification. The hope of the evangelisation of China lies in the propagation of the Gospel by Christian natives.
MISSIONARY PICTORIAL CARDS.
BAPTIST MISSIONARY SOCIETY,
19, Furnival Street, Holborn, London

❶

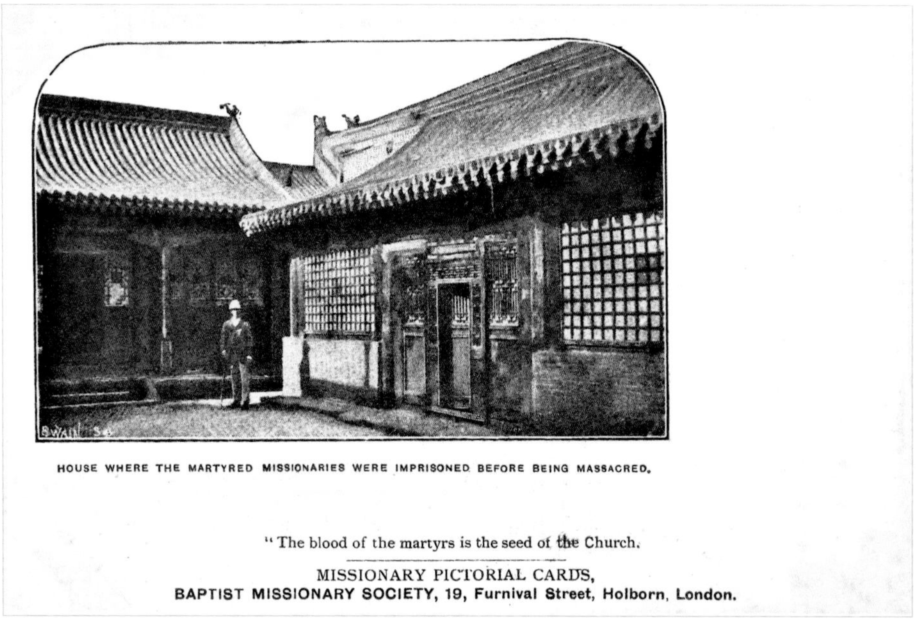
HOUSE WHERE THE MARTYRED MISSIONARIES WERE IMPRISONED BEFORE BEING MASSACRED.
"The blood of the martyrs is the seed of the Church.
MISSIONARY PICTORIAL CARDS,
BAPTIST MISSIONARY SOCIETY, 19, Furnival Street, Holborn, London.

❷

❶ 切磋教理

Discussing a Knotty Point

【原注】"中國宣道員定期開會切磋教理。中國福音傳播有賴於中國本土基督徒。"

❷ 傳教士殉道前被囚禁的屋子

House Where the Martyred Missionaries were Imprisoned before being Massacred

【原注】"殉道者的血是教會的種子。"

原注的這句話是羅馬帝國時期基督教神學家和哲學家德爾圖良（Tertullian, 150—230）的名言。義和團運動時期，英國浸信會在太原和壽陽的教堂和住所被焚毀，法爾定[1]牧師等三十餘人遇害。

1　法爾定（George Bryant Farthing, 1886—1900），英國人，英國浸信會教育傳教士，1886 年來華，駐太原，義和團期間與妻子和孩子一起遇難。

Baptist Missionary Society Pictorial Postcards

英國浸信會傳道明信片五彩系列

編者 Baptist Missionary Society
英國浸信會
語言 英文
印製 1900s., E.C.（倫敦）
尺寸 140mm×90mm

A Baptismal Service in Shantung. Baptist Missionary Society Pictorial Postcards, 19 Furnival Street, E.C.

At the Baptist Mission, Ching Chou Fu, Shantung. An English Visitor. Baptist Missionary Society Pictorial Postcards, 19 Furnival Street, E.C.

❶
❷

❶ 山東的洗禮儀式

A Baptismal Service in Shantung

咸豐十一年（1861）煙台開放通商口岸，英國浸禮會傳教士夏禮[1]夫婦到煙台開教，1870年李提摩太到煙台，設有三個傳道站，一座教堂。

❷ 英國客人到訪青州府浸信會

At the Baptist Mission, Ching Chou Fu, Shantung. An English Visitor.

光緒元年（1875）李提摩太把煙台教區交由美國浸信會管理，赴青州創建新的傳道區，逐步擴大到鄒平、北鎮、周村、濟南、濰縣等地，至1905年已有二百三十餘傳道站。

1 夏禮（Charles James Hall），英國人，1855年加入"中國傳道會"，1857年來華初駐寧波，1859年在上海改隸英國浸信會，1861年到山東煙台。次年因患霍亂夏禮和兩個孩子逝於煙台。

❶
❷

❶ 獨輪車

A Method of Travelling, China

❷ 美華浸會書局西安府中西書店

Baptist Mission Bookshop, His-an-Fu, Shensi, N. China

美國浸信會

"震旦國中，峨眉者，山之領袖。"中國佛教名山峨眉山歷來備受來華傳教士矚目，他們對中國古賢歌詠的這座蜀國仙山所蘊含的豐富文化神往心儀，不乏傑出之作，美國浸信會傳教士費爾樸的《峨山圖志》乃為翹楚。

> 凡偉大民族之歷史每與其山嶽有密切之關係，奧里帕斯與盆忒力卡斯峰，其青翠斜坡不常存於希臘人之幻想乎？西奈山與杉柏森森之黎巴嫩山不常縈於希伯來人之胸中乎？……（中國三山五嶽）載之於宗教典籍，詠之於文藝詩歌，如此諸靈山奇嶽，蓋巍然常為古人所敬仰也。[1]

費爾樸（Dryden Linsley Phelps, 1892—1977）生於美國科羅拉多州，早年就讀於耶魯大學，獲文學和神學學位，又在牛津大學皇后學院學習中國文學，獲哲學博士學位。1921 年作為美國浸信會教育傳教士費爾樸攜妻來華，在華西協合大學擔任牧師並教授英國文學與神學，妻子瑪格麗特（Margaret Phelps）教授音樂課。這位從小時常跟隨父親費長樂踏遍落基山脈的教授，每逢假期都會背上行囊，結伴攀援川西高山，他們首先登上的是貢嘎山：

> 未幾，余復為峨山而神往。嘗結伴香客，攀臨此山之巔，深入檀林，遍謁神殿。嚴冬則積雪瑩瑩，盛夏則芳草青青。晨則旭日初升，金光燦爛，夜則皓月當空，銀色蕩漾，於是乎始睹此山之真面目焉。[2]
>
> 峨山横出，如巨人長眉，其偉大莊嚴更非他山所能及。美諾貢嘎山與其鄰近雪山，峰尖冰雪，終年不化。每遇曙光照耀，晶瑩炫目。其巍峨壯麗，孰不感別有天地？[3]

費爾樸查閱了《峨眉縣志》、《嘉定府志》、《眉州志》等方誌書籍，以清人黃綬芙《峨山圖說》為底本編譯了享譽中外的 *A New Edition of the Omei Illustrated Guide Book*（《峨山圖志》），1936 年華西協合大學與哈佛燕京學社聯袂出版。峨眉山接引殿住持的釋聖欽[4]為《峨山圖志》作序。費爾樸教授把峨眉山當作代表中國人精神品格的象徵來研究，他在扉頁上引用《論語》裏孔子答弟子宰的話："知者樂水，仁者樂山。知者動，仁者靜，知者樂，仁者壽。"

費爾樸原計劃在《峨山圖志》之後，還研究樂山大佛，他曾在山崖上上上下下認真勘探過大佛，但因時局變化未能履願。

1925 年至 1951 年費爾樸任華西協合大學文學

1 Dryden Linsley Phelps, *A New Edition of the Omei Illustrated Guide Book*, West China Union University, Harvard-Yenching Institute, 1936, p.2.

2 Dryden Linsley Phelps, *A New Edition of the Omei Illustrated Guide Book*, West China Union University, Harvard-Yenching Institute, 1936, pp.3-4.

3 Dryden Linsley Phelps, *A New Edition of the Omei Illustrated Guide Book*, West China Union University, Harvard-Yenching Institute, 1936, p.3.

4 釋聖欽（1873—1962），俗名賀永茂，四川三台縣人，1889 年到峨眉山接引殿出家為僧，先後在峨眉山創辦峨眉佛學院，曾擔任四川省佛教會會長，1953 年受聘為四川省文史館館員。

院院長。在歷史文獻裏費爾樸被定性為“傳教士中的布爾什維克”，1947 年南京多所高等院校師生舉行“反飢餓、反內戰”遊行，華西協合大學學生在費爾樸寓所秘密聚會，準備組織遊行聲援南京學生。學生們正在享用費爾樸夫婦準備的點心和咖啡時，軍警封堵上門，費爾樸掩護學生從後窗逃走，引起軒然大波。南京國民政府對“費爾樸事件”甚為惱火，責令華西協合大學解聘費爾樸，後不了了之。1951 年費爾樸到香港大學任教，與同事合作編譯 *Pilgrimage in Poetry to Mount Omei*（《峨山香客輯詠》，1982）等。

費爾樸是美國浸信會教育傳教士，他的世界觀烙著浸信宗自由主義傳統的深深印記。十七世紀浸信宗隨著英國移民傳到北美，與一位英國神學家的個人努力密不可分。羅傑．威廉姆斯（Roger Williams）1603 年生於倫敦史密斯菲爾德（Smithfield）一個裁縫家庭，成年後曾給當時英國著名的法學家愛德華．柯克爵士（Edward Coke, 1552—1634）當助手，得柯克爵士資助就讀查特豪斯公學（Charterhouse School）和劍橋大學彭布羅克學院（Pembroke College）。他熟諳拉丁語、希臘語、希伯來語、荷蘭語和法語，1627 年獲文學學士學位。他在劍橋學習期間成為清教徒，畢業後無法進入前途無量的聖公會體系，轉而走向社會，當一名普通牧師。1630 年威廉姆斯攜妻子像當年千千萬萬清教徒那樣踏上新大陸的征程，1631 年得到波士頓聖公會提供的牧師職位，因不符合自己的神學理念而拒絕。威廉姆斯認為，聖公會是腐敗的教會，自己的責任是建立一家完全與之分離的新教會，以便對上帝進行真正和純潔的崇拜。他選擇有一定獨立性的塞勒姆（Salem）教會和普利茅斯（Plymouth）教會任職。1632 年威廉姆斯發表文章，公開譴責英國殖民政策，抨擊英國人掠奪印第安人土地。馬薩諸塞州法院經過多年審判，於 1635 年裁定他犯有煽動叛亂和宣傳異端罪，判處剝奪其神職，驅逐出州境。

1636 年威廉姆斯與一些志同道合者在羅得島拉姆福德（Rumford）的普羅維登斯（Providence）購買一片土地，開發定居點和種植園，希望成為不堪忍受壓迫的人們之避風港，就如後來紐約自由女神像的銘文所言：“把你的疲乏困倦交給我，把你的貧窮疾苦交給我，那渴望自由呼吸的蜷縮身軀，那彼岸無情遺棄的悲慘魂魄。不論是無家可歸，不論是飽受顛簸，全都給我！在這通向自由的金門之前，我高舉照亮黑夜熊熊燈火。”這位理想主義的神學家在普羅維登斯推行政教分離舉措，居民在此享有完全的信仰自由，社區管理實施民主制。威廉姆斯試圖改善殖民者對土著民眾的傷害，學習印第安語，與周邊印第安部落建立信任關係。威廉姆斯還是北美地區最早的廢奴主義者之一，曾嘗試在北美十三個殖民地組織了一場廢除奴隸制的運動。

1638 年威廉姆斯接受浸信會的洗禮，1639 年與好友約翰．克拉克（John Clarke）在羅德島的普羅維登斯創建美洲大陸第一家浸信會和第一座浸信堂。1683 年威廉姆斯逝於普羅維登斯，那裏有當地居民為他修建的紀念碑。

威廉姆斯身後浸信會傳播到整個北美大陸，全世界百分之九十的浸信會信徒在北美，浸信會信徒一直佔北美新教徒總數的三分之一。十九世紀三十年代，由於美國南北方在奴隸制問題的分歧，浸信會走向分裂。1845 年美國南方各州建立了“南方浸信會”（美南浸信會，Southern Baptist Convention），1907 年北方各教會聯合建立了“北方浸禮會”（美北浸信會，Northern Baptist Convention）。隨著美國內戰的結束和解放宣言的公佈，各浸會加強了在黑人中佈道傳道，建立黑人教堂與教會，培訓黑人牧師，1880 年建立了黑人信徒的全國性組織“美國全國浸信會”（National Baptist Convention of America）。美國著名人權運動領袖馬丁．路德．金就是美南浸信會牧師。

美國浸信會很早就向中國派遣自己的傳道團，在華組織主要有兩支，分屬北、南浸信會。屬美北浸信會的“美國浸信會宣教聯盟”（American Baptist Foreign Missionary UNION, ABMU），1814 年成立於波士頓，1910 年改名為“美國浸信會海外宣教會”（American Baptist Foreign Missionary Society, ABFMS）。道光十六年（1836）美國浸信會宣教聯盟派遣傳教士叔未士（Jehu Lewis Shuck, 1812—1863）和妻子抵達澳門轉入廣東開教；道光二十三年醫學傳教士瑪高溫（Daniel Jerome Macgowan, 1814—1893）經香港、舟山到達寧波，開闢江浙一帶宣教工作。美北浸信會在華中文名稱為“美國浸禮會”，在華建立的傳道區有廣東的澳門、香港、潮州、嘉應、汕頭，廣西的長寧，浙江的寧波、紹興、金華、湖州、杭州、上海，四川的宜賓、嘉定、雅安，湖北的漢陽等。

在中國，狹義上的“美國浸信會”是指美南浸信會。1845 年美國南部浸信會在佐治亞州成立“南部浸信公會”（Southern Baptist Convention, SBC），內部分為國內傳道會和海外傳道會，還於 1888 年成立美國浸信會女差會（Women's Missionary Union, WMU）。負責開拓海外傳道的稱為“美南浸信會”（American Southern Baptist Mission, ASBM），於道光十六年（1836）派遣第一批傳教士高立敦[1]和啤士[2]到廣州，中文名稱為“美國浸信會”以別於美北的“美國浸禮會”。道光二十七年美國浸信會又遣晏馬太[3]夫婦來華開拓了山東教區。美國浸信會來華一百多年先後建立的傳道區有江蘇的上海、鎮江、昆山、蘇州、無錫、揚州，安徽的亳州，河南的鄭州、開封、歸德，山東

1 高立敦（Samuel Cornelius Clopton, 1816—1847），生於美國弗吉尼亞州里士滿，1846 年與凱齊亞（Kezia Turpin）結婚後受美南浸信會派遣一同來華，在廣州傳道。

2 啤士（George Pearcy, 1829—1913），美國人，受美南浸信會派遣 1846 年攜妻來華，駐廣州；後為美國循道會和美國聖公會工作；著有 *Love for China*（《中國之愛》，1865）。

3 晏馬太（Matthew Tyson Yates, 1819—1888），美國人，生於北卡羅納州韋克縣農民家庭，十七歲受洗，1840 年就讀威克森林大學；1847 年受美國浸信會派遣攜妻子來華。

的煙台、黃縣、萊州、萊陽、平度、濟南、青島、濟寧，東北的大連、哈爾濱，廣西的桂林、梧州，廣東的廣州、江門、澳門、肇慶、韶州、曲江、惠州、雷州等。

美國浸禮會和美國浸信會在中國投入很大精力辦教育，發起或者參與籌辦的高等教育機構有1888年的金陵大學、1864年的齊魯大學、1904年的齊魯醫學院、1906年的滬江大學、1910年的華西協和大學等。

光緒二十四年（1898）美國浸禮會和美國浸信會聯手在廣州東石角浸信會堂創立“美華浸會書局”（China Baptist Publication Society），由湛羅弼[1]牧師主持，1914年遷往廣州長堤，1920年遷至上海圓明園路，更名“中華浸會書局”，是清末民初基督教在華五大出版機構之一，自建印刷車間，出版主日學教材、聖經課程、福音單張、福音詩歌、浸字版聖經等產品，曾出版過文理本和官話本聖經，以及廣東話、潮州話、客家話《新約全書》和《四福音》單本。浸會書局編輯的《真光》月刊以及《表彰真道》、《闢邪歸正》、《耶儒辨》、《耶墨辨》、《大光破暗集》、《要道五答》、《中國今日之所需》等書籍在教界發行量很大。美華浸會書局在全國大城市開辦自家書店。

1 湛羅弼（Robert Edward Chambers, 1870—1932），美國人，浸信會神道學院畢業後按立為牧師，1895年被差派來華，先後在廣州和梧州傳宣道，1898年創辦美華浸會書局，1902年創辦《真光》月刊；1920年將書局遷址上海，更名中華浸會書局；逝於上海。

American Baptist Foreign Mission Society, China

美國浸禮會中國系列

編者 American Baptist Foreign Mission Society
美國浸禮會
語言 英文
印製 1900s., Japan（日本）
尺寸 140mm × 90mm

44 Ashmore Theological Seminary, Swatow, South China (AMERICAN BAPTIST MISSIONARY UNION, BOSTON)

◉ 汕頭耶士摩礐石神學院

Ashmore Theological Seminary, Swatow, South China

礐石是咸豐十年（1860）汕頭開埠後外國機構和洋人開闢的特區，建有領事館、醫院、銀行、住宅等。英國人住在礐石山腳下及海邊一帶的大礐石，美國人集中在半山腰小礐石。礐石在濠江南岸，洋人們每日乘渡船去市區辦事。

咸豐八年（1858）傳教士耶士謨[1]自暹羅到香港，轉至汕頭調研，咸豐十年（1860）他受美北浸信會委派主持汕頭宣教事務。同治二年（1863）耶士謨在汕頭建汕頭基督教普益社，修建大礐石教堂“礐石堂”，光緒十八年（1892）在礐石堂創辦了以他的名字命名的“汕頭耶士謨礐石神學院”，礐石堂成為嶺東浸禮會宣教中心。礐石堂建築設計中西合璧，主座及門廊的建築風格為西洋的多立克柱式，正門有三個純西式落地式石框拱形門，門框和窗欞裝飾著從美國運來的彩色玻璃。教堂基座和牆體以花崗岩石砌築，屋頂是中式檐歇山頂，配斗拱飛檐，鋪設綠色琉璃瓦。

---

1 耶士謨（William Ashmore, 1824—1909），生於俄亥俄州普特南（Putnam），畢業於格林威勒文學和神學院（Granville Literary and Theological institute）和肯塔基州西方浸會神學院，1851 年與妻子馬大（Sanderson）受美北浸信會差遣到泰國，在華人中傳道，會潮州話；1858 年來華，駐香港和汕頭；七十年代在美北浸禮會總部擔任總幹事。

28. Candidares on their Way to be Baptized. (AMERICAN BAPTIST FOREIGN MISSION SOCIETY BOSTON)

❶ 孩子們前去浸洗

Candidates on their Way to be Baptized

❷ 華西敘府幼兒班

Kindergarten Class at Suifu, West China

❸ 傳教士享用中餐

Missionaries Dining Chinese Fashion

❹ 華人基督徒海清和他的家人

Chinese Christians, Hai Chin and His Family

Woman's American Baptist Foreign Mission Society, China

美國浸禮會女差會中國系列

編者 Woman's American Baptist Foreign Mission Society, New York
美國浸禮會女差會（紐約）

語言 英文

印製 1920s., Genuine Curteich-Chicago 'C.T. Photo-Cote' Post Card（芝加哥柯蒂希印務公司）

尺寸 140mm × 90mm

❶ | ❷

❶ 曾先勇一家吃晚飯

Tseng Shien-Yung, enjoying a simple dinner with his family

【原注】"曾先勇是一個健康向上的孩子，正與他的媽媽、弟弟、奶奶和爸爸一起享用簡單晚餐。"

❷ 成都浸信會教堂

Baptist Church, Chengdu, West China

【原注】"華西成都有座小巧別致的浸信會教堂，東方風格的建築和玲瓏剔透的格子窗，建立起當地人與上帝之間的溝通。教堂的內院有兩棵蒼年柏樹，古老的鐘聲呼喚著學生、商人、大學教授和家庭主婦禮拜耶穌。"

Woman's Baptist Home Mission Society

美國浸禮會女差會特卡

編者 Woman's Baptist Home Mission Society
美國浸禮會女差會
語言 英文
印製 1920s., Chicago（芝加哥）
尺寸 140mm×90mm

◉ 我們的幼兒園被焚毀了

Our Kindergarten is All Burned Down!

【原注】"幫助我們重建吧！"

China Baptist Publication Society

美華浸會書局系列

編者	China Baptist Publication Society 美華浸會書局
語言	英文
印製	1910s., Canton（廣州）
尺寸	140mm×90mm

❶

❷

❶ 警察從廣州街邊聖物商店搜來的神祇造像

Idols collected by the Police from the Gateways Street Shrines of Canton

❷ 甕葬

Potted Ancestors

荷蘭漢學家高延（Jan Jakob Maria de Groot, 1854—1921）對中國喪葬文化頗有研究，他在 *The Religious System of China*（《中國神道體系》）一書中說，“甕葬”通常發生在改葬時。中國人重修墓地叫作“改葬”，有時因舊墓地毀壞而“改葬”，有時人們覺得自己運氣不好怪罪先人墓地的風水而改葬，《南書 · 梁書 · 顧憲之傳》這樣解釋：“山民有病，輒云先人為禍，皆開冢剖棺，水洗枯骨，名為除祟。憲之曉喻，為陳生死之別，事不相由，民俗遂改。”改葬一般採用甕葬。

❶ ❷

❶ 廣州中華醫學傳道會大樓

Canton Medical Missionary Society Buildings

1838 年美國公理會宣教士裨治文、伯駕、雒魏林等人在廣州組織“中國醫學傳道會”（Medical Missionary Society in China），呼籲歐美各國差會派遣更多醫生來華，憑藉行醫傳播福音，中國教會史和醫學史上重要的醫療傳教士裨治文、伯駕、雒魏林、合信、麥嘉諦等人都在該會成員冊上。當時的中國醫學傳道會還只是一個中介組織，幫助有志來華傳道的各國醫生尋找需求，為在華傳道組織招募醫務人員、安排基金會支持。廣州的中華醫學傳道會還實施許多具體項目，1855 年嘉約翰接掌伯駕創立於 1835 年的廣州眼科局，1858 年將其擴建為博濟醫院，1866 年建立博濟醫學堂，孫中山早年曾就讀這所學堂。

❷ 華南客家人村落

A Hakka Village, South China

China Baptist Publication Society

美華浸會書局五彩系列

編者 China Baptist Publication Society
美華浸會書局
語言 英文
印製 1910s., Canton（廣州）
尺寸 140mm × 90mm

❶
❷

❶ **農夫和稻田**

Coolies and Rice Fields

綠波春浪滿前陂，極目連雲𥢶稏肥。更被鷺鷥千點雪，破煙來入畫屏飛。

❷ **華南的石橋**

Bridge, South China

興引登山屐，情催泛海船。石橋如可度，攜手弄雲煙。

❶ **傳教士推車**

"Man-barrow", and a missionary's effects

年年歲歲推相似，歲歲年年車不同。縱使路遇陌生客，但將福音心中容。

❷ **貴州苗河激流一舟**

Kweicheo-Miao River Boat in Rapid

苗河發源於黔南都勻斗篷山，也稱清水河，流經湘西與花垣河交匯後注入沅江上游酉水河，乃當地苗族人信奉的神河。傳説裏蚩尤敗於逐鹿之野，被黃帝枷鎖殺死，木枷棄於清水崇山之間，育為鬱鬱葱葱的楓木林。蚩尤女兒小夭萬里尋父至此，化作苗山苗水，養育"三苗"、"九黎"。

AMERICAN BAPTIST GOSPEL MISSION

美國浸信福音會系列

編者　American Baptist Gospel Mission
　　　美國浸信福音會
語言　英文
印製　1910s., 洗印
尺寸　140mm × 90mm

◉ 西姆斯牧師

Rev. Sims

道光二十七年（1847）美國浸信會的晏馬太夫婦來華開闢山東教區，先後建立煙台、黃縣、萊州、萊陽、平度、濟南、青島、濟寧等傳道站。光緒十九年（1893）在山東七位美國浸信會傳教士由於經費和內部管理問題，脫離母會，自立門戶，成立“浸信福音會”（American Baptist Gospel Mission, GM），在泰安和濟寧展開宣道工作，逐步把觸角伸到豫東、皖北等地。二十世紀二十年代浸信福音會式微，傳道事務轉到“直接浸信會”（Baptist China Direct Mission, BCDM）。西姆斯（Earle David Sims, 1872—1941），中文姓氏無查，美國浸信會牧師，1898年與夫人薇維婭（Vivia Divers）來華，加入浸禮福音會，在泰安、濟寧一帶佈道；1910年回到美國弗吉尼亞阿靈頓，在美國海軍部擔任隨軍牧師；逝於阿靈頓。

瑞典浸信會

2012年莫言獲諾貝爾文學獎後，有研究者認為他的獲獎代表作《豐乳肥臀》裏刻畫的馬洛亞牧師是以瑞典浸信會牧師文道慎、令約翰、李安德、安道慎[1]等人為原型塑造的。瑞典浸信會來到膠州開教後，1915年派安道慎牧師在《豐乳肥臀》的背景地高密設立傳道站，1919年李安德牧師主持教務，正式成立"高密瑞華基督教會"，次年修建了北關福音堂，後陸續設教堂和傳道站三十八處。

在莫言筆下，馬洛亞牧師是一位富有愛心和奉獻精神的瑞典傳教士，他有著悲天憫人的情懷和救人於水火的美好願望。他出於對基督的真誠信仰，隻身來到中國傳道，要將福音的種子撒在高密東北鄉的土地上，給予苦難中的人們心靈之寄託。馬洛亞牧師在鄉親們遭遇苦難時為他們祈禱，在困境中給他們精神撫慰，他傳播的基督信仰給人們黑暗的生活帶來了一綫光明、一絲希望。當飽經折磨的上官魯氏拄著拐棍來到教堂時，馬洛亞牧師不僅矜貧恤獨，還將天國的福音傳給她，他們之間萌生的真摯愛情孕育了一雙兒女。[2]

十九世紀上半葉瑞典推行宗教自由主義運動，要求打破瑞典國教會一教獨尊的傳統，允許各種教派脱離政府的控制，自養自存，史稱瑞典宗教復興運動。六十年代後期自由派的改革訴求逐步獲得國王認同，在維持瑞典國教會大的格局下，政府放開宗教事務，由此瑞典湧現出分屬路德宗、浸信宗、公理宗等宗派。這些宗派信奉的圭臬其實差別並不大，只是在馬丁·路德主義的理論結構中，側重強調某一方面而滋生分蘖出不同派別，可謂"因信得義，百家爭鳴"。

在瑞典信奉浸信宗的宗派裏，人們通常比較關注兩個組織：瑞典浸信會和瑞典厄勒布魯會。

瑞典宗教復興運動不像歐洲其他國家那樣因信仰分歧點燃腥風血雨的戰爭火藥桶，身材彪悍的民族大多數時候還是比較平和地討論如何解決自己的信仰問題，然而時不時也發生過血案。1850年冬季某日，幾位瑞典浸信會成員聚集弗雷德里克·尼爾森牧師家擘餅聚會，宣講耶穌基督的聖跡，圍桌見證領享聖餐的快樂。此時一群持不同政見的"暴民"手持棍棒刀槍破門而入，毆打聚會者，然後把尼爾森牧師押送警察局，關進監獄。這是瑞典宗教自由主義運動時期比較暴力的一幕。早在1536年瑞典脱離羅馬教廷的管轄，自行任命大主教，借鑒路德主義和加爾文主義宗教學説，在烏普薩拉成立瑞典國教會（Svenska kyrkan）。瑞典國教會雖然是宗教改革的產物，定為一尊的瑞典國教會也不容忍異己安睡在臥榻之側，對在自己管轄之外的任何地方舉辦宗教聚會都視為違法，認為這是對國家秩序、宗教學説以及國教權威的威脅。當時瑞典的《聚會法》規定，聚集鄰里酗酒合法，研讀聖經非法。不用多想，尼爾森肯定被判有罪，流放美國。

1 安道慎（Elis Almborg），瑞典人，1913年受瑞典浸信會派遣攜妻子來華，駐諸城等地，1915年創立高密傳道站。

2 參見李曉燕：〈《豐乳肥臀》中馬洛亞牧師創作原型探源〉，載《當代作家評論》2017年第4期。

弗雷德里克·奧勞斯·尼爾森（Fredrik Olaus Nilsson）1809 年出生在瑞典西海岸的哈蘭（Halland），祖輩兩代均在往來瑞典和美國的跨洋商船上當水手。幼年喪母，家貧使尼爾斯不得不過早離開父親和兄弟，承繼父業，經年累月漂泊在大西洋上，體味人生的酸甜苦辣。一次遠洋中尼爾斯遇到猛烈風暴，多條船隻傾覆，劫後餘生的尼爾斯確信自己是託耶穌基督的庇護才平安抵達大洋彼岸。在紐約下船後，他徑直找到曼哈頓第一海員浸信堂（First Mariners' Baptist Church）參加禮拜活動。1839 年尼爾森帶著美國朋友的委託回到哥德堡，在海員中開展傳道活動。尼爾森對浸信會思想深信不疑，認為洗禮儀式反映了一種有意識的信仰表白，主動把自己浸入水裏充分表達了受洗者的自主追求。1847 年尼爾斯前往德國，在易北河接受洗禮。1848 年尼爾森的妻子、兩個兄弟，還有兩個同鄉，在家鄉哈蘭的海邊接受了洗禮，這六個人就是瑞典浸信會（Sallskapet Svenska Baptist Missionen, SWBM）的最早成員。

1850 年尼爾森從紐約潛回哥本哈根，通過朋友和家人不停地向國王奧斯卡一世（Oscar I, 1799—1859）提交申訴狀，但屢屢被拒絕。不得已尼爾森帶領全家以及其他瑞典和丹麥浸信會追隨者僑居美國伊利諾伊州的羅克島，建立最早的北歐移民的"瑞典浸信會"，這些成員後來分散到威斯康星、伊利諾伊、愛荷華、明尼蘇達、紐約等地，也帶去了他們的信仰。1859 年奧斯卡一世去世，新國王承認瑞典公民有權根據自己的信仰成立教會組織，尼爾森向新國王卡爾十五（Carl XV, 1826—1872）申訴獲准。1861 年在斯德哥爾摩召開的瑞典浸信會全國代表大會上尼爾森當選瑞典浸信聯會領袖，隨後他在哥德堡組建當地第一個浸信會，擔任牧師達七年之久。

1869 年六十歲的尼爾森攜家人定居美國休斯頓，領導當地的浸信會組織。1881 年尼爾森逝於家中。他彌留之際説過："宗教可以使我忘記自己的一切，主是可信賴的，祂不會讓我做出超出自己能力的事情。與主同在是一種恩典，我唯一的希望是在耶穌基督的救贖中得到安息。"

在歷史學家講述的故事裏，尼爾森備受推崇的是他的勵志、他的成長之路。他本為貧苦船員，信仰催使他走上成為福音傳道之路，成為世人矚目的浸信會領袖。他曾是囚犯、流亡者、移民，這些身份當年在歐洲都是為人鄙夷不屑的，他的傳道經歷卻成為那個時代自由思想者播下的種子，這些種子長成"瑞典浸信會"這棵參天大樹。

光緒十七年（1891）瑞典浸信會與戴德生牧師的內地會合作，先後派遣傳教士文道慎[1]、令約翰等人來華，稱"瑞華浸信會"，開拓的教區有膠州、諸城、王台、膠南、高密等，開辦男女中小學校九十餘所，以及醫院、藥房，還開辦孤兒院收養棄嬰等。

1 文道慎（Carl August Vingren, 1865—1947），瑞典浸信會傳教士，1892 年來華，初期在內地會訓練所學習中文，後赴膠州傳道，1894 年回瑞典。

瑞典浸信會會眾達幾萬人。尼爾森離開瑞典赴美後，尤其在他去世後，原本處於鬆散聯盟狀態的瑞典浸信會有過幾次大的分裂，影響最大的是十九世紀末二十世紀初的兩次，一次是佩特魯斯推動的瑞典"五旬節運動"帶來的離心傾向，一次是安格蒙掌控的厄勒布魯市浸信會的分道揚鑣。

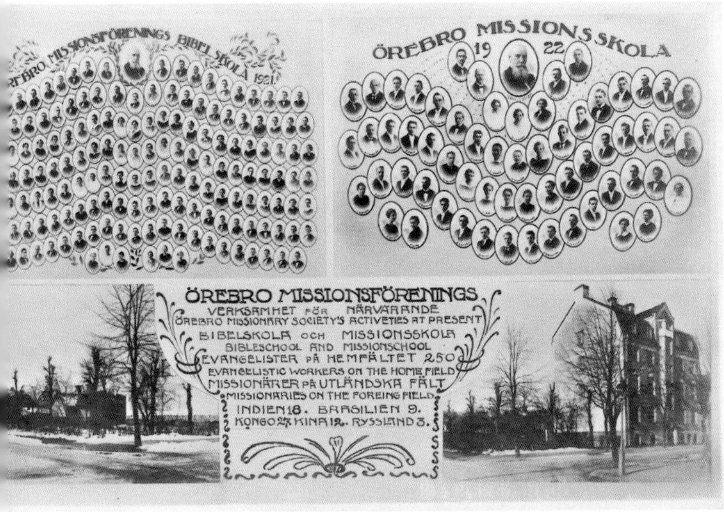

這是一張1923年斯德哥爾摩發行的明信片Örebro Missionsförenings（"厄勒布魯傳道會"）。左上是厄勒布魯傳道會成員，右上是厄勒布魯聖經學校成員，兩圖居中的是該信會創始人安格蒙牧師。下中文字是瑞典厄勒布魯傳道會當時派往外國傳教士的情況，其中印度十八人，巴西九人，剛果二十七人，中國十二人，俄羅斯三人。

1844年生於瑞典北部奧維肯（Oviken）的約翰．安格蒙（John Ongman），父親是職業軍人，母親是鐵匠的女兒，十七歲那年約翰按當地習俗到兵役處登記入伍，服役地點在安格蒙（Ångmon）鎮，他便把自己名字改為Ångmon，成名後英文的拼寫變成Ongman。1864年安格蒙加入浸信會，據説他是在漂泊在波羅的海中的一座冰山上接受洗禮的。1866年開始安格蒙全身心投入傳道事業，專職四處講道。1868年安格蒙到美國，出任芝加哥第一瑞典浸信堂的牧師，1873年他在明尼蘇達州聖保羅創建首座講瑞典語的浸信會教堂。同年安格蒙為接受正規神學教育就讀當地的浸信會神學院（Baptist Theologic Union Seminary）。1889年躊躇滿志的安格蒙返回祖國，在瑞典中部城市厄勒布魯組建瑞典浸信會分支機構厄勒布魯浸信會（Örebro Baptisförsamling）。也許是身上還沾著父親從戰場帶回來的泥土，據説不論在美國還是瑞典，這位軍人和鐵匠女兒結晶的安格蒙意志堅定，行事果斷，是一位精神飽滿、富有感召力的宗教領袖，在他的領導下厄勒布魯浸信會發展最快，成為瑞典浸信會裏會眾最多的分支。1892年安格蒙自立門戶，建立厄勒布魯傳道會（Örebromissionen, OM），同時創辦旨在培養瑞典本土浸信會傳教士的厄勒布魯聖經學校（Örebro Bibelskola Lärare）。1897年安格蒙移居美國，在費城成立厄勒布魯浸信會，擔任牧師。1931年安格蒙逝於離家鄉不遠的耶姆特蘭（Jämtland）。

1921年厄勒布魯傳道會參與瑞華盟會（Svenska Alliansmissionen i Kina, SwAM）在山西忻州傳道，後獨立實施，建立神池、五寨、寧武傳道站，在中國註冊名稱為"瑞典國浸禮會"。

瑞華浸信會系列

編者 Svenska Baptistsamfundets
瑞典浸信會
語言 瑞典文
印製 1910s., Östersund, Sweden（瑞典厄斯特松德）
尺寸 140mm × 90mm

◉ **諸城孤兒院**

Barnhemmet Chucheng Kina

瑞典浸信會於光緒十七年（1891）進入山東，先後在膠州和諸城設立傳教站，佈道範圍包括膠縣、諸城、高密、日照四縣，開辦膠州瑞華中學和諸城孤兒院。

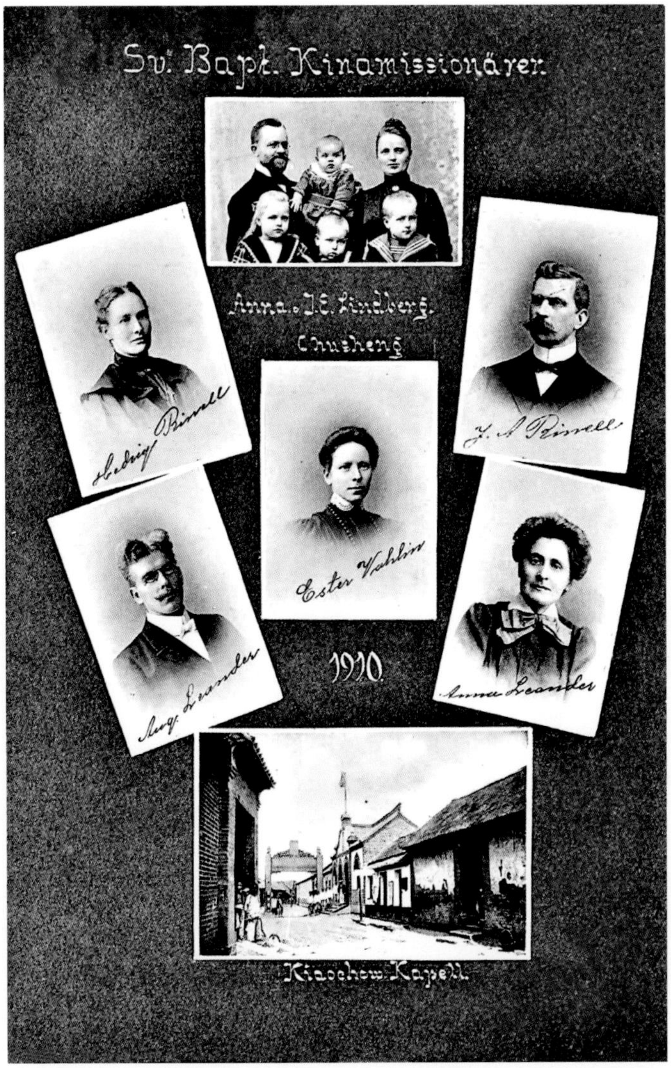

◉ **1910 年瑞典浸信會遣華傳教士在山東諸城**

Sv. Bapt. Kianmissionärer. 1910, Chusheng

第一行：令約翰一家人。令約翰（Johan Edvard Lindberg, 1865—1961），生於瑞典赫格斯比（Högsby Socken），先後畢業於斯德哥爾摩城市學院（Stockholms borgarskola）和斯德哥爾摩技術學院（Stockholms Tekniska Institut），1886 年加入瑞典浸信會，次年進入瑞典伯特利神學院學習，1891 年在倫敦雅布尼爾傳道學校（Jabneel Mission School）完成傳道預備培訓後，1892 年來華駐山東膠州。令約翰夫人閨名安娜（Anna Holtz），亦是瑞典浸信會傳教士，1894 年來華駐膠州，二人次年結婚。1946 年令約翰夫婦退休回國。令約翰著有 *Om Kinesernas Fädernedyrkan*（《論中國的祖先崇拜》，1901）和 *Baptisternas Kinamissioner*（《瑞典浸信會在中國》，1913）。

第二行：任其美夫婦。任其美（Johann Alfred Rinell, 1866—1941），瑞典浸信會傳教士，生於瑞典厄斯特蘭省林納社區（Östergötland Rinna），1891 年畢業於斯德哥爾摩伯特利神學院（Bethel Seminary），在校期間聆聽過戴德生的多次講演，為之熱血沸騰。1893 年與任桂香（Hedvig Lovisa Jansson Rinell）結婚後，夫妻雙雙踏上前往中國的航程，次年到達山東膠州宣道。任其美七十五歲逝於青島。他的文字作品除了一些教務報告外，主要留有一部有關義和團運動的書 *Boxare-upproret och förföljelserna mot de kristna i Kina 1900—1901*（《義和團運動與對基督徒的迫害》，Stockholm, 1902）。

第三行：魏廉（Esther Vählin），瑞典浸信會女傳教士，1906 年來華，駐山東膠州。

第四行：李安德夫婦（Ando Leander, Anna Leander）。

第五行：膠州教堂。

Sallskapet Svenska Baptist Missionen i Kina

瑞華浸信會傳教士系列

編者 Svenska Baptistsamfundets
瑞典浸信會

語言 瑞典文

印製 1930s., Eric Sjöqvist, Örebro（瑞典厄勒布魯埃里克圖片社）, Borke, Uppsala（瑞典烏普薩拉博科）

尺寸 140mm × 90mm

❶ 傳教士李安德一家人在中國

Missionärsfamiljen Leander, Kina

李安德（Ando Leander）和李安娜（Anna Leander），瑞典人，受瑞典浸信會派遣先後於 1907 年和 1908 年來華，駐山東膠州和高密等地佈道，1910 年結婚。李安德夫婦後轉入瑞典神召會，轉赴河北和北京傳道。

❷ 山東諸城中國傳教士白多加

Kinamissionär Matilda Persson, Chucheng Shantung, Kina

白多加（Matilda Persson, 1885—1974），又記貝多加，瑞典浸信會女傳教士，生於瑞典費靈斯布魯（Fellingsbro），1911 年來華，在諸城擔任助產士，1949 年後回國。

❸ 來華傳教士棣奎德夫婦和兒子

Kinamissionären A. J. Lidquist med fru och son

棣奎德（A. J. Lidquist），瑞典浸信會傳教士，1911 年來華，駐山東諸城。

Svenska Örebro Missionsforening

瑞典國浸禮會系列

編者 Svenska Örebro Missionsforening
瑞典厄勒布魯傳道會

語言 瑞典文

印製 1920s.—1930s., Eric Sjöqvist, Örebro（瑞典厄勒布魯埃里克圖片社）, Foto E. Rosén, Örebro（瑞典厄勒布魯羅森圖片社）, Foto Signe Ståhl, Örebro（瑞典厄勒布魯斯達爾圖片社）, Foto H.Backman, Örebro（瑞典厄勒布魯巴克曼圖片社）, Äkta fotograft. Hovfoto. Larsson, Stockholm（斯德哥爾摩拉爾森皇家圖片社）

尺寸 140mm × 90mm

“瑞典國浸禮會系列”是瑞典厄勒布魯傳道會為本會傳教士編發的明信片，委託幾家圖片社印製。

◉ **來華傳教士高樂士夫人在寧武府主日學校**

Kinamissionär Annie Carlsson med sin söndagsskola i Ningwufu

山西忻州寧武是中華內地會最活躍的傳道區域。1921 年厄勒布魯傳道會應中華內地會之邀參與瑞華盟會在山西忻州傳道工作，後獨立實施，建立神池、五寨、寧武傳道站，在中國註冊名稱為“瑞典國浸禮會”。該會在母國最著名的事業是“厄勒布魯聖經學校”，亦移至中國，舉辦多家主日學校。

❶

❷

❶ 傳教士高樂士全家在中國

Missionär Emanuel Carlsson med familj, Kina

❷ 來華傳教士高樂士全家

Kinamissionär Everth Carlsson med Famij

【原注】"高樂士（Emanuel Everth Carlsson）和夫人安妮（Annie Carlsson），籍貫：瑞典厄勒布魯（ÖM: s Exp. Örebro），中國地址：華北山西寧武府。"

高樂士夫婦，瑞典厄勒布魯傳道會傳教士，1920年來華，駐山西寧武，作為瑞華浸信會成員參與中華內地會瑞典協同會的佈道工作。

❶ 神池傳道站

Shenchih Missionsstation

瑞典國浸禮會兩男三女傳教士在神池傳道站的花園裏，四周為典型的北方四合院，園中花卉茂盛。

❷ 赴華傳教士杜滿順一家

Kinamissionär T. Thomasson med familj

杜滿順（Th. W. Thomasson），瑞典厄勒布魯傳道會傳教士，1923 年來華，駐山西神池。

❶

❷

❶ 田萬里與神池的同工

Tidvall och medarbetarna i Shenchih

❷ 田萬里出巡途中

Tidvall på resa

田萬里（Ernfrid Erik Emanuel Tidvall），1894 年生於瑞典韋斯特費訥布縣北豪仁德（Norrhörende Västerfärnebo），1920 年加入瑞典厄勒布魯傳道會，1922 年至 1924 年先後在瑞典厄勒布魯聖經學校和英國神道學院進修，1926 年編入瑞典厄勒布魯中國傳道團，1929 年與妻子伊達（Ida Olivia Tidvall）來華，駐山西神池和寧武一帶佈道。1949 年離華，1968 年逝於薩比縣特拉納斯（Tranås, Säby）。

◉ **傳教士王格林一家在華北山西**

Missionär Nils Våglin med familj. Shansi, N. Kina

Youtube 上有一段四分鐘的視頻，2019 年 4 月 26 日一位瑞典老奶奶用山西五寨話講述童年記憶：

“親愛的五寨朋友們，教會的和其他朋友，我叫王漢娜，你們知道我。今天是我的八十五歲生日。我的女兒馬林娜在我家裏幫助我，我們吃一些好的，吃了一點肉，喝些咖啡。卡爾森先生去五寨回來，帶來你們的問候，我很高興，謝謝你們為我祈禱。我的五寨話現在講的不太好了，希望你們能聽懂一點，因為我說的中國話是很奇怪的，是五寨話。我講五寨話，也是個五寨人。我不是中國人，1933 年我生在五寨。五寨是我生的地方，我愛五寨。我十三歲時離開五寨和寧武，幾乎每一天都在想你們，想你們的飯，想你們的餃子，想你們的莜麵窩窩和山藥蛋。五寨人的好茶飯是莜麵窩窩和山藥蛋。我小的時候趙達達叫我睡覺的時候她就說：‘哦哦，娃娃睡，大搗碓，炕上燒個胡蘿蔔，大人吃上不瞌睡，娃娃吃上肯瞌睡。’我就睡著了。我還有一個小弟弟，我就聽見趙達達跟他說這個，就記住了。以後我們學會了好多詩兒、歌兒。日本人來了，我們就用日文唱這個歌兒，我想日本人也不懂我說的是什麼。後來八路軍來的時候我們就把他的歌也記住了：‘湖南出了個毛澤東，咿呀嗨呀，準備明年大反攻呀，咿呀嗨呀。’還有好多別的，教會教的歌也是很多的，我現在還記得《約翰福音》第十四章說：‘你們心裏不要憂愁，你們信神也當信我，在我父的家裏，有許多住處，若是沒有，我就早已告訴你們了。我去原是為你們預備地方去。’我謝謝神，咱們有一個地方相見。我們再也不可能遇見了，卻可以在天上見了。想到此我們的心裏就高興，好多的朋友，黃國興，呃，不是黃國興，是胡嵐，還有于仁、于梅，現在就在那裏，我們總有一天會遇見。但是我的孩子，我的孫子，大概有一天也能去五寨啊。願主的恩典和你們有多多的同在，願主祝福你們，謝謝啊你們，咱們再見吧。”

這位王漢娜（Hanna Våglin）是傳教士王格林和沙淑本的女兒，1933 年生於山西五寨。其父王格林（Nils Emil Våglin）1888 年生於瑞典米舍（Myssjö），1922 年受厄勒布魯傳道會派遣來華，常駐山西五寨、寧武。其母沙淑本（Elin Karolina Sandberg）1898 年生於瑞典安德什勒夫（Anderslöv），1923 年受瑞典聖潔會派遣來華，初駐山西渾源；父母相識結婚後在五寨傳道，1947 年全家從香港乘飛機撤離中國。王格林著有 *Det Hände i Kina*（《中國往事》，Örebro Missions-förenings förlag, 1949），記述了 1938 年至 1947 年間五寨地區的生活和戰事。王格林和沙淑本 1961 年和 1966 年先後逝於厄勒布魯佩特利（Örebro Olaus Petri）。

06

衛斯理宗

1791 年初春的一天，一位八十七歲的老人在倫敦的寓所進入彌留之際。在他堆滿色瘢的臉龐上微微露出兩條縫，渾濁的晶體環顧四周，房間裏聚等多日的學生和同工趨前圍攏。他顫顫巍巍地伸出手，竭盡全力跟每個人道別。等待做臨終禱告的牧師守在床邊，見他微微抬起雙臂，似乎有話要説，便親熱地抱住他的肩膀，耳朵貼近嘴邊。乾涸發白的嘴唇斷斷續續吐出幾個字："我就要離開你們，離開這個世界，捨不得啊！…… 世上最美好的事莫過於主與我們同在。"這位溫和敦厚的老人一周後下葬在寓所旁邊、他自己創建的禮拜堂後花園，從這裏他每時每刻都可以看到母親冥居的"邦西田園公墓"（Bunhill Fields），夜闌人靜時可以感受到母愛的脈動。他一生朝齏暮鹽，采椽不斫，這位身後有十幾萬追隨者的歷史偉人被安放到靈柩後，留在人世間只有三樣東西：一襲破舊的牧師袍，一座收藏不算豐厚的社區圖書館，再就是他建立的統領人們精神生活的基督新教之宗派。

這位叫作約翰 · 衛斯理（John Wesley）的逝者，1703 年生於英格蘭東部林肯郡愛普沃思鎮（Epworth Lincolnshire），約翰是家中活至成年的九個孩子中之一，父母都是英國聖公會教徒，對孩子的教育和管束非常嚴格。1714 年十一歲的約翰被送到歷史悠久的著名公學倫敦查特豪斯學校（Charterhouse School）接受啟蒙教育。1720 年約翰 · 衛斯理進入牛津大學"基督堂學院"（Christ Church）學習。基督堂學院是亨利八世國王 1546 年建立的牛津主教座堂學院，牛津大學最大的學院之一，學院的基督堂是牛津主教座堂，歷史上有十三位英國首相出自這個學院。約翰 · 衛斯理四年後畢業，1725 年在基督堂擔任執事。1726 年他的弟弟查爾斯 · 衛斯理（Charles Wesley, 1707—1788）也來到同一所學院讀書。大學的學術氛圍和充裕的閒暇時間，使衛斯理兄弟有機會閱讀了大量書籍，包括托馬斯 · 坎佩斯[1]的靈修名著 *De Imitatione Christi*（《效法基督》）。據衛斯理兄弟日後講，研讀這些著作開拓了他的眼界和思路，對形成自己的神學理論幫助有加。1727 年約翰 · 衛斯理

1 托馬斯 · 坎佩斯（Thomas à Kempis, 1380—1471），相傳是中世紀德國坎佩斯地方的修道士，1441 年把自己畢生讀經、禱告、默想、靈修、講道、寫作、勸勉的實踐寫成靈修名著 *De Imitatione Christi*（《效法基督》）。

獲得碩士學位後，兑現對父親的為家鄉服務的承諾，回到愛普沃思擔任牧師。

在哥哥回愛普沃思的兩年期間，弟弟查爾斯．衛斯理在基督堂學院與同學們組織了一個神學俱樂部，稱為“牛津聖社”，1729 年約翰．衛斯理返回牛津，成為這個俱樂部的領袖。在十八世紀工業革命的大背景下，人們更多地關心科學進步、技術革新、社會矛盾和勞工問題，與以往相比人們對宗教的熱情和關注淡化了許多。衛斯理兄弟認為只有提高每個基督徒的靈性修養與道德水平，建立嚴密的組織，改變陳舊的佈道方式，才能挽救信仰危機。他們組織“牛津聖社”就是要與世俗傾向反其道而行之，每日清晨起床，祈禱、誦讚美詩，唸希臘文的新約聖經。當時英國聖公會要求教友每年領三次聖餐，“牛津聖社”的成員卻堅持每周日都參加聖餐儀式。他們主張認真研讀聖經、嚴格宗教生活、遵循道德規範，這種“宗教熱情”、“宗教興奮”招致周圍人的側目。面對指責，他們索性把自己稱為“循道者”（Methodists），原詞本意相當於中文的“因循守道”，1732 年後開始使用“循道宗”（Methodism）和“衛斯理宗”（Wesleyans）的名稱。

1735 年衛斯理兄弟前往美國，試圖把自己的思想帶到新大陸，但事與願違，擁躉者寥寥無幾，迫不得已兄弟倆不到兩年先後返回到英國，繼續在祖國推進未竟的事業。那個時代在英國，聖公會重視在上流社會傳佈福音，長老會和浸信會偏向中產階級和商人。約翰．衛斯理目睹英國工業革命使底層民眾成為失去土地、陷入貧困的無產者，由此帶來的一系列社會問題嚴重地衝擊了人們對傳統宗教信仰的信心和熱情。到窮苦的下層勞工階級中去佈道成為衛斯理兄弟及其“循道者”的不二選擇。他們擅長舉辦露天講道會，為沒有時間進教堂的人敞開無檻大門；他們喜好騎馬旅行，組織當地信徒自主互助學道、講道、佈道。他所建立的循道會跨及英格蘭、蘇格蘭、威爾士和愛爾蘭四個地區，帶動起英國福音派的復興，甚至傳播到其他英語地區。約翰．衛斯理傳道五十餘年，旅行佈道四十多萬公里，足跡遍及歐洲鄰近國家，講道會多達四萬多場。

循道宗的成員在聖公會內部一直受到排擠，除了約翰．衛斯理外，其他人都沒有被按立為牧師，不得已 1738 年英國循道會開始獨立傳道。為突破發展瓶頸，1739 年約翰．衛斯理把循道會傳道的目光再次投向海外，尤其是北美地區。雖然矛盾重重，但衛斯理兄弟終生沒有退出聖公會，認為自己只是要改良聖公會，並沒有背離聖公會的企圖，而大洋彼岸的美國衛斯理會於 1784 年公開與聖公會分道揚鑣。

衛斯理宗的思想傳播是席捲歐洲和北美的“大覺醒運動”的發動機，他們的事業也在這場運動中發展壯大。“大覺醒運動”（Great Awakening）是十八世紀四十年代到六十年代英格蘭和北美大陸掀起的一場洶湧的宗教改革運動，是一次爭取宗教自由和宗教復興的運動，在這個旗幟下形成的基本主張有：基督徒最高的美德為對上帝的愛，任何組織和個人不能濫用人們這一情感；個人將重生得救，上帝的拯救會降臨每一個人，人人平等，無貴賤之分；教會是民主獨立的組織，不得受任何政治威權的干涉，只能由重生的信徒選舉產生；人是世間萬物之尊，乃"自由之靈魂"，人們的良知和理性決定其信仰，任何組織不得誤導和干涉等。十八世紀末到十九世紀初"大覺醒運動"又在北美重新燃起，傳佈歐洲英格蘭、蘇格蘭和德國等地，史稱"第二次大覺醒運動"。

這兩次"大覺醒運動"也稱"北美宗教復興運動"，衝擊的是就時代而言相對比較傳統的路德宗、加爾文宗和安立甘宗。衛斯理會和浸信會在北美逐步站穩腳跟，獲得更大的生存空間，得到迅速發展和擴張，許多教徒參加衛斯理會和浸信會的活動。同時"大覺醒運動"催生了各種各樣新的宗教派別，如"降臨運動"、"恢復運動"、"聖潔運動"等，點燃了人們根據自己的體驗和見證重新解說不同信仰的熱情。

"大覺醒運動"給美國社會帶來三個意義深遠的根本變化，一是更加強調獨立意識的新教派別蠶食著新大陸居民對原宗主國的從屬觀念，促使他們在宗教信仰和社會政治上提出民主要求，形成"美利堅"的國家意識。二是使人人自由平等的普世原則影響到美國白人與黑人、奴隸主與奴隸的關係，對美國獨立戰爭和廢奴運動有著直接影響。三是美國婦女是"大覺醒運動"的生力軍，這一運動促使社會更多地承認她們在家庭的平等地位和對公共事務的參與權利。

約翰．衛斯理並不是傳統意義上的神學家，他的學說比較簡單易懂，從反對加爾文主義"預定論"出發，認為要成為一個好的基督徒需要經過成聖過程，即預設恩典、悔改、稱義、重生、成聖，最終成為"完全"、"聖潔"的人。恩典猶如房屋的前廊，任何人都可以前來，但若進到房屋裏面還是要經過稱義這個門檻。進了門檻還有許多的工作，要經過成聖的過程，方能生活得更好。他形象地將之比喻為門外、門檻、屋內三個階段。後人概括衛斯理神學的核心理論有：聖經是最高無上的權威，任何理論學說都不可取而代之；傳統的教會組織和理論必須顯示出超越宗派藩籬的普世精神；啟蒙運動所推崇的理性和基督教堅守的信仰是並行不悖的關係，合乎理性的信仰才是真實的信仰。

在教會管理體制上，衛斯理宗強調民主原則，平教徒和神職人員共同管理教會。英國衛斯理宗教會由選舉產生的平教徒和教士組成全國總評議會，在教義、聖職和禮儀上指導地區和地方堂會。聖禮由牧師主持，其他禮儀可以交由沒有聖職的平信徒，所有聖職人員一律平等。美國衛斯理宗通常採用會督制，最基層組織為地方教堂，教堂設有選舉產生的管理委員會；同一地區的各教堂每年召開評議會，任命牧師並討論本地區的教務。會督由教會總評議會選舉產生，全國總評議會為最高領導機構。

衛斯理宗在兩個世紀裏迅速在歐美各國傳播，除了提出革除舊的教會體制的弊端外，主要還體現在提出的社會改革現實訴求得到普遍認同。約翰．衛斯理認為社會貧困的原因不在於貧窮人的懶惰，而是富人的奢侈和浪費。他鼓勵基督徒“儘量多掙錢，儘量多存錢，儘量多給予”(gain all you can, save all you can, give all you can)，創造更多的財富是為了讓更多人能夠平等地分享財富。他的這些思想在洶湧澎湃的工業化時代是比較務實的、接地氣的。約翰．衛斯理等人熱心於“社會侍奉運動”，號召信徒救濟貧困者、探訪監獄犯人、設立孤兒院和養老院等。他鼓勵婦女在循道會中到任教職。他還是廢奴主義者，積極參與反對英國和美國的奴隸貿易和奴隸制度的活動，1774 年發表 *Thoughts on Slavery*（《對奴隸制的思考》）檄文，抨擊奴隸制，揭露了白人們將黑人商品化時所犯的罪行，奮力疾呼自由是每一個人類生命的權利，只要他們有著生命的氣息，任何人類的法律都不能剝奪他從自然法則中獲得的權利。

黑格爾指出自由觀念和人類的熱情是世界歷史發展的主要因素，“兩者交織成為世界歷史的經緯綫”[1]。沒有自由觀念，人類將失去自然法則；沒有熱情，世界上一切偉大的事業都不會成功。

1 〔德國〕黑格爾：《歷史哲學》，王造時譯，生活．讀書．新知三聯書店，1956 年，第 64 頁。

大英循道會

同治四年（1865）一位傳奇般的傳教士來到中國，盡其所能、傾其所有，把後半生的三十一個春秋都奉獻給他所熱愛中國人民，用自己的生命踐行了他的中國名字“李修善”應有的意義。

大衛．希爾（David Hill）1840年生於英格蘭約克郡（Yorkshire）一個有著循道宗信仰傳統的家庭，外曾祖父早在“大覺醒運動”時期就曾熱心地追隨過約翰．衛斯理佈道。待到他出生時家境頗為富有而祥和，父親開了家鞣革染色工場，母親悉心照料幾個孩子的生活起居和讀書學習。1856年母親去世後，大衛．希爾被父親送倫敦附近的里士滿（Richmond）一家神學院學習，畢業後被按立為牧師，回到家鄉的循道會教堂工作。

1864年底大英循道會派遣一批傳教士來華，大衛．希爾被擇選加入這個傳道派遣團，同行的還有本會和中華內地會的四位牧師。同治四年（1865）春，他們一行乘坐的郵輪在海上漂泊數月後終於在剛剛啟用的上海十六鋪碼頭靠泊。這時的中國早已不是馬禮遜、裨治文這些先驅者踏上這塊大地時的樣子了，門戶開放和洋務運動推動滿清迎來久違的新氣象，人們似乎已經聞到“同光中興”的氣息。就在他們幾位走下輪船的那個時刻，兩江總督李鴻章正在離碼頭不算遠的洋涇浜為自己籌建的江南製造局第一座鐵廠開業剪彩。

西學東漸的氛圍並沒有使這些洋教士忘記為自己起個好聽的、字義厚重的中國名字，在上海休整和學習中文期間，大衛．希爾的中文師爺根據他英文名字的諧音建議他叫“李修善”，告訴他按照中國佛學講法，本有之善叫做性善，由修而成之善叫

編者 Wesleyan Methodist Missionary Society
大英循道會
語言 英文
系列 Wesleyan Methodist Missionary Society, Serie R
大英循道會 R 系列
印製 1900s., Great Britain（英國）
尺寸 135mm × 85mm

◉ 李修善在山西向災民發放救濟券

David Hill distributing Tickets for Famine Relief to starving Chinese in Shansi

【原注】“1877年華北發生歷史上最嚴重的饑荒，七千萬人食不果腹，一千萬人罹難…… 李修善廢寢忘食，救民於水深火熱…… 使人們感受到基督教的慈愛。”

做修善。斷惡行善也與耶穌基督囑意，尤其與循道會的教義相符合。

三個月後，頂修半瓢式髮辮、頭戴六瓣黑色瓜皮帽、身著長袍馬褂的李修善搭江輪動身前往此行目的地華中漢口，開啟了被描繪成"聖徒"生涯的履歷。關於李修善踐行理想的故事非常豐滿悦人，他去世後不久，1903 年倫敦出版過他的傳記 *How David Hill Followed Christ*（《基督的僕從——李修善》），為他的嘉言善行蓋棺論定。從大處看，李修善在中華大地上留下的兩件事情是令人忠信篤敬、念念不忘的。

光緒三年（1877）華北的直隸、山東、山西、陝西、河南諸省發生前所罕見的旱災，引發"丁丑大饑荒"，餓殍成群，哀鴻遍野。英國浸信會傳教士李提摩太聞訊率先趕赴災害最重的山西，募捐賑災，並把所見慘況發佈至媒體，號召在華基督教差會以耶穌基督的精神救民於苦難。光緒四年（1878）李修善從漢口匆匆到山西臨汾，與那裏的中華內地會德治安[1]牧師共同賑災。孑然一身、生性簡樸的李修善把父親掙下的豐厚家產都用在他所熱愛的事業上。"儘量多地掙錢，儘量多地存錢，儘量多地施予"，在這件事情上希爾父子是徹徹底底的衛斯理之忠徒。當年傳教士大多不相信官府的作為，他們的慈善工作通常會繞開衙門，獨立自行。李修善在災區不忍心看到啼飢號寒之難民，自掏銀兩，購糧、購衣、購藥，挽救了無從統計的生命。災情稍緩，李修善和德治安在臨汾創辦男女小學各一所。

李修善在臨汾與中華內地會合作佈道，最著名的事例是"降服"當地破落秀才席子直。席勝魔（1835—1896），原名席子直，山西省平陽府臨汾縣人，出身書香富家，十六歲中秀才，後染上鴉片煙癮，荒廢事務，把祖傳良田改種罌粟。"丁丑大饑荒"後他參加李修善選才考試，拔得頭籌，據説通過認真研讀聖經，這個傲慢不遜的孔孟學子、自負偏見又嗜毒如命的秀才，終為基督之愛所感化，1879 年皈依天主。席子直在李修善苦口婆心的勸告下，把戒掉毒癮當成與惡魔的戰鬥，成功後改名席勝魔。為幫助他人遠離毒品，席勝魔設立名叫"天招局"戒煙館，四鄉散見。浪子回頭的席勝魔後來成為華北一帶著名的基督教宣道士，有著李修善深深的烙印。1886 年在"復興太谷教會"四傑見證下，戴德生為席勝魔按立牧師，負責平陽、洪洞、大寧等地的福音工作。

李修善完成山西賑災任務返回漢口後，撰寫了 *Mission Work in Central China: A Letter to Methodist Young Men*（《華中的傳道事業——致循道會青年的一封信》，London, 1882）、《耶穌聖教戒煙説略》（漢口聖教書局，1883）。光緒十二年（1886）李修善又動用父親的資金在漢口普愛醫院旁邊購置土地一宗，兩年後建成"漢口訓盲書院"，收留瞽目兒童學習文化知識和生活技能。李修善請來一位北京盲人學校的畢業生來教點字，又請來一位精於手工藝的傳教士向學生傳授謀生之道。他自己更是與學

1 德治安（Joshua J. Turner），英國人，1876 年受中華內地會派遣來華，先後在江蘇、安徽、湖北傳道；1884 年赴山西開教，創建臨汾教區。德治安的夫人柯麗梅（Anne Crickmay），中華內地會傳教士，1876 年來華，駐揚州，1881 年與德治安結婚，隨夫駐山西太原。

生們住在一起，形同家人，深受學生們愛戴。李修善結合法國人布萊爾（Braille）所創的凸字盲文和“康熙盲字”，依據聲母韻母原則創造了中國人比較容易掌握的“李修善盲文法”，還幫助漢口中國聖教書會編寫盲文版聖經。“李修善盲文法”改善了中國的盲文教育。

光緒二十二年（1896）復活節後不久，李修善積勞成疾病逝漢口，年僅五十六歲。在基督新教來華傳教士裏，李修善的宣教業績或許遠不及馬禮遜、楊格非等人，然而他的斷惡行善的精神、樂善好施的品性贏得許多中國人的尊敬。出殯當日，漢口長江江面上停泊和往來的輪船為之下半旗致哀，盲校學生和同會事工為他扶櫬。人們在送行隊伍最盡頭可以看到簇新的墓碑，碑陰鐫刻著出自聖經的一句話：“因為人子來，並不是要受人的服事，乃是要服事人，並且要捨命，作多人的贖價。”（《馬可福音》第 10 章第 45 節）李修善一生都在想著怎樣“服事人”，等待著耶穌基督的救贖。

1938 年日軍進攻武漢，李修善留在世間唯一的有形遺產“漢口訓盲書院”戰火中夷為平地，識文斷字、略負技能的孩子們四散他鄉。

約翰・衛斯理在世時以及逝後，他所創立的循道宗在英國形成幾個宗會，儘管這些派別遠沒有北美大陸那樣黨同伐異、派別林立，說其各自為政也不過分。英國的循道宗承繼海外宣教的傳統，有多家差會曾經來華傳佈福音。

“大英循道會”（Wesleyan Methodist Missionary Society, WMMS）成立於 1786 年，咸豐三年（1853）派傳教士郭修理[1]到廣東佈道，在華亦為“英國美以美會”，闢出廣州、佛山、韶州教區。同治元年（1862）郭修理又到湖北和湖南開教，先期建立漢口教區，陸續拓展至武昌、廣濟、武穴、德安、漢陽、大冶、隨州、鍾祥等地。大英循道會在湖南遇到挫折，直到光緒二十八年（1902）才在長沙立足，由此進入祁陽、寶慶、平江、永州、益陽等地佈點。

英國聖道公會（United Methodist Church Mission, UMC）成立於 1857 年，同治三年（1864）來華，主要在直隸的北京、天津、唐山、永平，山東的樂陵、惠民，雲南的昭通、東川、昆明等地活動。其中的一支英國聖道公會差會（Foreign Missions of the United Methodist Free Churches, UMFC）在浙江的寧波和溫州傳道，中文稱“寧波偕我會”，取自衛斯理遺言：“世上最美的事，莫過於神與我們同在”。聖經基督教會（Bible Christian Church）成立於 1845 年，光緒十年（1884）來華，在雲南佈道。光緒三十三年（1907）這三家循道宗差會合併組建“英國循道公會”（United Methodist Free Churches, UMFC），1931 年按照民國政府要求，該會註冊屬地名稱為“中華循道公會”。

1 郭修理（Josiah Cox, 1829—1906），生於英格蘭蒂普頓（Tipton），受大英循道會派遣來華，1853 年抵廣州；1861 年結識了太平天國將領洪仁玕，嘗試在太平軍控制地區開教未果；1862 年到武漢，創建漢口宣教站，1887 年因患重病後回國。

Wesleyan Methodist Missionary Society, China

大英循道會中國系列

編者　Wesleyan Methodist Missionary Society
　　　大英循道會
語言　英文
印製　1900s., E.G.（英國）
尺寸　140mm × 90mm

The New Block of the Hankow Men's Hospital.
This hospital comprises two wards of ten beds each, and in these wards many patients, young and old, have been healed and have had the Gospel preached to them, and havegoneaway blessing the Spirit which has prompted the erection of such hospitals as the "Hospital of Universal Love."
Wesleyan Methodist Missionary Society, 17 Bishopsgate Street Within, E.G.

◉ **漢口男子醫院新樓**

The New Block of the Hankow Men's Hospital

【原注】"這家醫院有兩個病房，每個病房有十張病床。無論老少病人在這裏都可以得良好治療。醫院還向他們宣講福音，病人出院後也能享受'博愛醫院'的精神祝福。"

這幢樓建於光緒十六年（1890）。同治元年（1862）郭修理到湖北開教，建立漢口教區。同治三年在郭修理謀劃下，大英循道會派遣醫學傳教士施維善[1]到漢口，在漢正街租民房行醫。1866年施維善在漢正街彭永巷旁修建新醫院，借"普天同慶回天手，愛物長存造物心"之意稱為"普愛醫院"。1866年他修造醫院樓，設男女病房各兩間；1870年施維善因病回國後普愛醫院停診。1887年大英循道會派何福善[2]到漢口重張普愛醫院，1888年創建漢口普愛婦嬰醫院，1890年在漢正街新建男醫院。何福善去世後醫院又稱"何福善紀念醫院"（Hodge Memorial Hospital）。

1　施維善（Frederick Porter Smith, 1833—1888），英國人，1863年受大英循道會派遣與妻子來華，1864年到漢口，在漢正街金庭公店創辦施診所，初期主要接收內科疾病及皮膚病、眼病等，免費施醫給藥。1866年施維善在漢正街彭永巷旁籌建的新醫院落成了，改名為"普愛醫院"。1870年施維善因病回國。

2　何福善（Sinney Rupert Hodge, 1859—1907），生於倫敦，畢業於劍橋里奇蒙神學院，1887年作為大英循道會醫學傳教士來華，任漢口普愛醫院院長，1888年創建漢口普愛婦嬰醫院，1890年在漢正街新建男醫院；逝於漢口，葬廬山牯嶺。

"Glorious First Born."
Photo. by Rev. J. S. Helps.
A Chinese laddie who was a victim of barbarous Chinese surgery which left him with a stiff elbow after treatment for a dislocation. At the "Hospital of Universal Love" (the Chinese name for our Hankow Men's Hospital) the joint was excised, and now he can use his arm, and is able to lift weights and work for his living.
Wesleyan Methodist Missionary Society,
17 Bishopsgate Street Within, E.C.

Boys in the David Hill Blind School Weaving Baskets.
Photo. by Mr D. Entwistle.
They have been trained to a high state of efficiency, and are very clever at making basket chairs, tables, tea carriers, &c., and on leaving the school are thus able to earn a living.
Wesleyan Methodist Missionary Society, 17 Bishopsgate Street Within, E.C.

"The Inmates of the David Hill Blind School at Physical Drill."
Photo. by Mr D. Entwistle
It is no easy thing to teach the blind to take such exercise, but the efforts of the Instructor have been rewarded in many ways, not the least being a healthier body, and, in consequence, a healthier mind.
Wesleyan Methodist Missionary Society, 17 Bishopsgate Street Within, E.C.

❶

❷

❸

❶ 榮獲新生

Glorious First Born

【原注】"這位中國小夥子在監獄受到虐待，胳膊脫臼落下殘疾。他在漢口普愛醫院做了關節手術，手臂可以提起重物，生活如常。"

【拍攝】赫永襄（J. Sidney Helps），大英循道會傳教士，1902 年來華，駐湖北崇陽、武穴。

❷ 李修善訓盲書院的孩子學習蔑工

Boys in the David Hill Blind School Weaving Baskets

【原注】"孩子們得到較好的培訓，可以熟練地編製桌椅、茶罐等，離開學校後自謀生計。"

【拍攝】楊大中（D. Entwistle），大英循道會傳教士，1891 年來華，常駐漢口。

❸ 李修善訓盲書院孩子的體育課

The Inmates of the David Hill Blind School at Physical Drill

【原注】"盲人教育實踐並非易事，而收穫卻是多方面的，不僅有健康的體質，也會有健康的心靈。"

Wesleyan Methodist Missionary Society, Serie M

大英循道會 M 系列

編者 Wesleyan Methodist Missionary Society（W.M.M.S.）
大英循道會

語言 英文

印製 1900s.,（英國）

尺寸 140mm×90mm

◉ **漢口訓盲書院音樂課**

The Blind Musician

【原注】“失明在中國兒童中非常普遍，在沒有基督之愛拯救的地方，他們只能乞討為生，受盡羞辱。李修善牧師創辦漢口訓盲書院為這些孩子帶來慈愛。”

❶

❷

❸

❶ 身著五彩繽紛衣服的孩子們玩接龍

"Oranges and Lemons" À la Pigtail

【原注】"美以美會管理的'漢陽李修善女子寄宿學校'一群快樂可愛的孩子。"

❷ 街頭流浪兒童

Guttersnipes in China

【原注】"他們會茁壯成長嗎？他們會被基督救贖嗎？或許會的，他們只要服從耶穌的指引。"

❸ 中國孩子做操

Chinese Children at Drill

【原注】"'嶢嶢者易折，皎皎者易污'這句俗語用在當代中國意味深遠。強大的中國對於世界究竟是'黃禍'還是'黃福'，是為基督教的責任。"

Real Photo Series

大英循道會傳教士系列

編者 Wesleyan Methodist Missionary Society
大英循道會
語言 英文
印製 1920s., Methodist Publishing House, London（倫敦循道會出版社）
尺寸 140mm × 90mm

◉ 懷特海牧師

Rev. Silvester Whitehead

懷特海（Silvester Whitehead, 1841—1917），1841年生於英國艾斯加斯（Aysgarth），早年一直與父母居於家鄉。1866年他加入大英循道會，受遣來華，1867年與妻子伊莎貝拉·福斯特（Isabella Foster）到廣州佈道，在中國育有三個孩子。懷特海回憶自己的傳道經歷時講過，當年英國商人在華販賣鴉片給他們的傳道工作造成許多障礙，中國人不分青紅皂白憎恨一切外國人，連帶憎恨外國的宗教。中國人認為英國人憑著堅船利炮把鴉片強加給中國人，泯滅良心，貽害無窮，在英國人眼裏中國人是連奴隸都不如的"苦力"（Coolies）。1877年懷特海返回英國，擔任英國循道會巡迴牧師，在華佈道的經歷和反對鴉片貿易常常是他佈道宣講的主題。1904年至1905年懷特海擔任英國循道會主席。

Ningpo District

寧波偕我會系列

編者 United Methodist Free Churches: Home and Foreign Missions
寧波偕我會

語言 英文

印製 1900s.

尺寸 140mm×90mm

UNITED METHODIST FREE CHURCHES: HOME AND FOREIGN MISSIONS.

Chinese Farmers, Ningpo District.

◉ 寧波農民

Chinenes Farmers, Ningpo District

寧波偕我會教育系列

編者 United Methodist Free Churches: Home and Foreign Missions
寧波偕我會
語言 英文
印製 1910s.
尺寸 140mm×90mm

❶ 溫州藝文學堂

New College, Wenchow, China

溫州藝文學堂是大英循道會著名傳教士蘇慧廉[1]創辦的中文學校。早在光緒四年（1878）寧波偕我會曾在溫州嘉會里巷辦有學塾，1887 年蘇慧廉在天燈巷續辦了男童學塾，蘇慧廉夫人蘇路熙[2]主持校務，五年後正名為“藝文學堂”，1907 年遷至墨池坊楊柳巷。藝文學堂採用中華教育課本，開設算術、歷史、地理、英語，每天上課，學生達三百多人，是溫州當時最大的一所小學。

❶

❷

❷ 寧波華英斐迪學堂

Methodist College, Ningpo

大英循道會傳教士闞斐迪（Frederick Galpin, 1842—1932）同治八年（1869）來華駐寧波，1877 年在開明街購地建造禮拜堂，稱“開明講堂”；又將寧波“大書房”遷至開明講堂，迻譯為“斐迪書房”，再遷入老外灘，更名“華英斐迪書院”。1906 年在泗州堂建新校舍，稱作“華英斐迪學堂”，辛亥革命後稱“寧波斐迪學校”。1935 年與美國浸信會、大英循道會舉辦的“四明中學”合併為“浙東中學”。闞斐迪於 1881 年創辦中文月刊《甬報》，還曾參與寧波土白羅馬字聖經的翻譯；1896 年攜眷離華回國。

---

1 蘇慧廉（William Edward Soothill, 1861—1935），出生於英格蘭約克郡，循道會傳教士，光緒七年（1881）來華駐溫州，次年創編了“用拉丁字拼音代替漢字”的甌音拼音文字，光緒二十三年（1897）創辦浙南最早的西醫院“定理醫院”，光緒二十九年（1903）完成新約溫州話全譯本，光緒三十二年（1906）擔任山西大學堂校長。蘇慧廉 1911 年回英國，1920 年擔任牛津大學漢學教授，編著《中國佛教術語詞典》等，逝於牛津。

2 蘇路熙（Lucy Farrar Soothill, 1858—1931），英國人，1884 年受大英循道會派遣來華，當年與蘇慧廉在上海完婚，隨夫到溫州佈道，著有 *A Passport to China*（《中國之行》）。她的長女謝福芸（Dorothea Soothill, 1885—1959）生於溫州，1913 年與漢學家和探險家謝立山（Alexander Hosie, 1853—1925）結婚。二十世紀二十年代蘇路熙撰寫長篇小說“旅華四部曲”：《名門》、《中國淑女》、《嶄新中國》、《潛龍潭》，被譽為“英國的賽珍珠”。

美國循道會

1955 年有位漢學家披露了一段過往史料。公元前 53 年羅馬共和國三巨頭之一的克拉蘇帶領幾萬人的第一軍團遠征安息帝國，在卡雷戰役中波斯埋伏而潰敗，有萬餘人飄蕩至中亞，落腳康居國。東漢元帝建昭三年（公元前 36 年），郅支城匈奴單于作亂，漢將西域都護騎都尉甘延壽和副校尉陳湯矯詔與匈奴人在郅支城都賴水對陣，匈奴單于僱傭了一支羅馬軍隊出現在郅支城，他們的盾牌連成魚鱗形狀的防禦形式，並在城牆外構築重木城，這是羅馬帝國特有的陣法和戰術。這支僱傭兵就是當年克拉蘇的羅馬軍團的殘部。匈奴郅支城戰敗後，當了漢軍俘虜的羅馬軍人定居甘肅犁鞬古城，張掖郡驪軒村由此而來。

講述這個撩撥中國民族情感故事的是位叫作德效騫的美國漢學家。德效騫（Homer Hasenpflug Dubs），字閔卿，又記戴柏誠；祖父母和外祖父是出生在德國的第一代移民，美國衛斯理宗信徒。其父德慕登（Charles Newton Dubs, 1862—1936）生於伊利諾伊州普萊恩菲爾德（Plainfield），曾獲神學博士學位，1889 年德慕登與何馬利在美國俄亥俄州結婚，1892 年在伊利諾州迪爾菲爾德（Deerfield）生下德效騫。光緒二十六年（1900）德慕登夫婦奉美國遵道會派遣來華，初居漢口學習漢語，次年到湖南辰州和湘潭尋找開教機會，光緒二十八年（1902）他們在長沙東牌樓附近購隙地一處，修建了教堂、診所和小學堂；1912 年在醴陵開辦小學校，後擴展為設置中小學的“醴陵遵道學校”。1914 年何馬利在上海病故，1922 年德慕登續弦，與女同工官太姒[1]結婚。1936 年德慕登逝於在長沙，為了紀念這位開教者在當地教育事業上的貢獻，長沙東牌樓教堂更名為慕登堂。

德效騫八歲那年跟著父母來到陌生的中國，在湖南生活兩年後獨自返回美國接受教育，1910 年至 1914 年間先後在歐柏林學院（Oberlin College）和耶魯大學學習哲學，1916 年獲哥倫比亞大學哲學碩士學位，1917 年被紐約聯合神學院（Union Theological Seminary）授予神學碩士學位。1918 年德效騫在新婚妻子陪伴下回到中國，在南京習中文，後到長沙看望鰥居多年的父親，在父親勸說下留在湘潭參加遵道會的宣道服務。1924 年他返回美國攻讀博士學位，次年以關於中國哲學家荀子的論文通過芝加哥大學博士學位答辯。隨後十年他在美國兩所大學過著教書育人的平靜生活，1925 年至 1927 年在明尼蘇達大學、1927 年至 1934 年在馬歇爾學院（Marshall College）擔任哲學教授。

在漢學研究領域德效騫的看家本事是兩漢史和荀子學說。早在南京學習漢語時，有一天德效騫在傳教士聯誼會上偶然結識時為金陵神學院教授的司徒雷登（John Leighton Stuart, 1876—1962）先生，

1 官太姒（Minnie Gohn），美國人，美國遵道會女傳教士，1912 年來華，駐長沙，1922 年與德慕登結婚，稱德太姒（Minnie Gohn Dubs），隨夫駐醴陵，1950 年回國。

二人初次見面無話不談，從在華傳道聊到改善中國教育，德效騫介紹了自己身份和經歷，請教司徒雷登對自己日後投身漢學研究的意見。司徒雷登對這位少己一代的後生頗為欣賞，談了自己對中國文化的看法，認為西方漢學家研究先秦諸子時對荀子關注不夠，而荀子的學說對發展衛斯理宗神學理論頗可借鑒。這次見面後他們各奔東西，司徒雷登去了北京籌建燕京大學，德效騫去了湖南襄助父親佈道。他後來在芝加哥大學選擇博士論文題目時想起司徒雷登的建議，撰寫了 *The Philosophy of Hsüntze: Ancient Confucianism as Developed in the Philosophy of Hsüntze*（《荀子哲學：對儒家學說的發展》）。此後有關荀子的課題成了他的研究專項，1927 年出版 *Hsüntze: The Moulder of Ancient Confucianism*（《荀子：古代儒學之塑造者》，London: Arthur Probsthain）；次年又出版選譯本 *The Works of Hsüntze*（《荀子著作》，London: Arthur Probsthain）。

1934 年德效騫得到卡耐基基金會資助，受美國學術團體協會（American Council of Learned Societies）聘請專職翻譯中國經典《前漢書》。1938 年 *The History of the Former Han Dynasty, a critical translation with annotations*（《《前漢書》譯注》）第一卷出版後他離開美國學術團體協會，先後任教於杜克大學、哥倫比亞大學、哈特福德神學院（Hartford Seminary）。1944 年《前漢史》第二卷出版，1947 年德效騫獲得漢學研究最高大獎——儒蓮獎。此年榮譽加身的德效騫受牛津大學誠邀，擔任英國漢學前驅理雅各和蘇慧廉創立、虛位已久的漢學講座教授，1959 年退休，1969 年逝於牛津。

十八世紀中期衛斯理宗借力“大覺醒運動”傳至北美大陸，1784 年在巴爾的摩正式成立了美國循道會（Methodist Episcopal Church）。1844 年由於北南兩方在廢奴和奴隸制等一系列社會和政治問題上的分歧，美國循道會分裂為北南兩派“美北循道會”和“美南循道會”，為了便於區分，他們來華後，前者的中文稱為“美國美以美會”（Methodist Episcopal Church, MEC），後者的中文稱為“美國監理會”（Methodist Episcopal Church, South, MECS）。美國美以美會於道光二十七年（1847）來華，在華東、華北、華中諸省都可以見到該會傳教士匆忙疾步的身影。1869 年成立的“美國美以美女差會”（Methodist Episcopal Woman's Foreign Missionary Society, WFMS），同治十年（1871）也派遣女傳教士來華傳道，活動區域與男差會大致重疊。美國監理會的傳教士於道光二十八年（1848）抵達上海，在太湖周圍府鎮非常活躍。1939 年美國美以美會、美國監理會和美普會彌補之間的分歧，求同存異，成立聯合組織，中文稱“中華監理公會”（The United Methodist Church）。

十八世紀德裔美國人群體裏有位小有名氣的衛斯理宗信徒雅各布·奧爾布賴特（Jacob Albright, 1759—1808），其父母 1732 年從德國巴拉丁（Palatine）移民到美國賓夕法尼亞。雅各布．奧爾布賴特最初隨父母信奉路德宗，1790 年改奉衛斯理宗。1800 年開始他在賓夕法尼亞組織一些德裔移民宣講衛斯理的理論，贏得日益增多的追隨者，1803 年正式成立有著自己特色的衛斯理宗組織“奧氏人民運動”（Albright's People, Die Albrechtsleute）。這個團體特別重視教育傳道，在美國國內和海外側重於舉辦學校，幫助貧困民眾改善情智。1808 年雅各布．奧爾布賴特患肺結核，英年早逝。基於“奧氏人民運動”有著比較濃重的德國路德宗傳統，1816 年正式稱為“衛斯理宗福音會”（Evangelische Gemeinschaft, EG）。創始領袖去世後，衛斯理宗福音會分裂成四五家小宗派，都曾派遣傳教士到中國拓展。北美聯合福音會（United Evangelical Church Mission, UECM）1859 年成立於克利夫蘭，光緒二十六年（1900）來華，中文名字為“遵道會”，在長沙、醴陵、湘潭、茶陵、攸縣佈道。光緒三十年（1904）北美福音會（Evangelical Association Mission, EAM）也來到中國，在湖南的辰州、沅陵，貴州的銅川、銅仁佈道。1922 年本來沒有什麼原則分歧的這幾家差會合併，統稱“美國遵道會”。

在這個派別林立的基督新教差會中，美國衛斯理宗在中國的影響非常大。晚清至民國基督教在華舉辦的十三四所高等教育學府裏，美國循道會參與九所大學的建立，或是發起者或是參辦方。在南京，光緒十四年（1888）美國美以美會舉辦匯文書院，宣統二年（1910）與美國長老會、美國浸信會的學校合併成立金陵大學；1915 年美國美以美會又聯合另外七家基督教公會創辦金陵女子學院。在北京，光緒十五年（1889）美國美以美會舉辦懷理書院，後改名為匯文大學，1917 年美國美以美會發起將基督教各差會在華北的匯文大學、華北協和女子大學、通州協和大學合併，成立司徒雷登任校長的燕京大學。在蘇州，同治十年（1871）美國監理會創辦存養書院，光緒二十六年（1900）聯合美國美以美會改建為東吳大學。在濟南，英國循道會和美國美以美會女差會的名字也出現在光緒三十年（1904）成立的齊魯大學發起人名單上。在成都，宣統二年（1910）美國美以美會參與美國浸信會和加拿大長老會發起成立的華西協和大學。在福州，美國美以美會 1914 年創建華南女子學院，1915 年參與四公會聯合籌建的福建協和大學。在武昌，1924 年美國美以美會是參與美國聖公會文華書院改制為華中大學的四公會之一。南京著名的金陵神學院（Nanking Theological Seminary）也是在循道會 1911 年開辦的“聖道館”（The Fowler School of Theology）基礎上擴建而成的，延綿至今。

Woman's Foreign Missionary Society of the Methodist Episcopal Church, Serie A

美國美以美女差會中國 A 系列

編者 Woman's Foreign Missionary Society of the Methodist Episcopal Church
美國美以美女差會

語言 英文

印製 1900s.

尺寸 140mm × 85mm

❶ ❷ ❸

❶ 婚禮伴娘
A Field Woman in Bridal Array

❷ 坐等拍照
Sitting for Their Picture

❸ 中國寶匣
A Box of Precious China

Woman's Foreign Missionary Society of the Methodist Episcopal Church, Serie B

美國美以美女差會中國 B 系列

編者 Woman's Foreign Missionary Society of the Methodist Episcopal Church
美國美以美女差會
語言 英文
印製 1930s.
尺寸 150mm × 100mm

❶ 北京慕貞女校的課間活動

Recess at Methodist School for Girls, Peking

同治十一年（1872）美國美以美會女傳教士班美瑞[1]和博慕貞[2]兩個女教士來到北京，在崇文門孝順胡同亞斯立堂創辦美以美會女學堂，班美瑞擔任校長，次年班美瑞脱離校務後博慕貞繼任校長，1883 年博慕貞離職。1906 年為紀念博慕貞校名改稱“慕貞書院”（Muchen Methodist Middle School for Girls）。慕貞女校與匯文、育英、貝滿並稱京城“四大教會名校”。

❷ 中國西北的小姑娘和護士

Little Girl and Nurse, North West China

❶ ❷

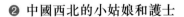

1 班美瑞（Maria Kane Brown, 1857—1937），生於美國馬薩諸塞州的弗雷明翰（Framingham），美以美會女教育傳教士，1871 年來華駐北京，1872 年創辦美以美會書院，任校長，1873 年與同會傳教士達吉瑞（George Ritchie Davis）結婚後離開學校；逝於俄亥俄州金士頓（Kingston）。

2 博慕貞（Mary Q. Porter, 1848—1906），生於美國賓夕法尼亞州的阿雷哈尼城（Allegheny City），美以美會女教育傳教士，1870 年畢業於格蘭德威學院（Grandview Academy），1871 年來華駐北京；1872 年與班美瑞聯手創辦美以美會書院，次年繼任校長；1882 年與同會傳教士賈腓力（Frank Dunlap Gamewell, 1857—1950）結婚，辭去校長，他人接任。1900 年博慕貞義和團運動期間返回美國；逝於新澤西州。

Woman's Foreign Missionary Society of the Methodist Episcopal Church, Serie E

美國美以美女差會 E 系列

編者 Woman's Foreign Missionary Society of the Methodist Episcopal Church
美國美以美女差會
語言 英文
印製 1910s., Newvochrome, Berlin（柏林）
尺寸 140mm×90mm

❶

❷

❶ 中國花轎

Chinese Bridal Chair

❷ 放學歸來

The Familly Starts Home from Training School

❶
❷

❶ 貞節牌坊

Widow's Arch. In honor of Long Faithfulness to Husband's Memory

❷ 革命者攻破福州佔領這座小山

Hill Occupied by Revolutionists When Foochow was Taken

此圖為福州三山之一的于山，相傳戰國時古民族“于越氏”的一支居此而得名，有六鰲勝跡、煉丹井、九仙觀、平遠台、定光白塔寺、法雨堂、戚公祠、五老崗、榕壽岩以及宋代摩崖石刻等。1911 年武昌起義爆發後，福建革命軍佔領于山，迫使滿清官員投降並交出政權。今闢于山大士殿為“辛亥革命紀念館”。

Methodist Episcopal Church

美國美以美會特卡

編者 Methodist Episcopal Church
美國美以美會

語言 英文

印製 1910s., Cincinnati, U.S.A.（美國辛辛那提）

尺寸 140mm × 88mm

CHURCH YARD AT BING-HAI, CHINA, HINGHUA CONFERENCE M. E. CHURCH
SHOWING A "BLYMYER" BELL JUST ARRIVED AND BEFORE PLACED IN TOWER
THE CINCINNATI BELL FOUNDRY CO., SOLE MAKERS, CINCINNATI, OHIO, U. S. A.

◉ 美以美會興化莆田天道堂鐘樓的"布萊梅鐘"

Church Yard at Bing-Hai, China, Hinghua Conference M. E. Church
Showing a "Blymyer" Bell Just Arrived and Before Placed in Tower

同治三年（1864）美國美以美會進入福建興化府，光緒二十年（1894）在莆田（Bing-Hai）坊巷購得"奕世金紫"故址改建教堂，稱"天道堂"，可容納千人聚會。1896年興化教區成立年議會（Hinghua Conference M. E. Church），轄有莆田、涵江、黃石、笏平、仙遊五個教區，總堂設在"天道堂"。隨著信徒增加，1915年天道堂在馬台里擇地擴建，1918年竣工。天道堂建築融中西建築藝術風格為一體，屋頂採用中國傳統的挑檐與翹角的造型，瓦屋面，門窗則採用哥特式造型，向外凸出，使牆面富於變化。外牆採用粗糙的花崗岩條石砌築，具有立體感。教堂的設屋架為鋼筋混凝土結構，內部寬敞明亮。

這張明信片記述新天道堂鐘樓竣工前從美國布萊梅公司訂製的大鐘運抵教堂庭院的情景，教友們寫下"厚貺遠臨，令人深省，聲聞於外，永矢弗諼"。

METHODIST EPISCOPAL CHURCH, SOUTH

美國監理會系列

編者　Methodist Episcopal Church, South
　　　美國監理會
語言　英文
印製　1910s., 洗印
尺寸　150mm×90mm

◉ 上海昆山路傳教士之家

The Missionary Home, Quinsan Road, Shanghai

上海昆山路的傳教士之家是美國監理會林樂知牧師創建的傳道基地。林樂知（Andrew Young John William Allen）1836 年生於美國喬治亞州伯克縣，在牛頓郡的斯塔維爾中學讀書期間加入美南循道會，1858 年畢業於埃默里學院，當年與瑪麗．休斯頓（Mary Houston）結婚。1859 年林樂知夫婦攜帶新生兒離開紐約，咸豐十年（1860）抵上海。他取"一物不知，儒者知恥"之意起名林樂知，字榮章。為糊口謀生，林樂知在清政府辦的廣方言館作英文教習，又應徐壽之請在上海江南製造總局翻譯館譯書，主要譯著有《格致啟蒙博物》、《格致啟蒙化學》、《格致啟蒙天文》、《格致啟蒙地理》、《萬國史》、《歐羅巴史》、《德國史》、《俄羅斯國史》、《印度國史》、《東方交涉記》、《列國歲計政要》、《列國陸軍制》、《新聞紙》、《地學啟蒙》等。1876 年清政府為表彰林樂知在譯書和教學方面的貢獻授予他五品頂戴。

1868 年林樂知創辦周刊《教會新報》（*Church News*），1874 年改名為《萬國公報》（*The Globe Magazine*），內容偏重於介紹"西學新知"，蜚聲海內外。1887 年《萬國公報》成為廣學會機關報，1907 年林樂知在上海病逝，《萬國公報》停刊。

◉ **上海昆山路傳教士之家南區**

The Missionary Home, Quinsan Road. (Southern Aspect). Quinsan Road, Shanghai.

林樂知在上海虹口昆山路一帶購置大片土地作為傳道基地，又稱昆山花園（Quinsan Garden），1882 年在昆山路路北創辦“中西書院”和印書館（Christian Book Home），在路南建造教師和傳教士宿舍，1886 年在此成立美國監理公會總部，中西書院大樓的底層是作為教堂和傳道站的“監理會堂”，林樂知為首任主任牧師兼任中西書院院長。1900 年美國監理公會將蘇州博習書院（Buffington Institute）、宮巷中西書院和上海中西書院合併在蘇州天賜莊成立“東吳大學”，林樂知擔任董事長，上海中西書院原址改為東吳大學第二附屬中學。1915 年第二附屬中學利用教室開辦夜校“東吳法科”，1919 年經民國政府教育部批准立案，東吳法科改為“東吳法學院”，1922 年遵照國民政府的宗教與教育分立規定，美國監理會拆除“傳教士之家南區”，在東吳法學院對面興建了當時上海規模最大的基督教堂“景林堂”，以示景仰林樂知之意。宋慶齡姐妹三人與她們的父母都在景林堂慕道，其父宋耀如（1864—1918）曾是中西書院的教員，宋美齡（1898—2003）參加過景林堂唱詩班，1930 年蔣介石（1887—1975）在此受洗。

Missionaries to China

美國遵道會傳教士系列

編者 United Evangelical Church Mission
北美聯合福音會
語言 英文
印製 1910s., Cleveland（克利夫蘭）
尺寸 140mm × 90mm

◉ 鄧維真夫婦在伊利諾伊迪克遜恩典堂

Rev. Irving Dunlap (Pastor)
Mrs. Irving Dunlap
Grace Evangelical Church, Dixon ILL

【原注】"鄧維真夫人在伊利諾伊女青年訓練學校工作。"

鄧維真（Irving R. Dunlap, 1883—1952），美國遵道會北美聯合福音會牧師，1909 年與夫人來華，在湖南醴陵佈道；1932 年回國，在克利夫蘭、巴爾的摩、伯大尼等福音堂擔任牧師。

Hunan

美國遵道會女差會湖南系列

編者　Woman's Home and Foreign Missionary Society of United Evangelical Church
北美聯合福音會女差會
語言　英文
印製　1910s.
尺寸　140mm × 90mm

❶
❷
❸

❶ 長沙女校

Our Woman's School, 1911, Changsha, China, with its Founder and Beloved Teacher, Mrs. Dubs.

Our Woman's School, 1911, Changsha, with its Founder and Beloved Teacher, Mrs. Dubs

【原注】"我們1911年在長沙創辦的女子學校，和藹可親的創辦人和教師德夫人。"

從時間看，這位德夫人應該是德效騫的生母何馬利（德馬利）。何馬利（Emma Matilda Hasenpflug, 1862—1914）生於俄亥俄州洛雷恩縣布朗海姆鎮（Brownhelm Lorain），1889年在美國俄亥俄州與德慕登結婚，1892年在伊利諾州迪爾菲爾德（Deerfield）生下獨子德效騫。光緒二十六年（1900）德慕登夫婦奉美國遵道會派遣來華，1902年他們在長沙東牌樓附近購地修建了教堂、診所和男女學堂；1912年在醴陵開辦"醴陵遵道學校"。1914年何馬利在上海病故。

❷ 醴陵街景

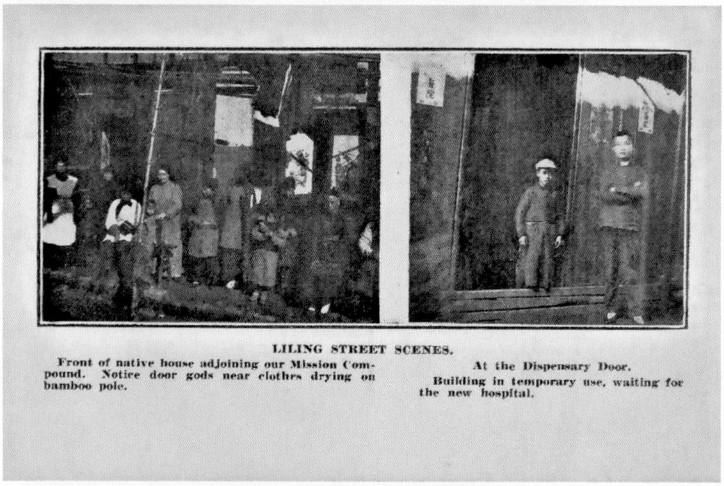

LILING STREET SCENES.

Front of native house adjoining our Mission Compound. Notice door gods near clothes drying on bamboo pole.

At the Dispensary Door. Building in temporary use, waiting for the new hospital.

Liling Street Scenes

【原注】（左）"與我們宣教站一牆之隔的土屋門前，晾衣服竹竿旁邊是門神。"（右）"藥房門口。這是臨時場所，正在修建新的醫院。"

❸ 醴陵日校

OUR DAY SCHOOL, LILING, CHINA.

Our Day School, Liling, China

光緒三十二年（1906）美國遵道會在醴陵開辦遵道小學，辛亥革命後升格為遵道中學。校園主體是一座當地人稱為"紅樓"的建築"遵道樓"，仿耶魯大學教學樓式樣設計，雖非那麼宏偉龐大，卻鶴立雞群，引人注目。

編者 Evangelical Association Mission
北美福音會
語言 英文
印製 1920s.
尺寸 150mm×90mm

北美福音會特卡

Miss Schuerman in Chinese Costume

Aug. 1 1921

Dear Friend:

This is to acknowledge your contribution of $ 120 for the support of Miss Clara Schuerman, missionary in China.

Thanking you for your interest and help in this work, I remain,

Sincerely yours,

Mrs. P. W. Brown

Sec'y Young Women's Work.

◉ **身著中式服裝的許爾蒙姑娘**

Miss Schuerman in Chinese Costume

【原注】"親愛的朋友：請您捐獻120美金支持中國傳教士許爾蒙姑娘。真誠地感謝您對女青年事業的關心和幫助。"

許爾蒙（Clara E. Schuerman），北美福音會女傳教士，1916年來華，初在南京學漢語，奉派貴州銅仁在教會醫院任職。

Fukien Christian University, Foochow, China

福建協和大學系列

編者 Methodist Episcopal Church
美國美以美會

語言 英文

印製 1920s., Curt Teich & Company, Chicago, U.S.A.（芝加哥柯特・泰赫出版公司）

尺寸 140mm × 90mm

◉ 福建協和大學校園

The Campus, Fukien Christian University, Foochow, China

福建協和大學是世界著名基督教教育家高綽牧師創建的中國高等學校。高綽（John Franklin Goucher）1845 年生於美國賓夕法尼亞州的韋恩斯伯勒市（Waynesboro），1868 年畢業於狄金森學院（Dickinson College）。大學畢業後高綽加入衛斯理會，在馬里蘭州巴爾的摩縣擔任牧師，他的努力在當時贏得很高聲望，多次受世界基督教教育協會（World Council of Christian Education）的委託到日本和中國幫助籌建學校，曾在日本澀谷建立青山學院（Aoyama Gakuin）。1885 年高綽在巴爾的摩建立女子學院，1890 年擔任校長，後來這所大學稱為“高綽學院”（Goucher College）。

1911 年高綽到福州，聯合美國循道會、美國公理會、美國長老會和美國聖公會籌辦新的大學，1915 年成立董事會，擬訂校名為“福建協和大學”（Fukien Christian University），1916 年於福州倉前山正式開課，各公會將各自在福州及閩南的英華書院、格致書院、三一書院、尋源書院等校的高年級學生吸納為一年級學生。福建協和大學專業設置側重文、理、農科。1919 年高綽在成都南門外鬻門街開辦“華美模範高等小學”，後來發展為“南台寺高綽初級中學”。1922 年高綽因貧血症在馬里蘭州派克斯維爾的家中去世。

◉ **福建協和大學莊才偉科學館**

E.C. Jones Memorial Science Hall, Fukien Christian University, Foochow, China

1922 年福建協和大學擇福州於鼓山之麓、閩江之濱的魁岐鄉建築新校舍，大小數十座饒有東方古典風味的精緻建築峙立江東，背倚鼓山，面俯閩江之流，遠山凝翠，江帆如畫。1925 年文學院、科學館及大小三十座校舍先後落成。

莊才偉（Edwin Chester Jones）1880 年生於紐約法拉盛（Flushing）的衛斯理會牧師家庭，1898 年畢業於馬薩諸塞州的維爾布拉姆學院（Wilbraham Academy），1904 年以“美國大學優等生榮譽學會”（Phi Beta Kappa）資格畢業於衛斯理學院，同年受美國循道會差遣來華宣教，在福州英華學院講授物理、化學。1915 年福建協和大學董事會聘任莊才偉為首任校長。1923 年莊才偉因患腦炎辭職回美國，次年去世，1925 年福建協和大學將新落成的科學館命名為“莊才偉科學館”（Edwin Chester Jones Memorial Science Hall）。

William Nast College, Kiukiang

九江南偉烈大學

編者 Methodist Episcopal Church
美國美以美會
語言 英文 中文
印製 1900s.
尺寸 140mm × 90mm

◉ 九江南偉烈大學校

William Nast College, Kiukiang

九江，匡廬擁翠，彭蠡漁歌，長江通途，物阜民淳，人物薈萃，文化發達，譽稱“真如過化之地，文章節義之邦”。同治五年（1866）美以美會傳教士赫斐秋夫婦來華，初駐福建，次年轉江西九江開教，在城外土橋口建教堂，附設“埠閬小學”。1881 年德裔美國人庫思非[1]夫婦來華駐九江，掌理埠閬小學校務，改制為完全學校“九江同文書院”。庫思非在校園內掘得三大罎窖藏古幣唐開元通寶運至美國變賣，所得款項擴建校舍，1905 年同文書院增設大學課程，為紀念德裔美國衛理宗領袖南偉烈（William Nast, 1807—1899）易名“九江南偉烈大學校”（William Nast College）或“南偉烈書院”。1917 年因辦學經費窘迫取消大學課程，後稱“南偉烈中學”或“同文中學”。

---

1 庫思非（Carl Frederick Kupfer, 1852—1925），生於德國圖林根州格賴茨縣的卡岑多夫，幼年時隨父母移民美國西弗吉尼亞州的惠靈，1881 年畢業於華萊士學院後與莉迪亞（Lydia Esther Krill, 1859—1944）結婚，同年受美以美會差遣庫思非夫婦來華，擔任九江同文書院校長。1888 年後庫思非赴鎮江、南京等地傳道，1901 年出任南偉烈大學校長。1918 年庫思非被教會指控在第一次世界大戰中同情德國而不忠於美國，被責令退休；1925 年逝於漢口，葬九江。

加拿大循道會

四十多年前，1976 年筆者在川藏兵站部成都南門兵站服役，某日受傷，門齒折斷，痛苦不已。營房西邊不遠就是華西大學，我對那裏熟門熟路，當飼養員時那個芳草茵茵的美麗校園是我打豬草的“領地”。華西口腔醫院冷冷清清，大夫們對我這個解放軍戰士熱情有加，輔助治療後特別請專家給我鑲牙。那是一位白髮蒼蒼的老大夫，溫文爾雅，和藹可親。樁冠的合金樁是他用自家的黃金首飾做的，居然沒有收我額外費用。我現在還記得這位老大夫叫黃天啟，那年他八十歲了，為了給我這個大兵看牙剛剛從“牛棚”召回。

“北協和、南湘雅、東齊魯、西華西”，其中的“西華西”指的是成都的“華西協和大學”。光緒二十五年（1899）加拿大英美會啟邇德牧師與美國美以美會畢啟牧師策劃在四川創辦一所高等學校，二人一拍即合，隨後成立“華西基督教教育協會”推進籌備工作。在川五家差會“加拿大英美會”、“美國美以美會”、“美國浸禮會”、“大英行教會”、“公信會”聯袂在成都府南河畔創辦當地人稱為“五洋學堂”的華西協和大學，啟邇德被推舉為董事會主席，畢啟出任校長。光緒二十六年華西協合大學正式開學，以醫學為主，兼顧文理。

啟邇德（Omar Leslie Kilborn），字樹滋，1867 年生於加拿大安大略省弗蘭克維爾（Frankville, Ontario）鄉村的鐵匠家庭。啟邇德與哥哥一起經營鐵路電報以及從加拿大販賣牲畜到英國等生意，掙得學費，就讀於金斯敦的女王大學（Queen's University in Kingston），獲得了化學碩士學位和醫學博士學位。他婉拒女王大學的留校邀請，選擇加入加拿大循道會的醫學佈道工作，光緒十七年（1891）與新婚妻子到中國。翌年他們從上海到達成都，兩個月後妻子不幸死於霍亂，1894 年他與同工啟希賢（Retta G. Kilborn, 1864—1942）結婚，夫婦倆在成都四聖寺街開了一家後來稱為“仁濟醫院”的診所，初期主要為傳教士和教友服務。1911 年為救治辛亥革命戰鬥中受傷的士兵，啟邇德夫婦創建了當地的紅十字會，遂將“仁濟醫院”改為“紅十字會福音醫院”（Gospel Hospital of the Chinese Red Cross Society）。啟邇德在華西協和大學兼任教授，親自給學生講授化學、生理學、眼科、兒科等課程，以畢生之力把華西協和大學辦成中國最好的醫科大學和醫療中心。1920 年啟邇德因肺炎在家鄉去世，埋葬在多倫多芒特普萊森特公墓（Mount Pleasant Cemetery），死訊傳到中國，人們在成都文廟為他舉行祭奠儀式。

啟邇德一家三代及姻家都為中國醫學嘔心瀝血，卓功赫赫。其夫人啟希賢參與創辦華西協合大學醫科並擔任醫科教師，精於兒科診治，還講授藥理學、毒理學課程，是在華西協合大學工作的第一位科班出身的女醫生。啟邇德的長子啟真道（Leslie Gifford Kilborn, 1895—1972）生於四川嘉定府（樂山），1913 年進入多倫多大學維多利亞學院學習，1921 年與同學啟靜卿結婚，作為加拿大循道會醫學傳教士攜妻返回四川，次年擔任華西協和大學生理系主任；1927 年再返洋深造獲醫學博士、藥學博士、宗教文學博士，回成都任華西協和大學生物學教授，1936 年任醫學院院長，1939 年至 1947 年任醫牙學院總院長；1952 年在香港大學任生理學教研室主任。啟真道的夫人啟靜卿（Janet Rodger McClure Kilborn, 1894—1945）生於美國賓夕法尼亞州匹斯堡，就讀多倫多大學維多利亞學院獲醫學博士，1921 年任華西協和大學教授，講授兒科學和醫學英語，主持眼科醫院。啟靜卿的父親羅維靈（William McClure, 1856—1956）生於加拿大魁北克拉許特（Lachute），畢業於麥基爾大學（McGill University）醫學系，任職蒙特利爾綜合醫院，1888 年作為加拿大長老會醫學傳教士來華駐河南，1889 年與同工瑪格麗特（Margaret Ann Baire）結婚，1917 年任齊魯大學醫學教授，抗戰爆發後離開中國，逝於多倫多。[1] 啟氏三代懸壺，神州百年濟民。

華西協和大學另一個創辦者畢啟（Joseph Beech）1867 年出生於英國的一個小商販家庭，六歲隨家移居美國，家境不寬裕，小學畢業後輟學打工三年，攢錢得以進入一所神學學校，1895 年就讀衛斯理大學文學院，四年後獲哲學博士學位和神學博士學位。光緒二十六年（1900）他受美國循道會派遣達到重慶，創辦曾家岩學堂。1904 年畢啟與在當地教書的女教師內莉（Nellie Miriam）結婚，婚後夫婦倆遷居成都，參與幾家差會創辦的"華西教育會"，為四鄉民眾建立了十餘所西式學堂。畢啟作為華西協和大學校長，很多精力用於募捐辦學資金和校舍建設，經他四處遊説，四川都督、商業大亨慷慨解囊，甚至袁世凱（1859—1916）也為畢啟捐款四千大洋。幾十年間畢啟往返太平洋兩岸，前前後後從美國募得三百萬餘美金。畢啟聘請英國著名建築師設計校園，尤其是以中西合璧建築理念修築的華西鐘樓，為華西壩建築群中最具代表的建築，蘊含著一種奇妙的衝突而和諧、對立而交融的美感。1930 年按民國政府要求畢啟把校長職務移交給中國人，自己擔任校務長。1946 年七十九歲高齡的畢啟回到美國，1954 年逝於伊利諾伊州迪克遜（Dixon Illinois）。

華西協合大學的教師大多來自英國劍橋、牛津、加拿大多倫多，美國哈佛、耶魯等院校，學校也聘請前清優貢、舉人、進士、翰林等作為國學教員，"萃取各科以為之極，蓋會通乎中外天人之理"。華西協合大學最出色的學科是口腔醫學。加拿大循道會醫學傳教士林則[2] 1907 年與新婚妻子林鐵心[3] 來華，在啟邇德的仁濟醫院設立牙診所，後在四聖祠禮拜堂邊上修建號稱"遠東第一"的牙症醫院。1917 年林則進入華西協合大學，創辦牙科系、口腔病院、醫牙研究室、口腔病研究室等，在

1 參閱 Bertha Hensman, *The Kilborn Family: A Record of a Canadian Family's Service to Medical Work and Education in China and Hongkong*, The Canadian Medical Association, 1967.

2 林則（Ashely Woodward Lindsay, 1884—1968），生於加拿大魁北克，1900 年考入多倫多大學皇家牙醫學院，獲醫學博士學位；1907 年受加拿大循道會派遣來華，在成都開設牙診所和牙科醫院；1917 年進入華西協合大學任醫學院牙科大夫，1919 年組建牙醫科任主任，1928 年創建口腔醫院任院長，1932 成立牙科博物館；1950 年回國。

3 林鐵心（Alice Winifred Taylor Lindsay, 1881—1980），加拿大人，1907 年與林則結婚，同年受加拿大循道會派遣來華，駐成都。

他的領導下華西口腔被稱為中國現代口腔醫學的發軔地和搖籃。1919 年林則成功勸說報考醫科的黃天啟轉到牙科系，成為他第一個弟子。黃天啟（1892—1985）出生在四川青神縣，中學畢業後來到成都深造。林則兩次保送黃天啟到自己的母校加拿大多倫多大學牙學院留學獲牙醫博士學位，據說黃天啟是第一位學習牙科的亞洲人。1950 年被譽為"中國現代牙醫學之父"的林則離華回國，而他身後留下的恢宏事業為人銘記。

加拿大循道會（Canadian Methodist Mission, CMM）1824 年成立於安大略省多倫多，在加拿大和衛斯理宗裏影響不算大，在中國傳道事業卻做得風生水起、有聲有色。光緒十七年（1891）加拿大循道會派遣赫斐秋[1]夫婦，以及醫學傳教士啟邇德夫婦、司徒芬孫[2]夫婦、何忠義[3]夫婦，加拿大循道會女差會傳教士阿米莉婭（Amelia Brown）等來華，因長江流域發洪水，他們滯留上海一年多才抵達目的地四川，在華稱為"英美會"。1892 年赫斐秋在成都設立第一個傳道站，啟邇德和司徒芬孫醫生在四聖寺街開設診所。光緒二十一年（1895）四川發生排教事件，英美會在成都的會院、醫院、教堂和學校被燒毀和劫掠，府衙拘捕啟邇德和司徒芬孫，指控他們用毒品謀害中國孩子、掏心取肺做實驗，後又無罪釋放，但與他們一起被捕的十三名中國人則被斬首示眾。

1897 年英美會在嘉定府（樂山）創辦"嘉定教文館"，1904 年遷至成都遷四聖祠北街 20 號，更名"華英書局"（Canadian Mission Press），這是基督教在中國西部開設的唯一出版機構，1906 年發行《華西教會報》。華英書局及其報刊在社會上影響最大、最有聲有色的活動是支持啟希賢發起成立的成都"天理足會"，為此設立"蜀天理足會書局"，發行大量反纏足宣傳傳單和海報，還出版過四川前總督岑春煊的《不纏足官話淺說》。華英書局還印製多種反鴉片、反香煙、反賭博、反不愛衛生、反戰爭的小冊子，啟迪民智，開明社會。[4]華英書局關注傳教士的漢學研究，出版過陶然士[5]的 *The History, Customs, and Religion of the Ch'iang, An Aboriginal People of West China*（《華西土著羌族之歷史風俗和宗教》，1920），鍾秀芝[6]的 *Studies in Chinese*

1 赫斐秋（Virgil Chittenden Hart, 1840—1904），美國人，1866 年受美以美會派遣來華到福州，1867 年到九江，開闢江西教區，任會督，創辦九江同文中學；1884 年前往鎮江，開創華中教區，創辦鎮江崇實女中；1888 年因健康問題返美；1891 年受加拿大循道會派遣與妻子（Adeline Gilliland Hart）再次來華，1892 年抵成都，1894 年修建成都四聖祠禮拜堂，1897 年在嘉定府創辦英華書局；著有《華西：峨眉遊記》。

2 司徒芬孫（David W. Stevenson），加拿大人，1891 年受加拿大循道會派遣攜妻來華，駐成都。

3 何忠義（George Everson Hartwell, 1862—1945），加拿大人，1891 年受加拿大循道會派遣攜妻（Lilie May Hartwell）來華，駐成都；著有 *Granary of Heaven*（《天上糧倉》，1939）。

4 參見周蜀蓉：〈加拿大差會在華西地區的社會文化活動〉，載《宗教學研究》2013 年第 3 期，第 234 頁。

5 陶然士（Thomas Torrance, 1871—1959），生於蘇格蘭，1896 年受中華內地會派遣來華，1910 年接受大美聖經會在成都業務，在汶川羌族部落佈道；1935 年後主持華西協和大學博物館。

6 鍾秀芝（Adam Grainger），英國人，在克里夫（Cliff）和利文斯通（Livingstone）學院接受傳道培訓，1889 年受中華內地會派遣來華，在灌縣佈道，1921 年逝於成都；著有 *Western Mandarin: or the Spoken Language of Western China*（《西蜀方言》，成都華英書局，1900 年）。

Life（《中國習俗研究》，1921），啟邇德的 *Chinese Forms of Politeness*（《中國禮儀》，1926）等。

1895 年在多倫多成立的加拿大循道會志願組織"青年宣教促進會"(Young People's Forward Movement for Missions)，1902 年開始陸陸續續派遣會員來華，為英美會和華西協和大學補充新鮮血液。英美會在四川先後設立的傳道站有成都（1892)、嘉定府（1894)、榮縣（1905)、仁壽（1907)、彭縣（1907)、自流井（1907)，瀘州（1908)、重慶（1910)、涪州（1913)。1910 年英美會接管倫敦會在四川的全部傳道業務。

1925 年"英美會"與河南的加拿大公理會(Union of the Congregational Churches)、廣東江門的加拿大長老會（Canadian Presbyterians）合併為"加拿大聯合會"(United Church of Canada, UCC)，各自保持獨立執牧和禾場。此後"英美會"亦稱為"華西宣道會"(West China Mission)。

英美會在四川主要進行醫學傳道。華西協和大學多數醫學科系是英美會傳教士建立的，林則之牙科學、啟希賢之兒科學、米玉士[1]之藥理學、啟真道之生物學、啟靜卿之眼科學等，篳路藍縷，以啟山林。

1 米玉士（Edwin Nelson Meuser, 1880—1970），加拿大人，多倫多大學藥學士，賓夕法尼亞大學藥學博士，1909 年受美國循道會派遣來華佈道施醫，駐重慶，主理寬仁醫院藥房；1913 年改隸英美會，駐成都，在任華西協和大學講授藥學，1932 年組建藥學院，任主任。

Canadian Methodist Mission, Series Mission

英美會中國宣教系列

編者 Young People's Forward Movement for Missions
加拿大循道會青年宣教促進會

語言 英文

印製 1900s., Toronto（多倫多）

尺寸 140mm × 85mm

M 7. The W. M. S. Girls' School, Rensheo.

◉ 英美會仁壽女校

The W. M. S. Girls' School, Rensheo

【原注】"這是一張仁壽女校的照片，所攝人物為該校教師福克斯[1]姑娘和她的學生們。英美會在中國辦學成績顯著，女傳教士們認真進取的精神廣受好評，毋庸贅言。女孩們在學校學習到基督教知識和西方文明，泮林革音。英美會學校致力於兒童和婦女教育，功在當代，利在千秋。"

1 福克斯（B. Fox），加拿大循道會女傳教士，1903 年來華，1905 年到仁壽。

M 1. The Ancient Split Pagoda of Penhsien.

◉ 彭縣龍興寺古塔

The Ancient Split Pagoda of Penhsien

【原注】"成都向西北到彭縣一天路程，這是一座擁有三萬居民的美麗城市。令人感興趣的建築是這座古老的長方形寶塔。可能由於地震或其他原因，塔的結構從頂端裂到底部，有四分之一塔身已經倒塌，當地人傳說一個盜賊竊走塔中一些寶物帶到了瑨江邊，正要上船時，空中傳來陣一陣巨響，竊賊和他的不義之財被天石埋在河底。寶塔殘缺的那四分之一被視為神靈懲罰竊賊的證據。信不信由你，傳說而已。"

龍興寺坐落在四川省彭州市城北口，始建於東晉咸康三年（337），初名"大空寺"，梁武帝永定二年（558）志公禪師擴建寺院，唐玄宗開元六年（718）詔號"龍興寺"。清末緬甸國王贈送玉佛一尊，印度國王送舍利子《貝葉》、日本國贈送大藏經，古寺由以釋迦牟尼佛真身舍利寶塔聞名天下。龍興寺舍利子寶塔位於寺內正前方，是中國現在僅存的十九座真身舍利佛塔之一。寶塔始建東晉義熙二年（406），原為天竺僧人曇摩掘義（智洗禪師）所建木結構塔，五代預知禪師改建為密檐式磚結構塔，青磚壘砌，塔體方形，密檐十七級，高三十五米，六十八角皆懸馬蹄鈴。明末清初塔體從上至下四角分裂，並墜去東北一角。

M 18 A picturesque Riverside Temple, Dsiliudzing.

M 3 A Wayside Temple on the road to Penhsien.

M 8. A Quaint Idol, between Renshco and Yuinhsien.

❶ ❸
❷

❶ 自流井風景如畫的河畔寺廟

A picturesque Riverside Temple, Dsiliudzing

【原注】"河上漂著木船，左岸有一座美侖美奐的道觀。這條流經自流井的小河在瀘州匯入長江，河道很淺，只能築壩截留，通過吃水不深的小船。"

此為始建於清中期的"王爺廟"，坐落在自貢自流井市中區的釜溪河畔，背倚龍鳳山，依山臨水，獨踞形勝，廟中保存有完好的戲台。憑欄眺望，河中怪石突兀，被稱作石龍過江；對岸綠樹掩映，桃花庵若隱若現，石板古道。蜿蜒岸邊，琉璃亭、神道碑分立道旁。石崖上刻有"喚魚池"三個大字，相傳為蘇東坡墨寶。前人曾題詠道："天生峽口險尤奇，王爺廟裏好題詩"。

❷ 彭縣路邊的寺廟

A Wayside Temple on the road to Penhsien

【原注】"中國路邊的寺廟比比皆是。彭縣附近這座寺廟有華麗的雕塑和美侖美奐的屋頂，這張照片讓人看到其建築和裝飾的古樸之美，還有與其他大多數寺廟一樣的美麗的園林。這就是中國的建築。"

❸ 仁壽和容縣附近一尊古樸造像

A Quaint Idol, between Rensheo and Yuinhsien

【原注】"仁壽和容縣的鄉間景色宜人，片中適早春時節，稻田一望無垠，回清倒影，風光旖旎。路邊有一尊古樸造像，在中國隨時隨地都可遇到。"

Canadian Methodist Mission, Series Tibet

英美會中國藏區系列

編者 Young People's Forward Movement for Missions
加拿大循道會青年宣教促進會
語言 英文
印製 1900s., Toronto（多倫多）
尺寸 140mm × 85mm

❶

❷

❶ 漢藏交界名城打箭爐，海拔八千五百英尺

The Famous City of Tachienlu on the border of Chinese Tibet (8500 ft)

【原注】"打箭爐是漢藏交界的一座美麗城市。苦力們把大量茶葉從雅安運到這裏，再用皮囊重新包裝，由馬匹或牦牛運到西藏腹地。這座城市高出海平面八千多英尺，位於大山腳下，這些大山綿延到世界屋脊的最高點——海拔一萬英尺、兩萬英尺、兩萬兩千英尺或更高——山頂終年覆蓋著積雪，山體陡峭。進入打箭爐到處可見藏民、古色古香的商店、狹窄的街道、穿著新奇的人們。藏族是一個身體素質很好的民族，面容聰慧、高大魁梧、氣度不凡。"

❷ 一位藏民牽著他的牦牛從內地去打箭爐

A Tibetan and Yak from the interior coming in to Tachienlu

【原注】"一位來自內地的藏人穿著厚厚的外套，牽著他的牦牛，馱著草藥和其他一些在城裏買到的物資，沿著湍急的河流去打箭爐。這是一個非常有特色的場景。"

T 5 The Famous City of Tachienlu on the border of Chinese Tibet (8500 ft).

T 10. A Tibetan and Yak from the interior coming in to Tachienlu.

Canadian Methodist Mission, Series Yangtse

英美會中國揚子江系列

編者 Young People's Forward Movement for Missions
加拿大循道會青年宣教促進會
語言 英文
印製 1900s., Toronto（多倫多）
尺寸 140mm×85mm

Y 21. The "Snorter", A Missionary Cargo boat.

◉"潛水員"和傳教士的貨船

The "Snorter", A Missionary Cargo boat

【原注】"新來的傳教士通常有許多家具和食品，他們乘坐的船裝不下，必須僱用一艘或多艘小貨船裝載這些貨物，也許是為了分散乘坐更為方便。這種貨船有特別之處，一個被稱為'潛水員'的苦力，坐在船頭長長的伸跳板邊，當縴繩被岩石中纏結時，他就跳入河中，解開縴繩。"

Canadian Methodist Mission, Series Wasi Tribes

英美會中國瓦寺部落系列

編者　Young People's Forward Movement for Missions
　　　加拿大循道會青年宣教促進會
語言　英文
印製　1900s., Toronto（多倫多）
尺寸　140mm × 85mm

瓦寺土司，即瓦寺宣慰司，嘉絨十八土司之一，今在四川汶川縣境內，是由今西藏地方部落奉皇命遠征來此地的。明代中葉，在西藏加渴地方，有一部落酋長瓊布思六本．桑朗納斯壩臣服於明王朝，於明宣德元年（1426）入京貢物獻經，後奉旨“馳驛回藏，永綏南荒”。瓦寺土司初定駐牧汶川所轄地有涂禹山三寨和四山三寨，自明代神宗六年因嘉獎和政治原因多次增封領地。順治九年（1652）清廷授第十五代瓦寺土司曲翊伸安撫司職。瓦寺土司又獲臥龍、耿達、三江等地十一寨。

❶ 海拔六千英尺的色柯寨子

Soh's "chaltze" or fortified village, 6000 ft. above the sea

【原注】“讓人難忘的這座四川半封閉部落的石頭村莊。這裏海拔6000英尺，曾是色達土司的權力中心，管轄著數英里的山地和山谷。這座奇特的石塔有點像工廠的大煙囪，是為防禦而建的，四面都有許多洞孔，用來射擊。”

色達縣是四川省甘孜藏族自治州轄縣，地處四川省阿壩州、甘孜州和青海省果洛州相交處，是甘孜州海拔最高、氣候最寒冷、自然條件最差的以藏民族為主的聚區。色達縣高原風光秀麗，藏傳佛教寺廟比較集中，全部為紅教寺廟，除了著名的五明佛學院，還有吉祥藏經院、甲學鄉的拉則寺、納折貢巴寺以及打龍寺、色拉寺等。降魔塔位於色柯鎮，塔基包括外圍經房一百米，高五十二米，共九層，石木結構。

❷ 色柯寨的喇嘛廟

The Lamasery at Soh's "Chaize"

【原注】“部落成員都是藏傳佛教的信徒，在稍大的村莊有喇嘛寺或者僧院。這座色柯寨佔地非常大。在部落藏民中盛行的喇嘛教本來是印度佛教與西藏原始的自然崇拜的結合物，實際上對人們的思想和道德毫無幫助。”

❶

❷

W 3.　Soh's "Chaitze" or fortified village, 6000 ft. above the sea.

W 4.　The Lamasery at Soh's "Chaitze".

Anti-footbinding Society

四川天理足會系列

編者 加拿大英美會
語言 英文
印製 1900s., 蜀天理足會書局，成都
尺寸 140mm × 85mm

◉ **崇州天理足會成員**

Members of the Anti-footbinding Guild, Chonchow

“天理足會”（Anti-footbinding Society），又稱“天足會”，源於加拿大英美會女傳教士啟希賢在成都發起的反對女子纏足運動。啟希賢（Retta Gifford）1864 生於加拿大安大略省麥福特（Meaford）的農民家庭，就讀多倫多醫學院，是當時加拿大鳳毛麟角習的女醫學生。啟希賢獲外科碩士、化學碩士、醫學博士學位，畢業後在一家私人診所工作。光緒十八年（1892）受加拿大循道會青年宣教促進會的派遣，她作為醫學傳教士到四川，翌年與啟爾德結婚。1913 年啟希賢在成都惜字宮南街開設中國西部第一家婦女醫院“仁濟女醫院”，還建立戒毒所，幫助鴉片癮君子。啟希賢是四川倡導女性解放的天理足會的創辦者、四川反對纏足第一人。初到上海時啟希賢結識了正在籌組天足會總會的英國人立德夫人（Archibald Little, 1845—1926），了解到中國婦女纏足的陋習，遂決心向纏足的惡習宣戰，在成都籌建“四川天理足會”，向天理足會成員宣講纏足的危害，要求成員寫下契約，為父母者發誓不讓家中的女子纏足，未婚者發誓娶天足女為妻，契約一分為二，教會和成員各存一契。光緒二十九年（1903）啟希賢的努力得到四川總督錫良的支持，下令各州府縣將“勸禁男人吸煙婦女纏足”的告示貼遍城鎮街道、水陸碼頭，各州府縣也紛紛籌組天足會。啟希賢在成都文殊院舉辦了放足大會，盛況空前。當年有打油詩曰：“女生三五結香儔，天足徜徉極自由。小塑膠鞋新買得，歸途更續踏青遊。”[1] 1933 年年逾七十的啟希賢離開成都回國，1942 年病逝於多倫多。

1 參閱四川省地方志工作辦公室：〈啟希賢：清末四川反對纏足第一人〉，載《方志四川 · 記憶》，2020 年 9 月 1 日。

中國伯特利會

近代基督教在華傳道史上有兩位赫赫有名的女傳教士胡遵理和石美玉，她們創建的傳道會普及甚廣，流傳不衰。胡遵理（Jennie V. Hughes）1874年生於美國新澤西州的傳教士家庭，是早期來華傳教士胡佐治[1]牧師的女兒，1905年她受美國美以美會差遣來華，駐南昌市宣佈福音。1906年南昌縣知縣江召棠（1849—1906）應法國天主教遣使會王安之[2]神父之請到教堂赴約，因糾纏舊案發生衝突，受傷身亡。當地民眾火燒教堂四座和法文學堂，殺死王安之神父和五位學堂教員，累及英國基督教兄弟會傳教士金傳安一家三口死於非命，即轟動一時的"南昌教案"。胡遵理及時駕駛一艘帆船帶著劫後餘生的傳教士逃離南昌，前往九江，出任諾立女書院院長。1915年她在這裏結識了終身好友石美玉醫生。石美玉（Mary Stone）同治十二年（1873）生於湖北黃梅一個家道中落但尚且溫馨又相愛的小家庭，她的父親石宅嵎（1838—1901）是江西美以美會最早的華人牧師，母親是教會女校的校長，託父母的基督信仰，她從未被要求裹足。七歲時她家境不濟，隨父親到江西九江謀生。當時美以美會來華傳教士昊格珠[3]在九江創辦儒勵女校，父母的教徒身份使得石美玉有機會進入教會學校讀書。1880年昊格珠回美，經石宅嵎認可把石美玉帶到美國留學。1892年石美玉中學畢業後考入密歇根大學學醫，1896年獲得博士學位，1900年她在多種優渥職業面前選擇回國，回到九江，次年經朋友介紹得知，芝加哥著名醫生但福德（I. N. Danforth）為紀念過世的妻子，希望捐資在中國修建一所醫院，石美玉幫助他實現了願望，當年"九江但福德醫院"投入運營，她自任院長，又附設"但福德護士學校"，前後培養了五百多名護士派往國內醫院。

胡遵理和石美玉一直想建立自己的傳道組織，曾召集志同道合的姐妹在廬山建立牯嶺蓮谷佈道夏令營。1919年胡遵理和石美玉回美國辛辛那提的美國循道會總部述職，與總部的人發生不愉快，甚至弄得連回國的盤纏都沒有。二人指責美國循道會也深受神學自由主義的浸潤，過度高舉人的理性，妄圖用人的有限理性理解無限的神，背離正統神學理論。她們二人萌發擺脱美以美會約束、創

1 胡佐治（George Hughes, 1823—1904），美國醫學傳教士，清同治年間曾在廈門等地傳教。

2 王安之（Jean-Marie Lacuche, 1871—1906），法國人，1895年加入法國遣使會，1896年晉鐸，同年來華，在贛北傳道，死於南昌教案，葬九江。

3 昊格珠（Gertude Howe, 1847—1928），又記昊格矩，美國人，石美玉的養母，美以美會教育傳教士，1873年來華，駐江西九江。

立“本色化”教會的想法。1918 年石美玉和余日章[1]、陳維屏[2]、蔡蘇娟[3]、誠靜怡[4]、胡素貞[5]等七人，在廬山牯嶺組建“中華國內佈道會”（Chinese Home Missionary Society），聘請李瓊階為執行幹事。這是華人自發的第一個佈道組織，主要在雲南和西康開展活動。

1918 年底，石美玉獲得洛克菲勒基金會的資助，進入美國約翰 · 霍普金斯大學醫學院研修。1920 年石美玉完成研修後回國，辭去了美國循道會的職務，在上海創立伯特利會（Bethel Mission），在南市製造局路設立伯特利會院。

1930 年伯特利會接待了美國循道會的亞斯伯里大學環球佈道團（Asbury College World Evangelistic Team）的中國之行，效果頗佳，1931 年得到胡遵理和石美玉的支持，計志文[6]等同工仿效成立“伯特利會佈道團”（Bethel Bands），足跡遍及長城內外、大江南北、內地邊陲、高原雪域，據說有四十萬人聽過他們的佈道。1937 年淞滬會戰爆發，醫院搬到法租界白賽仲路，孤兒院分散內地多處，伯特利神學院遷往香港九龍嘉林邊道。胡遵理和石美玉結伴赴美國，退休後定居加州，先後逝於 1951 年和 1954 年。

1 余日章（1882—1936），湖北蒲圻人，自幼奉教，就讀武昌聖公會附設小學，1895 年進武昌文華書院；後入上海聖約翰大學；1908 年赴美就讀哈佛大學；1911 年回國，創辦紅十字會，參加武昌起義，後任黎元洪英文秘書，1917 年任全國青年全國協會總幹事和中華全國基督教協進會會長，參與孫中山《建國方略》的撰著工作；1927 年擔任蔣介石和宋美齡證婚人；逝於上海。

2 陳維屏（1876—1972），字碩卿，北京人，1911 年赴美入波士頓大學獲神學和哲學博士學位，1920 年回國受聘為金陵神學院教授；1932 年任駐悉尼總領事；1948 年赴台，任本堂神父。

3 蔡蘇娟（1890—1984），中國基督教佈道家，生於南京，十六歲時在美北長老會傳教士查理 · 李曼（Charles Leaman）設立的明德女子學校讀書，皈依基督；1921 年隨李曼到美國各地證道，曾受到哈定總統的接見；1931 年在上海患嚴重光敏症，不得視物；1949 年移民美國賓夕法尼亞，1953 年出版口述見證 *Queen of the Dark Chamber*（《暗室之後》）；逝於美國。

4 誠靜怡（1881—1939），字敬一，出生於北京的八旗家庭，父親是倫敦會牧師，她就讀於倫敦會在北京開辦的英華書院，1896 年又進入倫敦會在天津設立的養正書院讀神學；1903 年至 1906 年赴倫敦協助文書田牧師從事和合本聖經的翻譯工作，隨後進入格拉斯哥的聖經訓練學院攻讀神學，1908 年畢業後回到北京擔任東城米市胡同教堂牧師，1913 年擔任中華續行委辦會幹事；主持編輯出版《中華基督教會年鑒》（1914—1936）以及 *China Occupation*（《中華歸主》）；1924 年任中華全國基督教協進會會長，1927 年任中華基督教會全國總會會長；逝於上海。

5 胡素貞（1891—1979），廣東鶴山人，生於香港，就讀於香港安立間女學校；1916 年畢業於牛津大學，回港擔任聖保羅女書院校長；創辦香港女青年會。

6 計志文（1901—1985），生於上海龍華，畢業於伯特利中學，在上海郵政局工作，1925 年辭職，入伯特利神學院，畢業後任伯特利小學校長，1931 年發起成立伯特利佈道團；抗戰爆發後遷往香港，1978 年定居洛杉磯。

Bethel Mission of China

中國伯特利會系列

編者 Bethel Mission
伯特利會
語言 英文
印製 1920s., 洗印
尺寸 140mm × 90mm

Bethel Hospital in Shanghai

J. V. Hughes and M. Stone

❶ ❷

❶ 上海伯特利醫院

Bethel Hospital in Shanghai

1920年胡遵理和石美玉在上海南市製造局路創建伯特利會院，先後修建禮拜堂、伯特利醫院、伯特利中學、伯特利小學、伯特利神學院、護士學校、婦產科護理學院、伯特利孤兒院、印書所等。淞滬會戰中部分設施被毀，伯特利醫院遷入法租界，戰後在原址復建。此明信片記錄的的是胡遵理和石美玉與伯特利醫院的外籍醫生及其家人。

❷ 胡遵理和石美玉

J. V. Hughes and M. Stone

Bethel Mission of China

中國伯特利會特卡

編者 Bethel Mission of China
中國伯特利會

語言 英文

印製 1930s., "Sunshine Line", U.S.A.（美國加利福尼亞州）

尺寸 140mm × 90mm

Christmas Greetings
The Bethlehem Star still sends afar
Its light of promise true.
O may it shine with light divine
To cheer your Christmas too.
"For God so loved the world, that he gave his only begotten Son, that whosoever believeth in him should not perish, but have everlasting life."
St. John 3:16

◉ **聖誕快樂**

Christmas Greetings

【原注】"伯利恆城亘天星斗，救贖之諾普照萬邦。哦，願她閃爍的神聖光芒，也為您的聖誕節帶來歡樂：'神愛世人，甚至將祂的獨生子賜給他們，叫一切信祂的，不至滅亡，反得永生。'（《約翰福音》第 3 章第 16 節）"

07

五旬節宗

五旬節亦稱聖靈降臨節（Pentekostal）。十九世紀後半葉至二十世紀初葉，美國“大覺醒運動”催化了激進的新福音派別，諸如千禧年主義、虔信主義、守安息日、二次恩典、全備福音等，提出世界末日即將到來，基督耶穌將復臨，建立千禧年王國。“五旬節運動”（Pentecostalism）正是在這種基督教的基要主義、原教旨主義背景下形成的。

五旬節派的重要神學觀點有幾條。五旬節派延續衛斯理宗的“成聖”理論，人們不僅要通過懺悔得到上帝的寬恕，還要把自己的生命完全託付給上帝，一生按照上帝的旨意去思考、去行動，成為完美的基督教徒；“成聖”是持續的過程，終其一生；上帝是聖潔的，與世上之邪惡無關，聖子耶穌基督的到來證明了上帝對世界的愛；人們活在世上要不斷祈禱和讚美以彰顯上帝的榮耀。“方言”是五旬節派看重的成聖條件，該派認為方言是一種禱告語言，人們要用方言進行思想和言語禱告，也要用在自己的精神禱告。五旬節運動認為“靈洗”是原始基督教理論，聖經講，耶穌復活後第四十日“升天”，第五十日差遣“聖靈”降臨；弟子們齊聚一堂，聖靈降在他們身上，有些門徒就成了勇敢的使徒；得到靈洗的基督徒獲得了更大的勇氣和喜樂，也獲得了體現上帝同在的屬靈恩賜。

五旬節運動相信人人生而純潔無罪，正如耶穌所説，孩子們屬天國；隨著人們年齡的增長，在環境的影響下，人們背離上帝的旨意，忘卻了聖經的教誨，造成人類社會的墮落，這種罪惡不同於天主教講的“原罪”。人們要承認自己的罪惡，通過懺悔祈求耶穌基督寬恕，得到救贖；但這又不完全同於馬丁·路德的“因信得義”，耶穌基督的救贖不可能“一勞永逸”，人們每日每時都需敬奉上帝、贖己罪惡。五旬節派認為洗禮是一種認罪的行為，通過洗禮可蕩滌往日罪惡，得到耶穌基督的恩赦，因而其追隨者必須先行領受洗禮。在實踐中，五旬節派通常要求孩子在八到十歲在河裏或海裏完成把自己奉獻給基督的洗禮儀式。在這方面五旬節派接近浸信宗。

1950 年中華基督教協進會編纂的《中國基督教團體調查錄》裏把五旬節運動獨立列為“五旬節宗”。五旬節派聚會不拘一格，通常在沒有宗教裝飾的簡單房間裏舉行，信眾聚集的中心是基督教社區而非教堂。影響比較大的團體有美國洛杉磯阿蘇薩街復興社區、堪薩斯州托培卡復興社區、加拿大多倫多赫布登復興社區。為了到世界各地傳播其神學思想，1906年洛杉磯阿蘇薩街社區成立關係比較鬆散的“使徒信心會”。

“五旬節運動”在斯堪的納維亞尤其在瑞典有較強的影響力。列維．佩特魯斯（Lewi Pethrus, 1884—1974）生於瑞典韋斯特蘭省瓦爾貢（Västergötland Vargön），十歲開始在一家製鞋廠做學徒。1899年佩特魯斯在韋納斯堡（Vänersborg）接受浸信會洗禮，次年移居挪威，1902年擔任阿倫達爾（Arendal）浸信堂牧師。1903年他回到瑞典，出任達爾斯蘭省本茨福什（Dalsland Bengtsfors）浸信堂牧師。1904年佩特魯斯在斯德哥爾摩的伯特利神學院（Bethel Seminary）接受正規神學教育，1906年畢業後擔任瑞典南部西哥得省利德雪平（Västergötland Lidköping）浸信堂牧師。1907年佩特魯斯在斯德哥爾摩報紙上讀到巴特拉傳播五旬節運動的新聞，抵達奧斯陸後很快就得到了他所尋找的東西。他回到瑞典開設聖經學校，創辦了《福音先驅周刊》（*Gospel Herald*），設立斯德哥爾摩菲拉德爾菲亞（Filadelfia）復興社區，嘗試用“五旬節運動”倡導的“方言”向牧眾講授“靈洗”和“成聖”原理。1913年他組織成立“五旬節運動”獨立團契“瑞典自立會”（Svenska Fria Missionen, SFM），同時被瑞典浸信會除名。與“瑞典信義會”、“瑞典浸信會”一樣，“瑞典自立會”（Svenska Fria Kyrkans）也有廣義和狹義的區分，從廣義上講，瑞典宗教自由主義運動中非正統國教的新教派別都自稱為“瑞典自立會”，意為不受政治控制、獨立自主完成信仰事務的會眾組織。而從狹義上講，“瑞典自立會”專指在“五旬節運動”在瑞典的會眾組織“瑞典五旬節會”（Svensk Pingstmission, SFM）。

1922年瑞典五旬節會來華，稱“瑞典神召會”或“上帝教會”（Assemblies of God），有一南一北兩個傳道區，在雲南開拓了順寧、騰衝、保山等傳道站，在華北合併了“使徒信心會”，覆蓋區域有大名府、正定府、北京以及口外地區。還有一些瑞典五旬節會傳教士作為中華內地會協同差會的瑞華盟會成員，在內蒙古薩拉齊和扒子補隆等地傳道。

瑞典神召會

走了好長一段路，我們累極了。我問幾個女孩子能否望見她們的村寨，她們用手指著遠處一座山峰說，等我們翻過那座山，就能看到她們的村寨了……終於見到我心愛的村民朋友，喜悅的淚水順著我的臉頰不停流下來。好在天黑，人們看不到我的窘樣。我也不想讓他們誤會我心裏難過或沮喪。我的淚水完全是發自心底的喜悅。[1]

這是一位瑞典女傳教士歷經千辛萬苦首次踏進傈僳族山寨後給家鄉父老在信裏寫的。來華傳教士的日記或信件總是不可或缺這樣的關鍵詞：山高路遠、普世神愛、喜極而泣，這似乎就是他們全部的工作和生活。一位從幼跟隨傳教士父母來到雲南騰衝的孩子露絲（Ruth Asp-Odlander）八十年後撰寫回憶錄 *Stora Drakfloden: ett Dramatiskt människoö de i Kina*（《龍之川：在中國的傳奇故事》），生動地記述了二十世紀二十年代至四十年代，瑞典自立會一批年輕的傳教士不遠萬里來到荒涼的中國西南邊陲，傳佈福音和現代文明的可歌可泣的故事。他們（她們）走進深山老林中的傈僳族、景頗族、苗族、阿昌族、傣族山寨，修教堂、辦醫院、建學校，探訪那些從沒有聽說過基督的質樸民族，福音的興起像山火一樣蔓延，人們開始一種更為健康的新的生活方式，經濟和社會結構也得到根本的改善。

1923 年瑞典自立會派遣傳教士謝浚德夫婦來華到雲南，稱為“神召會”，駐昆明和鳳慶一帶與中華內地會和美國浸信會合作佈道。1924 年又有六位年輕傳教士，露絲的母親漢娜（Hanna Andersson, Hanna Asp, 1896—1969）以及藍霜樂（Judith Lindblom）、馬復生（Frida Magnusson）、葛坦（Gerda Grahl）、艾納．約翰遜（Einar Johansson）、羅大衛（David Leffler）踏上奔赴“應許之地”的旅程。他們從瑞典南部的馬爾默（Malmo）碼頭登船，一路歡快地唱著讚美詩：“他們來自東方和西方，他們來自南方和北方，有一天他們會與耶穌坐在一起，聆聽主的祝福。”他們在鹿特丹和馬賽換搭遠洋郵輪，穿過蘇伊士運河，在亞丁稍事休息後到達仰光，轉舶伊洛瓦底江輪抵達緬北重鎮巴莫，跨過克欽—滇北邊境，跋山涉水到達騰衝，與謝浚德夫婦會合，建立騰衝傳道區，謝浚德任傳道區總幹事。傳教士也是人，在艱苦的生活中只能選擇相依為命，然而在缺醫少藥的窮鄉僻壤等待他們的往往是生命的付出，1926 年葛坦和羅大衛結婚，次年葛坦死於難產；1927 年馬復生嫁給約翰遜，次年死於產褥熱。

露絲的父親安士普（Karl Asp, 1895—1944）家鄉在瑞典南部胡斯克瓦納市菲拉德爾菲亞（Filadelfia Huskvarna），祖孫三代在韋特恩湖畔的

1 〔瑞典〕露絲．安士普．奧德蘭德：《客旅》，黎曉容等譯，團結出版社，2013 年，第 39 頁；譯文略有調整。此書原作是瑞典文 *Stora Drakfloden: ett Dramatiskt människoöde i Kina*（《龍之川：在中國的傳奇故事》，Aneby: KM-förl., 2001），中譯本的底本是 2009 年英譯本 *The Wayfarers: and the Challenge of the Great Dragon River*。

農場裏過著衣食無憂的小康生活，安士普是當地鐵路職工。1927 年底他做出讓長輩們意想不到的決定，接受瑞典自立會派遣，告別爺爺奶奶、爸爸媽媽來華傳道。二戰前瑞典人到雲南都是走經蘇伊士運河、仰光這條路綫，安士普牧師也不例外，是年聖誕節已經能夠看到高黎貢山金色日出了。

1928 年底露絲的父母親向瑞典駐上海領事館遞交結婚申請，於平安夜舉辦婚禮，新年頭一天安士普牧師就撇下新婚妻子匆匆趕到和順開會商討教務。1930 年他們的長子撒母耳出生，來年又有了次子大衛，1933 年安士普一家人回家鄉省親，1935 年露絲（Ruth Asp）來到世間。次年初，安士普夫婦留下兩個大孩子託父母照管，帶著繈褓中的露絲返回騰衝。作為男性傳教士，安士普牧師在騰衝擔負著向路更遠、山更高、寨更偏的區域尋找禾場和受牧人的責任，夫婦二人在龍川江一帶的幕水寨建立了一生引為自豪的傳道站。露絲記得，傳道站有間大木屋，通常用作學校教室，主日變成禮拜堂，四鄉傈僳、阿昌百姓聚此禱告，上主日學，唱讚美歌。美麗的山野、淳樸的民風、熱情的教友給露絲留下難以忘懷的記憶：

> 太陽落山了，黑夜像一塊柔軟的黑色天鵝絨環繞在房子和院子周邊。樹影婆娑，隨著篝火的起伏跳動。在這樣特別的氛圍裏，我們一邊望著火盆，一邊聽著美麗的故事。我坐在小夥伴中間，心裏別提有多麼踏實和幸福。走出院子就能看見數不清的螢火蟲在叢林裏飛來飛去，點亮牠們的世界，也給我帶來無窮的歡樂。[1]

二十世紀二三十年代，植物學家駱克[2]受美國農業部委派到滇緬邊境採集植物標本，離開時帶走八萬件植物標本和文物文獻。之後他又多次獲得美國農業部、美國地理學會、哈佛大學、美國博物館、美國比較動物學博物館等機構資助，繼續在麗江等地從事植物、民族文化、地理等研究和考察探險工作。他拍攝了玉龍雪山和麗江風情的照片發表於《國家地理》雜誌，讓世人知道他的存在和他所從事的冒險事業。駱克是位地地道道的中國通，他一生最豐盛的年華都編織在中國的多彩畫卷上，他的足跡留在川、甘、滇、青海等地區。這期間他接觸到納西族，收集到納西民族經文、歷史、語言、文化等文物資料，包括後來為哈佛大學和羅馬東方學研究所收藏的東巴經書。安士普牧師與駱克在滇交往較多，受駱克影響他在工作之餘也時常採集山上稀見的蘭草等植物，培育在傳教站院子裏，悉心看護。安士普還對納西族文化略作了些研究，收藏

1 〔瑞典〕露絲·安士普·奧德蘭德：《客旅》，黎曉容等譯，團結出版社，2013 年，第 122 頁；譯文略有調整。

2 駱克（Joseph Francis Charles Rock, 1884—1962），生於奧地利維也納，自幼學過匈牙利語和漢語，十歲時跟隨父親去過埃及，1905 年移居美國夏威夷，在太平洋學院（Mid-Pacific Institute）接受中學教育；1911 年在夏威夷大學的前身夏威夷學院（College of Hawaii）從事植物學研究；1922 年受美國農業部委派采集滇緬邊境植物標本；後久居麗江等地，研究納西族文化，撰寫 *The Ancient Nakhi Kingdom of Southwest China*（《中國西南古代納西王國》和 *A ^{1}Na-^{2}khi-English encyclopedic dictionary*（《納西語—英語百科語辭典》，1948 年因《東巴經書研究》和《祭天古歌》獲儒蓮獎。

了一些納西族的象形文字手稿“東巴經書”，1946年安士普夫人將這些“東巴經書”捐獻給斯德哥爾摩民族學博物館。

平靜祥和的日子很快被打破。1942年日軍發動緬甸戰役，逼近八莫，當地大部分西方傳教士聞訊慌忙撤離，安士普一家錯過最後一班船，滯留騰衝。1943年全家人被日軍關進畹町和猛邁集中營，受盡肉體和精神摧殘，日軍甚至給他們表演“砍頭遊戲”。1944年美軍轟炸猛邁日軍營地時安士普牧師遇難。安士普夫人帶著露絲僥倖逃脱日軍監押，得美國兵解救，經保山和昆明，1945年回到家鄉。撒母耳和大衛在碼頭上迎接劫後餘生的母親和妹妹。

露絲再婚後稱露絲·安士普·奧德蘭德（Ruth Asp-Odlander），隨丈夫移民澳大利亞，她的《龍之川：在中國的傳奇故事》深受歡迎，又撰寫有 *Söder om Molnen*（《雲之南》，Ekerö: Marin, 2012），讓世人記住這段苦難歷史。

Svenska Fria Missionen, Kina

瑞典神召會中國系列

編者　Svenska Fria Missionen
　　　瑞典自立會
語言　瑞典文
印製　1930s., Stockholm（瑞典斯德哥爾摩）
尺寸　140mm × 90mm

Missionsstationen i Sin-Lo, Kina.

Dopförrättning i Yunnan, Kina.

Söndagsskola i Kina.

❶ 新樂傳道站

Missionsstationen i Sin-Lo, Kina

新樂原屬正定府，現為石家莊縣級市。1921 年瑞典神召會丹麥籍傳教士冉彼得（Nils Peter Rasmussen）夫婦到正定開教，籌建新樂、行唐、靈壽、高邑、曲陽等傳道站，修建石家莊枕頭福音堂並擔任牧師，成立正定教區，陸續開辦福音小學、培信小學、福音藥房、基督徒工讀道學院等。

❷ 雲南的洗禮

Dopförrättning i Yunnan, Kina

❸ 中國的主日學校

Söndagsskola i Kina

❶ ❷
❸

Svenska Fria Missionen, West China

瑞典神召會華西系列

編者 Svenska Fria Missionen
瑞典自立會

語言 瑞典語

印製 1930s., Eric Sjöqvist, Örebro（瑞典厄勒布魯埃里克圖片社）

尺寸 140mm×90mm

❶
❷

❶ 傳教士謝浚德一家人

Missionär Z. Zakrison med familj
Yunnan Prov. West China
Filadelfia Bollnäs

【原注】"駐華西雲南。瑞典地址：博爾奈斯，菲拉德爾菲亞（斯德哥爾摩）。"

謝浚德（Zakris Zakrison, 1809—1880），瑞典神召會傳教士，1922年與妻子安娜（Anna Zakrison）來華，駐昆明和鳳慶一帶，是瑞典神召會華西宣教事業得開拓者，任傳道會幹事，建有總堂三座，西教士十三人。

❷ 安士普一家在雲南

Missionärsfamiljen Asp Yunnan

【原注】"籍貫：瑞典胡斯克瓦納的菲拉德爾菲亞（Filadelfia, Huskvarna）。"

這張照片應該拍攝於1935年露絲出生之前。

❶
❷

❶ 安德松夫婦在華西雲南

Missionärena Evert och Maria Andersson, Yunnan Prov., West China

埃弗特 · 安德松（Evert Andersson），瑞典神召會傳教士，1938 年攜夫人瑪利亞 · 安德松（Maria Andersson）來華佈道，駐雲南騰衝。

❷ 比約肯佛斯和家人在華西雲南

Margit och Arthur Björkenfors Gudrun, Lennart och Anita, Yunnan Prov., West China

比約肯佛斯（Arthur Björkenfors, 1909—1969），瑞典神召會傳教士，與妻子瑪吉特（Margith Anna Björkenfors）來華，駐雲南騰衝，1949 年離華赴斯里蘭卡和印度；逝於瑞典默恩達爾（Mölndal）。

Swedish Pentecostal Mission

瑞典神召會華北系列

編者 Swedish Pentecostal Mission
瑞典神召會

語言 瑞典語

印製 1920s.—1930s., Äkta Fotografi, Hovfoto Larsson, Stockholm（斯德哥摩拉爾森圖片社）Borke, Uppsala（瑞典烏普薩拉博科）

尺寸 140mm × 90mm

❶ 瑞典神召會傳教士李安德夫婦在北京東城

Missionärerna Anna och A. Leander
Swedish Penticostal Mission
East City, Peiping China

李安德（Ando Leander）和李安娜（Anna Leander）受瑞典浸信會派遣分別於 1907 年和 1908 年來華，1910 年二人結為夫妻在山東膠州和高密等地佈道。李安德夫婦後轉隸瑞典神召會，赴河北和北京傳道。

❷ 傳教士單慕仁全家在華北趙州

Missionär Alb. Sandström med fam
Chao Chow Hopei N.China

單慕仁（Alb. Sandström），瑞典神召會傳教士，1929 年攜夫人來華，1930 年到河北趙州，1935 年在趙縣北門村修建福音堂；1937 年日軍進入趙縣，避難北京，次年回趙縣；1946 年回國。

❸ 恩德麗和養女依琳

Elin & I-lin Carlsson

【原注】“中國地址：華北直隸曲陽縣（Kü Yang Hsien, Chihli, North China），籍貫：瑞典達特瑞堡埃斯倫達（Edslunda Tureberg, Sweden）。”

恩德麗（Elin Carlsson），瑞典神召會女傳教士，1938 年來華，在保定、曲陽等地佈道。

◉ 傳教士義傳真和家人在中國

Missionär Richard Eriksson med Familj, Kina

這張明信片是義傳真與夫人義培田、大女兒拉克爾（Rakel）、小女兒瑪雅—布里特（Maj-Britt）在河北正定傳道時的合影，一家人穿著中式服裝，喜氣洋洋。

義傳真（Richard Eriksson, 1888—1969），生於瑞典中部的西曼蘭縣（Västmanlands län），1915 年畢業於厄勒布魯聖經學校，1919 年受瑞典厄勒布魯會差遣攜夫人義培田（Elna Eriksson, 1890—1990）來華，加入在山西傳道的瑞華盟會，1924 年因夫人待產全家回國；1927 年義傳真夫婦改隸瑞典神召會，轉到河北正定行唐縣傳道，1939 年避亂離華；戰後重返傳道地，1946 年最終撤回瑞典。

傳教士留下許許多多膾炙人口的回憶錄，把他們在中國生活的場景如實地留給後人，增添了歷史豐富多彩的篇章。人們在互聯網上也時常讀到一些傳教士的後代回憶他們跟隨父母在中國生活的經歷，很真實、很生動。這張瑞典來華傳教士義傳真一家在河北正定傳道時合影的明信片，照片上最小的女孩瑪雅—布里特在 2009 年有一篇訪談"Maj-Britt Holmquist Minns sin Barndom i Kina"（〈瑪雅—布里特回憶在中國的童年〉）中慢慢打開塵封已久的記憶寶匣，娓娓道來：

生活在中國其實並不是那麼不可思議的事情，我當時還是孩子，在那裏生活天真爛漫，無拘無束。我的父母義傳真和義培田是厄勒布魯會信徒，他們在瑞典宣道學校（Missionsskolan i Sverige）相識。第一次世界大戰後，1919 年他們借道美國前往中國，走遍中國各地宣道，直到 1924 年我出生那年全家才第一次回到瑞典，我生在霍姆奎斯特（Holmquist）。1927 年我的父母接受瑞典五旬節會（Pingstmissionen）的委派於再次來到中國，在北京三十公里外的河北正定傳道，一直到 1935 年。我和姐姐與父母的合影就是那個時期拍的。

與當地其他外國人一樣，我們租了中國人家一處院子，院子有幾進，外院、中院和後院，後院可以種菜，院裏有大大小小的多間屋子。我們第一年曾住在傳道站，沒有牛奶，媽媽養了三隻羊，我們就有了黃油、奶酪和羊奶。食物裏最多的還是肉類，媽媽教我和姐姐學做肉丸等家鄉菜，我們偶爾也吃中國菜。1932 年我被送到北京一所瑞典人烏拉．利德曼（Ulla Lidman）開辦的寄宿學校讀書。在寄宿學校裏我跟瑞典小朋友和中國小朋友都用瑞典話交流，玩孩子們的遊戲，捉迷藏，騎自行車。在我的記憶裏，北京是個大城市，大街小巷總是熙熙攘攘。1935 年我們全家回瑞典，兩年後再次我隨父母再次返回中國，卻遇中日戰爭爆發，第二年經西伯利亞回到瑞典。戰後我的父母回到中國。父親乘火車趕到正定，看到的卻是被日軍洗劫一空的傳道站，一片廢墟。重新恢復運行無望，父親不得已於 1946 年最終離開中國，回到家鄉特拉諾斯（Tranås）定居。父親 1969 年去世，母親活到一百歲，1990 年去世。

我成年後曾兩次到過中國。瑞典則到處都是森林，鬱鬱葱葱，而在童年記憶裏，我很好奇北京的房子卻都有高高的圍牆。現在中國發生天翻地覆的變化，今非昔比。我非常喜歡曾經在中國的歲月。我大學畢業後搬到斯德哥爾摩居住，1945 年結婚，婚後一直在瑞典自立會工作，我會一點點中文，這裏需要我。[1]

1　譯自網文 *Maj-Britt Holmquist Minns sin Barndom i Kina,* Inger Hammar, inger.hammar@gotlandsallehanda.se。

美國使徒信心會

美國五旬節運動來華主要在華北、港澳、上海地區活動，成效比較顯著的有賁德新創辦的正定佈道所和陸慕德建立的上海佈道所。

1907 年是美國五旬節運動在海外發展的重要年份。這年伊利諾伊州芝加哥的五旬節派牧師麥堅道[1]夫婦和嘉活力[2]夫婦經印度加爾各答到達香港和澳門開拓，光緒三十四年（1908）到廣州。這一行人在粵港澳堅持數年，一直無法在主流宗派牧場分得一塊領地，事倍功半，收效甚微。

同一年，挪威裔美國人賁德新牧師在直隸正定打開五旬節運動的一片天地。賁德新（Bernt Berntsen, 1863—1933）生於挪威韋斯特福德郡的拉爾維克（Larvik Vestfold County），1893 年移居美國芝加哥，在當地經營一家雜貨店，1904 年加入美國籍，同年與妻子麥格納（Magna Berg Berntsen, 1867—1935）攜子來華，1906 年在直隸大名府設立無宗派的"南直隸福音會"。他從洛杉磯出版的《使徒信心報》上了解到五旬節運動的學說，頗感興趣，於 1907 年返回美國，在加州洛杉磯的阿蘇薩街復興社區（Azusa Street Mission and Revival）接受五旬節派靈洗，如醍醐灌頂，堅信不移。同年賁德新加入阿蘇薩街社區組織的跨宗派的"使徒信心會"（Apostolic Faith Churches），1908 年帶領十一位同道者來到中國，在河北及內蒙古地區傳道，先後開闢正定、保定、北京傳道所。挪威裔的賁德新在北歐諸國有一定影響力，1910 年他訪問丹麥、挪威和瑞典等斯堪的納維亞國家，對當地五旬節運動的普及推波助瀾。1922 年賁德新領導的"使徒信心會"佈道團併入瑞典"神召會"。

五旬節會在上海及華東地區的影響比較持久，成效頗著，主要歸功於陸慕德牧師一家人的辛勤付出。陸慕德（Homer Levi Lawler）1869 年生於美國俄勒岡州沃斯科縣（Wasco），1907 年在多倫多的赫布登復興社區（Hebden Mission and Revival）獲得靈洗，積極推動五旬節運動在加拿大渥太華等地的傳播，創辦五旬節運動刊物《好消息》（*Good Report*）。1907 年陸慕德受洛杉磯"使徒信心會"派遣，帶領全家到日本長崎，只待了幾個月便返回多倫多。1910 年陸慕德夫人陸以平攜兒女先期來到上海，次年陸慕德隨之而至。他們在海寧路創建使徒信心會上海佈道所，修建"使徒信心會耶穌堂"（Emmanuel Apostolic Faith Church），成立孤兒院和小學校，推廣家庭教會，創辦雜誌《使徒之光》（*Apostolic Light*）。美國使徒信心會慕淑德牧師曾積極參與上海"濟良所"的教務。慕淑德（Antoinette Moomau, 1873—1937）生於美國內布拉斯加州，1899 年作美國長老會女傳教士來華，

1 麥堅道（Thomas James McIntosh, 1879—1955），又記麻多馬，生於南卡羅來納州林奇堡，1907 年在洛杉磯阿蘇撒街社區復興會接受五旬節派靈洗，同年攜夫人安妮（Annie Eleanor Edens McIntosh, 1882—1958）到香港。

2 嘉活力（Alfred Gallatin Garr, 1874—1944），生於肯塔基州博伊爾縣，1898 年在阿斯伯里學院學習，同年與同學麗蓮（Lillian Anderso Carr）結婚；1906 年在洛杉磯阿蘇撒街社區復興會接受五旬節派靈洗，1907 年夫婦二人到印度，隨後到香港。

初駐蘇州；1906 年回國休假時在阿蘇薩街復興社區接受靈洗，1908 年以美國使徒信心會身份返回上海，協助陸慕德和陸以平夫婦佈道，拓展和管理蘇州和杭州教務，並介入包慈貞的上海濟良所，在收容的女子中灌輸五旬節運動的理念。慕德牧師 1944 年逝於華盛頓州斯波坎（Spokane）。丈夫去世後使徒信心會上海佈道所主要由陸以平牧師和女兒陸秀貞打理，直到 1949 年他們離開中國大陸。

美國使徒信心會系列

編者 Apostolic Faith Churches
美國使徒信心會
語言 英文
印製 1930s. L.M.（美國洛杉磯）
尺寸 140mm × 90mm

❶ ❷

❶ 傳教士陸以平和陸秀貞母女在洛杉磯回聲公園

"Mother" Emma B. Lawler and daughter Beatrice Lawler Missionaries to China, Echo Park, Los Angeles, Calif.

陸以平（Emma Bell Rednour Lawler, 1875—1955），美國牧師，1894 年與陸慕德結婚，1907 年曾隨夫到日本拓展，無功而返。1910 年陸以平受使徒信心會派遣攜女兒陸秀貞（Estelle Beatrice Lawler, 1894—1970）和兒子陸惠豐（Fay Harland Lawler, 1895—1984）先期來華，次年全家團圓。夫婦二人聯手創建使徒信心會上海佈道所，在海寧路設立“使徒信心會耶穌堂”（Emmanuel Apostolic Faith Church）。

❷ 以馬內利堂前

Emmanuel Church

在上海以馬內利堂，陸以平（前排右四）、陸秀貞（前排右三）與五旬節派的華人事工。

陸以平母女以上海婦女為工作對象，1919 年參與成立“萬國四方福音會”（Four Square Mission International），1925 年在大沽路設立“以馬內利靈真堂”（Emmanuel Church Four Square Gospel）。陸慕德去世後，陸以平和子女工作到 1949 年返回美國。以馬內利靈真堂至今仍活躍在香港。

挪威五旬節會

挪威五旬節運動的興起要歸功於托馬斯·巴拉特。托馬斯·巴拉特（Thomas Ball Barratt）1862年生於英國康沃爾郡阿爾巴斯頓（Albaston, Cornwall），父親是礦產主，1868年全家移民挪威。巴拉特十一歲被送到英國薩默塞特郡湯頓的衛斯理學院（Wesleyan Collegiate Institute in Taunton）學習神學、藝術和音樂，其間接受衛斯理會洗禮。1879年巴拉特開始自己傳道的職業生涯，先後在奧斯陸幾家衛斯理會教堂擔任牧師，1887年與勞拉·雅各布森（Laura Jakobsen）結婚。1906年巴特拉前往紐約為在奧斯陸擴建一座教堂籌集資金，他在洛杉磯阿蘇薩街復興社區參加五旬節運動，接受靈洗。該年年底他急不可待地返回挪威，把自己接受靈洗的體驗告訴同胞。他在奧斯陸創建默勒加塔街（Møllergata）復興社區，在當地一座體育館組織追隨者聚會，標誌著挪威五旬節運動的開始。1907年巴拉特脫離衛斯理會。

巴拉特傳播五旬節運動的努力常常受到傳統宗派，尤其是路德會的干擾，但仍在挪威迅速傳播開來，並引起整個歐洲的關注。瑞典的列維·佩特魯斯、英國阿里桑德·博迪[1]、德國喬森納·保羅[2]都曾趨往奧斯陸與巴特拉切磋，後來這些人成為他們國家五旬節運動的領袖。1907年應阿里桑德·博迪邀請巴特拉親赴英國，在紐卡斯爾等地為五旬節運動舉辦聚會。後來他還陸續訪問了瑞典、芬蘭、波蘭、愛沙尼亞、冰島和丹麥等地。巴特拉是一位造詣很深的音樂家，一生創作了幾百首福音歌曲，膾炙人口，廣為流傳。1940年他在菲拉代爾菲亞社區會堂舉辦了自譜歌曲演唱會，“我來了，我來了！我低著頭，聽到呼喚我進入天堂和平的聲音。”幾周後，巴特拉在天籟之聲的陪伴下告別俗世，葬於奧斯陸菲拉代爾菲亞。這時“菲拉代爾菲亞”在北歐國家已然成為五旬節運動的代名詞。

1908年巴特拉所創立的挪威五旬節會（Pinsemenigheiter）開始向海外派遣傳教士，陸續到達中國、阿根廷和印度等地，1915年成立專門從事海外傳道的組織“挪威自立福音傳道盟會”（Norges Frie Evangeliske Missionsforbund, NEM），該組織並不是嚴格意義上的宗會，而是挪威五旬節派三百四十個自立社區組織的海外傳道鬆散聯盟。傳教士在各自社區財務支持下獨自來華佈道，在華統稱“挪威福音會”。他們各自開闢自己的禾場，集中在河北的新保安、蔚州、沙城堡、宣化、桃花堡等地，在華北的機構亦稱“北直隸福音會”。比較知名的傳教士有金寶立和白約翰。金寶立（Parley Gulbrandsen, 1889—1959）生於挪威克里斯蒂安尼亞（Christiania），1909年先後在挪威斯塔貝克（Stabekk）和蘇格蘭格拉斯哥（Glasgow）

1 阿里桑德·博迪（Alexander Alfred Boddy, 1854—1930），英國聖公會牧師，1904年參加威爾士五旬節運動，1907年在奧斯陸會見巴特拉，回國後創建蒙克維爾茅斯（Monkwearmouth）社區復興會，成為英格蘭五旬節運動中心。

2 喬森納·保羅（Jonathan Anton Alexander Paul, 1853—1931），德國人，1906年到奧斯陸拜訪巴特拉，參加五旬節運動，1914年組建米爾海姆（Mülheim）社區復興會。

聖經學校進修，1910 年與弟弟金寶森（Henry Gulbrandsen）等人來華，活躍在華北北部的龍門、新保安、逐鹿、張家口、多倫一帶。金寶立主持新保安，金寶森主持蔚州，裘德森·露西（Ruth E. Pedersen）主持宣化，石昆玉（Marie Askje）主持沙城堡，儒德孚（Willy Rudolph）主持桃花堡。金寶立試圖改變挪威五旬節派在華各自為政的狀態，曾發起籌建五旬節外差會（Pinsevennenes Ytre Misjon, PYM），無疾而終。1934 年挪威自由會解散，在華傳教士直接聽命於各自社區和個人資助者，完全獨立運行，外延包括一些美國五旬節會支持的傳教士。金寶立在奧斯陸菲拉德爾菲亞社區的聖歐拉韋斯特復興會（Filadelfia Saint Olavsgt）資助下在新保安主持教務，1948 年回國。

Norges Frie Evangeliske Missionsforbund

挪威福音會傳教士系列

編者 Norges Frie Evangeliske Missionsforbund 挪威福音會
語言 挪威文
印製 1930s., Kasserer: Th. Wessel, Bygdö, pr. Oslo（奧斯陸威塞爾賬房）
尺寸 140mm × 90mm

◉ **女傳教士茵嘉和希妮，北平朝陽門老君堂 87 號**

Inga Johnsen & Signe Pedersen
87 Lao Chun Tang, Chao Jong men Peping

茵嘉（Inga Johnsen）和裴德森夫人（Signe Pedersen, 1884—1959），挪威福音會女傳教士，1933 年來華，駐北京。

丹麥五旬節會

1907 年托馬斯・巴拉特前往丹麥傳播五旬節運動。像在挪威、瑞典、英格蘭所做的那樣，他在哥本哈根、金塔夫特（Gentofte）等地舉辦聚會，“用方言讚美上帝，唱自己譜寫的聖歌，人們沉浸在無窮歡樂之中。”1908 年巴拉特再次來到丹麥時，五旬節運動已成氣候，忠誠信徒從巴特拉那裏接受靈洗，可以用方言講解聖經和耶穌言行。這些人駕著“福音馬車”周遊全國，每到一地，支起帳篷，號召信眾等待偉大的復興。1925 年丹麥腓特烈西亞市成立埃利姆復興社區（Pinsekirken Elim），以此為中心正式形成丹麥五旬節盟會（United Pentecostal Church in Denmark, UPCi）。

丹麥五旬節會曾派遣傳教士到過中國雲南。雲南是基督新教在中國最活躍的地區，十九世紀後半葉基督新教在中國沿海和中原一帶站穩腳跟後，雲南漸漸成為“墾荒”的目標。光緒三年（1877）中華內地會傳教士麥加第[1]經四川巴縣，徒步穿越雲南，抵達緬甸八莫。光緒七年（1881）中華內地會傳教士花國香[2]夫婦繞道緬甸進入雲南騰衝、保山、大理等地，創建雲南第一個傳道會“大理教會”。光緒十三年（1887）英國循道會傳教士柏格理[3]由四川進入昭通，光緒三十年他把傳教基地由昭通城轉移到雲貴兩省交界的威寧石門坎，建立苗族傳道中心。光緒三十一年（1905）美國浸禮會傳教士永偉里[4]到雙江帕結寨，在瀾滄縣糯福設立拉祜族和佤族傳道中心。光緒三十二年（1906）中華內地會傳教士郭秀峰[5]在武定灑普山苗族地區開辦教會，1923 年成立“基督教內地會滇北六族聯合會”，分設灑普山苗族總堂、滔谷傈僳族總堂、阿過咪干彝族總堂、撒老塢黑彝族總堂、新哨白彝族總堂、老把傣族總堂。雲南是五旬節派傳道會的主要拓展區域，在滇五旬節派傳道會有瑞典神召會、芬蘭神召會、荷蘭五旬節會、丹麥五旬節會和美國神召會。

1 麥加第（John McCarthy），英國人，生於愛爾蘭，在都柏林學醫；1866 年結識戴德生，次年受中華內地會派遣攜夫人瑪格麗特（Margaret Duniam）和兒女來華，初駐杭州和寧波；1876 年至 1877 年從上海出發，徒步經四川巴縣，穿越雲南，抵達緬甸八莫（Bhamo）；1882 年返回英格蘭，在格拉斯哥任中華內地會監理，1885 年陪同“劍橋七傑”回到上海；1891 年前往美國，1900 年重回中國；1911 年因瘧疾逝於昆明。

2 花國香（George William Clarke, 1853—1919），英國人，生於英國東倫敦肖爾迪奇（Shoreditch），1875 年受中華內地會派遣來華初駐武昌，1878 年與瑞士傳教士芬妮（Fanny Rossier）結婚，轉赴河南，1879 年夫婦穿越了十二個省，到過湖南、貴州和四川，1880 年到貴州，1881 年赴雲南；1886 年夫人去世後到山西，1889 年居天津；逝於山東。

3 柏格理（Samuel Pollard, 1864—1915），字明星，生於英國康沃爾郡卡米爾福特，畢業於德文郡希博爾公學，1875 年受洗，1887 年受聖道公會（Bible Christian Church Mission，後併入英國循道會）派遣來華，在雲南昭通宣道，1891 年與駐雲南府內地會女教士韓孝貞（Emma Hainge）結婚；1905 年進入苗區威寧和水城一帶，創制被稱為“柏格理文”（Pollard Script）的拼音苗文；在石門坎興建教堂和學校，創辦烏蒙山區第一所苗族小學、第一所西醫醫院和中國最早的麻風病院；感染傷寒逝於石門坎。

4 永偉里（William Marcus Young, 1861—1936），生於美國伊利諾州聖奧古斯丁鎮，1892 年受美國浸禮會派遣與妻子麗拉到緬甸，轉駐撣邦孟乃，1899 年妻子去世；1900 年到中緬邊境的景棟，修建景棟教堂；1920 年經越南海防到雲南西雙版納，在拉祜族、撣族和佤族部落傳道，全家定居瀾滄糯福，1919 年修建糯福教堂；1932 年退休回美，逝於洛杉磯。

5 郭秀峰（Authur G. Nicholls, 1879—1956），澳大利亞人，1894 年作為中華內地會傳教士來華，1899 年進入雲南曲靖，1903 年在大理被任為滇北監督；1907 年在武定灑普山設堂，1910 年創辦恩光小學，1923 年成立“基督教內地會滇北六族聯合會”，1944 年退休回國。

基督新教在雲南少數民族地區佈道期間最為矚目的成就是創制少數民族文字，先後創制和推廣使用了苗文、景頗文、載瓦文、傈僳文、彝文、拉祜文、佤文、獨龍文、納西文、花腰傣文等民族文字，改變了這些民族代代口傳歷史、刻木結繩記事的落後狀況，使基督教在雲南少數民族中產生深刻而長遠的影響。在這個方面做出傑出貢獻的傳教士有英國循道會的柏格理、王樹德[1]，美國浸禮會的永偉里和永文生[2]父子，中華內地會的陳國榮[3]、張爾昌[4]、王懷仁[5]、富能仁[6]以及荷蘭五旬節會的斯淑添[7]。

一些中華內地會傳教士轉隸五旬節運動。"劍橋七傑"之一寶耀庭 1885 年來華宣教，義和團運動爆發時返回歐洲，1908 年在洛杉磯阿蘇薩街復興社區加入五旬節派，接受靈洗，次年返回英國，在倫敦組建的英國五旬節盟會（Pentecostal Missionary Union, PMU）主要向中國和其他地區差派宣教士。澳大利亞傳教士富勒頓（John D. Fullerton, 1883—1968），1912 年作為中華內地會澳大利亞協同會成員來華至雲南，1914 年在昆明接受五旬節運動的靈洗，退出中華內地會，以獨立傳教士身份在當地宣教；1914 年與丹麥醫學傳教士阮馥蘭[8]結婚，次年夫婦倆創建"南雲南會"（South Yunnan Mission, SYM），又稱"滇南會"，在彝苗村寨佈道。二十世紀二十年代"南雲南會"與丹麥五旬節盟會合作，獲得後者的財務和人力支持，隨後逐步有大量丹麥五旬節會傳教士加盟，先後設立孟勒江城、墨江、思茅、普洱總堂，1937 年在華名稱改為"丹麥神召會"。

---

1 王樹德（William Harrison Hudspeth, 1887—1976），生於達英國勒姆威靈頓（Willington Durham），1909 年受聖道公會（英國循道會）派遣來華佈道，駐雲南東川，1914 年至鎮雄的放馬壩、諸宗海，1918 年入劍橋大學學習，畢業後返回昭通，接續柏格理翻譯聖經；1932 年任英國循道會西南聯區會長，1937 年轉赴上海任大英聖書公會幹事；太平洋戰爭爆發後在武漢被日軍逮捕，關上海浦東集中營；1953 年退休回國，逝於貝肯漢姆；著有 *Stone-Gateway and the Flowery Miao*（《石門坎和花苗》，1937），*The Bible and China*（《聖經和中國》，1952）。

2 永文生（Marcus Vincent Young, 1903—1990），美國人，永偉里與第二任妻子黛爾（Alta DellMason）的小兒子，生於緬甸景棟，1930 年在美國與維拉（Vera）結婚，次年夫婦回到糯福傳道；1949 年到緬甸佤邦，1955 年回美，在美國浸禮會任職；逝於洛杉磯。

3 陳國榮（Samuel R. Clarke, 1853—1946），英國人，1878 年受中華內地會派遣來華，與同工德示（Faussett）結婚，在重慶、成都佈道，後轉入貴州，掌握黑苗語，1896 年編寫黑苗語初級讀本、教義問答、福音手冊和讚美詩，1904 年翻譯布依語《馬太福音》；1911 年著有 *Among the tribes in South-west China*（《在中國西南部落》）。

4 張爾昌（Gladstone Charles Fletcher Porteous, 1874—1944），生於澳大利亞維多利亞州卡根漢姆鎮（Carngham），1904 年作為中國內地會傳教士到廣州，1906 年轉赴雲南騰越灑普山傈僳族部落佈道；1920 年從灑普山輾轉到祿勸縣撒營盤鎮的撒老塢村，創辦了納蘇頗教會撒老塢總堂；借用"柏格理文"創制黑彝文，翻譯黑彝文《新約全書》；因斑疹傷寒病逝於撒老塢。

5 王懷仁（George Edgar Metcalf, 1879—1956），生於英國伯明翰（Birmingham），1906 年受中華內地會派遣來華，在雲南傈僳部落佈道，借用"柏格理文"創制傈僳文，翻譯新約，部分內容 1912 年以後在上海出版；1951 年回國，逝於倫敦。

6 富能仁（James Outram Fraser, 1886—1938），生於倫敦聖阿班市（St. Albans），畢業於倫敦皇家學院；1908 年受中華內地會派遣來華到上海，在安慶學習中文，1909 年經緬甸前往中國雲南到達騰越，在傈僳族中講道，被稱為"傈僳人使徒"；1920 年在緬甸克倫族信徒幫助下創制傈僳語拼音文字，著手翻譯花傈僳語聖經，1936 年完成《新約全書》；1929 年在昆明與郃洛西（Roxie Dymond）結婚；因腦瘧疾逝於保山。

7 斯淑添（Elize Scharten, 1876—1965），荷蘭女傳教士，生於阿姆斯特丹，1908 年參加荷蘭五旬節會，接受靈洗；1912 年來華，在雲南納西族部落佈道，1930 年翻譯納西族史詩《創世紀》，1947 年回國。

8 阮馥蘭（Martha Rønager, Monica Rønager），丹麥人，英國五旬會女傳教士，1912 年來華駐雲南，1914 年與富勒頓結婚，1915 年夫婦共創滇南會。

South Yunnan Mission

南雲南會傳教士系列

編者 United Pentecostal Church in Denmark
丹麥五旬節會
語言 英文
印製 1930s.
尺寸 140mm × 90mm

❶ ❷ ❸

❶ 孔仁德夫婦在華西雲南墨江

Erna og Robert Conrad. Yunnan province, Mokiang, West China.

孔仁德（Robert Conrad），丹麥人，1938 年夫婦二人受丹麥神召會派遣來華佈道興學，常駐墨江通關。

❷ 安娜・洛澤，南雲南會，中國雲南省思茅

Anna Lohse. South Yunnan Mission. Syemao, Yunnan province, China.

❸ 歐樂森夫人，南雲南會，中國雲南省思茅

Kristine Olsen. South Yunnan Mission. Syemao, Yunnan province, China.

歐樂森（Kristine B. Olsen），挪威人，1935 年受挪蒙宣道會（Norwegian Mongol Mission, NMM）派遣攜夫人來華，獨自在察哈爾張北郝家營（Hovasjer）蒙漢族中宣教，1936 年創建張北會堂，辦有孤兒院等設施；1939 年改隸五旬節派，後加入南雲南會，居思茅。

08

聖潔宗

“聖潔運動”形成的時代背景與“五旬節運動”差不多，思想和信仰來源於浸信宗和衛斯理宗，通常把聖潔運動歸為衛斯理宗，在 1950 年中華基督教協進會編纂的《中國基督教團體調查錄》裏把聖潔運動獨立列為“聖潔宗”。聖潔運動是衛斯理宗的激進派別，其追隨者篤信上帝的拯救使信徒獲得再次恩典，徹底清除個人的原罪，得到“聖靈”的再洗禮而“成聖”，此乃人們靈魂的內在聖潔過程；因而人們應該約束自己的外在活動，不飲酒、不賭博、不跳舞等，以體現基督徒的完美。

“聖潔運動”的始創者是菲比 · 帕爾默（Phoebe Palmer, 1807—1874），他是衛斯理會的佈道家和作家，倡導基督教完美主義。他生於紐約，父親是英國移民，衛斯理會教徒。1827 年與沃爾特 · 帕爾默（Walter Palmer）結婚，夫婦二人沉迷於約翰 · 衛斯理的著作，追求約翰 · 衛斯理勾畫的“完美基督徒”的信念。1837 年菲比 · 帕爾默宣稱體驗完成了約翰 · 衛斯理所說的“成聖”過程，並在紐約、波士頓等地巡迴宣講這種聖潔的精神體驗。

十九世紀中葉“聖潔運動”達到發展高潮，在北美和歐洲有數萬擁躉者。“聖潔運動”主要是一種思潮，其追隨者大部分仍然是衛斯理會成員，也有門諾重洗派、浸信會的成員，只出現少量的獨立組織，如“聖潔重洗會”（Holiness Anabaptist）、“聖潔浸信會”（Holiness Baptist Association）等。打著“聖潔運動”旗幟在海外傳道的組織大約始於十九世紀末，主要活動在日本、中國、朝鮮、印度、南非和南美各國。

瑞典聖潔會

“瑞典聖潔會”發起人愛德華・赫丁（Edvard Hedin, 1856—1921）生於瑞典克拉克林格省斯梅茲托普（Smedstorp），就學厄勒布魯卡羅林斯卡高等師範學院（Karolinska allmänna högre läroverket i Örebro），1883 年開始積極參與瑞典宗教自由主義運動，他與當時大多數自由派教士一樣希望簡化教會的繁複禮儀，主張信徒經洗禮與上帝建立聯繫而得救成聖。1887 年赫丁與志同道合者在瑞典中部的庫姆拉（Kumla）成立“瑞典聖潔會”（Helgelseförbundet, HF）。溫文爾雅、謙卑屈人的赫丁似乎是為佈道而生，總是滔滔不絕、侃侃而談。身邊圍聚著大批追隨者，擁他為會長。赫丁開辦一些產業，如乳製品廠、磚廠、石灰礦，投資了銀行和保險公司，他還是瑞典國議會議員。赫丁為信徒們投資興建了教堂，參加禮拜的人數十年間達到六七千人。赫丁強調女性信徒在教會中的地位，不僅讓自己的妻子共同管理教會，還在聖潔會的許多教堂裏委任女牧師主持聖事。

光緒十六年（1890）戴德生商請瑞典聖潔會負責山西境內長城南北兩臂之間及山西北部地帶的工作，愛德華・赫丁欣然接受中華內地會的合作邀請，派遣傳教士在山西北部的大同、新店子、左雲、朔平、渾源、天鎮開展宣教工作。義和團運動期間，聖潔會傳教士大部被害，1902 年聖潔會重新組建遣華傳道團隊，陸續恢復了原有教區的事業，還新開創靈丘、朔州、懷仁、廣靈、岱嶽、陽高等宣道站。

Svenska Helgelse Förbundet

瑞典聖潔會傳教士系列

編者 Svenska Helgelse Förbundet
瑞典聖潔會

語言 瑞典文

印製 1920s.—1930s., Eric Sjöqvist, Örebro
（瑞典厄勒布魯埃里克圖片社）

尺寸 140mm×90mm

◉ **史安福一家在中國**

Familjen Silfwerbrand, Kina

史安福（Carl Gustav Ossian Silfwerbrand, 1908—1981）生長在瑞典基律納（Kiruna）一個富裕家庭，1925 年加入瑞典聖潔會，就讀斯德哥爾摩聖經學校（Bible school in Stockholm），1929 年成為作為中華內地會的瑞典協同會的成員，前往英國倫敦參加中華內地會的培訓。1931 年史安福漂洋過海來到中國，立誓將餘生獻給"基督和中國"。來華初期他被中華內地會安排在安慶補習漢語，隨後被遣山西廣靈（Kwangling）佈道。史安福在斯德哥爾摩聖經學校認識了瑪莎（Martha Pilth）姑娘，1933 年瑪莎來華，次年成為史安福夫人。1941 年太平洋戰爭爆發後，大批歐美傳教士被日軍關進潍坊集中營，史安福夫婦因瑞典中立國的身份免遭囚禁，被中華內地會派往天津掌管一家"客棧"，為集中營的歐美囚犯提供儘可能的幫助，通過秘密渠道向集中營運送包裹，把麵粉、咖啡、黃油、白糖、奶粉、蜂蜜以及信件送進監獄。據他們的大兒子萊夫（Leif Silfwerbrand）後來回憶，他們在天津的"客棧"經常遭到日本憲兵的突擊搜查。抗戰勝利後史安福一家返回瑞典。1950 年史安福舉家七口前往對瑞典聖潔會敞開大門的日本佈道。1953 年瑪莎在東京去世，1955 年史安福與他孩子學校的教師、來自加拿大安大略省的傳教士露西（Marion Ruth Loreen Silfwerbrand）結婚。1968 年前後史安福隨夫人移居加拿大，七十三歲逝於渥太華（Ottawa）。關於史安福的事跡可見網文〈戰爭、集中營和福音——史安福的故事〉（"War, Prison Camps and the Gospel: the Story of Carl Silfwerbrand," 2018）。

◉ **傳教士百日滿一家在華北山西大同**

Missionär K. Bergman med familj. Tatung Sha. N. China

Missionärsfamiljen K. Bergman, Kina

這兩張明信片留下了百日滿牧師一家人在中國十數年的時光印痕。百日滿（Karl Bergman, 1891—1965），瑞典聖潔會傳教士，1913 年來華，初在安慶學習漢語，後派往山西右雲佈道；百日滿夫人（Mrs. Karl G.B. Bergman），瑞典聖潔會傳教士，1924 年來華，隨夫駐山西天鎮。

❶ ❷

❶ 傳教士李德貞在華北山西懷仁

Missionär Jenny Lifbom, Hwaijen Shansi, N.C

懷仁現為山西省朔州下轄市，位於山西省北部、桑干河上游，地處山西省雁門關外、大同盆地中部。

李德貞（Mrs. Jenny A. Lifbom），瑞典聖潔會女傳教士，1911 年來華參加中華內地會宣教工作，1914 年嫁給 1906 年來華同會傳教士李思本（Jenny A. Lifbom），1915 年夫婦來到大同懷仁縣開教，不久李思本牧師病故，李德貞延承未捷之志，獨立擔負牧責，創辦了懷仁崇實國民小學，還用從瑞典募捐的善款資助了十數名孤兒到大同教會學校學習。1922 年和 1925 年瑞典聖潔會先後派遣傳教士鷹素貞（H. V. Höök）和楊利美（Ida E. Ahlman）到懷仁幫助李德貞。日軍佔領時，她們幾個單身女人與日軍斡旋，挺身保護當地婦女免遭淩辱。1948 年李德貞回國，她在懷仁生活了三十四年，蕙心紈質，口碑甚佳，有連環畫《懷仁基督教軼事》記載她的事跡。

❷ 郁亨生牧師全家在華北陽高縣

Ruth. Evert & Carl Ohlson. Yangkae Sha. N. China

郁亨生（Carl Ohlson），瑞典聖潔會傳教士，1905 年來華，在山西大同、陽高等地傳道。

美國遠東宣教會

十九世紀後半葉美國“大覺醒運動”的激進派別推動了“福音聖潔運動”(Scriptural Holiness)。美國循道會中的聖潔運動團體 1897 年由馬丁．克納普[1]召集，在俄亥俄州辛辛那提舉行會議，宣佈脫離母會，成立“朝聖聖潔會”(Pilgrim Holiness Church, PHC)，又稱為“國際聖潔盟會”(International Apostolic Holiness Church, IAHC)。朝聖聖潔會其實算不上本來意義上的宗會，發起者本身也沒有這個願望，僅僅是擁護聖潔運動者的團契聯盟，以協調會員佈道行為。二十世紀中期，大部分成員重新回歸衛斯理宗。

二十世紀的日曆剛剛翻開第一頁，美國朝聖聖潔會傳教士高滿夫婦來到日本東京邁出了歷經百年不衰的宣教歷程。高滿(Charles Elmer Cowman) 1868 年出生於美國伊利諾伊州一個信奉衛斯理宗的家庭，十五歲到電報局工作，1889 年與青梅竹馬的同鄉姑娘麗蒂．伯德[2]結婚，在芝加哥生活了十年。1901 年高滿夫婦這對志同道合的伉儷作為獨立傳教士結伴赴日本佈道，與日本人中田重治[3]合作創辦“遠東宣教會”(Oriental Missionary Society, OMS)，次年高滿從前在電報局的同事吉博文[4]成為這個新組織的第四位聯合創始人。1913 年遠東宣教會在日本發起“大鄉村運動”(Great Village Campaign)，信心滿滿地立誓五年內把他們的聖潔會理想傳遍日本諸島的男男女女。1924 年高滿牧師因心臟病突發去世，吉博文擔任擔負起遠東宣教會的責任。1924 年吉博文夫婦與同工畢理士[5]夫婦、費維德[6]夫婦、阮克誠[7]夫婦等人來華開教，在上海籌建聖經學院，諸事不順，直到 1925 年學院才落成，為紀念遠東宣教會創始人，聖經學院以高滿命名。

在香港非常知名的聖潔會傳教士文玉堂(Elbridge Richards Munroe, 1872—1953)，生於緬因州林肯縣的小鎮布里斯托(Bristol)，1903 年受美國朝聖聖潔會差遣攜夫人明妮(Minnie Munroe)到香港，落腳油麻地，成立華南聖潔會(South China Holiness Mission, SCHM)。1912 年文玉堂夫婦與同工卑愛群等四人轉至廣州河南洲頭嘴，在寶崗購地建聖潔堂，主要開展教育工作。1929 年華南聖潔會與遠東宣教會協商合併，成為遠東宣教會

1　馬丁．克納普(Martin Wells Knapp, 1853—1901)，生於密歇根州的阿爾比恩(Albion)，十七歲時就讀密歇根州阿爾比恩市衛斯理會學院，十九歲皈依衛斯理宗；1877 年開始傳道生涯，1886 年出版 *Christ Crowned Within*(《基督在人們心中加冕》)，1897 年發起成立“朝聖聖潔會”，1900 年修建聖潔會教堂和上帝聖經學校。

2　高滿夫人(Mrs. Charles E. Cowman, 1870—1960)，閨名麗蒂．伯德(Lettie Burd)，生於美國伊利諾伊州，1889 年與高滿結婚，1901 年前往東亞傳經佈道，辦院講學，在中國上海、漢城、東京等地創辦獨立傳道機構“遠東傳教會”；丈夫去世後，1926 年高滿夫人在上海建立“高滿紀念聖經學院”；1949 年回國。

3　中田重治(Juji Nakada, 1870—1939)，日本人，1901 年參與創辦遠東宣教會。

4　吉博文(Ernest Albert Kilbourne, 1865—1928)，日本人，遠東宣教會創始人之一，1925 年來華，駐上海。

5　畢理士(F. J. Brigges)，美國人，受遠東宣教會派遣攜妻 1925 年來華，駐上海。

6　費維德(Willard R. Fitch)，美國人，受遠東宣教會派遣攜妻 1925 年來華，駐上海。

7　阮克誠(C. E. Ranck)，美國人，受遠東宣教會派遣攜妻 1925 年來華，駐上海。

的分支，文玉堂為南方分會會長。合併後遠東宣教會把聖經學校推展到廣州、北京和重慶。

高滿夫人傳道伊始有做筆記的習慣，記下她和丈夫傳道中點點滴滴的體驗，陪侍高滿先生在加州養病時，高滿夫人把這些心路歷程整理成基督教名著 *Streams in the Desert*（《荒漠甘泉》），至今仍膾炙人口，被譽為“一座支取不盡的心靈寶庫，一泓鮮活的甜美的生命甘泉”。

遠東宣教會的歷史雖不算長久，發展步伐比較扎實，時至今日在日本、韓國以及香港和台灣有穩定的信眾。1973 年遠東宣教會改名為“國際宣教會”（One Mission Society），也稱“人人宣教會”，源於其宣教口號“One Lord, One Life, One Calling”。

Missionaries of the South China Holiness Mission

華南聖潔會傳教士系列

編者 South China Holiness Mission
華南聖潔會
語言 英文
印製 1920s.
尺寸 140mm × 90mm

◉ **女傳教士切希爾和卑愛群**

Miss Estella Cheshier of the Apostolic Holiness University Greensboro. N. C.
Miss Phoebe Pierce of the Christian Workers Training School. Huntington Park, Calif.
Sailed for China. Oct. 29, 1917

【原注】"來自美國紐約州格陵斯堡聖潔會傳道大學的切希爾姑娘和來自加利福尼亞事工培訓學校的卑愛群姑娘 1917 年來華。"

切希爾（Estella Cheshier），1917 年來華，加入華南聖潔會，駐廣州河南洲頭嘴，1919 年病故。卑愛群（Phoebe A. J. Pierce），1909 年來華，駐香港油麻地，加入便以利會。1912 年與文玉堂夫婦、白姑娘（Mattie Buchanan）、添姑娘（Pearl Denbo）由油麻地轉廣州河南洲頭嘴，成立華南聖潔會，在寶崗購地建聖潔堂。

ORIENTAL MISSIONARY SOCIETY

美國遠東宣教會

編者 Oriental Missionary Society (OMS)
遠東宣教會
語言 英文
印製 1924, Los Angeles（洛杉磯）
尺寸 165mm × 90mm

READY TO GO and preach a Full Gospel in China. These bright Chinese young men, (look at their faces) trained in our own Bible Institute and filled with the Holy Ghost, represent the nucleus of the O. M. S. work to be opened this year in China.

Would you not count it a privilege to co-operate with them and with The Oriental Missionary Society in our endeavor to plant a Bible School in the midst of 400,000,000 of heathen Chinese? Address Rev. Chas. E. Cowman, 832 N. Hobart Blvd., Los Angeles, Calif.

◉ **到中國傳福音去**

Ready to go and preach a Full Gospel in China

【原注】“這些我們聖經學校培養的年輕人，才華橫溢，滿面靈光，他們是我們遠東宣教會今年在中國開拓的先鋒。你們不認為與他們和遠東宣教會合作在四億中國異教徒裏建立聖經學校是無上榮光的嗎？聯繫地址：加州洛杉磯 832 N. Hobart 大道高滿牧師。”

救世軍

救世軍是以基督教作為信仰基本的國際性宗教及慈善公益組織，1865年由英國人由卜維廉夫婦創辦於倫敦，以街頭佈道、慈善活動、社會服務著稱。卜維廉（William Booth）1829年生於諾丁漢郡斯奈頓（Sneinton）一個尚且富足的家庭，後家道中落，十三歲輟學，不得不在典當行當學徒，十五歲在朋友指引下參加循道會的佈道活動。1848年卜維廉離開家鄉來到倫敦就職另家典當行，1851年加入循道會，按立克拉珀姆賓菲爾德教堂（Binfield Chapel in Clapham）牧師。1855年與卜凱瑟琳[1]結婚，1861年辭去英國循道會的職務，成為獨立傳教士。1865年卜維廉夫婦在倫敦開辦一家稱為"盲人乞丐酒館"（Blind Beggar Tavern）的救濟所，定期舉辦福音聚會，由此創立自己的傳道組織"東倫敦基督教傳道會"（East London Christian Mission），宗旨是給窮人更多的福音和關愛。卜維廉的基督教傳道會在英國贏得大批擁躉者，1878年名稱改為"救世軍"（Salvation Army, SA）。卜氏夫婦領導救世軍建造房舍供窮人居住，設立食物分發中心，以熱湯（Soup）、肥皂（Soap）、救恩（Salvation）的"三S"口號為人們熟知。

1890年卜維廉出版《至暗的英格蘭和出路》（*Darkest England and the Way Out*）一書，提出為無家可歸者修建居留所，為貧苦農民購置農莊，建立收容所對墮落婦女、釋囚、酒鬼等人給予生活技能的培訓。他主張如果國家未能履行其社會義務，每個基督徒則應勇於擔當。他計劃為窮人設立律師、銀行、診所、工業學校等，實現跨階級的救贖。卜維廉為救世軍制定了基本宗教信仰，唯有聖經為基督徒信仰及生活之完全準則。其廣為世人熟悉的口號有"血與火"（Blood and Fire）、"心敬神，手侍人"（Heart to God, Hand to Man）、"主屬萬邦"（Christ for the World）、"世界歸主"（The World for Christ）。卜維廉希望他的救世軍是"以愛心代替槍炮的軍隊"，遂將自己的傳道會辦成準軍事化組織，救世軍神學院稱為救世軍軍校，傳教士稱為軍官，中間包括了從少尉階銜到大將階銜，卜維廉自任大將。救世軍主張男女平等，女性可以和男性同樣得到聖職的任命和按立，軍中不乏女性出任高階軍官。卜維廉提出為了服侍上帝和維護個人身心靈的健全，所有的軍兵和軍官都應該遠離煙酒、毒品、情色以及賭博等有害身心靈的事物，救世軍人必須過合乎聖經準則的聖潔生活。有些學者將救世軍歸於"聖潔宗"[2]。

1880年救世軍傳到美國，隨之在加拿大、印度等地普及，萬國總部設在倫敦，在世界設有五大軍區。光緒二十四年（1898）救世軍派人來華調研，1909年卜維廉親自訪華，到過北京和天津等

1 卜凱瑟琳（Catherine Mumford, 1829—1890），生於英國阿什伯恩德比郡，1855年與卜維廉結婚，夫婦共同旅行宣道；1865年參與創建"東倫敦基督教傳道會"，1878年更名為"救世軍"，卜凱瑟琳被稱為"救世軍之母"；因乳腺癌逝於倫敦克羅斯利莊園（Crossley House），葬於阿布尼公墓（Abney Park Cemetery）。

2 R. G. Tiedemann, *Reference Guide to Christian Missionary Societies in China: From the Sixteenth to the Twentieth Century*, New York: Routeledge, 2009, p.208.

編者　Salvation Army
　　　救世軍
語言　英文
印製　1912, Motany Photo, E.C.
　　　（倫敦莫塔尼圖片社）
尺寸　140mm × 88mm

◉ 緬懷大將軍已故救世軍首領卜維廉

In Memory of The Beloved General
The Late General Booth Chief of the Salvation Army

【原注】“大將軍夫人卜凱瑟琳（左上），卜邦衛（左下），已故愛瑪·布斯·塔克(Emma Booth-Tucker, 1860—1903)，卜維廉的二女兒，弗雷德里克·布斯·塔克將軍夫人（右上），弗雷德里克·布斯·塔克（Frederick Booth-Tucker, 1853—1929）將軍（右下）。”

地，1916 年正式進入中國，亦稱“救世會”，傳道重點在北京及周圍的保定、石家莊、天津、定州、大同、太原、濟南、豐鎮等地，三十年代拓展至南方的上海、南京、廣州、香港等地。救世軍在華主要從事社會服務和教育事業，各地社會服務中心為窮人而提供住宿、收容、醫療等慈善救助，與當地政府合作提供教育服務。

1912 年卜維廉在倫敦哈德利伍德（Hadley Wood）去世，四萬多信眾參加了他的弔唁會，英王喬治五世（George V, 1865—1936）在給卜維廉兒子卜邦衛[1]的信中寫道：“國家失去了一位偉大的組織者，而窮人失去了一位全心全意、真誠的朋友。”第二十七任美國總統威廉·塔夫脱（William Howard Taft, 1857—1930）給他的評價是：“卜維廉長壽且才華橫溢，致力於幫助窮人和弱者，並給他們另一個獲得成功和幸福的機會的崇高工作。”

1　卜邦衛（William Bramwell Booth, 1856—1929），救世軍創始人卜維廉的長子，生於英國西約克郡，1874 年參與父母的宣道事務，1878 年成為救世軍軍官，卜維廉去世後成為第二任救世軍大將。

THE SALVATION ARMY, CHINA

救世軍中國系列

編者　The Salvation Army
　　　救世軍
語言　英文
印製　1920s., London（倫敦）
尺寸　140mm × 90mm

PEKING CENTRAL CORPS.

ENSIGN & MRS FREDK BORER, CHINA. 1921-27.

❶ | ❷

❶ 救世軍中央堂

Salvation Army Peking Central Corps

1917 年救世軍在北京王府井八面槽興建了會院“救世軍中央堂”和“救世軍軍校”，1922 年落成。此堂由外國工程師設計，採用中國建築的元素，有中國塔式鐘樓、歇山屋頂及入口。

❷ 寶瑞少尉和夫人 1921 年至 1927 年在中國

Ensign & Mrs. Fredk Borer, China, 1921–27

寶瑞（Fredk Borer），英國人，救世軍少尉軍銜傳教士，1921 年攜夫人來華佈道，常駐北京，1927 年回國。

The Salvation Army, International Series

救世軍國際系列

編者 The Salvation Army
救世軍
語言 英文
印製 1920s., London（倫敦）
尺寸 140mm×90mm

“救世軍國際系列”是一組跨國系列明信片。

◉ **救世軍樂團北京女子鈴鼓隊**

The Salvation Army Musicians, Girls' Tambourine Bang, Peking, China

【原注】“救世軍的行動已經擴展到八十六個國家和地區，有一萬五千九百三十一個軍團和前哨站使用七十六種語言宣講救恩，兩萬六千二百六十六名軍官和學員全身心投入工作。基金迫切需要資金來維持這項偉大的工作，可以將捐款交給愛德華·希金斯（Edward John Higgins）大將，地址 101 Queen Victoria Street, E. C. 4，或交予當地財務代表。”

救世軍樂團最早於 1879 年在英國達勒姆郡的康塞特（Consett, Durham）自發形成，卜維廉認為這種表演形式是宣揚基督教福音的有效工具，倍加讚賞而推廣，樂團逐步成為救世軍特有的宣教形式。1891 年救世軍成立總部樂團，隨後各軍團（教區）、軍區（教堂）、青年組織紛紛組建各個層級的樂團，經常在教堂活動和節日慶典時演出，或進行隊列行經表演。在歐美國家主要是銅管樂隊，在其他國家也融合了各地區各民族的樂器。救世軍樂團對現代管弦樂的發展卓有貢獻。

09

門諾宗

門諾會（Mennonites），中國舊稱孟那會，一般歸為浸信宗，1950 年中華基督教協進會編纂的《中國基督教團體調查錄》裏將其單獨列為“門諾宗”。門諾會十六世紀由荷蘭人門諾．西蒙斯（Minne Simens, Menno Simons）創建。門諾．西蒙斯 1496 年出生在時為神聖羅馬帝國弗里斯蘭省的韋特馬森（Witmarsum）貧寒的農民家庭，他沒有受過正規教育，在神學院學過拉丁文和希臘文，1515 年在烏得勒支晉鐸，1524 年出任家鄉的本堂神父。據說他當神父之前從未讀過聖經，而神父之職迫使他認真閱讀聖經，連帶還讀過許多當時流行的文藝復興思潮的作品，人文主義在他的腦海裏留下深深印記，使得他有意接觸新教的再洗禮派。1535 年在荷蘭，三百多名包括他的兄弟在內的激進再洗禮派被殺害，門諾．西蒙斯對天主教會心生厭惡，次年辭去天主教的職務，加入再洗禮派。他領導的這個再洗禮會的分支，後來被稱為門諾會，一躍成為荷蘭最有影響的激進改革運動宗教組織，有的歷史學家把相關時期的荷蘭歷史劃分成“門諾之前，門諾時期，門諾之後”，説明其歷史地位。1561 年門諾．西蒙斯逝於霍爾斯泰因的烏斯坦菲爾德（Wüstenfelde Holstein）。

再洗禮派是十六世紀宗教改革運動中揭竿而起的諸派之一，比馬丁．路德主義和加爾文主義的神學思想更為激進。再洗禮派認為人要長大至心智成熟，才能選擇受浸成信徒，因而一概反對嬰兒受洗；信徒必須要能夠遠離這世俗上的罪惡、遠離肉體方面的情欲及不可因這信仰而有所妥協，也必須遠離其他宗教如羅馬天主教、路德派及其宗教禮儀儀式；教會不應用階級把個人與上帝分開，階級使得人缺乏直接面對上帝的機會，也使得宗教失去了意義；脱離教會的人已受到最嚴厲的懲罰，不可追加迫害。再洗禮派又堅決反對馬丁．路德和加爾文與世俗政權有任何合作，強調信徒必須是“真正委身於基督”的人。羅素在《西方哲學史》中説，“再洗禮派摒棄一切的法律，因為他們認為好人是無時無刻不被聖靈所引導，而聖靈又是不可能受任何公式的束縛的。從這個前提出發，他們就達到了共產主義與兩性雜交的結論。”[1] 他們因而被視為異端，遭受教內和教外雙重迫害，信徒逃到瑞士的山區以及德國南部，十八世

1 〔英國〕羅素：《西方哲學史》，何兆武、李約瑟譯，北京商務印書館，1976 年，上卷，第 21 頁。

紀初逃到大洋彼岸的美洲賓夕法尼亞。

門諾·西蒙斯的神學思想脱胎於再洗禮派，又深受其他宗教改革運動思想家的影響，顯示出稍許寬容精神和理念，是再洗禮派比較溫和的一支。加爾文強調教會組織的紀律，認為任何罪惡都不可寬恕，必須將犯罪之人逐出教會；門諾則認為人是可以改變的，通過感化可以變為“完美”。馬丁·路德強調嬰兒洗禮，再洗禮派認為嬰兒洗禮是被脅迫的，不是自身意願的表達，應當在人成年有了自由思想意識後給予洗禮，淨化自身靈魂，救贖原罪；門諾主張洗禮是人生的過程，不論是嬰兒洗禮還是成人洗禮都不能一勞永逸使人擺脱罪惡。門諾反對通過暴力手段進行社會變革，他的和平主義的主張獨樹一幟，周圍聚集了大批信眾。

門諾會有幾支差會進入中國。“美國克利美門諾會”（Krimmer Mennonite Brethren, KMB），又稱“光明與希望會”（Light and Hope Mission），1903 年派遣傳教士包志理[1]夫婦來華，創建“中國門諾福音會”（China Mennonite Mission Society, ChMMS），先後在山東的曹縣、單縣，河南的虞城、柳河、睢州、寧陵開闢傳道站。美國克利美門諾會 1922 年又派遣文耿直[2]夫婦來華，在內蒙古綏遠的卓資山成立“卓資山福音會”。位於堪薩斯的美國門諾會總協調組織“門諾委辦會”（Mission of the Mennonite General Conference, MGC）1909 年成立的獨立差會“門諾委辦會外方傳道會”（Foreign Mission Board of the General Conference）1911 年派遣薄清潔[3]夫婦來華，在華稱為“美國清潔會”，佈道區域在黃河兩岸的濮陽和大名，以及寶雞、成都等地。“美國門諾兄弟會”（Mennonite Brethren Mission, MBM）1911 委派衛英士[4]夫婦到福建組建獨立傳道區，在上杭山區客家人中佈道，在中國稱為“門諾浸信會”或“孟佛浸信會”。

德裔美國人威廉·蓋曼[5]牧師於 1858 年在賓夕法尼亞州的錫安斯維爾（Zionsville）創建美國門諾宗福音派（Evangelical Mennonites）的“門諾基督兄弟會”（Mennonite Brethren in Christ Church, MBC），1896 年成立新的團契“福音佈道社”（Gospel Herald Society），注重深入美國人家庭傳播福音，是“逐家佈道會”的先驅，主要活躍在賓夕法尼亞州和新澤西州，在斯科特代爾（Scottdale Pa.）出版雜誌《福音佈道》（*Gospel Herald*）。1947

1 包志理（Henry Cornelius Bartel, 1873—1965），生於波蘭貢賓（Gombin），1876 年隨父母移居美國堪薩斯州希爾斯伯勒（Hillsboro），1891 年加入克利美門諾會，1899 年參加位於印第安納州伯爾尼（Berne）的“光明與希望孤兒院”工作；1903 年組建中國門諾福音會來華。

2 文耿直（Frank V. Wiebe, 1882—1951），荷蘭裔美國人，整個家族都是門諾會信徒，1922 年受克利美門諾會派遣來華，創建卓資山福音會。

3 薄清潔（Henry Jacob Brown, 1879—1959），美國人，門諾會醫學傳教士；1909 年與妻子瑪麗亞（Maria Miller Brown, 1883—1975）來華，前往河北濮陽開州佈道，開設診所，實施外科手術；1941 年被日本人拘捕，1943 年獲釋後返美；戰後他們在開封和上海工作。1949 年退休。著有 *The General Conference China Mennonite Mission, Taming-fu*（《門諾清潔會在大名府》, Author, 1940）、*In Japanese Hands*（《在日本人手裏》，North Newton, 1943）。

4 衛英士（Franz John Wiens, 1880—1942），美國人，1911 年與夫人艾格尼絲（Agnes Harder Wiens, 1884—1951）來華，在福建上杭佈道，著有 *Fifteen years among the Hakkas of south China*（《華南客家十五年》，1930）。

5 威廉·蓋曼（William Gehman, 1827—1918），德裔美國人，生於賓夕法尼亞州伯克斯縣赫里福德鎮（Hereford Township, Berks County），1849 年按立牧師；1858 年成立“門諾基督兄弟會”，擔任長老和評議會主席。

年應美國循道會邀請，福音佈道社第一次嘗試走向海外，派遣傳教士馬開明[1]夫婦和女傳教士柯伯文[2]來華在四川合川開教，在華稱為"美國門諾仁愛會"(Mennonite Board of Missions and Charities, MBMC)，1951年撤出中國大陸，仍活躍在東亞尤其是台灣地區，其傳道理念是"家庭教會"的先驅。

德國肥柏會情況比較特殊，這是一家由獨立傳教士谷約翰牧師專為中國傳道而創建的差會，在中國開闢有江蘇碭山教區，但是德國肥柏會在中國的活動接受門諾會的資助、納入門諾會的管理，也可以視同門諾會在華傳道活動的組成部分。谷約翰（Ernst John Kuhlmann, 1883—1975）生於德國費爾貝特（Velbert），費爾貝特位於北萊茵威斯特法倫州（North Rhine-Westphalia），拿破崙打敗普魯士軍隊統治費爾貝特時期，自由平等思想給這裏的教會帶來新氣象，這座小城成立許多基督新教組織，如費爾貝特自立信義會(Freie Evangelische Gemeind, EFG)、信義兄弟會(Evangelischen Brüdervereins)、費爾貝特基督浸信會（Getaufte Christen-Gemeinde）等。各派彌補分歧達成協議，共同結成一個開放式的、自由的聯盟社區（Allianzgemeinde）。費爾貝特聯盟社區不是宗會，成立目的是"讓所有真正的基督徒兄弟，擘餅聚會，構建上帝所希望的團結"。費爾貝特聯盟社區的所有參加者都以個人身份參加聯盟的活動，以"福音宣道師"（Evangelisationsver）之獨立身份傳道。1907年谷約翰得到費爾貝特聯盟社區的支持，以獨立傳教士身份來華。谷約翰來華後結識來自堪薩斯州埃爾賓（Elbing）的中國門諾會傳教士、德裔美國人瑪麗亞·戴克[3]，二人結為伉儷。

谷約翰夫婦1911年聯手創建碭山教區(Tangshan Mission)，佈道範圍覆蓋河南單縣、夏邑、江蘇碭山等三個縣。碭山教區有七名歐洲傳教士和五名美國傳教士，資金少半籌自德國，多半靠美國和加拿大門諾會組織和個人捐助。1923年谷約翰與"門諾委辦會外方傳道會"達成合作協議，雙方同意加強聯繫，前者接受後者的指導從而獲得更多的資助。1924年中國政府要求來華傳教士必須有獨立法人實體，谷約翰不得不回到費爾貝特註冊 Velbert Missionshilfe，直譯"費爾貝特宣道會"，中文舊稱"肥柏基督會"。與門諾會合作後，肥柏基督會在碭山教區的佈道工作有了長足進步，設立了二十個傳道站，建立了幾所普通學校和聖經學校，以及醫療站等慈善機構。抗日戰爭爆發後肥柏會外籍傳教士撤到青島，1948年逐步離開中國。谷約翰在華傳道三十年，晚年定居美國。

谷約翰夫婦在華宣教工作得到費爾貝特自立信義會、德國門諾會的財務支持，主要得到美國門諾會全方位的幫助。肥柏會的神學理念屬信義宗，他們的傳道事業可視為門諾會在中國的一部分。

---

1 馬開明（Don McCammon, 1920—1988），生於美國愛荷華州艾姆斯（Ames），1945年畢業於戈申學院（Goshen College），同年與多蘿西（Dorothy McCammon）結婚，1947年夫婦二人受門諾基督兄弟會派遣來華，在四川合川傳道；1951年被驅逐出境，至1958年在日本傳道；1959年後在印第安納州埃爾克哈特（Elkhart, IN.）"門諾傳道委員會"（Mennonite Board of Missions）工作；逝於內布拉斯加州奧馬哈（Omaha, NE.）。

2 柯伯文（Christine Weaver），門諾基督兄弟會女傳教士，1947年來華，駐四川合川，1951年離華。

3 谷約翰夫人（Maria Kuhlmann），閨名瑪麗亞·戴克（Maria Dyck），德裔美國人，希望光明會傳教士，1906年來華，初駐山東單縣；1909年與谷約翰結婚，1911年隨夫轉駐江蘇碭山。

Gospel Herald Society

美國門諾會福音佈道社系列

編者 Gospel Herald Society
門諾會福音佈道社

語言 英文

印製 1920, Easton, Pa.（美國賓夕法尼亞埃斯頓）

尺寸 140mm × 90mm

Chinese Pagoda or Sacred Tower.

Thibetan Prayer Door over a Mountain Pass.

❶ ❷

❶ 漢式佛塔

Chinese Pagoda or Sacred Tower

❷ 山口上的藏式祈禱門

Thibetan Prayer Door over a Mountain Pass

Velbert Missionshilfe

德國肥柏基督會系列

編者 Velbert Missionshilfe (VM)
德國肥柏基督會

語言 德文

印製 1910s., Buchhandlung der Christi. Missionsgesellschaft, Rhin（德國萊茵宣教會基督書店）

尺寸 140mm × 90mm

◉ 谷約翰夫婦和孩子在江蘇碭山

Ernst, Marie u. Marta Kuhlmann, Tang shan, Kiangsu-Provinz, China

碭山縣，古稱下邑，東南有碭山，其北有芒山，古稱碭郡。地處皖、蘇、魯、豫四省七縣交界，清朝碭山縣屬江蘇徐州府，民國時期屬江蘇徐海道，1955 年劃歸安徽省宿州市。

10

公誼宗

公誼宗（Friends）由英國牧師喬治·福克斯創立於十七世紀四五十年代。喬治·福克斯（George Fox）1624 生於英格蘭中部的萊斯特郡（Leicestershire）德雷頓（Fenny Drayton），十二歲學徒，十九歲離開父母闖蕩社會，在尋求真理的歷練中逐漸形成自己的思想體系。福克斯提出人人都有內心靈光，有能力識別真理，接近上帝。神就是愛，踐行友誼和和平可以實現與上帝溝通，救贖和天國可以在現世實現。他反對外在的權威和繁瑣的形式，主張無聖餐、無聖洗，不慶祝復活節和聖誕節之類的基督教節日。人們不需要通過身著各色長袍的神父或者牧師，也不需要去那些尖頂的教堂，信徒聚集一堂，各自凝神默思，聽憑聖靈引導，在自我體驗中獲得啟示，只要認真領悟聖經就可以與上帝溝通，成為真理之友。1649 年因口無遮攔地宣傳這些“叛逆”言論，福克斯在諾丁漢被捕。據他自己後來回憶，次年在法庭上他發出一種奇怪誇張的聲音 quaker（貴格）以蔑視法官，被社會許多人記住。1652 年福克斯帶領他的追隨者聚集蘭開夏郡（Lancashire）的彭德爾山（Pendle Hill），向人們抒發自己的思想和願景，倡導會眾人人平等，廢除繁複禮節，相互間不必鞠躬脱帽，不用敬辭稱謂；宗會組織結構簡單實用，最高協調機構是定期召開的“年會”。福克斯引用耶穌名言“人為朋友捨命，人的愛心沒有比這個大的。你們若遵行我所吩咐的，就是我的朋友了。以後我不再稱你們為僕人，因僕人不知道主人所做的事；我乃稱你們為朋友”（《約翰福音》第 15 章第 13—15 節）與他的追隨者共勉，故而在英國被稱為“公誼會”（Religious Society of Friends, FSC），歷史上通常把彭德爾山聚會視為英國公誼會誕生的標誌。

福克斯的公誼會在愛爾蘭、威爾士和蘇格蘭的擁躉者逐步增多，但他本人仍身處逆境，屢受迫害，多次被關押，直到 1688 年英國光榮革命後，公誼會在英國始獲合法地位。在教理上公誼宗與其他新教宗派有很大區隔，其不合主流的思想和行為依然為社會所輕蔑，受到聖公會和清教徒的嘲笑和排斥。1671 年福克斯放眼海外，到過加勒比海地區和北美大陸傳播他的主張。1681 年公誼會獲得英王查理二世贈送的土地，後來稱為“賓夕法尼亞”。在福克斯帶領下公誼宗信徒創建了費城，為其在美國的大本營率先成立公誼宗費城年會，在美國通常稱為“貴格會”（Quaker），或稱“奮進會”（Christian Endeavors）。1691 年喬治·福克斯逝於倫敦。公誼宗在美洲大陸的影響遠遠超過英國，究其原因，主要在於其三百餘年在美國政治舞台的表現。美國貴格會倡導宗教寬容政策；積極關注人權，反對掠奪印第安人，推動黑奴解放運動；鄙視戰爭，擁護和平；呼籲改善監獄條件，熱情興辦醫療等慈善事業，在美國歷史上代表比較開明的社會群體。十九世紀美國貴格會因政治態度的激進、保守、平和分裂為幾個派別，理念上大同小異。

公誼宗在華主要有兩個組織。1868 年英國公誼會都柏林年會（Friends Missionary Society of Dublin Yearly Meeting）成立英國公誼會外宣會（Friends Foreign Mission Association, FFMA），光緒十二年（1886）派遣傳教士來華，初期在漢中佈道，1888 年後移師四川，在中國稱為“公信會”（Szechuan Yearly Meeting of the Religious Society of Friends），曾是華西協和大學五家發起單位之一。1920 年隸屬美國“公誼會五年會”（American Friends Board of Missions of the Five Years Meeting）的“美國公誼宗外宣會”（American Friends Board of Foreign Missions, AFBM）來華拓展，加入“公信會”。公信會在中國活動區域主要有漢中、重慶、東川、成都、遂寧、北京等地。

另一個組織是成立於 1812 年的公誼會俄亥俄年會（Society of Friends Yearly Meeting in Ohio）所屬的外宣組織“美國公誼會”（Friends Foreign Missionary Society of Ohio, AFO），光緒十三年（1887）派遣傳教士義白禮[1]率先來華，在華稱“貴格會”，主要活躍在江蘇的南京和六安。公誼宗在華的四五家機構於 1917 年聯合成立屬地組織“中國基督教公誼會”（The Society of Friends），協調機構為“公誼會上海年會”。

在基督新教派別林立的組織中，崇尚寂靜的公誼宗信徒數量和影響力都不算大，最傑出的教友當屬美國總統尼克松。

1 義白禮（Esther Hettie Butler, 1851—1921），生於美國俄亥俄州的大馬士革（Damascus），1887 年作為美國貴格會醫學女傳教士來華，初居南京，在美以美會金陵醫院做護士；逝於牯嶺。

貴格會中國系列

編者 American Friends Mission
美國貴格會
語言 英文
印製 1910s., 洗印
尺寸 140mm × 85mm

◉ **六合的宣教婦女和學生**

Bible Women and Student at Luho

【原注】"左邊為和愛華"。

和愛華（Margaret A. Holme），又記和睦克禮，生於紐約，美國貴格會醫學女傳教士，1894 年在紐約州"奮進會"（N.Y.Y.M. Christian Endeavors）資助下，受美國貴格會俄亥俄州年會派遣來華，初駐南京，清光緒二十四年（1898）到六合設佈道所，辦學校和診所，1924 年修建六合縣基督教堂；抗日期間暫停活動，1946 年恢復，又在瓜埠鎮太平集、水家灣、陸橋鎮等處設立分堂。

11

中華內地會

1904 年戴德生失去與之相伴三十三年的妻子福珍妮，古稀之年的他自感來日不多，惦念著他一生奉獻的事業，牽記患難與共的同工，渴望再次回到魂牽夢縈中的第二故鄉。次年他在二兒子夫婦戴存義[1]和金樂婷[2]陪伴下，拖著老邁之軀，從倫敦啟程踏上第十一次到中國之路。

光緒三十一年（1905）三月十三戴德生一行抵達上海，在那裏見到等候他多時的曾經朝夕相處的同工何斯德[3]、范明德[4]、宓道生[5]等人，並莅臨正在召開的中華內地會"中國諮詢委員會"例行會議。遙想當年草創中華內地會時身邊只有二十幾位志同道合者，而如今此會成為世界上最大的傳道差會；聽到與會組織者的匯報，戴德生愴然淚下。

1832 年戴德生（Hudson Taylor）出生在英格蘭約克郡（Yorkshire）的羅萊斯頓山谷巴恩斯利鎮（Barnsley, Royston Valley），上溯三代都是循道會的忠實追隨者，五十年前約翰．衛斯理來當地佈道時，身為泥瓦匠的曾祖父鞍前馬後伴隨身邊並引家食宿，從此成為這家人口口相傳的幸事和畫荻教子的效法楷模。戴德生從小就以當傳教士為自己的人生目標，經常跟隨父親外出佈道、慰問病人、操練愛心。1847 年戴德生經人介紹在巴恩斯利鎮一間銀行當小職員，無奈興趣不和，不多日辭職回家。十九歲那年戴德生讀了在華傳教士麥都思醫生的《中國的現況與展望》一書，從中獲得兩個啟發，一是到

1 戴存義（Howard Taylor, 1862—1946），戴德生與瑪莉亞的次子，生於英國倫敦，1866 年隨同父母和三個兄姊乘坐蘭茂爾號前往中國；1888 年畢業於皇家倫敦醫院的醫學院，獲得倫敦大學醫學博士，後成為皇家外科醫學院院士及皇家內科醫學院院士；1890 年前往中國，被派往河南賒旗店傳道；1894 年與青梅竹馬的好友金樂婷結婚。

2 金樂婷（Mary Geraldine Guinness, 1865—1949），生在英國利物浦，1888 年來華，駐河南傳道；1894 年與戴存義在上海結婚；其父金尼斯牧師是都柏林的愛爾蘭新教傳教士，擁有著名的健力士啤酒廠。

3 何斯德（Dixon Edward Hoste, 1861—1946），生於英國布萊頓郡，皇家軍官之子，畢業於克利夫頓學院（Clifton College）和沃爾維奇皇家軍事學院（Royal Military Academy at Woolwich），聽過慕迪講道後加入中華內地會，1885 年作為"劍橋七傑"的一員來華，駐山西洪洞傳道，結識席勝魔；1905 年戴德生去世後出任中華內地會主任，至 1935 年卸任，日佔期間被拘集中營，戰後回英國。

4 范明德（John Whiteford Stevenson, 1844—1918），又記范約翰，生於英格蘭格拉斯哥，就讀蘇格蘭安息日學校（Sabbatarian School），1865 年攜夫人來華，長期在浙江佈道，曾擔任中華內地會副主任。

5 宓道生（James Joseph Meadows, 1835—1914），生於英國英國諾福克，戴德生"寧波傳道會"最早成員，1862 年攜妻子來華，到達上海，三年後轉入中華內地會，1867 年建立台州傳道站，1869 年建立安慶傳道站；1886 年出任中華內地會"中國諮詢委員會"浙江監督；逝於英國。

中國傳福音大有作為，二是要懸壺濟世以贏得牧眾，於是他報考倫敦皇家醫學院，以備到中國傳道之需。

德國傳教士郭士立早在道光二十四年（1844）在香港創建"福漢會"，在華人圈子傳佈福音。他多次回到歐洲大陸，動員德國傳道組織到中國傳佈福音，得到"三巴傳道會"的響應。1850 年郭士立和同工羅存德[1]來到英國，在倫敦成立"中國傳道會"，發行《禾場拾穗者》（*The Gleaner in the Missionary Field*）雜誌，贏得一批年輕人的擁躉，戴德生成為這家新組織的第一位成員。

1853 年戴德生從利物浦碼頭登上"鄧弗里斯號"（Dumfries）遠洋貨輪，歷經一百五十六天漂泊，咸豐四年（1854）抵達上海吳淞口，自此開啟了他半個世紀的傳道生涯。戴德生蝸居上海，穿梭江浙兩地佈道。他很在意自己在中國人眼中的形象，打扮成本地人的樣子易於與受牧者打成一片，故他請來中國理髮師把他的金髮染成黑色，修剪成金錢鼠尾辮，穿上長袍馬褂，除了腦門下那雙無法改變的碧眼外，儼然一副中國鄉紳的模樣。1856 年戴德生在寧波定居，深耕於寧波禾場。郭士立去世後，"中國傳道會"因資金沒有保障，經常借債來維持生計，有糧盡援絕之慮，戴德生選擇脫離遣會獨立佈道，於 1857 年成立自己的"寧波傳道會"。

1860 年戴德生積勞成疾，攜妻兒回英國治病順便探望久別的老父老母。在英國養病六年，其間他完成了幾件學術工作。回英國之前，他曾經翻譯了寧波話新約聖經和讚美詩，1863 年他著手把寧波話新約聖經改編成羅馬字母本，由英國聖經公會出版。"觀於海者難為水，遊於聖人之門者難為言"，在約翰·衛斯理傳道精神熏陶下成長起來的戴德生，不甘於走同時代傳教士的尋常之路，1865 年他在柏萊頓海濱（Brighton Beach）養病時醞釀了一個使他最終有資格與偉人比肩的想法。第二次鴉片戰爭後，1860 年清朝政府與列強簽訂一系列條約，允許西方教會到內地自由傳道，但居於條件限制大部分傳教士仍然聚集在沿海地區，內地很少見到傳教士的身影。戴德生敏銳地抓住這個可以在中國大展身手的機會，回到倫敦後創建"中華內地會"（China Inland Mission, CIM）。他和妻子瑪莉亞合作撰寫了《中國屬靈需要的呼聲》（*China's Spiritual Need and Claims*），告訴讀者將福音傳給更廣泛中國人的迫切性。夫婦倆在英國四處宣講自己的主張，引起關注、引來喝彩。1866 年戴德生夫婦攜四個孩子與二十四位認同他的理想的志願者，搭乘"蘭茂密爾號"（Lammermuir）郵輪前往上海，開啟他此生最重要的航程。與他同行的這批同工就是中華內地會最早的班底，史稱"蘭茂密爾團"。"蘭茂密爾團"抵達杭州清泰門，在新開弄建立宣教基地，內設禮拜堂、診所、藥房、辦公室和印刷室等，後來又成立崇真男學和育德女學。

光緒三十一年（1905）三月十六（星期四）戴德生一行從上海來到揚州，這裏曾是他早年在華拓展的重點區域，也給少不更事的他留下鏤骨銘心的記憶，讓他初步品嚐到在有著古老傳統文化的中國

1 羅存德（Wilhelm Lobscheid, 1822—1893），德國人，1848 年到香港，曾到寶安和布吉傳道，1853 年擔任"中國傳道會"香港負責人；編寫過《英話文法小引》、《英華行篋便覽》、《英華字典》。

做人做事之難。

1868年戴德生夫婦從杭州來到揚州，邊行醫邊傳道，打算以此為基地向華中和華北拓展，不想招致揚州當地民間宗教組織的不滿，擔心會侵蝕他們的勢力和利益，鼓噪民眾趕走英國人。內地會傳道站受到上萬名民眾的搶劫和焚燒。"揚州教案"發生後戴德生向鎮江的英國領事投訴，又親自寫信向揚州地方官抗議。揚州府衙拒絕接受英國領事的照會，不甘示弱的英國政府派出軍艦雷多號、羅得奈號、史丹尼號、伊卡魯綫號抵進南京和鎮江以武力要挾，清政府不得已罷黜揚州知府。

《泰晤士報》發表社論抨擊戴德生，指責內地會靠著軍艦大炮去宣佈基督福音，傳道之人動用武力威脅中國，這是魯莽和愚蠢的行為。中華內地會在英國的許多資助者開始有意疏遠，中止或暫停給劃款。"揚州教案"讓戴德生深深懊悔，認識到宗教是屬靈事務，只能用教會自己的方式耐心解決，萬不可藉助外部力量，否則事與願違，眾叛親離。戴德生後來在處理年年都遇到的教案時，態度和方法變得平緩、委婉多了，更多地考慮中國人的感受。1900年義和團運動期間，中華內地會殉道的傳教士及其家屬有七十九人。時在英國治病的戴德生心如刀割，夜不能寐，給受難者家人逐一寫信安慰。然而他堅定拒絕參與列強向中國的索賠，他公開表示："多年來販賣鴉片獲取暴利的那些國家，竟然不知羞恥地向貧窮的中國索取巨額賠款。列強們的行為與我們無關，我們傳教士效法基督，以傳播福音而受苦受難為榮。本會決定，不需要任何生命或財產的賠償，甘願自己擔負全責養育殉道傳教士的遺屬。"[1]

光緒三十一年（1905）三月二十（星期一）戴德生一行擺渡來到鎮江雲台山西麓的西僑公墓（Chinkiang British Cemetery），憑弔三十五年前葬在這裏的髮妻瑪莉亞，墓碑上還刻著他們四個早夭孩子的名字。

在寧波傳道期間，戴德生與女傳教士瑪莉亞（Maria Jane Dyer）相愛。瑪莉亞是英國自養教育傳教士，1837年生於馬六甲，她的父親台約爾[2]是倫敦會傳教士，父母去世後她們姊妹被接回英國讀書，1853年與姐姐寶麗娜（Burella Hunter Dyer, 1835—1858）到寧波，一起在艾迪綏[3]女士創辦的寧波女塾任教，姐姐寶麗娜後來嫁給英國聖公會的包爾騰牧師。1858年瑪莉亞和戴德生在寧波英國領事館內舉行中式婚禮。瑪莉亞不適應江浙一帶的氣候，水土不服，加之醫療條件不善，先後有三個孩子早夭。1870年瑪莉亞死於霍亂，戴德生將愛妻埋葬於鎮江西僑公墓。次年戴德生在英國與"蘭茂密爾團"的福珍妮（Jane Elizabeth Faulding, 1843—1904）結婚。福珍妮是戴德生手下的得力幹將，戴德生不在中國期間，她承擔了傳道機構的協調事務，每逢重大事件總能見到她親臨現場。1877年至1878年間華北爆發"丁丑大饑荒"，福珍妮與兩個單身女傳教士參加救援隊前往山西省賑濟災民，順便在太原辦了一所孤兒院，收留難民遺

1 Hudson Taylor, *China's Millions*, London: Morgan & Scott, 1901, p.62.

2 台約爾（Samuel Dyer, 1804—1843），英國倫敦會傳教士，1827年攜妻到檳榔嶼華人圈傳道，一生從事研究漢字鑄造，曾參與"委辦本"聖經翻譯工作；病逝於澳門，葬於馬禮遜墓旁。

3 艾迪綏（Mary Ann Aldersey, 1797—1868），英國人，獨立傳教士，為英國東方女子教育會（Society for Promoting Female Education in the East）服務，1837年隨倫敦會麥都思夫婦到爪哇泗水設女塾，教育華人女童；1843年將學校遷往寧波祝都橋，稱"寧波女塾"，在那裏工作直到1861年。

孤。1904 年她與戴德生訪問瑞士時，因病逝於萊斯切瓦利斯（Les Chevalleyres）。

光緒三十一年（1905）三月二十二（星期三） 戴德生一行離開鎮江，搭乘小火輪溯江而上，三月二十七在蕪湖登岸，改乘其他交通工具在皖、豫兩省的蕪湖、安慶、周口等地探望當地教會和同工。

醞釀已久的內地會管理體制的改革就是在安慶完成的。從五湖四海來到一起的不同宗派背景的傳教士，難免會因母會信仰原則的差異產生分歧甚至對立，為妥善化解潛在的矛盾，戴德生提出"羊以群分"的方案。戴德生在中華內地會推行跨宗派主義，鼓勵不同宗派的傳教士以個人的身份加入到一個植堂型宣教團體。[1] 他一生的好友往往都有著截然不同的宗派背景，早年在杭州和寧波傳道時，與其結伴出行的有倫敦會的慕維廉、艾迪瑾、偉烈亞力，英國聖公會的包爾騰，蘇格蘭長老會的賓惠廉[2]，大家相互幫襯，親密無間。戴德生的經驗是傳教士們的國籍和宗派固然界限分明，然而在同一傳道地往往沒有區隔和間隙。中華內地會早期骨幹"蘭茂密爾團"的同工來自浸信會、循道會、長老會、聖公會等不同宗派。他著意在中華內地會弱化國籍和宗派的身份，強調"禾場分治"，同一傳道地的同工採取宣教協商制，求同存異。戴德生為中華內地會的制度安排，儘量避免人力和財力的競爭，"不偷羊"、"不搶錢"、"不奪地盤"，和平共處。

為了團攏不同宗派的傳教士，使其愉快地在一個屋檐下同工，仿照公理宗教會制度治理體系，

THREE CHINA VETERANS.
THE LATE
DR. HUDSON TAYLOR.
Born, 1832. China, 1854.
Died, 1905.
DR. GRIFFITH JOHN.
Born, 1831.
China, 1855.
DR. MARTIN.
Born, 1827.
China, 1850.
Copyright: London Missionary Society, 10 New Bridge Street, E.C.

◉ 三位資深傳教士：戴德生、楊格非、丁韙良（倫敦會中國系列）

Three China Veterans

【原注】"戴德生博士，生於 1832 年，1854 年來華，逝於 1905 年；楊格非博士，生於 1831 年，1855 年來華；丁韙良博士，生於 1827 年，1850 年來華。"

1 參閱亦文：〈跨宗派主義的中國內地會與宗派問題〉，刊《教會》2014 年第 6 期。

2 賓惠廉（William Chalmers Burns, 1815—1868），又記賓為霖，生於蘇格蘭格拉斯哥，1847 年受蘇格蘭長老會差遣來華，抵達香港，轉往廈門、汕頭一帶傳道，1855 年與戴德生相識，成為莫逆之交；1863 年前往北京，1867 年北出山海關講道，逝於牛莊；翻譯《天路歷程》的閩南語、文言文、官話三種版本，編寫《潮腔神詩》、《榕腔神詩》、《廈腔神詩》、《正道啟蒙》。

1886 年戴德生在安慶成立管理機構“中國諮詢委員會”，體現教會是信徒自願結合的組織，及民主自治、協商和支援、教會內部人人平等、平信徒皆為祭司的原則。“中國諮詢委員會”設立總監督，各省設立監督，成員出自民主選舉。戴德生發起的這個改革也為他本人未來幾年退居二綫埋下伏筆。

光緒三十一年（1905）四月二十七（星期二）戴德生一行乘火車到達漢口。在漢口的三天讓他找回久違的興奮和愉快，其中最重要的活動是他與好友丁韙良和楊格非的會面，留下這張珍貴的照片，當時三位古稀老人在華宣教時間合計有一百五十六年。耄耋皆得以壽終，恩澤廣及草木昆蟲。

在江蘇、浙江、安徽、江西站穩腳跟後，為了更迅速地向中國內地拓展，1874 年戴德生來到九省通衢的武漢建立大本營，派出幹將四出開疆拓土。

不論羅馬公教還是基督新教，長期的海外拓展都面臨過人員的瓶頸。前程似錦的神學院學生有志於從事海外宣教者鳳毛麟角，傳道地的政治、文化和氣候與派出國間存在巨大差異，造成差會正常和非正常地嚴重減員，人員青黃不接是差會的常態。戴德生是位非常稱職的人事資源經理，網羅人才的手段頗為有效。他遴選傳教士不拘一格，向其他差會不屑一顧的平信徒和女信徒敞開大門，尤其重視吸納勞動階級出身的志願者，這固然有經濟上的考量，但主要是這些人體格健壯、吃苦耐勞，適合到中國窮鄉僻壤作“墾荒牛”。他還積極落實本土化策略，開辦神學院培養華籍傳教士，把教區和傳道站的日常管理頗具信任地交給本土同工。儘管如此，戴德生從沒有放鬆把相對高素質的人才拉入麾下，1885 年經美國佈道家慕迪牽綫，劍橋大學七位高材生何斯德、施達德[1]、司安仁[2]、章必成[3]、蓋士利[4]、寶耀庭[5]和杜明德[6]加入中華內地會。“劍橋七傑”有的出身望門貴族，有的是富室大家的後代，他們被戴德生的理想所感召，漠視唾手可得的錦繡前程，放棄遺產繼承權，追隨戴德生走遍中國內地邊疆，在荒漠高原奉獻一生。戴德生也明白傳教士的素質關乎事業未來，最終選擇“劍橋七傑”中的何斯德作為自己的接班人。

1887 年戴德生應邀到北美五大湖地區講道，收到意想不到的效果，前後有四十多位青年報名加入中華內地會，使他深受鼓舞和啟發，便在多倫多

1 施達德（Charles Thomas Studd, 1860—1931），生於英國北安普敦郡富商家庭，1877 年畢業於伊頓公學，1881 年進入劍橋大學三一學院，成為英國著名的板球手，曾代表英國參加重要賽事；1884 年加入中華內地會，次年來華；曾繼承家庭大筆的財產，全數捐獻給中國福音機構；在中國生活不到十年，轉往印度、非洲宣教，逝於比屬剛果。

2 司安仁（Stanley Peregrine Smith, 1861—1931），英國人，英國著名外科醫生之子，畢業於劍橋大學，1885 年來華，駐山西傳道，因教義問題脫離中華內地會，創建有五旬節派宗教特徵的蘇州教會；逝於蘇州。

3 章必成（Montagu Harry Proctor-Beauchamp, 1860—1939），生於英國男爵家庭，畢業於劍橋大學三一學院，1885 年來華，1900 年義和團運動後撤離中國，後多次帶兒子來華，在四川傳道；逝於四川寶寧。

4 蓋士利（William Wharton Cassels, 1858—1925），生於葡萄牙波爾圖富商家庭，畢業於英國德比郡雷普頓學校和劍橋大學聖約翰學院；1881 年接受聖公會按立，擔任蘭貝斯聖公會諸聖堂牧師；1885 年受到戴德生影響作為中華內地會傳教士前往中國，駐四川宣教；1895 年出任聖公會新設立的華西教區首任主教，因患傷寒逝於四川閬中，葬於聖約翰大教堂。

5 寶耀庭（Cecil Polhill-Turner, 1860—1938），出生於英格蘭赫赫有名的特納家族（Turner），信仰屬性為五旬節派；1885 年來華後被派往藏區開教，1908 年回國。

6 杜明德（Arthur Polhill-Turner, 1862—1935），寶耀庭之弟，畢業於伊頓公學和劍橋大學三一學院，1884 年被慕迪説服加入中華內地會，1885 年來華，駐四川傳道，1928 年退休回國。

設立"北美諮詢委員會"，為有志服務中國的志願者提供幫助。1890年戴德生到澳洲，把在北美的成功複製到這塊不太受人們關注的土地，也為他帶來源源不斷的人力補充。

十九世紀八十年代末，戴德生開始實施中華內地會拓展出的新的合作模式。他與北歐和美國的一些獨立教會組織密切溝通，號召那些本來沒有機會走向世界的人們跟隨他前往中國。考慮這些北歐差會在語言和經濟條件上與歐美同工的差異，戴德生在制度安排上重新設計出"協同差會"（Associate Missions of China Inland Mission）或稱"夥伴差會"體系，給予他們相對獨立的禾場。清末民初前後有十三家差會走到戴德生的旗幟下，統稱為"中華內地會系"。

名稱	來源地	宗派	來華時間	傳道區域
瑞華盟會 Svenska Alliansmissionen i Kina	瑞典	路德宗	1886	內蒙古包頭、薩拉齊、豐鎮、涼城、托克托、呼和浩特、沙爾沁、畢克齊
瑞華會 Svenska Missionen i Kina	瑞典	路德宗	1887	河南洛陽、雞公山、澠池、新安、陝縣 山西平陽、解縣、猗氏、芮城、運城、永濟 陝西韓城、合陽、蒲城、大荔、潼關
瑞典聖潔會 Holiness Mission, Sweden	瑞典	聖潔宗	1890	山西大同、新店子、左雲、朔平、渾源、天鎮
傳福音會 Deutsche China-Allianz-Mission	德國、瑞士	路德宗	1890	浙江麗水、龍泉、松陽、縉雲、雲和 江西臨川、建昌、南豐、寧都、東鄉、瑞金
北美瑞挪會 Scandinavian Alliance Mission of North America	美國	路德宗	1893	內蒙古大佘太、扒子補隆、薩拉齊、召河 陝西西安、邠州、藍田、武功、鄠縣、長武、乾州、涇陽、隴州、郊縣；甘肅甘州、隴州、涇州、平涼、鎮原；寧夏固原
基爾信義會 Kieler Mission	德國	路德宗	1898	廣西北海、廉州
立本責信義會 Liebenzell Mission	德國、瑞士	路德宗	1899	湖南長沙、湘潭、衡州、寶慶、沅州、武岡、靖州、湘鄉、洪江、桃花坪、新寧、兩頭塘、衡山、永豐；雲南安寧、孝義；貴州黎平、三江
挪華盟會 Det Norske Misjonsforbund	挪威	路德宗	1900	陝西龍駒寨、商州、洛南、商南、山陽 山西河曲、保德、皋蘭、興縣、嵐縣、靜樂、臨縣、永寧
芬蘭自由會 Missionskyrkan i Finland	芬蘭	路德宗	1901	江西永豐、永新

續表

名稱	來源地	宗派	來華時間	傳道區域
女公會 Deutscher Frauen-Missions Gebetsbund	德國	路德宗	1904	四川順慶、合川、開縣
萬博格宣道會 Vandsburger Mission	德國	路德宗	1909	雲南安寧、恩樂、易門、昆陽、磨沙、峨山、新寨、新平、元江、昆明、玉溪、北城霸多；湖南桃花坪
挪威會 Den Norske Kinamisjon; Norske Misjon i Kina	挪威	路德宗	1910	山西興縣、嵐縣、離石、岢嵐、保德
女執事會 Friedenshort Deaconess Mission	德國	路德宗	1912	貴州大定、畢節 雲南鎮雄

光緒三十一年（1905）四月二十九（星期四）戴德生一行來到長沙。“白髮生來三十年，而今鬚鬢盡皤然”，早在1875年中華內地會已經在這裏開教，當地對基督教充滿排斥情緒，教案頻發，中華內地會延宕至1898年才正式設立教區，這裏是戴德生生前最後建立的傳道區。

光緒三十一年（1905）五月初一（星期六）戴德生從早到晚不停歇地接待故友和同工的拜訪，晚飯前他回到自己的房間歇息，突感不適，溘然長逝。五月初三，他的靈柩由戴存義夫婦、金純仁[1]夫婦護送，搭火輪離開漢口碼頭，五月初五到鎮江，五月初七清晨按照他生前遺願，遺體落葬雲台山西僑公墓，永遠陪伴在相濡以沫的髮妻瑪莉亞和魂牽夢縈的孩子們身邊。

從戴德生在熙熙攘攘的上海十六鋪碼頭下船再次踏上第二故鄉的土地開始，到躺在冰冷的石穴裏盡享天榮，此行一共五十一天，恰似他在中國行教的五十一年坎坷經歷的回放，起點與終點相近如一。五十一年間，中華內地會在蘇、浙、贛、皖、鄂、豫、甘、晉、陝、川、滇、貴、魯、寧、青、綏、冀、湘十八個行省建立二百九十二個傳道站。早在1889年底戴德生在自己主編的《中國眾生》（*China's Millions*）雜誌上發表年度報告時提出徵召一千名傳教士到中國的宏偉目標，他去世的第二年，這個理想終為現實。

戴德生留下豪言壯語：“中國啊，吾若有黃金千鎊，任爾予求予取；吾縱有生命百條，汝皆予攜予奪。”

1 金純仁（Gershom Whitfield Guinness, 1869—1927），生於法國巴黎來自都柏林的愛爾蘭新教傳教士家庭，父親擁有著名的健力士啤酒廠；1886年考入劍橋的理氏學院（Leys School），1891年就讀於劍橋大學凱氏學校（Caius college）主修醫學，1896年獲得內外全科醫學執照；隨後追隨姐姐金樂婷加入了中華內地會，1897年來華，駐紮河南襄城、周口、淮陽縣、社旗等地傳道三十年；1906年創辦開封福音醫院，1927年在開封福音醫院搶救傷兵時感染傷寒，逝於北京協和醫院。

China Inland Mission

中華內地會 A 系列

編者 China Inland Mission
中華內地會
語言 英文
印製 1900s., Newington Green, London（倫敦紐因頓格林）
尺寸 140mm × 88mm

❶ 陝西長武窰洞傳教站

Mission Cave Station at Chang-U Shen-si

且不言教堂設計風格豐富多彩，教堂建築形式亦別有洞天，埃塞俄比亞的拉利貝拉（Lalibela），在中世紀用一塊獨石雕鑿出十一個大小教堂；波蘭克拉科夫的維利奇卡（Wieliczka）鹽礦，礦工們於地下幾百米深處，在巨大天然岩鹽結晶體上雕刻出教堂和聖母像，便於祈禱，託福平安。歷史文獻從來沒有提到過圖中這座"窰洞教堂"，傳教士在黃土高原因地制宜挖出被稱為"傳道站"的小教堂。這張明信片承載著歷史記憶，彌足珍貴。

China Inland Mission, NEWINGTON GREEN LONDON, N.

❷ 舟渡可布河

Ferry over the Ko-ba river

可布河是珠江流域西江水系北盤江下游打幫河的支流，發源貴州省六枝，河長四十八公里，黃果樹大瀑布的水源。此處風景秀麗，周圍是布依人山寨，"可布"是布依語，意思是水源之地，有謂"可布河，可布水，可布人間天堂美"。可布河兩岸是內地會傳教士在貴州最早進入的區域，此圖記述傳教士乘船沿水路定期到閉塞山寨宣教的故事。

China Inland Mission, NEWINGTON GREEN, LONDON, N.

❶ 華西平頂民居

Flat Roofed House West China

❷ 剃頭店

Chinese Barber at Work

❸ 挑擔的苦力

Coolie and Load

❹ 水牛耕田

Chinese Farming—Harrowing the underwater surface of a Rice Field

❶ | ❷

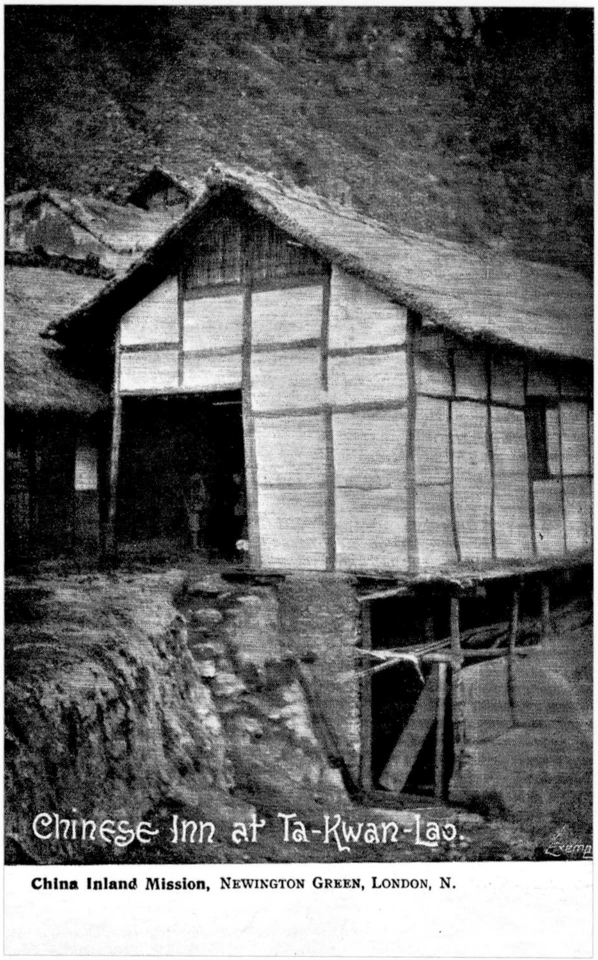

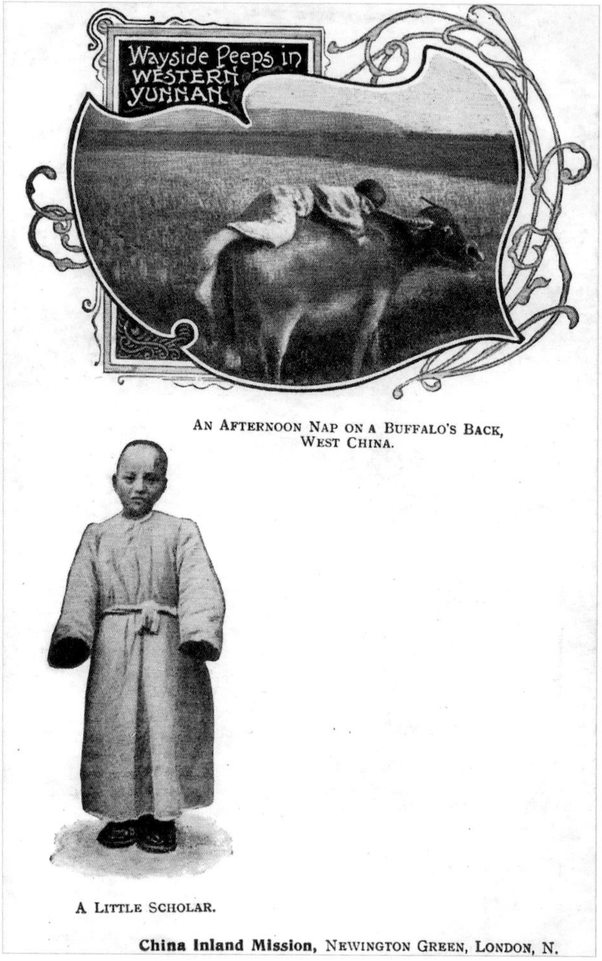

❶ 大寛牢中式客棧

Chinese Inn at Ta-Kwan-Lao

大寛牢，位於雲南保山的騰衝，建於六百年前。古代是邊防重鎮和驛站，又稱大寛驛，現稱大寛邑，是當今受重點保護的“傳統村落”之一。遺存包括文宮、魁閣樓、文昌殿、大戲台的古建築。此圖記載傳教士遠離教堂和教會住院時隨遇而安的落腳之地，克勤克儉的生活是傳教士奉行的基本操守。

❷ 滇西路邊一瞥

Wayside Peeps in Western Yunnan
An Afternoon Nap on a Buffalo's Back, West China
A little Scholar

雲南西部的麗江、楚雄、大理、保山、德宏、怒江、迪慶、臨滄一帶是內地會開拓的重點區域，傳教士陸路和水路並行，走遍青山綠水間的村村寨寨。此圖是他們日常工作中隨手拍攝的小景“牛背小憩”、“學童”。

NORTH CHINA

中華內地會 B 系列

編者 China Inland Mission
中華內地會
語言 英文
印製 1910s., Newington Green, London（倫敦紐因頓格林）
尺寸 140mm × 88mm

"THE LAND OF THE SHADOW OF DEATH."
This remarkable burden is composed of tinfoil for burning at the graves of the dead. It is computed that the public worship of ancestors costs the Chinese Empire £6,000,000 annually, and the private worship £24,000,000.
China Inland Mission, Newington Green, London, N.

◉"死蔭的幽谷"

"The Land of the Shadow of Death"

【原注】"長長的竹竿挑著墓地焚燒的錫箔元寶。據統計中華帝國每年用於祭祖的公共開支六百萬英鎊，私人花費達兩千四百萬英鎊。"

"死蔭的幽谷"隱喻耶穌的永恆的生命。引自舊約《詩篇》第23篇裏大衛的詩〈耶和華是我的牧者〉："耶和華是我的牧者，我必不至缺乏。祂使我躺臥在青草地上，領我在可安歇的水邊；祂使我的靈魂甦醒，為自己的名引導我走義路。我雖然行過死蔭的幽谷，也不怕遭害，因為你與我同在；你的杖，你的竿，都安慰我。"

"美以美女差會中國系列"也用過這張明信片，題目是 *A Load of Chinese Paper Money, to be Burned at Graves and in Temples*（《一擔冥幣挑到墓地和寺廟焚燒》），題注"四月清明節會燒掉大量紙幣。清明節前幾日人們把墳墓打掃乾淨，擺上供品。清明節風和日麗，是家庭聚會的好時光，如行過死蔭的幽谷。"

❶

❷

TRAVELLING BY CART IN NORTH CHINA.
This picture gives a good idea of the heavy springless carts used in North China. The mat cover is to keep off the sun's rays and the long whip seen stuck in the front of the cart is long enough to reach the leading animal.
China Inland Mission, Newington Green, London, N.

CHINA AND THE GOSPEL.
This picture is the portrait of the Elder of the "Ferry" Church, Bingyae, Chekiang. He truly represents China and the Gospel. He is a most useful man, beloved by the whole district, both by the Christians and non-Christians.
China Inland Mission, Newington Green, London, N.

❶ 華北乘大棚車旅行

Travelling by Cart in North China

【原注】“這是華北地區常見的無簧減震馬車，車棚遮風擋雨，插在車頭的鞭子可以夠到領頭的牲口。”

❷ 華人福音宣道士

China and the Gospel

【原注】“照片上是浙江平陽水頭教堂的一位老教徒，他是中國福音事業的真正代表，德高望重，深受民眾愛戴，無論是基督徒還是非基督徒。”

溫州是中華內地會最早開教的地區。同治六年（1867）曹雅直[1]牧師進入溫州拓荒，陸續在周邊的平陽、瑞安、樂清、永嘉等地設立傳道站，1870年曹雅直在平陽西門蓮池巷修建“聖耶穌教堂”，後稱“水頭救恩堂”，在平陽活動的幾家基督教傳道會共同使用這座教堂。這張明信片描述的“Ferry Church”是指“水頭堂”。

1 曹雅直（George Stott），1835年出生在蘇格蘭亞伯丁郡（Aberdeen）的農民家庭，十九歲因意外截肢左腿，傷癒後在學校教書，加入蘇格蘭自由教會。1865年應戴德生邀請曹雅直加入中華內地會，次年抵達寧波，1867年受遣到溫州開教，開辦男童寄宿學校等，1877年修建溫州花園巷福音堂。1889年探親期間逝於法國戛納。

編者 China Inland Mission
中華內地會
語言 英文
印製 1900s., Newington Green, London（倫敦紐因頓格林）
尺寸 140mm × 88mm

中華內地會山西系列

WOMEN'S BIBLE SCHOOL FOR THE TRAINING OF WOMEN EVANGELISTS.
Second figure on the left is **The Widow of the late Pastor Hsi.**
China Inland Mission, HoCheo Shansi.

◉ 山西霍州中華內地會培訓女宣道員的神道女子學堂

Women's Bible School for the Training of Women evangelists
Second figure on the left is the widow of the late Pastor Hsi
China Inland Mission, HoCheo Shansi

【原注】“左邊第二位是席勝魔牧師的遺孀”

霍州是中國著名基督徒席勝魔的家鄉，席勝魔出身書香富家，十六歲中秀才，後染上鴉片煙癮，荒廢事務，把祖傳良田改種罌粟。在李修善牧師幫助下皈依基督，戒除毒癮，四鄉佈道。圖注所說的席勝魔的遺孀是他的第三任妻子，本姓梁，十七八歲便嫁給席勝魔，隨夫皈依基督教，協助丈夫傳道，1891 年在洪洞開設第一家女子“天招局”。

霍州現為山西臨汾市轄縣，位於山西中南部，清代屬平陽府，光緒十九年（1893）中華內地會醫學傳教士衛理森到霍州開教。衛理森（William Millar Wilson, 1868—1900）生於蘇格蘭之愛日鎮（Airdrie），1881 年加入當地信義會組織愛日福音會（Airdrie Evangelistic Association）。光緒十七年（1891）衛理森醫生在溫哥華結識中華內地會傳教士葉守貞醫生，受其影響衛理森作為自養傳教士攜夫人克里斯丁（Christine Wilson）來華駐太原，1892 年協助葉守貞大夫創辦“賜醫生紀念醫院”（Schofield Memorial Hospital），次年作為自養志願者加入中華內地會，在平陽府霍州、臨汾一帶開教，修建霍州和臨汾兩座福音堂，創辦臨汾教會醫院以及戒煙所等。義和團運動時期教會及其醫院財產被付之一炬，衛理森夫婦及其幼子被山西巡撫毓賢斬首於巡撫衙門照壁前。《辛丑條約》簽訂後太原府衙重修臨汾教會醫院，稱“善勝醫院”（Wilson Memorial Hospital,“衛理森醫生紀念醫院”）。

◉ 霍州神道女子學堂的女傳教士出發巡迴佈道

HoCheo Bible School Extension Work Women Evangelists start on Evangelistic Tour

HoCheo Bible School Extension Work.
Women Evangelists start on Evangelistic Tour.

光緒十九年（1893）中華內地會傳教士馮貴珠到霍州。馮貴珠（Evangeline Frances French），英國人，1869 出生在阿爾及利亞，在瑞士日內瓦接受基礎教育後隨家人返回英國，受中華內地會差遣來華，在山西霍州傳道，義和團事變時逃離中國，1902 年重返霍州，與蓋群英[1]結為終身伴侶。母親去世之後，1909 年妹妹馮貴石[2]前來加入傳教行列，被稱為"傳道三人組"（The Trio）。"傳道三人組"裏蓋群英是威嚴的"父親"，馮貴珠是和藹的"母親"，馮貴石則是她們的意志堅強、頑皮、乖巧的"孩子"，其樂融融。戴德生去世後，中華內地會式微，二十世紀二十年代各地傳道組織紛紛探尋新的傳道方式和區域。1923 年馮貴珠決意把霍州傳教站交給中國本地傳教士管理，帶領蓋群英和馮貴石離開霍州，出發到甘肅酒泉和張掖。那個時代西方探險家斯坦因[3]、斯文·赫定[4]等人在中國西部旅行都離不開武裝護衛，而"傳道三人組"自駕一輛大篷車，"征蓬出漢塞，歸雁入胡天"，沿河西走廊再向甘肅、青海、新疆等地巡迴佈道，走進藏族村落、蒙古族聚集地和穆斯林村鎮，贈送聖經、散發宣教冊子、開辦聖經學校。"從額濟納到吐魯番，從酒泉到楚古恰克，我們成年累月沿著絲綢之路前行，追蹤商隊的蹤跡，尋找無數的小路，發現隱蔽的綠洲⋯⋯我們五次穿越了整個沙漠，在這個過程中，我們成為了其生命的一部分。"[5]1936 年她們三人回英國休假，1938 年因新疆軍閥盛世才（1897—1970）禁止外國人入境，她們不得不途經西伯利亞返回英國多塞特郡。馮貴珠在家鄉邊寫作邊照顧她們收養的中國聾啞女孩寡寡（Topsy），1960 逝於在多塞特郡的沙夫茨伯里（Shaftesbury）。

"傳道三人組"的英雄般壯舉都被她們仔仔細細記錄文字中，她們完成的著作有 *The fulfilment of a Dream of Pastor Hsi's; the Story of the Work in Hwochow*（《席勝魔牧師理想的實現——霍州的故事》，蓋群英撰，London: Morgan & Scott, 1917），*Dispatches from North-West Kansu*（《由隴西北出發》，蓋群英、馮貴珠撰，1925），*Through Jade Gate and Central Asia: an Account of Journeys in Kansu, Turkestan and the Gobi desert*（《穿越玉門到中亞》，蓋群英、馮貴珠撰，London: Constable, 1927），*Something Happened*（《飽經滄桑》，蓋群英、馮貴珠撰，London: Hodder and Stoughton, 1933），*A Desert Journal: Letter from Central Asia*（《沙漠日記——來自中亞的信》，馮貴珠、蓋群英、馮貴石撰，London: Constable, 1934），*Ambassadors for Christ*（《基督的使者》，蓋群英、馮貴珠撰，London: Hodder and Stoughton, 1935），*The Gobi Desert*（《逾沙軼漠》，蓋群英、馮貴珠撰，New York: The Macmillan Company, 1942），*China, her life and her people*（《中國的生活和人民》，蓋群英、馮貴珠撰，1946）等。

---

1 蓋群英（Alice Mildred Cable, 1878—1952），生於英國吉爾福德（Guildford）的富裕布商家庭，畢業於倫敦大學，1901 年加入中華內地會，次年來華駐霍州。1923 年蓋群英作為"傳道三人組"成員在馮貴珠帶領下到中國西北地區傳道，1938 年回到英國後擔任倫敦聖書公會的副會長；逝於倫敦。

2 馮貴石（Francesca Law French, 1871—1960），英國人，生於比利時布魯日（Bruges），父母為英國人，全家搬到瑞士日內瓦後，她同姐姐馮貴珠一起進入日內瓦中學讀書，後隨父母回到英國；1890 年加入了中華內地會，1893 年奉派前往中國山西宣教；1904 年和蓋群英在霍州創辦了一所女子學校；1923 年到中國西北宣道；1938 年三姐妹退休定居在英國多爾塞特（Dorset），逝於瓦特福德（Watford）。

3 斯坦因（Marc Aurel Stein, 1862—1943），生於匈牙利，在維也納大學、萊比錫大學和圖賓根大學專攻東方學，二十一歲就獲得圖賓根大學哲學博士學位，隨後懷揣匈牙利政府獎學金赴英倫，1884 年至 1886 年先後在倫敦大學、牛津大學和劍橋大學從事博士後研究工作，主攻東方語言學和考古學；1887 年出任英屬印度拉合爾東方學院院長，1900 年拿到清政府總理衙門頒發的簽證，前後做過四次中亞探險；1943 年在阿富汗考古時因中風而死在探險的路上，葬於喀布爾附近的基督教墓地。

4 斯文·赫定（Sven Anders Hedin, 1865—1952），瑞典人，探險家；1894 年到 1908 年在中亞的高山和沙漠中三次探險，研究中國的新疆和西藏，並繪製地圖；1926 年第五次來華，受德國漢莎航空公司的委託，為開闢經中亞通往中國的航綫做氣象探險，帶來一支由不同學科科學家組成的大規模"中瑞探險"遠征隊，探險隊主要探索戈壁沙漠和蒙古等地。

5 Alice Mildred Cable & Evangeline Frances French, *The Gobi Desert*, New York: The Macmillan Company, 1942, p.276.

Gruss aus China

中華內地會江西系列

編者 China Inland Mission
中華內地會
語言 德文
印製 1910s.—1920s., Landerer Heilbronn（德國海爾布隆）
尺寸 140mm×90mm

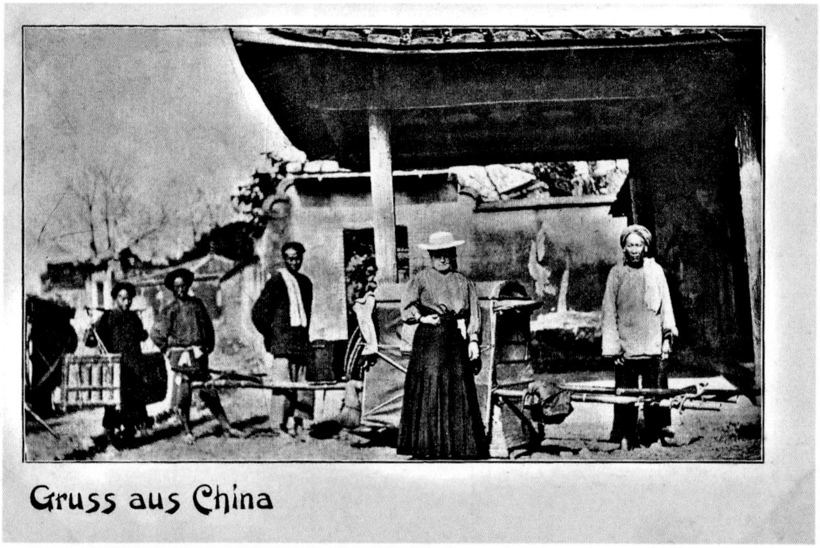

❶ **傳教士下車伊始**

同治八年（1869）中華內地會派遣英國人高學海（John Edwin Cardwell, 1830—1918）夫婦來華，到九江開教，花了兩年時間考察江西全境，第一次旅行沿贛江流域向南抵萬安縣，第二次旅行在鄱陽湖周圍各城鎮，第三次旅行溯撫河向南抵撫州，又沿信江抵貴溪縣。1873 年高學海在鄱陽湖畔的大姑塘創建中華內地會在江西的第一座總堂九江總堂，1877 年在信江流域的冰溪鎮設立玉山總堂，負責玉山教區的大部分是來自的中華內地會英籍女傳教士，牧場分佈餘江、弋陽、鷹潭、貴溪、廣豐、信豐等地。英籍男傳教士佈道區域主要在贛江流域的贛州、景德鎮、南昌、樟樹、臨江、吉安、宜春、萍鄉、泰和、廬山等地。中華內地會在江西佈道的還有德國協同差會傳福音會。

❷ **孩子們的過去與現在**

Einst! Jetzt!

❶

❷

❸

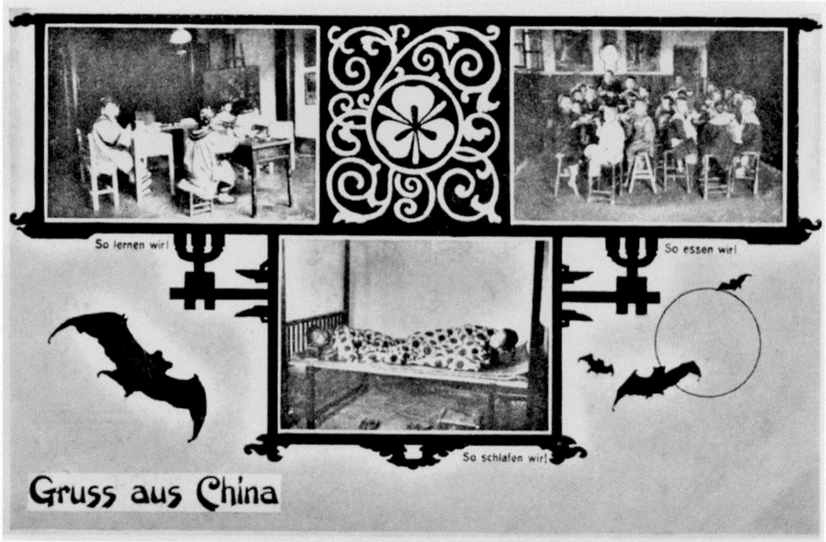

❶ 如此學習，如此吃飯，如此睡覺

So lernen wirl, So essen wirl, So schlafen wirl

❷ 籮筐裏的孩子

Kindertransport, Gruss aus China

❸ 縣太爺

Der Bürgermeister, Gruss aus China

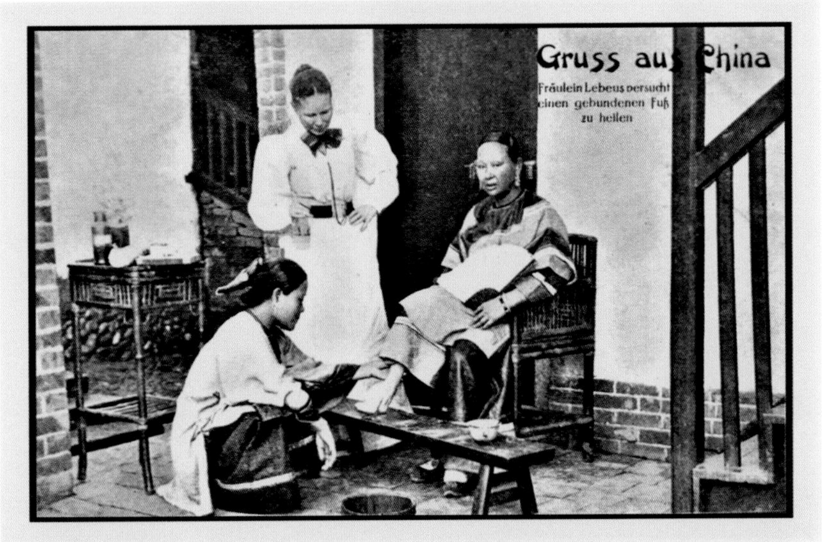

❶ **癩子乞丐**

Eine aussätlzge Bettlerin

❷ **傳教士與纏足女**

Fräulein Lebeus versucht einen gebundenen fub zu hellen

❸ **新余章家祠耶穌堂**

Missionsstation in Sienyu, Gruss aus China

中華內地會傳教士、瑞士人夏墨士（Heinrich Sames, 1881—1924）1908年來華，1915年與李道香（Hermine Lehman, 1885—1941）結婚，夫婦二人隨即率第六佈道隊從湖南轉到江西臨江、南康等地設堂佈道。1922年夏墨士請來湖南聖經學校逐家佈道團駐新余佈道，在城關章家祠成立新余耶穌堂。

瑞典協同差會

在蒙古高原活躍著幾家瑞典傳道差會。十九世紀末年中華內地會戴德生牧師多次造訪美國和瑞典，宣傳他在中國傳道的理想。受此鼓動瑞典多家差會來華，策馬揚鞭奔馳在無垠的大草原上。這些差會有瑞華盟會、瑞華會、北美瑞挪會、瑞典聖潔會等。

瑞華盟會是瑞典延雪平信義會與中華內地會合作在中國設立的傳道差會。十九世紀瑞典宗教復興運動發軔於瑞典南部城市延雪平（Jönköping），1836 年埃姆布拉德[1]牧師在延雪平創建福斯特蘭信義會（Evangeliska Fosterlandsstiftelsen, EFS），此後延雪平出現許多類似組織，紛紛提出改革瑞典國教會的訴求，強調遵從馬丁．路德的因信得義原則，認為個人的懺悔和修道，無論在宣教場所還是居家、不論牧師是否在場，都可以實現與上帝的溝通；教徒可以自由組織傳道組織。在延雪平形成的“宗教復興運動”很快蔓延到周邊地區，這些活動積極分子有一個特殊稱謂“延雪平傳教士”（Jönköpingspredikar）。瑞典各地在“延雪平”旗幟下湧現許多宣道團體，如 1853 年成立的延雪平佈道會（Jönköpings Traktatsällskap）、1861 年成立的的延雪平宣道會（Jönköpings Missionsföreninining）等，這幾個團體聯合成立“瑞典信義盟會”（Svenska Alliansmissionen, SAM），亦稱為“瑞典延雪平信義盟會”。1886 年延雪平信義會與中華內地會合作成立“瑞華盟會”（Svenska Alliansmissionen in Kina）派遣傳教士來華。參加瑞華盟會的還有北歐其他宗會，如瑞典和挪威的神召會等，主要出沒在內蒙古的包頭、薩拉齊、豐鎮、涼城、托克托、呼和浩特、沙爾沁、畢克齊一帶，設有歸化、包頭、豐鎮、薩拉齊四個總堂，因傳道核心區位於包頭市土右旗的薩拉齊縣，俗稱為“薩拉齊會”。薩拉齊總堂設有溝門教堂、蘇波羅蓋教堂、沙爾沁教堂、竹樂沁教堂。

瑞華盟會歷史上故事最多的是鄂必格牧師。鄂必格（Otto Erland Öberg, 1869—1918）生於瑞典厄勒布魯省盧斯考加鎮的厄德比（Ödeby Rudskoga Örebro Län），受瑞華盟會派遣 1896 年攜妻鄂利伯[2]來華，在大青山與黃河間的沙爾沁佈道，後因庚子事件逃離。1903 年鄂必格夫婦返回傳道地，常駐土默特右旗的薩拉齊鎮，購買土地、興建教堂。1905 年鄂必格在薩拉齊成立“三妙救嬰院”，收養當地棄嬰，每一個孤兒都有一個“領養人”，或是傳教士，或是瑞典國內的施主，綏遠抗日名將鄂友三就是鄂必格的“養子”。鄂友三 1912 年生於薩拉齊一個郭姓貧苦家庭，小名“在貧”，遭父母遺棄在薩拉齊耶穌堂“三妙救嬰院”，由鄂必格牧師認養，從養父姓叫鄂友三。1931 年鄂友三進入黃埔九期騎兵科學習。抗戰爆發後，鄂友三加入綏遠人民自衛抗日第三路軍任參謀長，在大青山一帶

1 埃姆布拉德（Per Magnus Elmblad, 1806—1887），瑞典十九世紀宗教復興運動先驅者之一，生於瑞典克魯努貝里（Kronobergs），1835 年獲隆德大學哲學學位後在中學執教；1836 年在延雪平發起成立福斯特蘭信義會，擔任會長；逝斯德哥爾摩。

2 鄂利伯（Jacobson Elisabet Öberg, 1870—1930），生於瑞典斯莫蘭省的薩姆庫拉（Sammekulla Småland），1896 年受瑞華盟會派遣來華，駐薩科齊。

抗擊日寇，卓有戰功。抗戰勝利後鄂友三任“華北剿總”保安師師長，率部搶先接收薩拉齊縣。1948年傅作義派兵偷襲西柏坡，所派的就是鄂友三的騎兵十二旅，1949年鄂友三參加了董其武的綏遠起義，擔任解放軍騎兵第四師師長，1950年因反水通敵被清算。

在薩拉齊，1915年以三妙救嬰院為基礎另成立一“三妙學校”，安排孤兒讀書，講授當時通用的《新學制》、《新課程標準》等；高小畢業後，教區還把孤兒送往北京、天津、上海、漢口、山西等地學習師範、醫學、神學等。在沙爾沁，瑞華盟會創辦“育英小學”和進行職業培訓的“八福工廠”，男孩織布帶、毛布等物品，女孩織地毯、花邊並刺繡。在歸綏，1928年瑞華盟會設立“華洋義賑會”，綏遠大旱災期間採購糧食、設粥廠、濟災民。

瑞華會（Svenska Missionen i Kina, SMC）是瑞典牧師符愷勵於1887年成立的路德宗宣教組織。符勵愷（Erik Folke）1872年生於瑞典科帕爾貝里省的福爾柯納（Kopparberg Folkärna），1885年畢業於烏普薩拉大學（Fjellstedtska Skolan）。1887年符勵愷離開哥德堡到達上海，得到內地會在生活和語言上的幫助，內地會還介紹他到豫、晉、陝交界，黃河邊的平陽府傳道。剛到中國時符勵愷對中國人形象的看法非常負面，“我對中國充滿了難以克服的反感，中國的一切似乎都墨守成規、頑冥不化。歲月蹉跎，堅冰融化……這是主為我選擇的道路，是祂讓我聽到了中國人的籲求，千難萬險，砥礪前行。”[1] 他要求自己“穿的要像中國人，活的要像中國人，行的要像中國人”。後來研究者認為符勵愷的轉變源於他對中國文化的深入了解而產生對中國人的熱愛，“他不僅是個傳教士，更是一個文化使者，他把中華文化介紹到瑞典，並且他是平等待人的楷模，不論中國人或者瑞典人，他都坦誠相待，超越了文化的偏見。”[2]

經過符勵愷與同工幾十年的耕耘，瑞華會的宣教區陸續開闢到平陽、運城、大荔、韓城、解縣、猗氏、新安、永濟、芮城、合陽、澠池、蒲城、洛陽、陝縣、雞公山、潼關等地，與各處中華內地會的瑞典傳教士合作，參與醫療服務、建立鴉片戒毒所以及創辦學校，在河南新安建有孤兒院，在山西運城開辦中等師範學校，在陝西大荔設有女子神道師範學校等；主要傳道站設有主日學校、教會小學，還設有戒煙所、醫療診所和藥房等。符勵愷在華傳道三十四年，1921年退休回到瑞典，撰寫有關在華傳道經歷的著作 *Sändebud till Sinims land: Svenska Missionen i Kina 50 års berättelse*（《瑞華會五十年》，Stockholm: Svenska Missionen i Kina Förlag, 1937）。符勵愷是瑞典知名漢學家，撰有 *Tänkare i det Gamla Kina*（《中國古代思想家》，Stockholm: Birkagårdens Förlag, 1922），1927年他把《道德經》、《莊子》等中國經典譯為瑞典文，也把馬丁・路德的《論基督徒的自由》和奧古斯丁的《懺悔錄》譯為中文。1939年符勵愷逝斯特哥摩附近的布魯瑪（Bromma）。

1951年瑞華會遷往日本，後與瑞蒙宣道會（SMM）合併為瑞典東亞信義會（Evangeliska Östasienmissionen, EÖM）。

---

1 Erik Folke, *Sändebud till Sinims land: Svenska Missionen i Kina, dess Uppkomst och Fortgång,* Stockholm: Svenska Missionen in Kina Förlag, 1928, p.61.

2 〔瑞典〕楊富雷：〈北歐視角下的中國形象〉，尚廣一譯，載《中國文化研究》2010年春之卷，第198頁。

Svenska Alliansmissionen in Kina

瑞華盟會系列

編者 Svenska Alliansmissionen
瑞典延雪平信義盟會
語言 瑞典文
印製 1910s., Chicago（芝加哥）
尺寸 140mm × 90mm

◉ 華北薩拉齊鎮傳道站

Missionsstationen i Saratsi N. Kina

【原注】“教徒聚會”、“華北薩拉齊鎮傳道站”、“薩拉齊孤兒院五百名孤兒中的一個”（上由左至右），“薩拉齊鎮的城門”、“厄勒布魯會傳教士和家人”、“女教徒”（下由左至右）。

SVENSKA ALLIANSMISSIONEN IN KINA

瑞華盟會傳教士系列

編者 Svenska Alliansmissionen
瑞典延雪平信義盟會
語言 瑞典文
印製 1930s., Eric Sjöqvist, Örebro（瑞典厄勒布魯埃里克圖片社）
尺寸 140mm × 90mm

❶ ❷

❶ 蒙古傳教士浦博愛夫婦

Mongolmissionärerna Greta och Folke Boberg

浦博愛（Folke Angers Adrian Boberg, 1896—1987），又記鮑伯格，生於瑞典東約特蘭省的基薩（Kisa, Ostergotland），1919 年至 1920 年就讀延雪平瑞典信義盟會宣道學校（Swedish Alliance Mission Bible Institute），1920 年至 1922 年在芝加哥慕迪聖經學院（Moody Bible Institute）深造。1922 年浦博愛攜夫人葛麗泰（Greta Boberg）作為瑞典神召會傳教士加入瑞華盟會來華，穿梭於內蒙古草原，常駐綏遠扒子補隆，1951 年回瑞典。浦博愛佈道工作之餘，參與編纂 *Mongolian-English Dictionary*（《蒙古語—英語辭典》，Stockholm: Förlaget Filadelfia, 1954），撰寫 *Med Fridsbudskapet till Mongoliet: Intryck och Upplevelser*（《祥和的蒙古——印象和經歷》，Stockholm: Förlaget Filadelfia, 1931），*Bland Pilgrimer i Djingis Khans Land: Upplevelser i Mongoliet*（《成吉思汗王國的朝聖者》，Stockh., 1945），*Stäppen och den Goda Jorden*（《草原和沃土》，Stockh., 1957）。

❷ 蒙古女孩漢娜·蘭喬和她的狗狗

Mongoliaflickan Hanna Langschoar Schanock

漢娜·蘭喬（Hanna Langschoar）1927 年生於察哈爾蒙古族家庭，自幼遭遺棄，被瑞典女傳教士帛婉珠收養，長大後與中國飛行員程功興（Johnny Kung Shih Cheng, 1921—？）結婚，稱程漢娜（Hanna Cheng）。1950 年夫婦倆攜一歲大的女兒安妮（Anne）移民瑞典，成立程氏貿易公司（Che-Be Trading），經營中國工藝品，生產“程太太”牌醬油和食品，1996 年逝於南泰利耶（Södertälje）。漢娜·蘭喬的養母帛婉珠（Malin Blomqvist），瑞典神召會女傳教士，1925 年加入中華內地會的合作夥伴瑞華盟會來華，駐察哈爾各沙土。

Svenska Missionen i Kina

瑞華會傳教士系列

編者 Svenska Missionen i Kina
瑞華會

語言 瑞典文

印製 1930s., Äkta fotografi, Hovfoto Larsson, Stockholm（斯德哥爾摩拉爾森皇家圖片社）

尺寸 140mm×90mm

◉ **藍丁夫婦和孩子們在北平**

Missionärerna David och Karin Landin
Barnen: Daniel, Kerstin och Greta, Ruth Chang
Pei[ing, N. China

藍丁（D. E. Landin, 1882—1945），1908 年受瑞華會派遣來華，駐山西猗氏；藍夫人（Mrs. D. E. Landin），1920 年受瑞華會派遣來華，1922 年與藍牧師結婚，駐山西運城。

北美協同差會

每一個傳教士心中都會有烏托邦理想，並且往往等不及到天國去實現。巴黎外方傳教會的天主教神父陸平光緒二十八年（1902）來到滿洲綏化海倫縣開教，在“龍興之地”建立理想試驗田“聖若瑟屯”。民淳俗厚的聖若瑟屯成為遠近聞名的夜不閉戶治安模範村。

陸平神父之構想並非孤例，同時期北美瑞挪會的費安河牧師在內蒙古的鄂爾多斯也實踐了自己的烏托邦理想。北美瑞挪會創建者范嵐生（Fredrik Fransson, 1852—1908）生於瑞典中部韋斯特曼省的佩什許坦（Pershyttan Västmanland），1869 年隨父母移民美國內布拉斯加州桑德斯縣（Saunders），擁有自家農場，1875 年在當地浸信會教堂受洗，1876 年前往芝加哥加入著名傳教士慕迪的佈道團，此後幾年在內布拉斯加州和猶他州為瑞典裔教徒服務。1879 年范嵐生在歐洲旅行期間結識戴德生牧師，後者當時正在遊説歐洲各國信義會組織派遣傳教士到中國支持中華內地會的佈道事業。1889 年范嵐生欣然接受戴德生的委託在德國巴門成立“中華內地會巴門分會”（Barmer Zweig der China-Inland-Mission），即“德華盟會”（Deutsche China-Allianz-Mission, GCAM），作為“夥伴差會”參加中華內地會傳道工作。1889 年戴德生訪問奧斯陸時在伯利恆教堂發表熱情洋溢的演講，捕獲許多年輕人的心，經范嵐生協調組織成立“挪華盟會”（Norske Kinamisjonen, NMF）。

1890 年范嵐生返回美國，在芝加哥組建“北美瑞挪會”（Scandinavian Alliance Mission of North America, SAM）。光緒十七年（1891）“北美瑞挪會”作為中華內地會的“夥伴差會”派遣三十五位傳教士來華，在甘肅的涇州和鎮原，寧夏的平涼，陝西的西安、興平、乾州、涇陽、隴州和藍田一帶傳道。1898 年范嵐生動員“挪華盟會”加盟“北美瑞挪會”在華傳道事業，1900 年“挪華盟會”派遣王耀基和克約翰來華，分到的禾場在陝西的龍駒寨、商縣、洛南、商南、山陽等地。

光緒十九年（1893）范嵐生組建與中華內地會關係不大的“蒙古福音會”（The Evangelical Alliance Mission in Mongolia, TEAM），專注蒙古地區傳道，派遣瑞典裔傳教士史德保[1]來華駐紮察哈爾的張家口（Kalgan）和扒子補隆（Patsebolong），初期曾到過蒙古西部的烏里雅蘇台（Uliasutai）、科布多（Kobdo）、塔爾巴哈台（Tarbagatai）等地巡迴佈道。經過多年實踐，史德保為蒙古福音會找到適合的特色佈道路綫。與瑞華盟會不同，蒙古福音會的傳教對象以蒙古人為主，禮拜日聚會時前來聽道的多為蒙古人，教會飯食招待，送給現洋一元。教堂中還設有學校，請蒙古教師教授蒙文，有許多學生受到初級教育。傳教士學習掌握蒙語，用蒙語講道，外出到蒙旗傳道時與蒙古人同住蒙古包、吃蒙古飯，促膝談心。教堂還設立醫療室為蒙古人和漢人治病。當地蒙古王爺喜歡與西洋傳教士人交

1 史德保（David W. Stenberg, 1872—1900），瑞典裔美國人，瑞美協同會傳教士，1893 年來華，在塞外傳道，1900 年遇害。

往，常饋贈牲畜以示友好。

與瑞蒙宣道會傳道理念不同，史德保認為遊牧民族逐草而行、逐水而居的生活習性是落後的生產方式，也不利於向他們宣告福音。史德保大膽建議蒙古福音會在蒙古草原建立農墾實驗區，引導牧民定居、從事工業和種植業，建立醫療和教育機構，推廣西方文明。1895 年史德保與鄂爾多斯蒙古王公溝通，花了兩千兩銀子購得黃河河套五原地區和鄂爾多斯地區達拉特旗十萬畝土地，設立了兩個墾區，修建了兩座福音堂、醫院和小學，設立工藝學校，招募牧民，墾荒圈畜。

1895 年史德保被仇教者殺害。蒙古福音會增派了費安河、蘇白[1]等人陸續來華充實傳道隊伍，重新建立以扒子補隆為基地的傳道區，習慣稱之為"扒子補隆會"。費安河（Nils Friedström）1865 年生於瑞典布萊金厄省卡爾斯克魯納市托拉姆鎮（Torhamn, Karlskrona kommun, Blekinge Län），後移民美國。光緒二十三年（1897）費安河夫婦作為北美瑞挪會傳教士來華，初駐包頭，轉至鄂爾多斯的蒙古福音會佈道。1900 年義和團運動期間，蒙古福音會傳教士除費安河得到恰克圖蒙古王公庇護得以逃脱外，其餘都在烏拉特前旗的大佘太鎮遇難。1901 年《辛丑條約》簽訂後，費安河與新婚妻子從俄羅斯返回中國，經天津來到張家口。他沒有響應戴德生放棄庚子索賠的聲明，單獨向清廷就同工被害和教會設施被毀提出索賠。1902 年費安河重返原駐地鄂爾多斯和扒子補隆鎮。當年內蒙古中部地區屬太原府管轄，府衙派來官吏到鄂爾多斯"宣撫"，按各差會損失情況發放銀票賠償。1905 年蒙古福音會拿到清廷賠償，除現金外當地政府還在扒子補隆附近給他們撥付近七千多畝土地。扒子補隆蒙語意為達官貴人居住的地方，地處烏拉特前旗北部，毗鄰河套平原最東端的烏梁素海，物產豐富，民風純厚，是一個靜美靈秀的城鎮，現在稱為新安鎮。

費安河著手繼續實現史德保的理想，在扒子補隆設立了兩個墾區，招募牧民，墾荒圈畜。蒙古福音會建教堂、修城堡、養教兵、辦學堂，發展教徒，重振教務。1906 年費安河請專人設計開挖了一條五十餘里長的時稱"洋人渠"的引水渠，灌溉著富饒的土地。1914 年教會在扒子補隆開辦蒙漢分授的育英小學。1920 年費安河染傷寒不治在張家口病故，葬於扒子補隆教堂西樹園。民國中期扒子補隆墾區周邊被當地政府開發為"綏遠省和碩公中墾區"，多安置勞改犯和戰俘，使其強制勞動，墾區的實踐與基督教先驅者的"烏托邦"理想相去甚遠。蒙古福音會在內蒙古近三十年開闢的傳教區有烏拉特前旗的大佘太和扒子補隆、土默特右旗的薩拉齊、達爾罕茂明安旗的召河等地傳道站。

范嵐生的座右銘是"永不停息"（Forward Till Upward），他用一生的努力踐行自己的諾言，出發再出發，從歐洲到中國、印度、日本、新西蘭和澳大利亞，到處都留下他的腳印，他本人曾於 1890 年和 1904 年兩次來華視察山陝等地。"北美瑞挪會"、"挪華盟會"、"蒙古福音會"、"德華盟會"被後人統稱為"范嵐生會"（Fransson Missions），這個榮譽無人可以比摘。1908 年范嵐生在佈道途中病倒，逝於科羅拉多州的愛達荷斯普林斯（Idaho Springs）。

---

1 蘇白（Carl Johan Suber, 1873—1901），瑞典裔美國人，瑞美協同會傳教士，1896 年受北美瑞挪會派遣來華在蒙古福音會工作，義和團運動中遇難。

Scandinavian Alliance Mission

北美瑞挪會系列

編者 Scandinavian Alliance Mission
北美瑞挪會
語言 英文
印製 1910s.
尺寸 140mm × 90mm

❶
❷
❸

❶ 北美瑞挪會西安府神學院

Theological Seminary of the Scandinavian Alliance Mission at Sianfu, Shensi, China

【拍攝】安祝仁（C. J. Anderson），北美瑞挪會傳教士，1891 年來華。

北美瑞挪會於光緒三十年（1904）在西安設立"北美瑞挪會神學院"（Theological Seminary of the Scandinavian Alliance Mission at Sianfu），1944 年改稱"西安聖經學院"（Sian Bible Institute），1915 年在咸陽興平又成立婦女聖經學校。

❷ 西安大雁塔

The Big Pagoda at Sianfu, Shensi, China

❸ 陝西武功教堂

Church at Wu-Kong, Shensi, China

Evangelical Alliance Mission in Mongolia

蒙古福音會傳教士系列

編者 Evangelical Alliance Mission in Mongolia 蒙古福音會

語言 瑞典文

印製 1930s., Eric Sjöqvist, Örebro（瑞典厄勒布魯埃里克圖片社）

尺寸 140mm×90mm

◉ **李德洪夫人在華北**

Ingegerd Lindholm N. China

李德洪（Godfrey Lindholm, 1898—1975），瑞典裔美國人，1929年受北美瑞挪會派遣與妻子英格德（Ingegerd Lindholm）來華。參加蒙古福音會傳道工作，駐察哈爾張家口。

Det Norske Misjonsforbund

挪華盟會傳教士系列

編者 Det Norske Misjonsforbund
挪華盟會
語言 瑞典文
印製 1930s., Stockholm（瑞典斯德哥摩）
尺寸 140mm×90mm

Kristian Vatsaas och John Christensen , Kina.

Lina och William Englund.

❶ ❷

❶ 王耀基和克約翰在中國

Kristian Vatsaas och John Christensen, Kina

王耀基（Kristian Benjamin Jonsen Vatsaas, 1873— 1932）生於挪威諾爾蘭郡泰羅克（Terråk Bindal, Nordland），1900 年受挪華盟會派遣與妻子卡琳娜（Karine Vatsaas）以及傳教士克約翰（John A. Christensen）來華，在陝西的西安、龍駒寨、商縣、洛南、商南、山陽等地傳道；逝於西安。他們的兒子 Kristian Benjamin Vatsaas（1928— 2021）生於上海，童年在西安生活，父親去世後與母親回到挪威。

❷ 義能夫婦

Lina och William Englund

義能（William Englund, 1882—1970），挪威裔美國人，原隸屬美瑞丹會（Evangelical Free Church of America, SEFC），1903 年加入挪華盟會，與新婚妻子義娜（Lina Englund）來華抵上海，轉駐西安，在陝甘巡迴佈道，1904 年陪同范嵐生視察山陝傳道站；1949 年回國。1932 年義能曾將各地見聞撰寫較有影響的報告，1975 年 William H. Pape 根據這些報告撰寫了 *China travail: The story of William Englund*（《中國之陣痛：義能牧師的故事》，Evangelical Alliance Mission, 1975）。

德國協同差會

中華內地會德國協同會有兩個差會，一個是范嵐生組織的“中華內地會巴門分會”，一個是海因里希·科珀組織的“中華內地會德國分會”。

1889年范嵐生接受戴德生的委託在德國巴門成立“中華內地會巴門分會”（Barmer Zweig der China-Inland-Mission），亦稱“德華盟會”（Deutsche China-Allianz-Mission），動員德國、瑞士等國有志者加入，作為“夥伴差會”參加中華內地會傳道工作。光緒十六年（1890）派傳教士來華，在浙江處州麗水開教。戴德生去世後中華內地會式微，1922年德華盟會脫離中華內地會以“德國傳福音會”名義繼續留在中國，先後建立浙江麗水、龍泉、松陽、雲和、縉雲和江西撫州、黎川、臨川、南城、建昌、南豐、寧都、東鄉、瑞金等傳道區。

“中華內地會德國分會”是德國牧師科珀成立的。海因里希·科珀（Heinrich Coerper, 1863—1936）生於德國西南部萊茵蘭—普法爾茨州的邁森海姆（Meisenheim）一個牧師家庭，1877年與哥哥一起到科隆中學讀書，1884年至1886年先後在蒂賓根、烏得勒支、柏林和波恩學習神學，1887年在皇家軍團服役。1888年科珀退伍後在海德堡教堂做牧師，積極參與德國基督教學生運動。1899年受戴德生委託，科珀在其所屬的“漢堡信義會”（Missionshülfsverein zu Hamburg e. V.）籌建“中華內地會德國分會”（Deutschen Zweig der Englischen China-Inland-Mission），1902年該會從漢堡遷往巴登—符騰堡州的立本責（Liebenzell[1]），稱“立本責會信義會”。作為中華內地會的夥伴差會，亦稱“中華內地會立本責分會”，簡稱“立本責會”（Liebenzeller Mission, LM）。科珀在政治上是保守的，持反對猶太主義、反對社會主義、反對魏瑪共和國自由主義立場。他晚年曾號召他領導的德國團體支持納粹黨人，1935年甚至為希特勒上台發賀信。立本責會來華傳教士裏有一半人是納粹擁護者。“二戰”結束後立本責會領導人曾為過去的立場公開道歉。

光緒二十五年（1899）立本責會派遣費爾康[2]和吳立德[3]兩位牧師來華，1901年在湖南參加了中華內地會在當地的工作，逐步向西開拓，在長沙、湘潭、衡州、寶慶府、沅州、武岡、靖州、湘鄉、洪江、桃花坪、新寧、兩頭塘、衡山縣、永豐設有十四個總堂。二十世紀初立本責信義會成立女差會（Liebenzeller Schwesternschaft, LS），1903年正式遣派女傳教士來華，主要做一些醫療輔助傳道工作，在湖南洪江和寶慶府建有醫院。

西里西亞（Schlesien）是中歐的歷史地理概念，自脫離神聖羅馬帝國後，兩個多世紀來一直是

1 現名 Bad Liebenzell（巴特利本采爾）。

2 費爾康（Heinrich Witt, 1871—1959），德國阿爾森島（Alsen）人，1899年受立本則會差遣來華，1900年到湖南傳道，1950年回國，逝於米爾海姆（Müllheim）。

3 吳立德（Christian Wohlleber, 1868—1941），德國人，1899年受立本則會差遣來華，曾在江蘇、江西、山西傳道，1907年與瑪格麗特（Margarete Petersen）結婚，1909年到湖南在長沙擔任主任牧師；逝於長沙。

德意志帝國的一部分。當地馮·蒂爾—溫克勒家族（Von Tiele-Winckler）第三代女娃伊娃·馮·蒂爾—溫克勒（Eva von Tiele-Winckler, 1866—1930）含著金勺子來到這個世上時，家族投資煤礦和其他工業已完成資本積累，一躍成為上西里西亞地區首屈一指的資本家和工廠主。伊娃成年後，目睹到與工業化的經濟繁榮並行的社會弊病、百姓的流離失所和赤貧，勵志為社會做些有用的事情，不顧家人反對，獨自離鄉到威斯特伐利亞州一所醫療機構學習護理，返回家鄉後動用家族資產創建“平安園女執事會”（Friedenshort Diakonissenmission, FDM），先後聚集一千多名志同道合的姐妹建立稱為“平安園”的機構，包括診所、養老院、孤兒院等，幫助無依無靠的孤寡老人、殘疾人和失去親人照料的流浪兒童，給他們充滿上帝之愛的庇護。為“平安園”工作的女信徒被稱為“女執事”，伊娃被親昵地稱為“伊娃媽媽”。溫克勒家族投入到“平安園”的土地和資產全部歸“女執事會”集體所有。

“平安園女執事會”神學身份歸屬於路德信義會。1900 年伊娃在瑞士見到戴德生，用她的話説，“這是一次聖潔的經歷”。伊娃被戴德生説服，決定加入中華內地會，把理想帶到東方。

中華內地會的傳道活動尤為重視開發中國邊疆少數民族地區，雲南的蒙自、大理、昆明，貴州的貴陽、安順、獨山、遵義，西康的打箭爐、巴塘，甘肅的秦州、平涼等地都曾是內地會深耕的土地，他們在苗族、傈僳族、傣族、藏族、回族、蒙古族等民族聚集區傳道佈道，不僅創制了一些民族的拼音文字並翻譯了聖經，還編寫了大量民族文字的啟蒙教材，對這些文化比較落後的民族邁入文明世界的進程起到難以估量的貢獻。光緒十四年（1888）中華內地會黨居仁[1]牧師來到貴州安順傳道，在苗族部落佈道，光緒三十年（1904）他又到威寧，在傳道於昭通的循道會牧師伯格理的幫助下在葛布村修建第一座苗寨教堂，吸引許多苗族人和彝族人皈依基督教，葛布教堂成為黔西傳道之中心，輻射到赫章、納雍、畢節、大方和水城等地。教會為苗彝孩子開設學校，一時頗為興旺。

平安園女執事會就是在這樣的背景下走進苗寨的。光緒三十二年（1906）伊娃遣派遣來華的第一個傳教士只駐留在香港，沒有進入大陸。戴德生去世後，接替他協調和管理中華內地會傳道業務的是兒媳金樂婷。1909 年金樂婷致函伊娃，請求派遣更多傳道姐妹支持內地會工作。1912 年平安園女執事會的多名女傳教士抵達貴州安平地區，在華稱為“女執事會”。1915 年德國女執事會建立貴州大方傳道站，1925 年建立畢節傳道站，1929 年建立雲南鎮雄傳道站，前後有十九位德國和瑞士的“女執事”在貴州宣道，她們添置土地、搭建教堂，如同她們在德國的“平安園”所做的那樣，有孤兒

1 黨居仁（James Robertson Adam, 1863—1915）生於蘇格蘭，中華內地會傳教士，1887 年來華佈道興學興醫，駐貴州貴陽，次年至安順開教，1899 年在苗區建白馬洞教會，1902 年開拓普定教區。1903 年建葛布苗家教堂，1909 年修建威寧的興隆廠、大松樹、魚鰍灣教堂；1915 年逝於安順。

院、小學和醫院，還爭取到當地監獄探視犯人、傳佈福音。"女執事"們給苗彝族人開設聖經課程，甚至還擔負起為皈依者施洗的責任。二十世紀二十年代後期中國政局動蕩，中華內地會要求傳教士可以暫時撤離到沿海大城市避難，當時只有德國女執事會的姐妹們沒有離開，但是到了三十年代她們還是逃到香港，待局勢平定後才返回。

1923 年為配合和支持女執事會在中國雲南的宣教工作，德國女執事會總部在瑞士萊因克的聖加侖（Rheineck, St. Gallen）專門成立"苗區傳道會"（Miao Missionsbund），同時還出版 *Diakonissenmission Friedenshort /Miao-Missionsbund*（《平安園女執事會苗區傳道期刊》，Lahr-Dinglingen, 1923—1930; Rheineck, St. Gallen, 1931—1939）。第二次世界大戰後上西里西亞地區劃入波蘭版圖，米喬維茲城堡被摧毀，平安園被封閉，女執事會姐妹被掃地出門。1946 年那些孤老和孩子重新聚攏在巴伐利亞州上奧林根鎮（Oberlauringen）新建的平安園裏。

與德國女執事會來華來華經歷差不多的還有"德國女祈禱會"（Deutscher Frauen-Missions Gebetsbund, GWMU），這是一家 1899 年成立於柏林的女子宣教組織，在立本則會的影響下，光緒三十年（1904）作為中華內地會協同夥伴派遣甘蒙安等德國和匈牙利傳教士跟隨立本則會到湖南，在華稱為"德國女公會"。中華內地會後來把四川順慶宣教站也轉交給德國女公會管理。

Deutsche China-Allianz-Mission, China

德國傳福音會中國系列

編者 Deutsche China-Allianz-Mission
德國傳福音會
語言 德文
印製 1910s., Barmen, Seifenstr（德國巴門賽芬）
尺寸 140mm×90mm

◉ **拱橋和寶塔**

Bilder aus China (Brücke und Pagoda)

華嚴塔，坐落在麗水棋盤山山頂，俯瞰甌江和龍泉，初建於北宋太平興國二年（977），塔內藏有《華嚴經》而得名。原塔毀於 1956 年。

Missionshülfsverein zu Hamburg e. V.

德國漢堡信義會聖跡系列

編者 Missionshülfsverein zu Hamburg e. V.
漢堡信義會

語言 德文

印製 1900s., Hamburg（德國漢堡）

尺寸 142mm×92mm

“德國漢堡信義會聖跡系列”是由中國畫家用中國的生活場景繪製的耶穌聖跡故事，是一套非常有藝術價值的明信片。“德國漢堡信義會”沒有直接派遣傳教士到中國，這套聖跡系列的來龍去脈尚需考證。瑞士巴塞爾的“巴色會檔案館”收藏這套明信片比較多，有文將其歸在巴色會明信片中。從傳道會屬地歷史變遷來看，這套明信片應該是德國立本責信義會和德國漢堡信義會合作發行的。

❶

❷

❶ **撒種**

Der Säemann

【典出】《馬太福音》第 13 章第 3 節—23 節“撒種的比喻”

❷ **太子婚筵**

Königliche Hochzeit

【典出】《馬太福音》第 22 章第 1 節—第 14 節“喜宴的比喻”

❶
❷
❸

Der anvertraute Centner. Mat. 25. 14—30.

Die törichten und die klugen Jungfrauen. Mat. 25, 1—13.

Leihe mir drei Brote. Luc. 11, 5.　Das Gleichnis vom Sauerteig. Mat 13, 33.

❶ 招僕以金

Der anvertraute Centner

【典出】《馬太福音》第 25 章第 14 節—30 節"按才受託的比喻"

❷ 五智五愚

Die törichten und klugen Jungfrauen

【典出】《馬太福音》第 25 章第 1 節—第 13 節"十童女的比喻"

❸ 夜求三餅（左）| 麵酵（右）

Leihe mir drei Brote | Das Gleichnis vom Sauerteig

【典出】《路加福音》第 2 章第 5 節"耶穌誕生"

【典出】《馬太福音》第 13 章第 33 節"麵酵的比喻"

❶

❷

❸

❶ **童子坐市井**

Der Jüngling zu Nain

【典出】《路加福音》7 章第 11 節—15 節“使寡婦的兒子復活”

❷ **蕩子歸父**

Der verlorene Sohn

【典出】《路加福音》第 15 章第 11 節—32 節“浪子比喻”

❸ **嫠婦求伸**

Der ungerechte Richter

【典出】《路加福音》第 18 章第 2 節—8 節“寡婦和不義的官”

Liebenzeller Mission, China

德國立本責信義會中國系列

編者 Liebenzeller Mission
德國立本責信義會

語言 德文

印製 1910s., Buchhandlung der Liebenzeller Mission, Bad Liebenzell（德國巴特利本采爾立本責信義會宣教書店）

尺寸 140mm × 90mm

Gehet hin und lehret alle Völker!
Matth. 28, 19.

Erzählet unter den Heiden Seine Herrlichkeit! 1. Chron. 16, 24.

❶ | ❷

❶ 湖南山路

Gebirgsmeg in Hunan

【原注】“你們要去，使萬民作我的門徒。”（《馬太福音》第 28 章第 19 節）

❷ 湖南寶慶教堂

Innenansicht der Kapelle in Baoking, Hunan (China)

【原注】“在列邦中述說祂的榮耀，在萬民中述說祂的奇事。”（《歷代志上》第 16 章第 24 節）

LIEBENZELLER MISSION, CHINA

德國立本責信義會中國五彩系列

編者　Liebenzeller Mission
德國立本責信義會

語言　德文

印製　1910s., Buchhandlung der Liebenzeller Mission, Bad Liebenzell（德國巴特利本采爾立本責信義會宣教書店）

尺寸　140mm × 90mm

Lernet von mir, denn ich bin sanftmütig und von Herzen demütig, so werdet ihr Ruhe finden für eure Seelen. Matth. 11, 29.

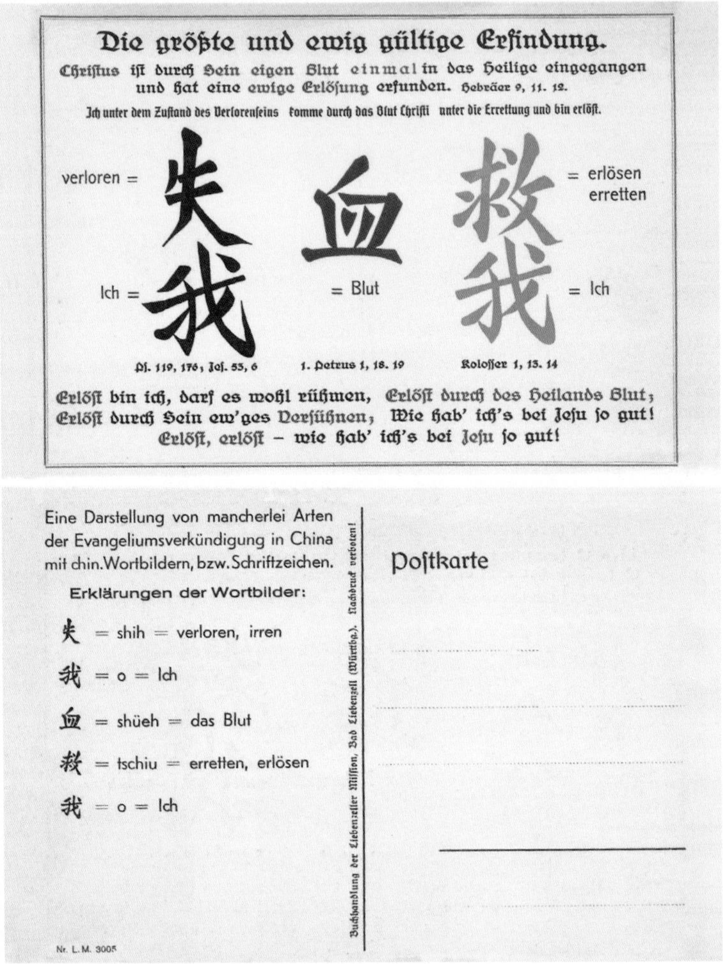

❶　❷

❶ 中國男孩去上學

Din Chinesensnabe auf dem Wege zur Schule

【原注】“我心裏柔和謙卑，你們當負我的軛，學我的樣式，這樣，你們心裏就必得享安息。”（《馬太福音》第 12 章第 29 節）

❷ 失、我、血、救、我

Eine Darstellung von mancherlei Arten der Evangeliumsverkündigung in China mit chin. Wortbildern, bzw. Schriftzeichen

【題記】“基督已經來到，作了將來美事的大祭司，經過那更大、更全備的帳幕，不是人手所造，也不是屬乎這世界的。並且不用山羊和牛犢的血，乃用自己的血，只一次進入聖所，成了永遠贖罪的事。”（《希伯來書》第 9 章第 11—12 節）編者認為這幾個漢語字符表達的意思與《希伯來書》所宣講的福音一致，這是非常重要的發現，在中國傳播福音可以用這些中文字符，便於受眾理解和接受。

MISSIONS-SCHAU

編者	Liebenzeller Mission 立本責信義會
語言	德文
印製	1930s., Kunstverlag H. Fuchs, Calw（德國卡爾夫）
尺寸	140mm × 90mm

德國立本責信義會宣教展館系列

立本責信義會宣教展館 1937 年設立於德國巴登—符騰堡州利本采爾，是一個長期性的宣教展館，展示各地傳教士傳佈福音的業績，輔導新進傳教士直觀地了解派遣地的人文風俗以及自己的任務。

◉ 中國閨房

Frauen Wohnraum-China

FRIEDENSHORT DIAKONISSENMISSION, CHINA

德國女執事會中國系列

編者 Friedenshort Diakonissenmission
德國平安園女執事會

語言 德文

印製 1910s., Lahr, Baden（德國巴登）

尺寸 140mm × 90mm

❶ | ❷

❶ 咫尺籮筐

【題記】“國權是耶和華的，祂是管理萬國的。地上一切豐肥的人、必吃喝而敬拜，凡下到塵土中不能存活自己性命的人、都要在祂面前下拜。祂必有後裔事奉祂，主所行的事必傳與後代。”（《詩篇》第 22 章第 28 節）

【題記】“有一言可信可嘉者，即基督耶穌臨世救罪人。”（《提摩太前書》第 1 章第 15 節）

❷ 耶穌救人

【題記】“有一言可信可嘉者，即基督耶穌臨世救罪人。”（《提摩太前書》第 1 章第 15 節）

Deutscher Frauen-Missions Gebetsbund, Kinai

德國女公會系列

編者 Deutscher Frauen-Missions Gebetsbund
德國女祈禱會
語言 匈牙利文
印製 1920s.
尺寸 145mm × 95mm

❶ 匈牙利中國傳道會甘蒙安夫人

Kunst Irén, Magyar — kinai misszionáriusnö elöadás közben
A kép a sátán hatalmat s a szabadulás ábrázolja

【原注】"牆上懸掛的字畫'勝過罪惡'意為戰勝撒旦得到拯救。"

【題記】"犯罪的是魔鬼，因為魔鬼從起初就犯罪。神的兒子顯現出來，為要除滅魔鬼的作為。"(《約翰一書》第 3 章第 8 節)

甘蒙安（Kunst Irén）1869 年生於德國的柯尼斯堡（Königsberg）商人家庭，母親出身德國貴族，父母離異後她十一歲隨母移居匈牙利，1887 年就讀布達佩斯大學，參加蘇格蘭長老會的主日學活動；後進入立本責信義會傳道學校，畢業後加入德國婦女祈禱會。1903 年甘蒙安賣掉自己全部祖產，次年受立本責信義會派遣作為教育和醫學傳教士來華，經上海到長沙，開辦盲童學校，救濟貧困民眾。1932 年甘蒙安再次來華，常駐綏寧，1934 年因斑疹傷寒去世。甘蒙安著有 *Kína els Magyar Misszionáriusn je*（《請助我儕》，1939）。

KUNST IRÉN magyar—kinai misszionáriusnő előadás közben.
A kép a sátán hatalmát s a szabadulás módját ábrázolja.

SIAO-Ü (Kis-Drágakő.) A magyar gyermekek misszionáriusnője Changshában.

❷ 匈牙利傳道會長沙瞽女院的孩子

Siao-Ü (Kis-Drágakö.), A Magyar gyermekek misszionáriusnöje Changshában

【題記】"主啊，人的存活，乃在於此；我靈存活，也全在此。所以求你使我痊癒，仍然存活。"(《以賽亞書》第 38 章第 17 節)

這是甘蒙安與中華內地會傳教士顧蒙恩[1]等人 1908 年在長沙南門口社壇街開辦的稱為瞽者之家的"長沙瞽女院"。

1 顧蒙恩（E. L. P. Kumm），德國人，立本責信義會女傳教士，受內地會德國協同差會派遣 1894 年來華，先駐江蘇揚州，1908 年到長沙，創建社壇街福音堂和瞽女院；1932 年逝於德國。

12

傳道援助會

羅馬公教在華有宗座傳信會、宗座聖嬰會、宗座聖彼得使徒會、法國使徒會、意大利傳教士全國後援會、中國教區服務團等輔助傳教團體，這些機構不是通常意義上的傳教會，不直接承擔牧靈使命；它們或是對傳教組織給予財務支持的基金會，或是在醫療、教育、慈善等領域對傳教組織給予專業支持的輔助團體。同樣，基督新教在華傳道差會也得到國際上許多輔助機構的後援，這些後援團體往往是跨國家、跨區域、跨宗派的，資金來源是多樣化的。基督新教後援機構在華出現頻率比較高的大致可以歸為幾類：醫學傳道會、瞽目救助會、麻瘋病救濟會、教育傳道會、書報出版機構等。

基督教進入中國大多採用差遣方式駐紮各地，建立傳道機構和後援組織，建堂佈道，歷史稱其為“西差會”。民國政府弄不清中國有多少西差會、派遣了多少傳教士，更不了解他們分佈在哪裏、在做什麼，這是典型的“半殖民地”狀態。1927 年民國政府頒佈行政令，要求外國在華舉辦的學校實行註冊制，後來逐步推廣到所有差會及其後援機構都需有註冊地、辦公地、華籍法人代表等。在大城市活動的基督教團體多完成備案，但多數地方的傳教士仍然我行我素，或許壓根沒有聽說有關規定。第二次世界大戰對基督教在華勢力打擊很大，“西差會”加快本土化進程，無論數量還是影響日漸式微。

醫學傳道會

“醫學傳道會”（Medical Mission Auxiliary）既是一種泛稱，也可特指一個組織。自從馬禮遜開闢中國福音事業後，陸續來華的基督新教傳道會中就有一些醫務人員和輔助傳教士，他們開辦醫院和診所，以救死扶傷的人道主義態度宣示基督的博愛精神。歐美新教各差會幾乎都成立過自己的醫學傳道會，如英國聖公會醫學援助會（Medical Mission Auxiliary of the Church Missionary）、英國浸信會醫學援助會（Medical Mission Auxiliary of the Baptist Missionary Society）、德國禮賢會醫學援助會（Rheinische Ärztlich Mission）、美國醫學傳道會（American Medical Missionary）、荷蘭醫學傳道會（Ten Voordeele der Medische Zending）等，“醫學傳道會”是對這些組織的泛稱。

道光十八年（1838）美國公理會宣教士裨治文、伯駕[1]、雒魏林[2]等人在廣州組織中國“醫學傳道會”（Medical Missionary Society），呼籲歐美各國差會派遣更多醫生來華，憑藉行醫和開設醫院為契機開展傳播福音的工作，中國教會史和醫學史上重要的醫療傳教士裨治文、伯駕、雒魏林、合信[3]、麥嘉諦[4]等人都在該會成員名冊上。當時的中國醫學傳道會還只是一個中介組織，為有志來華傳道的各國醫生尋找需求、為在華傳道組織安排醫務人員和基金會。這個時期來華的醫學傳教士有一百五十多人。

光緒十二年（1886）時任上海同仁醫院院長的美國聖公會醫學傳教士文恆理[5]，在上海《教務雜誌》倡議成立“中華博醫會”（China Medical Missionary Association），推舉德高望重的美國長老會醫學傳教士、廣州博濟醫院院長嘉約翰為會長，出版刊物《博醫會報》（*The China Medical Missionary Journal*）。嘉約翰（John Kerr, 1824—1901）出生於美國俄亥俄州鄧坎斯維爾，1847 年畢業於費城傑弗遜醫學院後行醫七年；咸豐三年（1853）受美國長老會派遣來華，1855 年接替伯駕主持新豆欄眼科醫院。咸豐九年（1859）嘉約翰在廣州創辦“博濟醫院”，1866 年他在博濟醫院內設立中國近代第一所醫科學校“博濟醫校”，1879 年更名為“南華醫學校”；1880 年他創辦中國近代最早醫學雜誌《西醫新報》；他一生漢譯了三十四部西醫西藥

1 伯駕（Peter Parker, 1804—1888），生於美國馬薩諸塞州弗蘭明罕，1831 年加入公理會，1834 年畢業於耶魯大學，同年派往新加坡和廣州，開設眼科診所，1938 年在廣州參與創建“中華醫學傳道會”，任副會長；1855 年出任美國駐華公使。

2 雒魏林（William Lockhart, 1811—1896），生於英國利物浦，畢業於倫敦蓋氏醫院，1838 年受倫敦會派遣來華，1839 年到廣州加入中華醫學傳道會，1843 年到上海，建立中國醫館（仁濟醫院），1861 年到北京參與籌建協和醫院；1864 年回英國。

3 合信（Benjamin Hobson, 1816—1873），英國人，倫敦會傳教士，1839 年來華，在廣州開辦惠愛醫院，著有《全體新論》（1851）、《博物新編》（1855）等。

4 麥嘉締（Divie Bethune McCartee, 1820—1900），字培端，生於費城，1840 年獲醫學博士學位，1843 年受美國長老會派遣來華，1844 年到寧波；1844 年至 1861 年擔任過美國駐寧波代理領事，1862 年至 1865 年擔任過美國駐煙台領事；1872 年至 1877 年在上海先後擔任過美國總領事館翻譯官和美國駐上海副總領事。1877 年被清政府聘為首屆駐日使團洋員；著有《三字經新增注解》、《鴉片六戒》等三十餘部著作。

5 文恆理（Henry William Boone, 1839—1910），美國人，生於印度尼西亞雅加達，隨聖公會牧師的父親在上海長大，畢業於紐約醫學院後回上海行醫，受聖公會派遣 1886 年創辦上海同仁醫院，任院長；任中華博醫會副會長。

書籍。

中華博醫會在嘉約翰籌劃下，還陸續成立醫學出版委員會、醫學術語委員會、醫學研究委員會、醫學教育委員會、公共衛生委員會以及護理學會。中華博醫會最重要的歷史貢獻有，一、引進西方醫學教育理念和制度，此為中國本土醫療體系的現代化貢獻至偉；二、規範醫學術語，就如同利瑪竇明季翻譯《幾何原本》規範了一批科學術語，為西學東漸奠定基礎；三、制定醫學倫理規範，在調合文化衝突和對抗的關鍵節點上引入了普世價值觀念；四、協調人力物力，在中國主要區域修建數十家醫院，這些有形事業至今仍然是中國醫療體系中最優質的資源。

嘉約翰提出，醫乃仁術，在疾病的治療過程中，醫生不僅需有高超的技藝，更需有良好的品德；要敬畏生命，給疾病患者人性的關懷。正是宗教賦予了醫學博愛與仁慈精神，支撐其人文向度。人類社會的某些疾病如梅毒與道德的墮落有關，不可能單憑技術手段治療，需要價值觀念的引導。宗教作為一種道德力量，有助於人們形成良好健康的生活方式。

中華博醫會吸納會員硬性要求兩個基本條件，一是要有西方正規醫學院的畢業文憑，二是來華傳教士。保持學會專業水平、避免魚目混雜的同時，過於清高也成其生存之軟肋。1915 年一些無法滿足這兩個資格而被中華博醫會拒之門外的中外醫務工作者在上海另起爐灶，成立“中華醫學會”(National Medical Association of China)，不久會員人數達到博醫會的一半，他們大多也是歐美名校畢業生。此後大約有十年，中華博醫會與中華醫學會相互借鑒、合作並存。二十世紀二十年代初中國各地出現的“非基督教運動”，主要是本土知識分子中形成的民族主義思潮，使羅馬公教和基督新教都感受到嚴重的生存危機。二十年代後期打敗各路軍閥的國民政府騰出手來，借用這股民族主義情緒加強自己在教育、醫療、文化等方面的控制力，取消教會在這些領域的特權，把洋人在華開辦的學校、醫院等機構，以法令形式納入國民教育體系和國民醫療體系。正是在這樣的背景下，中華博醫會放下身段與中華醫學會合併，於 1932 年在上海成立新的“中華醫學會”(Chinese Medical Association)。

Medical Mission Auxiliary, Church Missionary

編者 Medical Mission Auxiliary, Church Missionary
大英行教會醫學援助會
語言 英文
印製 1900s., C. M. House, Salisbury Square, E. C.（倫敦索爾茲伯里廣場聖公會）
尺寸 140mm×90mm

大英行教會醫學援助會系列

◉ 福州醫院病房

A Bed in Fuh-Chow Hospital

【原注】"臥床的年輕人是位教徒，患有肺炎正在康復。圖中二者都是盲人，這是福州醫院有代表性的場景，這樣的床位需要得到英國友人每年五英鎊的支持，詳細情況可以諮詢醫院住院部。"

英國聖公會大英行教會的胡約翰（John Richard Wolfe, 1832—1915）牧師同治元年（1862）來華，紮寨福州烏石山，1878 年在北門內柴井購入一塊山地修建會院，包括榕城第一座教堂"翠賢堂"、男女傳教士宿舍、女子學校、靈光男童盲校和柴井醫院等。柴井基督醫院（Cha-Chang Christ's Hospital）建於 1898 年，英國醫生宮維賢[1]受會大英行教會派遣 1899 年來華駐福州，擔任柴井基督醫院第一任院長，醫院初期只設女部，1905 年增建男部；1901 年大英行教會又建醫院附設的"柴井高級護士職業學校"。

圖片牆上掛的牌子"霍克利聖救世主教堂"（St. Saviour's Hockley）是英國伯明翰的一座著名教堂，説明這張病床是由這座教堂資助的。

MEDICAL MISSION AUXILIARY, Church Missionary House, Salisbury Square, London, E.C.

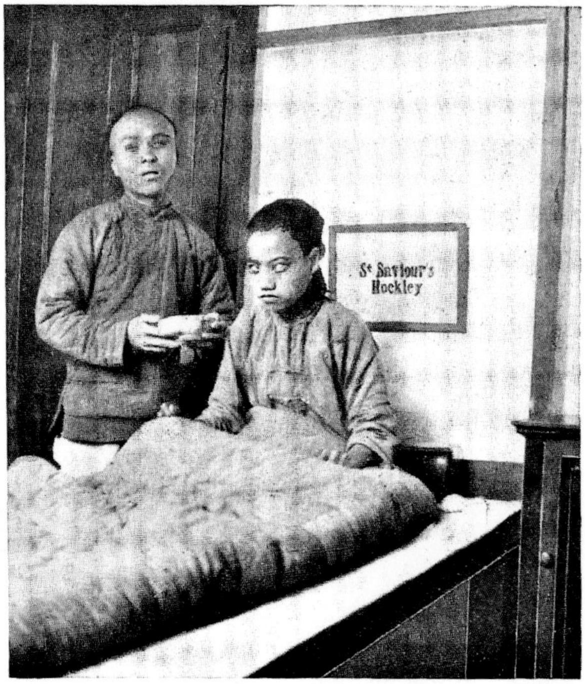

A BED IN FUH-CHOW HOSPITAL, CHINA.

The lad in bed is recovering from inflammation of the lungs; the other boy delights to wait on the sick, and is a true Christian. Both are blind. This represents a scene in Fuh-chow Hospital, China. Beds like the above can be supported by friends at home for £5 per annum. Particulars will be gladly supplied on inquiry to Hon. Sec., Beds and Cots Department, C.M. House.

1 宮維賢（George Wilkinson, 1863—1935），英國人，光緒二十五年（1899）來華，後任柴井基督醫院院長，1903 年與澳大利亞同工岳安妮（Annie Barr Wilkinson）結婚，參與靈光男童盲校的籌建。二十年代初宮維賢夫婦退休後回到澳大利亞，居住在墨爾本附近的吉朗（Geelong），後移居英格蘭。

MEDICAL MISSION AUXILIARY, Church Missionary House, Salisbury Square, London, E.C.
INTERIOR OF THE MAIN WARD, WOMEN'S HOSPITAL, NINGPO, CHINA.
The cost of supporting one such bed is £5 per annum. Application should be made to Hon. Sec., Beds and Cots Department, C.M. House.

NEW OPIUM REFUGE HANGCHOW.
"The opium traffic lives and thrives on the modern degradation of the people of China."—
Dr. DUNCAN MAIN.
Published by the MEDICAL MISSION AUXILIARY, C.M. House, Salisbury Square, E.C.

A GROUP OF CHINESE HOSPITAL NURSES.
Many native women receive training as nurses in the various C.M.S. Hospitals in China. This is a most important feature of Medical Mission Work.
MEDICAL MISSION AUXILIARY, Church Missionary House, Salisbury Square, London, E.C.

❶ 寧波婦女醫院病房

Interior of the main ward, women's hospital, Ningpo

【原注】"每個床位每年需要五英鎊資助。申請者聯繫醫院住院部。"

資料沒有記載聖公會在寧波建有醫院，圖片上的或是英國浸信會的"華美醫院"或是寧波偕我會的"天生醫院"。

❷ 杭州新建戒毒所

New Opium refuge, Hangchow

【原注】"'鴉片貿易的存在和繁榮嚴重地阻礙了中國人的現代化進程。'——梅藤更醫生"

梅藤更（David Duncan Main）1856年出生於蘇格蘭艾爾郡，1881年獲得英國醫學博士後，受聖公會大英行教會派遣與新婚妻子梅福孫（Florence Nightingale Smith）作為醫學傳教士來華，在杭州接辦"大方伯醫局"，擴大為"廣濟醫院"（The Hospital of Universal Benevolence），自任院長，還另設麻瘋病醫院、西湖肺痨病醫院等，又辦廣濟醫校，招徒授課。1934年梅藤更在蘇格蘭家鄉辭世，安葬於愛丁堡的Dean公墓，墓碑上刻著四個中文"仁愛而勞"（Benevolence, Love, and Labor）。

❸ 本地護士

A Group of Chinese Hospital Nurses

【原注】"許多當地婦女在聖公會醫院接受護士技能培訓，這是醫療後援會最重要的工作特點。"

Medical Mission Auxiliary, SPG

大英聖公會醫學援助會

編者 Society for the Propagation of the Gospel in Foreign Parts, SPG
聖公會差會
語言 英文
印製 1920s.
尺寸 140mm × 80mm

THE MOSSE MEMORIAL HOSPITAL, TATUNGFU.

◉ 大同府首善醫院

The Mosse Memorial Hospital, Tatungfu

有關大同府首善醫院的建立，一般描述是 1917 年綏遠發生鼠疫蔓延至大同，北京協和醫學堂派遣英國聖公會史梅禮醫生帶領十多名學生馳援大同，次年疫情結束，史梅禮向聖公會華北教區建議在大同建立常設醫院。查閱北京協和醫院檔案，該院沒有史梅禮的記錄，此描述存疑。比較可信的是，1922 年大英聖公會在大同武定門外修建“首善醫院”，1924 年竣工，共有門診部、住院部、禮拜堂、辦公室以及病床五十張，從北京調來英國醫護人員四人、中國看護若干，成為當時大同建造最早、規模最大、設備最完備的西醫院。1913 年來華的大英聖公會醫學傳教士安季英（David S. Bryan Browm）出任院長。

MEDICAL MISSION AUXILIARY, LONDON MISSIONARY SOCIETY

英國倫敦會醫學援助會

編者 London Missionary Society
英國倫敦會
語言 英文
印製 1900s., London（倫敦）
尺寸 140mm × 80mm

◉ **華中漢口仁濟醫院**

China Central, Hankow
China General Dr. Griffith John

1861 年楊格非來到漢口開教，1865 年修建華中第一座基督教教堂"崇真堂"，1868 年在曇華林對面的花樓居巷購地創建漢口倫敦會醫院，取"仁愛濟世"之意稱"漢口仁濟醫院"。1891 年他以個人之力再創建漢口仁濟婦女醫院，為紀念已故夫人瑪格麗特 · 簡（Margaret Jane, 1830—1874）命名為"漢口瑪格麗特女醫院"。1926 年倫敦會和循道會共同籌建仁濟醫院的新院址，1928 年建成後更名為"漢口協和醫學堂"（Hankow Union Hospital）。

Medical Mission Auxiliary of the Baptist Missionary Society and Baptist Zenan Mission

英國浸信會醫學援助會系列

編者 Medical Mission Auxiliary of the Baptist Missionary Society and Baptist Zenan Mission
英國浸信會暨女差會醫學援助會
語言 英文
印製 1900s., Furnival St. E.C.（倫敦聖弗尼瓦爾街）
尺寸 140mm × 90mm

Two "trestle" beds in the Hospital at Si-an Fu, Shensi, China. The present building accommodates about 34 men and women patients. Dr. Stanley Jenkins and Dr. and Mrs. Andrew Young are the Doctors in charge.

◉ 西安府醫院的兩張病床

Two "trestle" beds in the Hospital at Si-an Fu, Shensi, China. The present building accommodates about 34 men and women patients. Dr. Stanley Jenkins and Dr. Andrew Young are the Doctors in charge.

【原注】"西安府醫院的兩張架子病床。目前的建築可以收治三十四位男女病人。姜感思和楊安德魯是主治大夫。"

英國浸信會光緒二十五年（1889）在西安東木頭市開辦西北地區第一座西醫醫院"英華醫院"。光緒三十年（1904）該會醫學傳教士姜感思和羅德存醫生加入英華醫院，在西安、三原一帶傳教行醫。辛亥革命時期英華醫院的姜感思[1]、羅德存[2]兩位醫生積極參與紅十字會醫療隊，出入戰場，救護傷員，不論是平民百姓、革命軍還是清軍，一視同仁加以救治，不料卻在相距不到一個月的時間相繼被傷寒奪去性命。秦隴復漢軍政府為表彰英國浸信會醫生的義舉，劃大差市口公地一塊撥給英華醫院，1916 年英國浸信會遂建新院址，秉承"廣濟蒼生、仁愛天下"信念更名為"廣仁醫院"，為了紀念姜感思和羅德存，英文是"姜感思暨羅德存紀念醫院"（Jenkins-Robertson Memorial Hospital）。

1 姜感思（Stanley Jenkins）1874 年生於英國布里斯托，以優異成績畢業於布里斯托醫學院，1903 年取得皇家醫學會行醫資格和醫學博士學位。他畢業後加入大英浸禮會，1904 年來華駐西安，在英華醫院任職；1913 年染斑疹傷寒，逝於西安東關堂。

2 羅德存（Cecil Frederick Robertson）1884 年生於倫敦克萊漢姆（Clapham）一個富裕家庭，畢業於倫敦密德薩斯醫院醫學學校（Middlesex Hospital Medical School），1909 年獲得皇家醫學會行醫資格；同年來華佈道施醫，駐西安，在英華醫院任職；1913 年因救治病人染斑疹傷寒，在東關堂病故。

The "Preaching Hall" in the T'ai Yuen Fu Hospital, Shansi, China. The patients assemble here on dispensary days and hear the gospel before seeing the doctor.

Women patients in the Hospital at T'ai Yuen Fu, Shansi, China. The names on the wall are those of specially supported beds. Dr. E. H. Edwards with his associates, Drs Broomhall and Balme, are the doctors in charge.

❶ 太原府醫院的講道廳

The "Preaching Hall" in the T'ai Yuan Fu Hospital, Shansi, China. The patients assemble here on dispensary days and hear the gospel before seeing the doctor.

【原注】"山西太原府醫院的講道廳，患者候診時可以聆聽福音。"

這張圖片的背景是中華內地會傳教士賜斐德創建的太原"博愛醫院"。賜斐德（Robert Harold Ainsworth Schofield）1851年生於英國倫敦知識分子家庭，自幼家塾，九歲受洗，十二歲始讀曼徹斯特一所私校，1866年考入曼徹斯特的歐文斯學院（Owens College），後轉學牛津的林肯學院（Lincoln College），在兩校先後拿到文學和理學學士學位；畢業後前往倫敦學醫，獲碩士學位。1876至1878年塞爾維亞與土耳其戰爭時期，他在貝爾格萊德醫院當志願者。1878年賜斐德加入中華內地會，光緒六年（1880）來華，經上海、天津到太原。稍整休息，學習中文，遂籌辦稱為"耶穌教施醫院"診所，門診量大約六七千人，還附設戒毒所。1883年賜斐德感染了斑疹傷寒，在太原去世，臨終遺言："在中國的三年是我一生最愉快的日子。"賜斐德去世後，1892年中華內地會與英國浸信會合作在太原東夾巷另址修建新院"博愛醫院"。義和團時期博愛醫院被搗毀，1918年英國浸信會重建"博愛醫院"，為紀念賜斐德的貢獻，西文稱為"賜斐德紀念醫院"（Schofield Memorial Hospital）。

❷ 太原府醫院的女患者

Women patients in the Hospital at T'ai Yuen Fu, Shansi, China
The names on the wall are those of specially supported beds
Dr. E.H. Edwards with his associates, Drs Broomhail and Baime,and the doctors in charge

【原注】"牆上的字是為這些病床專門安排的。葉守貞醫生與他的助手海國祿和拜梅（Baime）醫生管理這家醫院。"

葉守貞（Ebenezer Henry Edwards），中華內地會傳教士，光緒八年（1882）來華，初駐安慶，兩年後至太原接替賜斐德醫生工作，1892年創辦"賜醫生紀念醫院"。在山西期間葉守貞與太谷孔家來往密切，引導孔祥熙加入基督教，並通過其處理庚子事件善後，事後幫助孔祥熙赴美留學。著有 *Sowing Gospel Seed: the Tract User's Handbook*（《播種福音》，Chicago: Moody Press, 1954），*Fire and Sword in Shansi; the Story of the Martyrdom of Foreigners and Chinese Christians*（《火與劍，山西外國殉難者和中國基督徒的故事》，New York: Arno Press, 1970）。海國祿（Albert Hudson Broomhall, 1862—1934），生於倫敦米都塞克斯（Middlesex），內地會傳教士，1884年來華，初在上海，擔任中華內地會秘書和司庫，後駐太原。

NATIVE ASSISTANT AND PATIENT, T'AI YUAN FU HOSPITAL, SHANSI
Medical Mission Auxiliary of the Baptist Missionary Society and Baptist Zenana Mission, FURNIVAL STREET, E.C. (Series II.—China.)

NATIVE MEDICAL ASSISTANTS, CHING CHOU FU HOSPITAL, SHANTUNG N. CHINA.
Medical Mission Auxiliary of the Baptist Missionary Society and B.Z.M., FURNIVAL ST., E.C. (Series II.—China.)

DR RUSSELL WATSON AND NATIVE ASSISTANT IN CONSULTING ROOM, CHING CHOU FU HOSPITAL.
Medical Mission Auxiliary of the Baptist Missionary Society and B.Z.M., FURNIVAL ST., E.C. (Series II.—China.)

❶ 太原府醫院本地助理醫生和病人

Native Assistant and Patient, T'ai Yuan Fu Hospital, Shansi

❷ 上海廣慈醫院本地助理醫生

Native Medical Assistants, Ching Chou Fu Hospital, Shanghai N. China

光緒三十年（1904）法國天主教士姚宗李主教與上海法租界當局合作，買下金神父路（今瑞金二路）一帶一百六十五畝土地，籌措創辦一所由天主教會管理的西醫院。經過三年的努力，醫院於 1907 年正式落成，為今日瑞金醫院的前身。其中文名字“廣慈”取“廣博慈愛”之意，因為是法國天主教會所辦，還有法文名字叫“聖瑪利亞醫院”（Hôpital Sainte-Marie）。

❸ 武成獻醫生和當地助理在青州府醫院的診室

Dr. Russell Watson and Native Assistant in Consulting Room, Ching Chou Fu Hospital

武成獻（James Russell Watson, 1855—1937），英國人，先後畢業於查令十字醫院（Charing Cross Hospital）醫學部、達勒姆大學（Durham University）和劍橋大學。1884 年受英國浸信會醫學援助會派遣攜夫人來華。早在 1875 年李提摩太由煙台來青州開教，適逢青州連年乾旱，李提摩太設立粥場，開辦施醫所，贏得青州百姓好感，擴大傳道活動。武成獻 1885 年擔任青州浸禮會施醫院院長，又創辦青州醫學堂，招收當地有文化的青年進院學習西醫知識並從事護理工作，培養醫院所需的醫護人員。1892 年武成獻主持修建新的建築，設立“青州廣德醫院”和“廣德醫學堂”。1900 年義和團運動期間醫學堂學校和醫院建築被毀，一度停辦，1902 年恢復。1914 年第一次世界大戰爆發後日軍佔領膠濟鐵路和青州，武成獻調往周村，1923 年退休回國。

BAPTIST MISSIONARY SOCIETY MEDICAL BIRTHDAY SCHEME

英國浸信會醫學援助會生日計劃系列

編者 Medical Mission Auxiliary of the Baptist Missionary Society
英國浸信會醫學援助會
語言 英文
印製 1940s.—1950s.
尺寸 140mm×90mm

“生日計劃”（Baptist Missionary Society Medical Birthday Scheme）是英國浸信會醫學援助會推廣的“夥伴計劃”（BMS Church Partners）一部分。該計劃設定的目標有三點，第一，保持世人對傳教士及其在世界各地佈道機構的重視；第二，不斷提醒各地浸信會組織對自己在家庭乃至世界信仰所擔負的特殊責任和使命；第三，在這些推廣活動中使各地組織獲得財務支持。

教友在每年生日那天收到英國浸信會醫學援助會生日基金會（Baptist Medical Mission Birthday Fund）的生日賀卡等禮物。“生日計劃”實際是感恩活動，每個教友在獲得生命的紀念日體驗主之恩典，通過所在教會組織捐款，幫助世界上更多的貧困民眾獲得醫療幫助，救助母親、嬰兒、殘疾人。英國浸信會醫學援助會每年通過“生日計劃”可以收到三十萬英鎊善款。

◉ **太原街頭**

Street scene in Taiyuan Shansi

【原注】“生日祝福！感激您對英國浸信會醫療工作的信任和支持。”

這是英國浸信會醫學援助會推出的“生日計劃”的賀卡明信片。從類似的照片看，背景是西安。

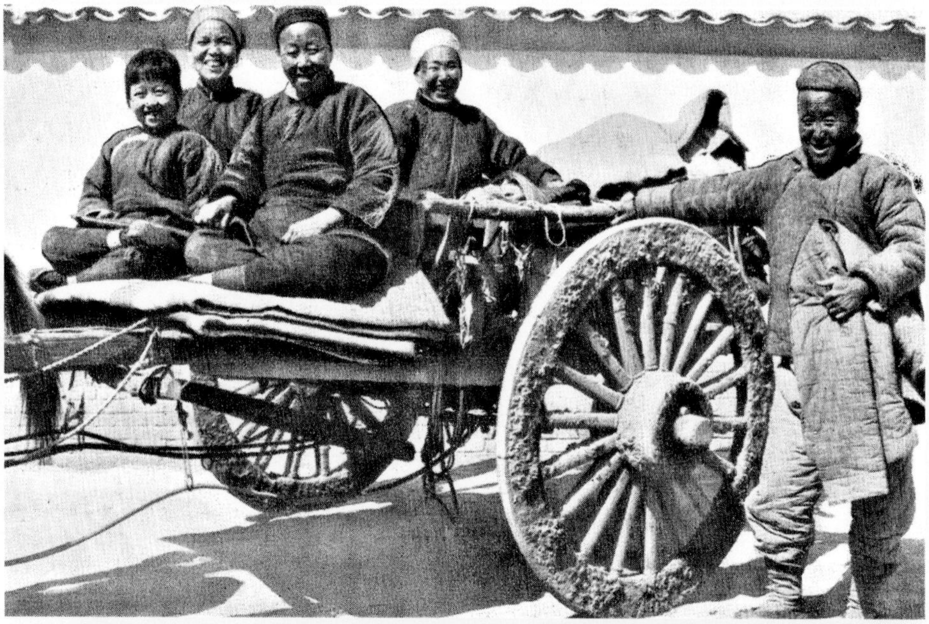

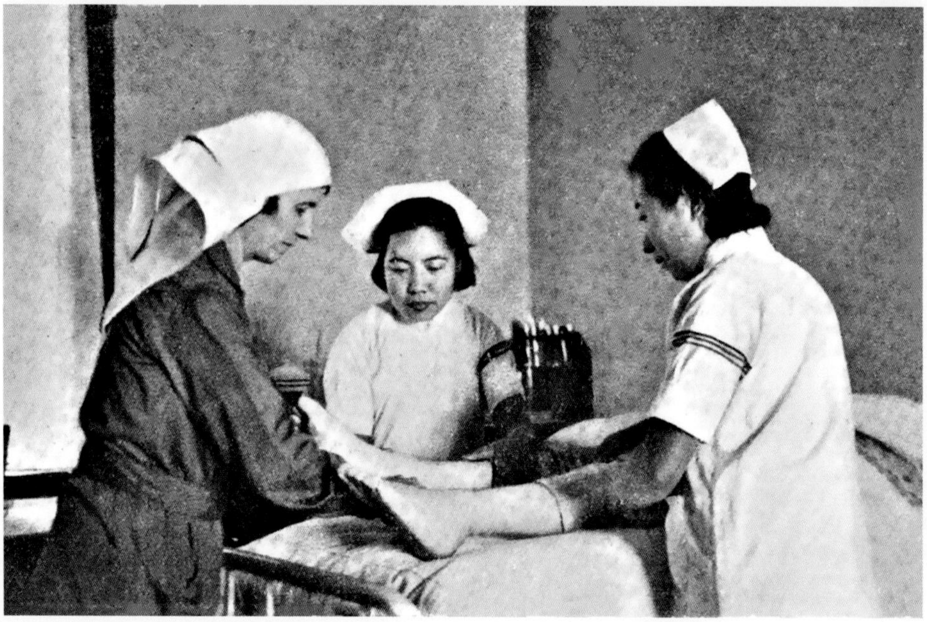

❶
❷

❶ **從醫院回家的路上喜不自勝**

We are all on our way home from Hospital — quite well thank you

【原注】"祝你今日得到快樂的回報，為您能夠接受大英浸信會醫學援助會的生日祝福，不勝感激。"

這是英國浸信會醫學援助會推出的"生日計劃"的賀卡明信片，署"英國浸信會醫學援助會生日基金會"。從類似的照片看，背景是西安。

❷ **中國醫院工作的醫療隊**

Team work in hospital in China

【原注】"祝你今日得到快樂的回報，為您能夠接受大英浸信會醫學援助會的生日祝福，不勝感激。"

Medical Mission Auxiliary, American Baptist Foreign Missionary Society

美國浸禮會醫學援助會

Statistical Table, showing the growth of Christianity in China. Morrison began work in 1807. First treaty with England, 1842. Second treaty with England, 1860. First Missionary Conference, 1877. Second Missionary Conference, 1890. Morrison Centenary Conference, 1907.

Began, 1807	1842	1860	1877	1890	1907	1909
Stations	4	10	91	174	632	660
Concerts	6	1000	13515	37287	178251	250000
Native Work	0	100	750	1657	7000	9000
Pupils	0	0	4900	16836	58000	65000
Patients	1000	5000	135000	348439	1000000	1250000
Offerings	0	0	$9272	$36884	$310000	$350000
Missionaries	20	160	473	1296	3900	4100

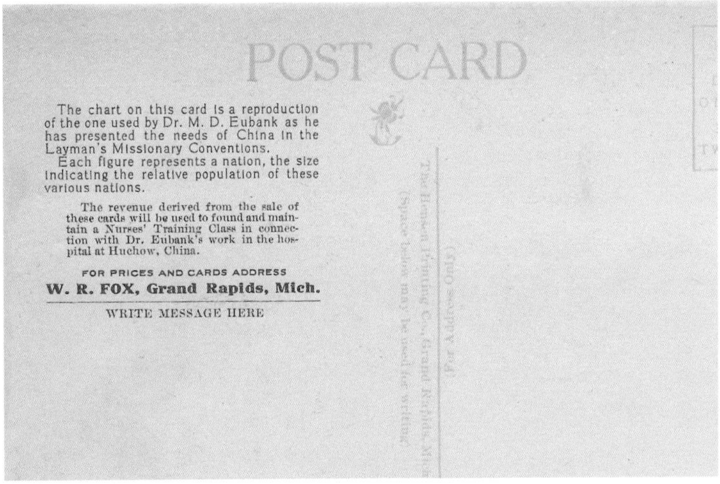
POST CARD
The chart on this card is a reproduction of the one used by Dr. M. D. Eubank as he has presented the needs of China in the Layman's Missionary Conventions.
Each figure represents a nation, the size indicating the relative population of these various nations.
The revenue derived from the sale of these cards will be used to found and maintain a Nurses' Training Class in connection with Dr. Eubank's work in the hospital at Huchow, China.
FOR PRICES AND CARDS ADDRESS
W. R. FOX, Grand Rapids, Mich.
WRITE MESSAGE HERE

編者　American Baptist Foreign Missionary Society 美國浸禮會

語言　英文

印製　1909, Michigan（美國密歇根）

尺寸　140mm × 90mm

◉ 基督教在華發展統計

Statistical Table showing the growth of Christianity in China

此片為在湖州醫院工作的于友朋醫生做的“中國護士培養計劃”募捐片。于友朋（M. D. Eubank），美國浸禮會醫學傳教士，1899 年攜妻來華，駐湖州。此片下部表格是根據《傳道公約》統計的中國基督教發展情況。《傳道公約》（Layman's Missionary Conventions）是 1906 年美國幾家傳道組織與圖書檔案機構在紐約聯合發起的實施計劃，目的是幫助海外傳道差會收集會議記錄、檔案文件、活動材料、統計資料以及和宣傳品等。

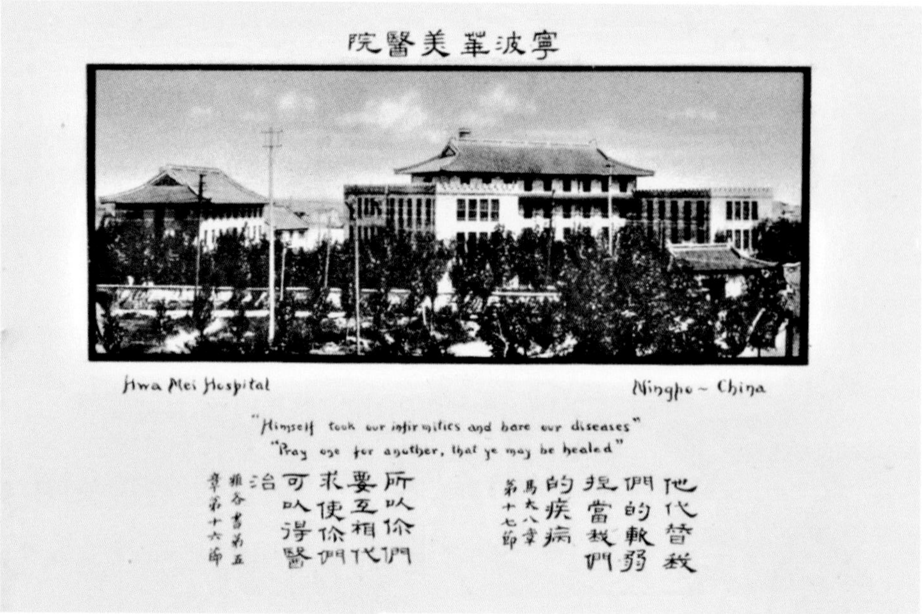

編者 American Baptist Foreign Missionary Society 美國浸禮會
語言 英文 中文
印製 1930s.
尺寸 140mm×90mm

◉ 寧波華美醫院

Hwa Mei Hospital, Ningbo — China

【題記】"祂代替我們的軟弱，擔當我們的疾病。"（《馬太福音》第 8 章第 17 節）"所以你們要互相代求，使你們可以得醫治。"（《雅各書》第 5 章第 16 節）

寧波華美醫院是中國近代比較著名的西式醫院，瑪高溫和蘭雅谷兩位傳教士對該院的成立和發展功不可沒。瑪高溫（Daniel Jerome Macgowan, 1814—1893），據説是美國原住民，出生於紐約，就讀紐約州立大學醫學院，獲博士學位。道光二十三年（1843）瑪高溫受美國浸禮會差遣來華到香港，經福州、舟山抵寧波，在寧波城區北門佑聖觀創辦診所，主要收治眼病患者，實施白內障切除術等眼科手術。廣告曰："瑪高溫，寓浙江寧波府城北門外愛華堂，講道勸人，施藥治病，最惡鴉片害人，即中國所禁者。有人真心求解，可來本堂救治。"1846 年瑪高溫收到海外捐贈的資金和醫療器械、書籍、圖片、解剖模型等，隨即把佑聖觀診所擴建為"浸禮醫局"。光緒元年（1875）美國浸禮會醫學傳教士白保羅[1] 接替瑪高溫主理浸禮醫局，遷往北門外的姚江邊，擴充男女病房，更名為"大美浸禮會醫院"。1854 年瑪高溫在甬創辦了《中外新報》，與香港《遐邇貫珍》和上海的《六合叢談》同為中國最早的中文報刊。《中外新報》以報道國內外新聞為主，包括宗教、科學、文學等內容，在當時頗具影響。此後他因身體原因移居廈門、香港、澳門。1867 年瑪高溫到上海行醫，次年加入上海江南機器製造總局翻譯館，邊行醫邊譯書。他與華蘅芳合作翻譯了《金石識別》、《地學淺釋》等。光緒十九年（1893）瑪高溫在上海病逝。

對寧波浸會醫院做出重要貢獻的還有美國浸禮會傳教士藍雅谷，藍雅谷（James Skiffington Grant）1861 年出生在加拿大新布倫瑞克省聖斯蒂芬，1889 年畢業於美國密歇根大學醫學院獲得醫學學位，同年以學生身份由密歇根大學派到寧波，1909 年接替病逝的白保羅擔任寧波浸會醫院院長。藍雅谷在寧波三十八年，全身心投入治病救人和醫院發展事業。為建造新院舍，僅靠美國教會捐助的款項已入不敷出，他把自己來華前期任寧波海關港口檢疫官的酬金全部投入醫院建設，由此帶動甬滬官商紳學各界人士競相捐贈。1922 年動工，歷時四年，新的現代化醫院在姚江之畔依水而立。1927 年藍雅谷去世，出殯的隊伍很長，沿著永豐路，一路向東而去，街邊市民皆肅穆而立。為紀念藍雅谷的貢獻，醫院更名為"寧波華美醫院"。

---

1 白保羅（Stephen Paul Barchet, 1843—1909），德裔美國人，美國浸禮會醫學傳教士，1865 年春受戴德生的寧波傳道會邀請抵達寧波，是中華內地會早期開拓者之一，1875 年接替瑪高溫主理浸禮醫局。

Rheinische Ärztlich Mission, China

德國禮賢會醫學援助會

編者 Rheinische Ärztlich Mission
禮賢會醫學援助會
語言 德文
印製 1900s., Rhein（德國萊茵）
尺寸 140mm×90mm

◉ **禮賢會普濟醫院**

Frauen- u. Männer-Hospital, Doctorhaus u. Pagoda

【原注】“河對岸左側是婦科醫院和男科醫院，右側帶尖塔的是醫務人員宿舍。”

光緒十四年（1888）德國禮賢會創辦“東莞普濟醫院”，是當年中國寥寥可數的西式醫院之一，院址在莞城文順坊，設立門診部和留醫部。1907 年東莞普濟醫院正式遷至圖中的莞城脈瀝洲，設有男、女住院樓、手術室、化驗室、護理室、配藥房、院長樓及員工宿舍。院舍建築風格中西合璧，外牆多有用紅磚，人稱“紅樓”。

Ärztlich Mission, Ostasienmission

德國同善會醫學援助會

編者 Ostasien Mission
德國東亞傳道會（德國同善會）
語言 德文
印製 1930s., Berlin（柏林）
尺寸 138mm × 90mm

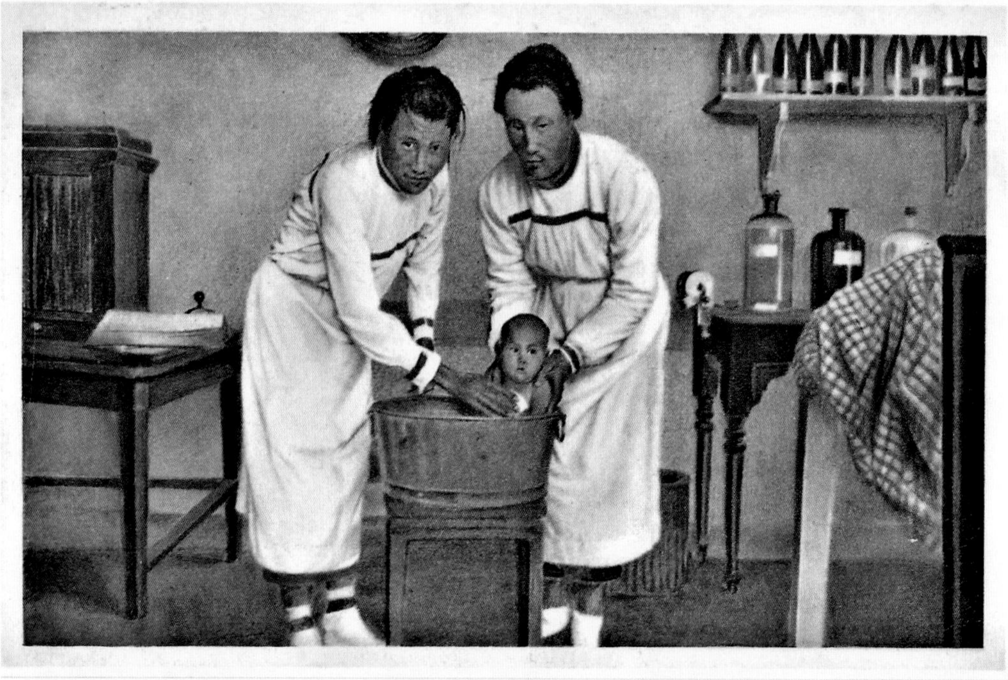

◉ **青島同善會醫院的護士**

Krankenwärter in unserem Krankenhaus in Tingtau (China)

花之安還是優秀的眼科醫生，他去世後把三萬馬克的積蓄捐給同善會，希望在青島修建一所醫院，光緒二十七年（1901）醫院建成，命名“花之安醫院”，附設精神病、麻瘋病以及犯人分院，還在即墨、高密設有診所。1905 年同善會在青島與當地歐洲人協會以及德英美僑民集資五萬銀元，擬修建一所條件第一流的德國醫院。1907 年新醫院在嶗山街落成啟用，稱為“福柏醫院”，“福柏”是花之安德文名字 Ernst Faber 的音譯。福柏醫院佔地約八千五百平米，建築面積近一千四百平米，聘用德國醫生和歐籍護士，只為歐洲人服務。

MARY BLACK HOSPITAL SERIES

美南循道會東吳婦孺醫院系列

編者 Methodist Episcopal Church (South)
美南循道會（監理會）

語言 英文

印製 1910s.

尺寸 140mm × 88mm

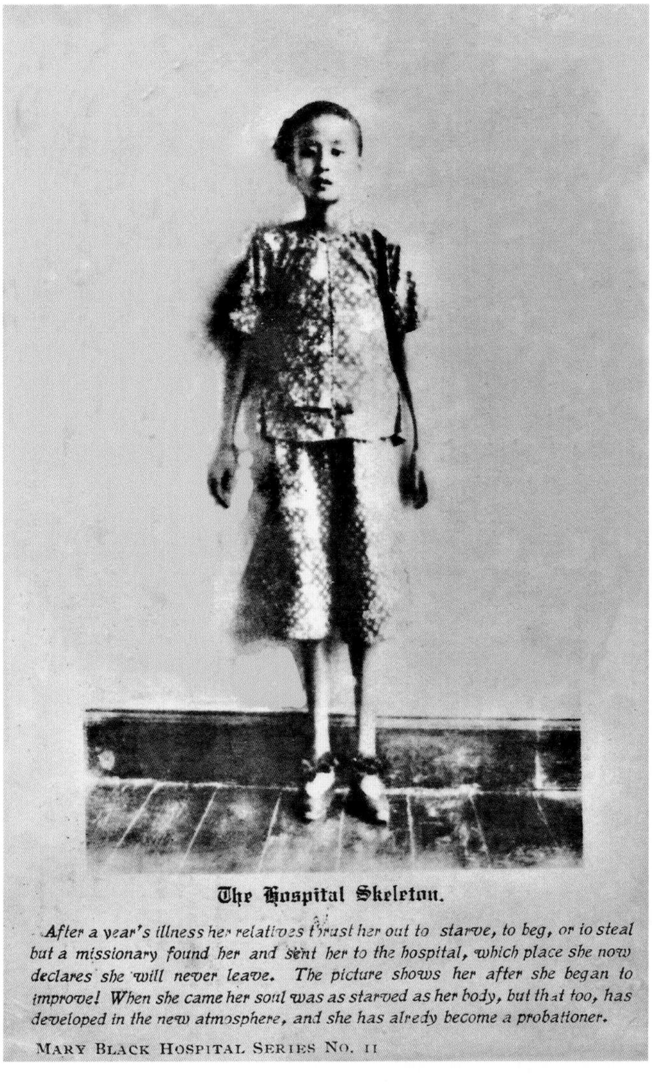
The Hospital Skeleton.
After a year's illness her relatives thrust her out to starve, to beg, or to steal but a missionary found her and sent her to the hospital, which place she now declares she will never leave. The picture shows her after she began to improve! When she came her soul was as starved as her body, but that too, has developed in the new atmosphere, and she has alredy become a probationer.
MARY BLACK HOSPITAL SERIES NO. 11

◉ 東吳婦孺醫院骨瘦如柴的病人

The Hospital Skeleton

【原注】"這個女孩患病一年，被親戚趕出家門，飢寒交迫，流浪街頭。一位傳教士把她送到東吳婦孺醫院治療。她現在表示永遠不會離開這裏了。圖為她得到救治後的樣子！她來時靈魂和身體一樣匱缺，在新的環境下得到充實，已經成為被拯救者。"1884年美南監理會女佈道會斐醫師（Mildred M. Philips）來華，次年在蘇州創辦一所婦幼醫院，1892年斐醫師離開後醫院關閉。1893年美國醫師華安妮經朋友介紹到蘇州，在葑門內天賜莊城河邊重張"瑪麗布萊克醫院"（Mary Black Hospital），又稱"東吳婦孺醫院"。華安妮（Anne Walter Fearn）1867年生於密西西比州的冬青泉市（Holly Springs），十六歲進入舊金山庫珀醫學院工作，1893年獲賓夕法尼亞女子醫學院醫學博士學位，同年作為美南監理會非傳教士僱員來華，主持蘇州婦孺醫院，1896年華安妮與來自密西西比州亞佐市的美南監理會醫學傳教士斐堯臣（John Burrus Fearn, 1871—1926）結婚。1907年華安妮與丈夫一起離開蘇州在上海行醫，1926年斐堯臣去世，華安妮在上海等地從事養老和戒毒等慈善公益活動，1937年離開中國，1939年逝於加利福尼亞州伯克利，骨灰葬於上海。華安妮在華四十四年總共接生了六千零十七個孩子，她自己的唯一女兒早夭。

Medical Mission Auxiliary, United Methodist Free Churches

寧波偕我會醫學援助會

編者 United Methodist Free Churches: Home and Foreign Missions
寧波偕我會
語言 英文
印製 1920s., Eastwood Mellor（英國伊斯特伍德梅洛爾）
尺寸 135mm × 85mm

Rev. J. W. Heywood, Dr. Swallow, Rev. G. W. Shepherd and Staff.--Ningpo.

◉ **海和德牧師燕樂拔醫師牧恩波牧師與寧波偕我會事工**

Rev. J. W. Heywood, Dr. Swallow, Rev. G. W. Shepherd and Staff — Ningpo

海和德（James W. Heywood）1867 年生於英格蘭，1891 年受英國循道會派遣與妻子來華，到溫州協助蘇慧廉牧師工作，1896 年調往寧波主持偕我會會務，1907 年到溫州接替蘇慧廉工作，1927 年回國。

燕樂拔（Robert Swallow），寧波偕我會醫學傳教士，1874 年受英國循道會派遣與妻子艾麗斯（Alice Swallow）來華，到寧波協助闞斐迪牧師的傳教事工，駐象山縣開教；1903 年在寧波江北岸創建"體生醫院"，1923 年退休回國。其子燕瑞博（Robert William Swallow, 1878—1938）出生於寧波，畢業於英國曼徹斯特大學，1902 年返回中國，在國立山西大學堂西齋任英文教授，著有 *Sidelights on Peking Life*（《北京生活側影》，Peiping: H. Vetch, 1937），*Ancient Chinese Bronze Mirrors*（《中國古鏡圖說》，Peiping: H. Vetch, 1937）。

牧恩波（George W. Shepherd, 1895—1988），醫學傳教士，生於新西蘭，1918 年受英國兄弟會派遣來華，在熱河赤峰一帶傳道，1922 年與基督教女青年會傳道醫師克萊拉（Clara Sargent Shepherd）結婚，轉駐江西南昌；1925 年夫婦倆改隸美國循道會轉至福建建甌行醫。1934 年美以美會、美國聖公會、基督教青年會、美以美會女佈道會和中華基督教會在江西黎川向塘成立江西基督教農村服務聯合會（Kiangsi Christian Rural Service Union），牧恩波出任總幹事。1936 年牧恩波應邀至南京擔任蔣介石新生活運動顧問，1938 年返回美國為中國抗戰事業募捐。

Ten voordeele der medische zending in China

荷蘭醫學傳道會中國第一系列

編者 Ten voordeele der medische zending in China
荷蘭醫學傳道會

語言 荷蘭文

印製 1900s.—1910s., E.& B.

尺寸 140mm×90mm

原注 “郁約翰醫生在荷蘭女王贊助下開辦了荷蘭威廉姆娜醫院（Nederlandsch Wilhelmina）和廈門婦女醫院（Vrouwenhospitaal te Amoy）。”

“荷蘭醫學傳道會中國系列”有三個子系列，除了少量工作照，大部分反映了廈門地區中國人生老病死狀況和民間習俗。

❶ ❷
❸

❶ 新娘
Chineesche bruid

❷ 哺乳
Hoe kindern geuoed worden

❸ 出殯
Chineesche begrafenisstoet

Ten voordeele der medische zending in China

荷蘭醫學傳道會中國第二系列

編者 Ten voordeele der medische zending in China 荷蘭醫學傳道會

語言 荷蘭文

印製 1900s.—1910s., E.& B.

尺寸 140mm × 90mm

原注 “郁約翰醫生在荷蘭女王贊助下開辦了荷蘭威廉姆娜醫院（Nederlandsch Wilhelmina）和廈門婦女醫院（Vrouwenhospitaal te Amoy）。”

❶ 馬背上的郁約翰醫生

Dr.Otte te paard.

郁約翰（Johannes Abraham Otte）1861 年生於荷蘭，1867 年隨父母遷居美國密執安州，1877 年回荷蘭就讀霍普大學（Hope College），1883 年進入美國密歇根大學學習醫學獲博士學位，又在荷蘭阿姆斯特丹大學和烏得勒支大學作博士後研究。1888 年郁約翰以歸正會牧師身份攜妻子弗蘭西絲（Frances Phelps Otte, 1860—1956）到廈門，派往平和縣小溪鎮宣教，在那裏創建小溪醫院。1898 年受差會指令在廈門鼓浪嶼修建救世醫院（Hope Hospital），1904 年得到荷蘭女王威赫明娜支持，郁約翰在救世醫院隔壁開設女醫館，稱“荷蘭威廉姆娜醫院”；還辦有西醫醫學專科學校和護士專科學校。1910 年廈門流行鼠疫，郁約翰救治病人時感染病故，葬於鼓浪嶼“番仔公墓”。救世醫院小禮拜堂曾有塊紀念郁約翰的石碑，上面鐫刻著：“石可泐，骨可朽，先生功德不可沒。”

❷ 童年

Spelende Chineesjes

❸ 法事

Priester-bijeenkomst

TEN VOORDEELE DER MEDISCHE ZENDING IN CHINA

荷蘭醫學傳道會中國第三系列

編者 Ten voordeele der medische zending in China
荷蘭醫學傳道會

語言 荷蘭文

印製 1900s.—1910s., E.& B.

尺寸 140mm × 90mm

原注 "郁約翰醫生在荷蘭女王贊助下開辦了荷蘭威廉姆娜醫院（Nederlandsch Wilhelmina）和廈門婦女醫院（Vrouwenhospitaal te Amoy）。"

❶ 掏耳
Oorreiniging

❷ 就醫
Een patiëntje voor het hospitaal

❸ 揀茶
Thee uitzoeksters

MEDICAL MISSION AUXILIARY, RCUS

大美復初會醫學援助會系列

編者 Board Foreign Missions of the Reformed Church in the U.S.
大美復初會
語言 英文
印製 1910s.
尺寸 140mm×90mm

基督教復初會（Reformed Church in United States, RCUS），德國裔和瑞士裔美國人的公理宗組織，正式成立於 1863 年，本身摻雜信義宗和衛斯理宗的某些神學思想，1944 年與北美福音會（Evangelical Synod of North America）合併組建美國福音歸正會（Evangelical and Reformed Church, RCUS ）。光緒二十七年（1901）基督教復初會派遣傳教士來華，稱“大美復初會”，宣教於湖南的長沙、沅陵、岳陽、永綏等地，在岳陽舉辦過湖濱大學（Lakeside University）。

DAVID SCHNEDER HOY MEMORIAL HOSPITAL, YOCHOW, CHINA
AN OLD PAGODA IN THE BACKGROUND
THE SECOND YOUNG PEOPLE'S MISSIONARY CONFERENCE
OF THE
REFORMED CHURCH IN THE UNITED STATES
MT. GRETNA, PA.
AUGUST 5-12, 1911
BUCKEYSTOWN
AUG
9
1911

◉ **岳州普濟醫院**

David Schneder Hoy Memorial Hospital, Yochow, China. An Old Pagoda in the Background.

【原注】“背景是一座古塔”。

光緒二十四年（1898）美國復初會醫師海維禮（William Edwin Hoy, 1858—1927）來華在岳陽開教，光緒二十七年（1901）其妻海光中（Mary Bell Adult Hoy）隨之而來，該年設立貞信女子學校和盤湖書院；光緒二十八年（1902）在岳州塔前街開設診所，後逐漸擴大規模成立普濟醫院；光緒三十二年（1906）在城陵磯創辦湖濱大學。1927 年海維禮攜夫人及孩子因戰亂離開中國，突發中風逝於輪船上。有著作 *History of the China Mission of the Reformed Church in the United States*（《美國復初會中國傳道史》，1914），記述了他在中國的傳教經歷，他堅信基督是唯一的救贖之路，佛教“會使每個中國人變成了精神上的木乃伊”。

PEKING UNION MEDICAL COLLEGE HOSPITAL

中華醫學基金會北京協和醫院系列

編者 Peking U.M.C
北京協和醫院
語言 英文
印製 1920s., Hartung's Photo Shop Peking（北京哈同照相館）
尺寸 140mm×90mm

1906 年倫敦會、美國公理會、美北長老會、美以美會、大英聖公會以及倫敦會背景的倫敦醫學傳道會（Medical Missionary Association of London）聯手在北京豫王府創辦"協和醫學堂"（Peking Union Medical College）。1915 年美國洛克菲勒基金會的中華醫學基金會投資協和醫學堂，1921 年正式落成，1925 年改名北京協和醫學院。洛克菲勒基金會（Rockefeller Foundation）是小約翰·戴維森·洛克菲勒[1] 1904 年在紐約創立的，1914 年為了"通過資助醫學、護理以及公共衛生研究和教育來改善中國及其亞洲鄰國人民的健康狀況"設立"中華醫學基金會"（China Medical Board, CMB）。洛克菲勒基金會介入後做的第一件事是大興土木修建協和醫院。這組由波士頓建築師古勵志[2]設計的綠瓦飛檐、彩樑畫棟的中式建築，讓人們總是聯想起曾經在那裏工作的中國最優秀的醫學大師。1928 年"中華醫學基金會"與母基金分立，獨立運營。這個基金會本身不是教會的組織機構，在華最主要的援助項目北京協和醫學院是與教會合作的。

❶ ❷

❶ 協和醫院正門

The hospital court. Peking U.M.C., and entrance to laura Spelman House (nurses' home); women's wards to the right

❷ 協和醫學校禮堂樓角

Corner of the auditorium, with college buildings, in background, Peking U.M.C.

---

1 小約翰·戴維森·洛克菲勒（John Davison Rockefeller, 1874—1960），美國標準石油公司創辦人億萬富翁約翰·洛克菲勒的兒子和唯一的繼承人，慈善家。

2 古勵志（Charles Coolidge, 1858—1936），生於美國人波士頓，1881 年畢業於哈佛大學，1881 年至 1883 年在麻省理工大學建築系讀研究生；1915 年與兩位著名設計師成立"波士頓建築事務所"，一生設計作品有波士頓的翰考克塔（Hancock Tower）、斯坦福大學、布朗大學圖書館、哈佛醫學院、紐約州瓦薩學院（Vassar College）教堂、芝加哥藝術學院公共圖書館；1923 年應洛克菲勒基金會邀請參加北京協和醫院規劃設計。

瞽目救助會

1896年初春早上，德國下薩克森州喜迪堪[1]鎮教堂門前張貼一封佈告："徵召一位信義會姐妹，她必須是虔誠的信徒，她甘願把全部愛心奉獻給孩子，要有語言天賦，身體健康。她將是我們派往中國執行拯救失明女童的第一位姐妹，給予中國失明女童有尊嚴的前途。"發佈機構是當地巴陵信義會古梨梨創辦的喜迪堪盲人女修會。古梨梨（Luise Cooper）1849年生於德國下薩克森州奧佩恩貝紐豪斯（Oppeln bei Neuhaus），祖父是移居德國的英國富商，父親是牧師，從小祖父帶她去過世界很多地方，開闊了她的視野；父親的職業使她有了堅定的信仰，不懼怕奔赴遙遠的中國。光緒十年（1884）三十五歲古梨梨受德國巴陵信義會派遣到香港，在巴陵女書院的西營盤育嬰堂工作。她在這裏被中國女孩的不幸命運深深打動，她後來談到，華人社會的女孩子是受歧視的多餘的人，經常被遺棄甚至被溺死，殘疾女孩的下場更為悲戚。古梨梨在香港兩年，依靠巴陵女書院收養和救治許多盲女。1886年古梨梨患肺結核不得不返回德國，居住在漢諾威附近的喜迪堪市，仍念念不忘她的中國盲童的命運，病情穩定後，在當地發起慈善募捐，並於1890年成立"喜迪堪盲人女修會"（Hildesheimer Blindenmission, HBM），正式派遣"姑娘們"到香港。1926年古梨梨成為喜迪堪會會長，1931年她逝於奧斯特（Oste）。

在1896年那個早上揭下古梨梨張貼佈告的是布絲樂姑娘，她願意成為"用愛點亮心中光明的使者"。布絲樂（Martha Postler），香港譯為寶馬大，1860年生於德國一個牧師家庭，在她剛剛發願的第三天，便收到古梨梨的召喚，報名成為喜迪堪會第一位宣教士。她先在柏林學習中文，從書本上了解中國文化和風俗習慣，培訓結束後於光緒二十二年（1896）輾轉到達香港，次年接管巴陵女書院育嬰堂瞽目部，在租借港島西營盤一幢居民樓裏建立"心光盲童院"（Tsau Kwong, Come to Light）。布絲樂姑娘帶著五名中國失明女童生活在這裏，除了禮拜日與德國信義會牧師在教堂相見外，在港八年間，大多數時間與外界的往來只是通過信件與家人和修會組織交流，她用文字、照片、繪畫、明信片讓遠在德國的人們了解中國，了解對前途充滿樂觀情緒的她所做的工作。1901年古梨梨派遣賴福神姑娘到香港，這一年喜迪堪盲人女修會得到港英當局贈送的薄扶林（Pokfulam）的一塊土地，修建心光盲人院正式校址。1904年布絲樂姑娘回國治病，逝於法蘭克福。

布絲樂姑娘去世後，1906年喜迪堪會增派慕志謙姑娘到香港，1914年心光盲童院遷址薄扶林新址，德文名稱 Unser Blindenheim Eben-Ezer（"以便以謝盲人院"），規模擴大，可容納五十人，同時又開設"心光盲女書院"，為失明及弱視女孩提供寄宿服務和教育，合稱"心光盲童院暨盲童書院"（Ebenezer School and Home for the

1 喜迪堪（Hildesheimer）位於德國西北部的下薩克森州（Niedersachsen），現通譯"希爾德斯海默"。

Blind)，因只招收失明女童，俗稱“盲妹院”。第一次世界大戰期間德英關係緊張，港英當局驅逐了喜迪堪盲人女修會，沒收了心光盲童學校房舍，學校停辦，慕志謙姑娘避身梅州，1924 年喜迪堪會收回校舍，任命慕志謙姑娘擔任院長，重整校務。日軍佔領香港，驅離學校師生，時任香港心光盲童院院長的柏恩慰姑娘面對經費難以為繼，不得不四處化緣，勉強度日。戰後喜迪堪會於 1948 年再次收回香港心光盲童院校址。

喜迪堪會光緒三十三年（1907）與德國巴陵會合作，在廣東創辦“心光盲童書院韶州分校”。光緒十九年（1893）瑞士巴色會派遣德國醫生韋嵩山[1]來華，在廣東梅州（嘉應）西郊黃塘河畔籌建一所醫院，1896 年建成，取“救世濟民、德在耶穌”之意，冠名“德濟醫院”。在德濟醫院擔任助產士的赫求光姑娘，清早起來常常在醫院門口發現遺棄的失明女童，便將其好心收養。在韋嵩山醫生建議和幫助下，赫求光姑娘與喜迪堪會聯繫，於 1912 年黃塘古屋壩修建校舍，創辦“黃塘心光女校”（Blindenheim Kaying）。1925 年柏恩慰姑娘到嘉應接替赫求光擔任黃塘心光女校校長，1938 年學校改名“黃塘心光盲女院”。心光盲女院每天授課七節，學制九年；注重女童學習技藝，產品收入補貼辦學費用，彌補虧空，兼顧培養盲女一技之長以期自食其力。

基督教差會在華舉辦過許多盲童救助機構，清朝末年比較著名的有 1888 年英國循道會李修善的“漢口訓盲書院”、1891 年北美長老會賴馬西[2]的“汕頭明心盲人學校”、1908 年中華內地會顧蒙恩的“長沙瞽女院”、1909 年美南浸信會紀好弼[3]的“肇慶慕光瞽目院”。福建是西方傳道會開辦盲人救助事業比較多的地區，1895 年長老會女傳教士禮荷蓮[4]在泉州創辦“指明堂”、1896 年大英行教會女傳教士高靈敦[5]在古田新義山創辦“明心盲院”、1903 年大英行教會女差會傳教士沈愛美[6]在福州基督教明道堂創辦“明道女童盲校”，影響最大的當屬大英行教會女傳教士岳愛美創辦的“福州靈光盲童學校”。

---

1 韋嵩山（Hermann August Heinrich Wittenberg, 1869—1951），德國人，生於威斯特伐倫（Westfalen），1888 年加入德國巴色會，受差會資助先後在波恩大學和巴塞爾大學學習醫學，獲博士學位；1893 年受巴色會派遣來華，創辦梅州德濟醫院；1937 年退休回國。

2 賴馬西（Mary West Niles, 1854—1933），生於美國威斯康星州沃特敦（Watertown），1875 年畢業於埃爾邁拉學院（Elmira College），1882 年在紐約獲得醫學博士學位，1882 年受美北長老會派遣來華，在博濟醫院行醫，擔任女部負責人；1889 年開始收養瞽目女童，1891 年創辦廣州“明心瞽目女校”（Light-Giving School for Blind Girls），1906 年籌款建新校址；1929 年退休回國。

3 紀好弼（Rosewell Hobart Graves, 1833—1912），生於美國馬利蘭州波地磨城，波地磨馬利大學畢業後，專習神學和醫學；1856 年受美南浸信會派遣抵達香港和廣州，為華南第一浸信會服務，1862 年創建肇慶浸信堂，1880 年創立紀好弼神道學校；1909 年創辦廣州慕光瞽目院；英文著作有《在華四十年》、《毗斯迦山的感想》，中文作品有《醒世要言》、《真理問答》、《羅馬人書注釋》、《基督生平》、《救主之足跡》、《喻言之解釋》等。

4 禮荷蓮（Lilian Catherine Graham），英國人，英國長老會女會教育傳教士，1888 年來華駐泉州，1895 年創辦泉州盲童學校“指明堂”。

5 高靈敦（Flora I. Codrinton），英國人，大英行教會女差會醫學傳教士，1891 年來華，駐古田，1895 年“古田教案”倖存者，遭毀容，次年創辦古田“明心盲院”。

6 沈愛美（Stephen Emily），英國人，大英行教會女差會醫學傳教士，1903 年來華，駐福州，創辦“明道女童盲校”。

岳愛美（Amy Oxley Wilkinson）1868 年生於澳大利亞新南威爾士州悉尼郊外的科貝特（Cobbitty）鎮，先祖是 1776 年來自英格蘭的移民，祖上幾輩均為倫敦會的神職人員，其父在新南威爾士德高望重被稱為“馬背上的牧師”。有關岳愛美年輕時在家鄉的記載不多，只了解她為了傳道參加過護校學習。光緒二十一年（1895）二十七歲的岳愛美受大英行教會派遣隻身來華，在連江“普孺醫院”擔任護士，職業常識讓她看到中國兒童由於維生素 A 缺乏症、沙眼、青光眼、先天性白內障、意外事故和麻疹等因素造成瞽目患者頗多，對這些盲童的處境心生憐憫。1898 年底岳愛美在連江租了一間小屋，僱了一個廚師，借鑒其他傳教士開辦盲童學校的經驗，建立自己的盲校“福州盲童學校”。她將福州方言中的《羅馬書》和《詩篇》翻譯成盲文，教孩子們習字，後由大英聖書公會出版。受義和團運動影響，1900 年岳愛美關閉學校返回澳大利亞。籌到繼續辦學的資金後，岳愛美 1901 年回到中國，在福州倉前梅塢創辦“靈光盲童學校”（The Soul-Lighted School），寓意“照亮靈魂”。隨著入學孩子的增加，盲校先後遷址北門華林坊和柴井頂。岳愛美擔任校長，她為學校制定的校訓是《啟示錄》中的一句話：“他們會看到主的臉”（第 22 章第 4 節）。1903 年她與在辦學中結識福州柴井基督醫院院長、英格蘭醫生宮維賢，二人後結婚。靈光盲童學校是一所男校，學校按不同層級設置教理、國語、算術、音樂、體育、英語、歷史、地理等課程，比較重視對學生生活能力的培養，開設工藝工場，教授盲童編織藤椅、地板席、草帽、遮陽帽子、熱水瓶竹殼、籃子、繩子等技能。二十世紀二十年代“靈光盲童學校”規模達到從幼稚園、初級小學至高級小學各個年級，其正規化管理和教育水準在全國首屈一指。1920 年北洋政府為岳愛美頒發“嘉禾勳章”，這是可以授予外國人的最高榮譽，之後岳愛美全家返回澳大利亞墨爾本附近的吉朗（Geelong），隨後為了陪孩子讀書移居英格蘭，1949 年逝於倫敦。岳愛美的女兒伊莎貝拉（Amy Isabel Oxley Wilkinson）曾撰文回記她與父母和弟弟在中國幸福的往事，有關傳記還有根據岳愛美曾孫女露絲（Ruth Oxley Horne）口述而著的《他們會看到主的臉——岳愛美的故事和她在中國辦盲校的遠見卓識》（Linda Banks: *They Shall See His Face: The Story of Amy Oxley Wilkinson and Her Visionary Blind School in China*, Bible Society Australia, 2018）。

Tsau Kwong, Come to Light

德國喜迪堪會香港心光盲妹院系列

編者 Hildesheimer Blindenmission
德國喜迪堪會
語言 德文
印製 1910s., Hannover（德國漢諾威）
尺寸 140mm × 90mm

❶ ❷

❶ 慕志謙姑娘在心光盲妹院給孩子們分發食物

Schmester Sophie Moritz teilt blinden Chinesenkindern im Blindenheim Tsaukwong das Essen aus

慕志謙（Sophie Moritz, 1888—1955），又記慕智謙，德國人，生於威爾海姆霍夫(Wilhelmshof)，1906 年加入喜迪堪會，長期在香港、韶州、梅州心光盲妹院工作，1924 年後擔任院長。

❷ 香港“以便以謝”盲人院

Unser Blindenheim Eben-Ezer, Hongkong

香港“心光盲人院”的德文是 Unser Blindenheim Eben-Ezer，其中最後一個單詞 Eben-Ezer 通常音譯“以便以謝”；出典《舊約》，以色列人與非利士人在以便以謝發生戰爭，以色列戰敗，以色列的長老說：“我們被擊敗，因為沒有約櫃保佑。我們要把約櫃從示羅抬到這裏。如此就可戰勝敵人。”、“約櫃”又稱“法櫃”，是古代以色列民族的聖物，“約”是指上帝跟以色列人所訂立的契約，約櫃就是放置了上帝與以色列人所立的契約的櫃。以色列人從示羅抬來約櫃，嚇跑非利士人。“以便以謝”有神之庇護的意思。

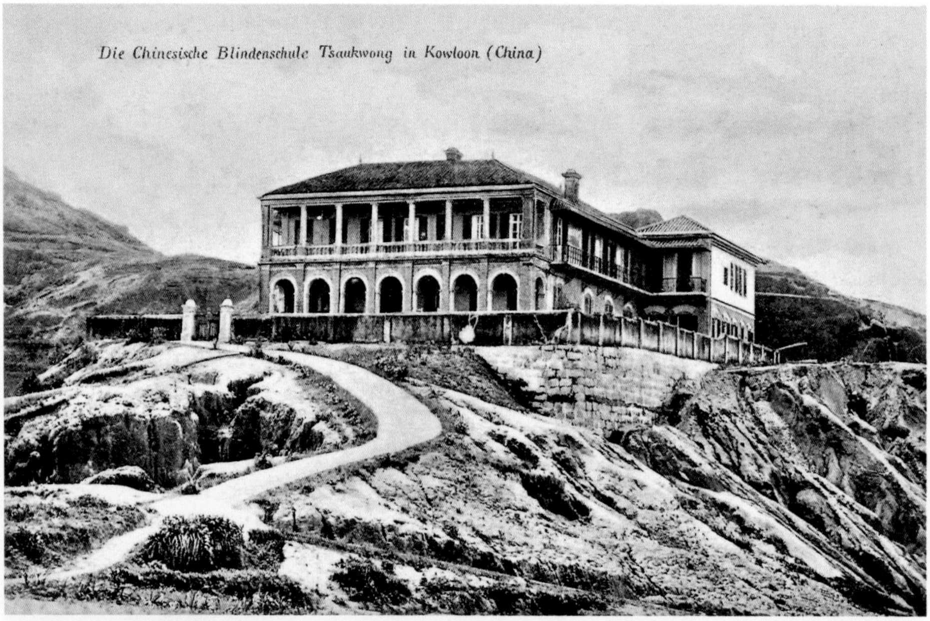
Die Chinesische Blindenschule Tsaukwong in Kowloon (China)

Blinde Chinesenmädchen der Blindenschule Tsaukwong mit den deutschen Schwestern Frl. Johanne Reinecke
und Frl. Agathe von Seelhorst, rechts von ihnen die drei chinesischen Lehrerinnen.

❶
❷

❶ 九龍心光盲妹院

Die Chinesische Blindenschule Tsaukwong in Kowloon (China)

❷ 韶州喜迪堪心光盲妹院孩子與德國修女

Blinde Chinesenmädchen der Blindenschule Tsaukwong mit den deutschen Schwestern Fri. Johanne Reinecke und Fri. Agathe von Seelhorst, rechts von ihnen die drei chinesischen Lehrerinnen

【原注】"中間是喜迪堪會修女賴福神姑娘和赫求光姑娘，她們右（左）邊是三位中國教師。"

赫求光（Agathe von Seelhorst），德國人，喜迪堪會醫學傳教士，光緒二十二年（1896）來華，參與香港心光盲女書院和黃塘心光盲女院管理。賴福神（Johanne Reinecke），德國人，喜迪堪會醫學傳教士，光緒二十七年（1901）來華，參與香港心光盲女書院和黃塘心光盲女院管理。

Blindenheim Kaying

德國喜迪堪會黃塘心光盲女院系列

編者 Hildesheimer Blindenmission
德國喜迪堪會
語言 德文
印製 1930s., Hannover（德國漢諾威）
尺寸 140mm×90mm

◉ **嘉應黃塘心光盲女院最小的孩子與"姆媽"在一起**

Die Kleinsten mit ihrem „Mütterlein" (Blindenheim Kaying)

照顧六個盲童的"姆媽"是柏恩慰姑娘。柏恩慰（Alwine Berg），德國人，喜迪堪會教育傳教士，1925 年來華，駐廣東梅縣黃塘，管理心光盲女院。

❶

❷

❶ **嘉應黃塘心光盲女院孩子們做遊戲**

Die Spielhöschen sind von deutschen Freunden geschenkt (Blindenheim Kaying)

【原注】"孩子們穿著德國人捐贈的衣褲。"

❷ **柏恩慰姑娘在嘉應盲女院果園門口**

Schw. Alwine am Eingang des von Herrn Lyong Lin Nam geschenkten Obstgartens (Blindenheim Kaying)

【原注】"這個果園是梁桑南先生捐贈的。"

梁桑南（1880—1940），生於廣東梅縣，1883 年隨父移居檳榔嶼，1894 年父喪，送葬故里。1900 年梁桑南回到馬來亞怡保市當礦工，後自營採錫場和橡膠園，逐漸致富，曾任馬來亞華人參事局議員。梁桑南曾捐款六十萬元在家鄉和怡保等地興辦學校和其他公益事業。民國初年梁桑南任中國國民黨霹靂邦支部部長和農商部顧問，後任中國國民政府經濟建設運動委員會委員及廣東分會委員、國民大會馬來亞代表，曾獲孫中山大總統三等勳章、黎元洪大總統三等文虎章、中華民國軍政府三等愛國章及英王喬治五世獎章等。梁桑南擔任過霹靂中華總商會會長、霹靂華僑籌賑祖國難民委員會主席、霹靂中小學校董事會主席、新加坡客屬總會副會長等職。1936 年在吉隆坡創辦華文《馬華日報》，任董事長兼總經理。

Blindenschule in Hongkong

香港心光盲妹院特卡

編者 Berliner frauenverein
德國巴陵女差會
語言 德文
印製 1910s., Berlin（柏林）.
尺寸 140mm×90mm

❶ **香港盲校學生的祝福**

Zöglinge der Blindenschule in Hongkong (China)

這張德國巴陵女差會發行的特卡背景是德國喜迪堪會香港心光盲妹院。光緒十年（1884）古梨梨受德國巴陵信義會女差會派遣到香港，在巴陵女書院的西營盤育嬰堂工作，依靠巴陵女書院收養和救治許多盲女；兩年後古梨梨回國，1890 年創建“喜迪堪盲人女修會”。

編者 Barmen Mission
德國巴門會
語言 德文
印製 1920s., Verlag des Missionshauses, Barmen
（德國巴門宣教書局）
尺寸 140mm×90mm

❷ **香港盲人院的聖誕樹下**

Unterm Weihnachtsbaum im Blindenheim in Hongkong (China)

這張德國巴門會發行的是以德國喜迪堪會香港心光盲妹院為背景特卡。

❶ | ❷

Boys' Blind School, Foochow

大英行教會福州盲童學校系列

編者 Church Missionary Society
大英行教會

語言 英文

印製 1920s., Salisbury Square, London（倫敦索爾茲伯里廣場）

尺寸 140mm × 88mm

在“大英行教會福州系列”裏有一張更具代表性的明信片“福州盲童學校的孩子們”。

◉ **福州盲童學校的學生**

Members of the Band Boy'Blind School, Foochow

居中者為岳愛美。岳愛美 1901 年再次來到中國，在福州倉前梅塢創辦“靈光盲童學校”(Soul-Lighted School)，寓意“照亮靈魂”，自任校長。

❶
❷
❸

❶ 練習旗操

Flag Drill

岳愛美將福州方言中的《羅馬書》和《詩篇》翻譯成盲文，教孩子們掌握盲文，此書後由大英聖書公會出版。練習旗操有利於孩子熟悉盲文。

❷ 盲童勞動

Mat Making

靈光盲童學校比較重視對學生生活能力的培養，開設工藝工場，教授盲童編織藤椅、地板席、草帽、遮陽帽子、熱水瓶竹殼、籃子、繩子等技能。

❸ 盲生樂隊

Members of the Band

靈光盲童學校開設音樂、體育等課程，學生們向來校參觀的客人唱歌和演奏樂器，1917 年至 1919 年靈光學校盲童樂隊曾到廈門、泉州、永春、霞浦、閩清、莆田、古田、汕頭等地巡迴演出，還前往英國一百零五個城鎮表演，受到英國國王喬治五世（George V, 1865—1936）接見。

BLIND GIRLS HOME. MUKDEN, MANCHURIA, CHINA

奉天瞽目重明女校系列

編者 Blind Girls Home. Mukden, Manchuria, China
奉天瞽目重明女校
語言 丹麥文 英文
印製 1910s.
尺寸 140mm × 90mm

De blinde Piger lærer at Læse

◉ 盲女孩學習閱讀

De blinde Piger lærer at læse

奉天瞽目重明女校（Blind Girls Home Mukden, Manchuria）位於瀋陽瀋河區萬泉街，是東北地區最早的一所盲校，由蘇格蘭長老會傳教士德儒博夫人創辦建於光緒二十八年（1902）。奉天瞽目重明女校收留十六歲以下失明女童，免收學雜費，對於貧困者在衣食上給予一定的資助。學校開設編織、摸字、縫紉、烹煮、查經實踐等科目，使盲童雙手有作用、有技藝，數年後有獨立謀生之希望，設國語、算術、自然、音樂、體育等文化課，施以普通常識之教育，以備生活日用之需；四十年間畢業學生一百五十一名。1951 年由政府接管，改名為瀋陽市盲人學校。

德儒博夫人（Mrs. Robert T. Turley），英國人，1886 年與丈夫德儒博（Robert T. Turley）牧師受大英聖書公會派遣來華推廣聖經，常駐營口，活動於鴨綠江兩岸，在中國延吉、安東朝鮮族影響比較大。1901 年德儒博夫婦改隸蘇格蘭長老會，常駐瀋陽，德儒博夫人創辦奉天瞽目重明女校，德儒博牧師主持蘇格蘭長老會教務並兼管大英聖書公會之責。

國際麻瘋病救濟會

麻瘋病在中國古已有之，孔子的門徒冉耕就死於麻瘋病。歷朝歷代對麻瘋病的有效治療方式不多，大多把麻瘋病人集體收容在深山或孤島上，限制他們與外界的聯繫，採用斷糧、斷交通的方式，使其自生自滅，最為殘忍的莫過於火刑或者活埋。

筆者讀過一位耶穌會神父 1925 年撰寫的 *La Léproserie de Shek-Lung*（《石龍麻瘋病醫院》），刊心刻骨，久難釋懷。這本書記述了天主教巴黎外方傳教會在廣東石龍開辦的麻瘋病醫院救治病人的經歷。服務於石龍麻瘋病人的有加拿大聖母無原罪傳教女修會（Missionary Sisters of the Immaculate Conception, MIC）的五名修女，她們照料病人的治療和生活起居，更重要的責任是輔導聖事。她們常年甚至可以説終身生活在島上，寸步不離。夜深人靜，但不見生來死去的麻瘋病患，陪伴她們的唯有教堂上空迴響的鐘聲和穹頂下慈祥的聖母像。作者用一句話概括這些傳教士的事業：“石龍，這裏是死亡，也蘊育著希望！”[1]

英國聖公會也有一位值得紀念的專致於救治中國麻瘋病人的柯達醫生。柯達（Eward George Horder）1852 年生於倫敦南區伯蒙賽（Bermondsey），就讀愛丁堡大學醫學系，獲得英國皇家醫學院全科醫生執照後到香港行醫，光緒九年（1883）受聖公會香港主教包爾騰派遣到大陸傳道，先到廉江安鋪，被當地人稱為另有圖謀的“番老鬼”逐離；又到北海，白天上街行醫，晚上船上過夜，甚為艱苦。1886 年他在北海市郊相中一款叫作“長毛田”的坡地擬修建醫院，包爾騰主教為此撥款一萬七千五百港元，1886 年破土動工，次年建成開張，稱作“北海普仁醫院”。1889 年柯達與同工伊麗莎結婚。伊麗莎（Eliza Caroline Stubbs）1867 年生於倫敦，1886 年與柯達一同創建“北海普仁醫院”時年僅十九歲。婚後夫婦倆傳道、看病、照顧住院病人的飲食起居。這年一位遠道而來的老嫗患有麻瘋病，臉上佈滿疤痕，腿部全是潰瘍。柯達檢視後心生憐憫，在北海普仁醫院外不遠處搭建了一間小病房，給她隔離治療，六個月後這個女患者的潰瘍痊癒，皈依基督。

中國民眾視麻瘋病人如魔鬼，當地有“患麻瘋，斷六親”習俗。1890 年離北海不遠的鄉鎮發生了三百個麻瘋病人被活活燒死的事件，柯達夫婦聞後極度震驚，給聖公會總部和英國慈善組織寫信，表達了在北海修建麻瘋病醫院的願望，不到半年收到國際麻瘋病救濟會的一千英鎊資助。他們在北海普仁醫院附近的龍塘增蓋有設十三病床位的麻瘋病病房，後來擴大成擁有設一百二十張床位的“北海普仁麻瘋醫院”。在柯達夫婦的呼籲下，倫敦建立了“北海麻瘋病基金”，每年給北海普仁麻瘋院撥款約六千港幣。

柯達醫生與病人接觸時深深感到，對於麻瘋病人來説，最可怕的痛是靈魂之疼。他們不僅盡己所能減輕病人肉體的痛苦，更要關心他們的精神生

1 R. R. Boyton, *La Léproserie de Shek-Lung*, Hongkong: Imprimerie de Nazareth Pokfulum, 1925, p.30.

活，要為麻瘋病人找到愛與尊嚴。柯達夫婦和其他同工在麻瘋醫院開設禮拜堂“聖路加堂”，給病人們講授聖經，教他們識字讀書，讓病人感到只要成為上帝的子民，就算世界再冷酷，主仍與他們同在。1903 年柯達身患重病，在香港治療無果，由夫人陪伴依依不捨地離開北海普仁醫院回國，1908 年逝於倫敦。柯達夫人在丈夫去世後曾四次回到北海，憑弔他們一起生活的一切，她逝於 1945 年。

傳教士在中國遇到麻瘋病這種在歐洲已於十六世紀滅絕的疾病，對他們來説卻是修行的好機會。聖經裏記載過耶穌基督曾告誡信徒，關懷麻瘋病人是主的旨意，“潔淨麻瘋人”是每個信徒必須履行的善行。“耶穌下了山，有許多人跟著祂。有一個長大麻瘋的來拜祂説：‘主若肯，必能叫我潔淨了。’耶穌伸手摸他説：‘我肯，你潔淨了吧！’”（《馬太福音》第 8 章第 1—3 節）救治麻瘋病人對於基督徒來説體現著自己的信德，來華傳道會不論羅馬公教還是基督新教都積極參與這項慈善事業。

1874 年傳教士韋爾斯利 · 貝利[1]以救濟印度麻瘋病人為宗旨在愛爾蘭成立英國麻瘋病救濟會，成為跨國界、跨教派的國際組織，次年更名為國際麻瘋病救濟會（Lepers Mission International），在都柏林、倫敦、愛丁堡三地同時出版會刊 *Missions to Lepers in India and the East*（《印度和東方麻瘋病救濟會年報》）。光緒十二年（1886）國際麻瘋病救濟會初涉中國，資助了中國最早的麻瘋病醫療機構北海麻瘋院，次年國際麻瘋病救濟會又資助聖公會在杭州設立廣濟麻瘋病院，倫敦會在湖北孝感麻瘋病醫院的資金也來自國際麻瘋病救濟會。

中國早期比較著名的麻瘋病醫院有美國美以美會光緒二十七年（1901）創辦的福建興華麻瘋院、德國禮賢會光緒三十一年（1905）創辦的東莞麻瘋病院、天主教巴黎外方傳道會光緒三十三年（1907）創辦的廣州石龍麻瘋病醫院和美國浸信會 1919 年創辦的廣東大衾島麻瘋院等。

傳教士舉辦的麻瘋病醫院，除了對病人進行醫學治療外，還建有教堂給病人精神安慰；此外設有手工藝工場，使病患獲得勞動技能。麻瘋病人在封閉的環境裏，很容易受到福音的啟迪；靈與肉在惝恍迷離中皈依基督是最好的選擇。

1926 年國際麻瘋病救濟會與中國本地基督教組織在上海聯合組建中華麻瘋救濟會（Chinese Mission to Lepers），出版《麻瘋季刊》（*Leper Quarterly*）。民國時期教會在中國大陸開辦的麻瘋病院大大小小達五十餘所，大多得到國際麻瘋病救濟會資助，並協調西方各國醫院派遣醫生管理。

1 韋爾斯利 · 貝利（Wellesley Cosby Bailey, 1846—1937），生於愛爾蘭皇后縣阿貝萊克斯（Abbeyleix, Queens County），1866 年曾到澳大利亞淘金，1869 年受大英行教會醫學援助會派遣前往印度東北部，接觸到許多麻風病人，1870 年與愛麗絲（Alice Grahame）在孟買結婚，1873 年夫婦回到都柏林，1874 年成立英國麻瘋病救濟會，籌集資金初期主要用於印度救治麻風病人；隨後十幾年間把慈善工作拓展到中國、菲律賓、日本、朝鮮、馬來西亞等地。

The Mission to Lepers in India and the East

《印度和東方麻瘋病救濟會年報》系列

編者　The Mission to Lepers
國際麻瘋病救濟會
The Mission to Lepers in India and the East
《印度和東方麻瘋病救濟會年報》
語言　英文
印製　1910s., Edinburgh（蘇格蘭愛丁堡）
尺寸　140mm×88mm

❶
❷

❶ 龍塘麻瘋病村

Lepers Settlement, Lo Ngwong, China

龍塘麻瘋病村是英國聖公會傳教士柯達醫生在國際麻瘋病救濟會支持下，於 1890 年在北海普仁醫院西邊的龍塘（Lo Ngwong，又稱蛟龍塘）創辦的中國最早也是最大的一家麻瘋病專科醫院，亦稱“北海普仁麻瘋醫院”，有一百二十張床位。

❷ 孝感麻瘋病人在織網

Lepers Making Nets, Hiao Kan, China

孝感麻瘋病醫院由英國倫敦會舉辦、國際麻瘋病救濟會資助。創辦人傅樂仁（Henry Fowler, 1899—1929）是倫敦會傳教士，1918 年至 1922 年任上海中華麻瘋病救濟會總幹事。孝感麻瘋院不僅在救治病人方面相當成功，在傳道方面也很有成就。根據 1937 年的報道，有超過 70%的病人都是基督徒，教會因此決定擴建禮拜堂。

Isle of Happy Healing, Hongkong

香港喜靈洲麻瘋病醫院系列

編者 The Mission to Lepers
國際麻瘋病救濟會
語言 英文
印製 1960s., HongKong（香港）
尺寸 170mm × 95mm

◉ 夕陽灑在喜靈洲上

Evening sunlight on the "Isle of Happy Healing"

1949 年後傳教士陸續撤離中國大陸，他們管理的麻瘋病醫院被政府接管。傳教士離開大陸後並未走遠，懷抱著理想在香港、台灣、菲律賓等地鍥而不捨地繼續履行自己的責任和義務。他們在香港大嶼山附近覓到一處孤島喜靈洲，面積將近兩平方公里，與長洲和坪洲相望，距維多利亞港僅一個多小時船程。1951 年國際淋瘋救濟會在這裏建立喜靈洲淋瘋病院（Isle of Happy Healing Leprosarium），可容納五百餘名病人。島上有醫療中心、學校、木工和編織工坊等。1975 年因病源稀少而關閉。

❶
❷

❶ 山谷間的小馬雅各紀念醫療中心

The Maxwell Memorial Medical Centre seen from the main valley

小馬雅各（James Laidlaw Maxwell, Junior, 1876—1951），英國長老會醫療宣教士，淋瘋病醫治專家。其父馬雅各（James Laidlaw Maxwell, 1836—1921），蘇格蘭人，醫學博士，1865 年以英國長老會醫學傳教士身份來華宣教，抵達上海，1865 年轉往台灣，在台南醫療宣教，創建台南新樓醫院，被稱為“台灣的醫療宣教之父”。小馬雅各的哥哥馬士敦（John Preston Maxwell, 1871—1961），醫學博士，1898 年接受英國長老會差派前往中國福建宣教，1899 年至 1904 年擔任福建漳浦源梁醫院擔任外科主任，1904 年擔任永春醫館館長；1919 年被派往北京協和醫學院擔任婦科學和產科學醫師和教授，是林巧稚（1901—1983）的老師。小馬雅各 1900 年到 1923 年跟隨父親到台灣台南新樓醫院工作，1923 年他奉派前往中國大陸擔任“中華博醫會”執行幹事；1937 年在上海出任中國紅十字會總幹事；1948 年在杭州近郊的一所淋瘋醫院工作，因患瘧疾逝於杭州。

❷ 喜靈洲木工坊

“The Light of the Holy is shed over all the world”, and “Happiness abounds on this island”, inscribed around the Moon Door of the Carpenters Workshop

【原注】月亮門兩邊寫著“靈光照五洲”、“喜氣盈孤島”。

喜靈洲麻瘋病醫院提出“殘障人不是廢人”，院裏普及小學教育，還培訓病人學習技能，開辦了木工坊和編織工坊。

濟良所

濟良所（Door of Hope Mission and Children's Refuge），英文全稱“希望之門和兒童收容所傳道會”，是西方教會在中國設立的第一所以收容和教養風塵女子和流浪兒童為業的慈善機構，是旨在解救受奴隸者的跨宗派福音救援組織。美國獨立傳教士包慈貞（Cornelia Bonnell, 1874—1916）光緒二十五年（1899）受聘於上海一所外僑學校來華執教，當年聖誕夜，她與分別來自長老會、浸信會、衛理公會、聖公會和中華內地會的幾位女傳教士小聚十里洋場，見到遍地紅燈區，深感震驚和憤怒，“滬市陷於罪惡中女孩為數頗廣，亦有自幼失怙，擅自走迷，若不予以救濟，則將永淪於慘痛之中”。為拯救被邊緣化的中國婦女免於奴役和非法性交易，1901 年包慈貞與這五位志同道合者在虹口熙華德路（現長陽路）一處公寓創立“妓良所”（Door of Hope Mission, DHM），收容救助離開妓院或流落街頭的女性，得到扶輪社（Rotary Club）和美國婦女俱樂部（Chinese American Women's Club of Shanghai）財務支持。1904 年濟良所又得到多位華人慈善家的捐款，增加了兒童庇護的慈善事業，1905 年更名為“濟良所”。1916 年包慈貞因病逝於上海，她身後享有聖人般聲譽，被稱為“上海天使”（Angel of Shangha）。包慈貞去世後上海濟良所仍然踐行著她的理想，直至四十年代末共有五千餘名中國下層女子得到救助。上海濟良所在中國許多地方被仿效，如 1906 年北京在八大胡同設立官營的“京師警察廳濟良所”，救助“誘拐抑勒、來歷不明之妓女；受人羈束，不能自由之婦女；不願為娼之婦女；無宗可歸，無親可給之婦女”。這種制度源於包慈貞的思想和實踐，為苦難的中國婦女打開“希望之門”。

Door of Hope Mission and Children's Refuge

上海濟良所系列

編者　Door of Hope Mission
上海濟良所
語言　英文
印製　1910s., Edward Evans, Book Rom, Shanghai
（上海愛德華·埃文斯父子書店）
尺寸　140mm × 90mm

❶ | ❷

❶ 上海“濟良所”所在弄堂

Street on which is "Door of Hope", Rescue Home — hanghai

圖為上海會樂里濟良所。1905 年濟良所從熙華德路搬進四馬路（福州路）會樂里。在濟良所的影響下，上海市官府頒佈法令，妓院不准收留十五歲女孩從業，巡捕房解救和收留的未成年少女和逃離妓院女子一概送到濟良所管理。據史料記載，傳教士在上海福州路紅燈區石庫門宅院設立收容所，周圍是鱗次櫛比的妓院，妓院晚間掛出寫著妓女名字的紅燈籠幌子，而濟良所的大門則安裝著霓虹燈標牌，上面赫然直白地寫著“耶穌能救人”。

❷ 上海一處濟良分所

Rescue Home — Refuge — Shanghai

圖為寶山路濟良所。1905 年濟良所從熙華德路搬進會樂里後，在寶山路設立總所。

❶

❷

❸

❶ 濟良所的信教女子

A Groupe of Christian Girls in the Home

濟良所的被收容人員每天必須學習基督教教義，每周五參加宗教侍奉活動。時常會有牧師前來宣教，美國使徒信心會慕淑德牧師曾積極參與上海“濟良所”的教務，舉辦“興奮聚會”，大部分收容人員皈依基督。

❷ 上海濟良所的女子練啞鈴操

Door of Hope, Shanghai, Girls at Dumb-bell exercise

濟良所的收容者可以得到基本生活保障。濟良所專設醫院為婦女醫治疾病，還開設工場，培訓入所婦女學習成衣、刺繡等技能，以期未來自食其力，擇偶婚配。

❸ 濟良所人員去往江灣

Door of Hope moving to Chiang-Wan

濟良所收容的不都是妓女，還有大量的流浪女孩。1906 年設立江灣濟良所，又稱愛育學堂。江灣濟良所與其他分所不同，事實上是兒童收容所或流浪兒童之家，主要收養這些未成年女孩，除了聖事活動外，她們的大部分時間學習文化課程。

◉ **濟良所救助的流浪女孩**

A rescued Waif — Door of Hope, Shanghai

為緩解收容所財務壓力，她們生產的物品被拿到社會出賣，賺取微薄收入，改善生活條件，其中最有特色的是“布偶娃娃”，這些娃娃的頭部由當地工匠用梨木精雕細琢，她們彩繪上五官和頭髮，用布料充填身體，再為布偶手工縫製各種服裝和飾品。形形色色的各階層人物逼真地體現了中國服飾習俗，至今仍是海內外收藏界追逐的“物質文化遺產”。

◉ 濟良所的女孩

Girls in Door of Hope

中國主日學合會

世界上神學院千萬家，最有名的莫過於芝加哥的“慕迪聖經學院”（The Moody Bible Institute, MBI）。基督教佈道家、平信徒德懷特・萊曼・慕迪（Dwight Lyman Moody）1837 生於馬薩諸塞州的北田（Northfield），祖先是清教徒，四歲喪父，家境貧寒，寡母把七個孩子拉扯成人。窮人的孩子早當家，慕迪年少輟學，外出打工，為母分憂。1854 年尚顯稚嫩的慕迪告別母親到波士頓謀生，在舅父的鞋店當學徒。這段經歷對他人生觀的形成至關重要。在舅父的督促下他按時去禮拜堂聚會，還被安排在主日學校學習聖經和文化知識。他積極參加普里矛斯公理會的奮興聚會，為當地主日學校義務工作，自感獲得“重生”。1856 年他轉到芝加哥在一家鞋店當推銷員，勤奮付出的回報是他最終成為這家鞋店的老闆，年收入達五千美金。

1858 年慕迪根據以往積累的經驗開辦了屬自己的“芝加哥主日學校”（Sunday School of Chicago），據説每當主日，慕迪都會拿出當推銷員時練就的十八般技能，騎馬外出吆喝街頭的孩子參加主日學，學校人數很快增加到一千五百人，人稱“瘋狂的慕迪”。1860 年慕迪為了專心傳播福音，放棄興旺的生意，甘過清貧的生活，成為沒有薪酬的職業傳道師。

1861 年美國爆發南北戰爭，慕迪到北方軍隊向士兵傳福音，他穿梭在軍營之間，使無數士兵的心靈得到安慰。1862 年慕迪與英國出生的艾瑪・麗薇（Emma Revell）結婚。艾瑪隨著慕迪四處宣教，成為他最得力的助手。1867 年慕迪陪同艾瑪回到英國去治療哮喘病，在那裏他結識了英國同行司布真[1]。戰爭結束後，他把自己在戰爭中體驗撰寫的聖詩，如〈主尋亡羊〉等，編成詩集出版，獲百萬美元收益，1870 年在芝加哥伊利諾伊街修建了法威爾教堂，後來稱為慕迪紀念教堂（Moody Church）。

1870 年慕迪與人組建佈道團，近三十年間他們在美國各地和歐洲舉行數十次佈道會，常常麇聚一兩萬人共度“奮興”時光。1886 年慕迪創立了“芝加哥福音會”（Chicago Evangelization Society），同年芝加哥市長在市中心近北區（Near North Side）的北市場劃撥了一座大房子給他們使用，慕迪創辦芝加哥聖經學院（Bible Institute Chicago），慕迪逝世後學校更名為“慕迪聖經學院”。1899 年慕迪逝於家鄉北田。他離世前仍然不乏以往一貫的幽默，對追隨者説：“當你們看到報紙上北田慕迪逝世的消息時，萬萬不要相信。那時我帶有一個不被罪玷污、並像主耶穌一樣的榮耀身體，跨進了永生不死的住所……那從肉身生的，必要死去；那從靈生的，必永遠活著。”

“主日學校”（Sunday School）即“禮拜日學校”之意，不論羅馬公教還是基督新教，這一天都是禮

1 司布真（Charles Haddon Spurgeon, 1834—1892），十九世紀英國著名浸信會牧師，祖先是荷蘭清教徒，避難來到英國；1850 年按立牧師；沒有上過大學，但讀書極其勤奮、講道能力非凡，1853 年開始在倫敦的新公園街聚會所（New Park Street Baptist Chapel）講道，長達三十八年。

拜耶穌基督的日子，也是公眾休息日。泛意講“禮拜日學校”可以是教會學校也可以是普通國民學校，這裏用“主日學校”一詞把所討論主題的外延限定在教會性質的學校。

十七世紀開始的英國工業革命推動社會經濟空前發展，也帶來預想不到的社會問題，財富兩極分化、城市擁擠、貧民窟湧現、街頭漂泊著無人照管的流浪兒童，在工場做工的男童和女童幾乎沒有受教育的機會，也失去聆聽福音的恩澤，階級和階層的固化問題被一些有識之士關注。1751 年英格蘭諾丁漢聖瑪麗教堂（St. Mary's Church）開辦了第一所主日學校。1780 年資金雄厚的出版商萊克斯[1]在格洛斯特郡（Gloucestershire）創辦了一所規模更大的主日學校，招收在工場做工的孩子，免費教授他們閱讀、寫作、識數和聖經知識。這種教育形式迅速在英倫三島普及，聖公會、衛理會等教會組織把開辦主日學校視為義不容辭的責任，投入大量人力和財力參與這項慈善事業。在天主教為國教的愛爾蘭，1777 年也有天主教神父仿效英格蘭推廣主日學校。主日學校體制在十八世紀達到巔峰，各宗會聯合成立主日學校協會，協調各自資源，規範教學內容。據統計，1785 年整個英格蘭主日學校接納過逾二十五萬兒童，1831 年這個數字達到一百二十萬人。1870 年英國頒佈《基礎教育法》，把被稱“衣衫襤褸學校”的教育對象納入公立教育體系。此後若干年主日學校在英國日漸式微，雖然“主日學校”形式還存在，但教學內容和教育對象與往日大不相同。

主日學校這種教育形式被傳教士帶到世界其他地區，比較普及的是美國，最早的是十八世紀九十年代紡織大王斯萊特[2]在羅德島波塔基特（Pawtucket）自家紡織廠設立的。此後兩個世紀，主日學校運動在美國方興未艾，發展到匹茲堡、波士頓、紐約、新澤西、費城等地。新教各宗會都投入很大精力，學校建築更完善，教學計劃更規範，受教對象更普惠，印第安人、黑人和其他族裔與白人享有同樣的幫助。

英美國家主日學校的教員很少是專職的，為主日學校學生義務授課往往被主教、神父、牧師、平信徒視為自己的天賦職責和神聖使命，美國前總統吉米．卡特就時常走上家鄉主日學校的講台。

主日學校在中國的出現很難精確描述，這種教育性質的學校被傳教士用於中國可能與基督教來華歷史同樣長久，但或許沒有用“主日學校”這個名字。不論羅馬公教還是基督新教，不論在城鎮還是在鄉村，教會機構在禮拜日組織信徒完成聖事後都會安排他們學習聖經，也教他們讀書寫字，只不過授課對象不同於英格蘭，中國沒有什麼產業工人及

1 羅比特．萊克斯（Robert Raikes, 1736—1811），英格蘭人，聖公會信徒，1757 年繼承父業，擁有《格洛斯特》雜誌及出版業務，1780 年出資創辦有案可稽的最早的主日學校，以推廣主日學校而聞名。

2 塞繆爾．斯萊特（Samuel Slater, 1768—1835），生於英國貝爾珀，實業家，率先把英國紡織技術帶到美國，建立了十三家紡織廠，譽為“美國工業革命之父”；逝於美國馬薩諸塞州韋伯斯特。

其子弟。有關資料顯示，早在道光十五年（1835）浸信會叔未士[1]就在廣州和澳門辦過主日學校，而後百年間，主日學校主要在上海等經濟發達的城市比較活躍。光緒三十三年（1907）在華各宗會為改變各自為政、成本高居不下的局面，擬意組成聯合組織，統一教材的編撰和出版；宣統三年（1911）在上海正式成立"中國主日學合會"（China Sunday School Union），下屬負責編印主日學各類教材和印刷品的文字部，後來與中華浸會書局和青年會全國協會出版部聯合成立中國基督教聯合書局，以及負責師資培訓和函授課程的教育部和負責協調師資的佈道部，還有"中華基督教主日學推行會"（The Sunday School Promotion League）。中國主日學合會的核心工作是為各地主日學編印教材和輔導資料，現在舊書市場常見的書籍大多是民國中期出版的，有《普世主日學教材》九種、《鄰童主日學教材》三種、《等級課教材》十二種、《五彩聖經大掛圖》八十種，還有《主日學頌讚詩歌》、《主日學課金句》、《小學生折頁教材》、《活頁聖經》、《統一識字課本》、《聖經警句讀本》、《萬國讀經會書名錄》，以及期刊《主日學合會月刊》、《主日學教員季本》、《呼聲》等。

主日學校是基督教傳教事業裏最為基層、最為平凡、最為低調的工作，事工無不默默奉獻。慕迪有句格言：Character is what you are in the dark（"暗處最能反映一個人的真正品格"）。

1　叔未士（Jehu Lewis Shuck, 1812—1863），美國人，浸信會牧師，1863 年就讀於弗吉尼亞州浸信會神學院，1835 年與新婚妻子叔何顯禮（Henrietta Hall, 1817—1844）來華，初在澳門，後在廣州，1846 年定居在上海，1861 年回美。

SUNDAY SCHOOL OF CHICAGO

芝加哥主日學校系列

編者 Sunday School Extension of Chicago
芝加哥主日學校拓延部
語言 英文
印製 1900s., Chicago（芝加哥）
尺寸 140mm × 90mm

❶ 異國玩伴
American and Chinese Playmates

❷ 晶瑩白菜
A Barrow Load of Chinese Cabbage

❸ 中國武神
Chinse God of Wa

美國浸信會主日聖經學校

編者　American Baptist Foreign Mission Society
　　　美國浸信會
語言　英文
印製　1900s.
尺寸　140mm×90mm

A Gospel Day School. (SEE OVER.)

POST CARD
THIS SPACE MAY BE USED FOR PRINTED OR WRITTEN MATTER
THE ADDRESS ONLY TO BE WRITTEN HERE.
BUFFALO N.Y.
JUL
9 30 PM
1908
3
C
In this picture you see a party of little future mothers-in-law. If we are to train a sufficient force of Native Evangelists, and Bible women to Evangelize China, we must look after the children. The plan that seizes and impresses childhood tells mightily for victory. £10 a year covers the cost of one of these Schools.
Holland Erie
Co N.Y.

◉ **主日聖經學校**

A Gospel Day School

【原注】“你在照片裏看到的女童將來可能也會成為婆婆。倘若我們想通過培養本土宣道士和信教婦女把福音傳遍中國，就要從娃娃抓起。這個影響孩子一生的計劃會取得成功。全年學費只需十英鎊。”這張光緒三十四年（1908）實寄片甚為珍貴，記錄的是中國主日學合會成立之前，浸信會開辦的一家“主日聖經學校”。這所學校只招收女童，並且收費。

編者	Methodist Episcopal Sunday School 美國遵道會主日學校
語言	英文　中文
印製	1910s., Methodist Publishing House in China（衛理公會書局）
發行	中華民國郵政
尺寸	140mm × 90mm

美國遵道會主日學校特卡

◉ 竹報平安

這是一張非常中國化的新年賀卡。題記："燕鵲飛鳴皆大歡喜，雁魚來往壹是平安，竹報平安"。"竹報平安"典出唐人段成式的《酉陽雜俎續集》，晉陽城童子寺"有竹一窠，才長數尺。相傳其寺綱維每日報竹平安。"中國民間視炮竹驅鬼，故"爆竹一聲除舊，桃符萬象更新"。

明信片背面有這些文字："親愛的朋友：寄上一張我朋友的照片。當你的老師注視照片時，他會似乎露出笑臉，大家也會情不自禁對他微笑。試試看吧，你笑臉會越來越大。我在中國已經三年了。我九歲那年家父作為傳教士來到中國。真心希望父親能夠一直享受看著這張照片帶來的快樂，然而他時而沮喪，這個城市裏有成千上萬的孩子食不果腹，更何談有讀書寫字的機會。他無法微笑，他只能祈禱，希望生活在美國的你能支持他。他堅信孩子們是有希望的。家父期待這裏的千千萬萬孩子能夠在主日學校上學。這是一所值得關心的主日學校，孩子們看圖識字，我本人也參與幫助他們。請你們盡其所有給我們的主日學校和教師予財務幫助吧。你的朋友翟雅各，於中國上海。"

這是美國傳教士翟雅各以孩子口吻寫的募捐明信片。翟雅各（James Jackson）1851 年生於英格蘭蘭開夏郡，1876 年作為英國循道會傳教士來華，在廣州一帶從事教育，1878 年與同會女傳教士簡（Jane Catherine Radcliffe）結婚，不久辭去英國循道會的工作前往美國。

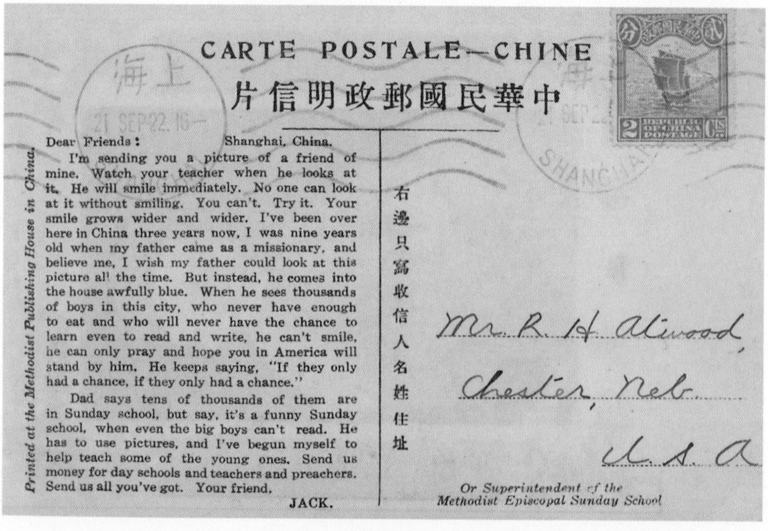

1882 年翟雅各夫婦受美以美會派遣再次來華開闢了蕪湖教區，在安徽江西等地辦教育；1888 年至 1899 年間擔任九江同文書院院長。1900 年翟雅各轉隸美國聖公會，在上海聖約翰大學短期執教，次年擔任為武昌文華書院院長；1918 年逝於九江。

衛理公會書局（Methodist Pubulishing House in China）創辦於 1903 年，1915 年與美華書館合併，牌子保留。美 1844 年美國長老會在澳門開設的花華聖經書房（The Chinese and American Holy Classic Book Establishment），1845 年遷往寧波，1860 年遷至上海，改名美華書館（The American Presbyterian Mission Press），是基督新教在華歷史最悠久、規模最大的出版機構之一。

美國教會對華救濟會

1937 年“七七盧溝橋事變”後，為了幫助中國人民抗擊日本侵略，美國民間組織積極捐款捐物，成立於 1938 年的美國醫藥援華會（American Bureau for Medical Aid to China），向中國提供價值超過一千萬美元的急需的藥品等物資；賽珍珠領導的美國對華急救委員會（China Emergency Relief Committee）動員美國婦女捐款數十萬美元支持中國抗戰。

賽珍珠（Pearl Comfort Sydenstricker Buck），1892 年出生在美國西弗吉尼亞州希爾斯伯勒（Hillsboro, West Virginia），四個月後隨傳教士父母賽兆祥[1]和卡洛琳（Caroline Maude, 1857—1921）來到中國。先後在鎮江、宿州、南京、廬山等地生活和工作了近四十年。她在鎮江度過自己童年和青少年的十八個歲月，稱鎮江是自己的“中國故鄉”。義和團期間賽珍珠首次回到美國，次年重返中國鎮江。1917 年她與美國農學家約翰・洛辛・卜凱（John Lossing Buck, 1890—1975）結婚後遷居安徽宿州。1921 年賽珍珠隨丈夫卜凱來到南京，受聘於美國美以美會創辦的金陵大學，在外語系任教，與徐志摩、梅蘭芳、胡適、林語堂、老舍等人往來稠密。自 1922 年起賽珍珠開始寫作生涯，先後出版多部中國題材的小說，1931 年出版的 *The Good Earth*（《大地》）榮獲 1938 年諾貝爾文學獎。賽珍珠 1934 年離開中國，1940 年獲西弗吉尼亞州大學文學博士學位。1941 年她擔任《亞洲》雜誌編輯。創辦旨在溝通中西方文化的“東西方協會”，擔任主席職務。1942 年應美國之音、英國 BBC 電台之邀，用漢語廣播向中國介紹美國人民如何理解、支持中國人民的抗日戰爭。1973 年逝世於佛蒙特州丹比城（Danby, Vermont），骨灰安葬在賓夕法尼亞州費城郊區綠丘農莊（Green Hills Farm）。

類似組織還有中華基督教大學聯合會（Associated Boards for Christian Colleges in China）、中國戰爭孤兒美國委員會（American Committee for Chinese War Orphans）、美國援華會（China Aid Council）、美國教會對華救濟會（Church Committee for China Relief）、中國工業合作協會美國委員會（American Committee in Aid of Chinese Industrial Cooperatives）等。

“美國教會對華救濟會”成立於 1937 年，是以美國循道會為主、聯合其他基督新教組織成立的對華援助機構，乃非政府慈善組織，幫助中國人民抗擊日本侵略、救濟戰區民眾。1941 年與其他機構一起在紐約組成美國《時代》雜誌創辦人亨利・魯斯（Henry Robinson Luce, 1898—1967）發起的“美國援華聯合會”（United China Relief），組建這家民間援華組織的目的是便於美國各地援華募捐活動和統一提供援華經費。“美國教會對華救濟會”的成員機構在募集資金、援助項目、善款投放等方面仍保持獨立運作。

1　賽兆祥（Absalom Sydenstricker），美國人，1852 年生於美國弗吉尼亞州的 Ronceverte，1883 年受美南長老會派遣攜新婚妻子卡羅琳來華，先到杭州，1887 年經鎮江渡江北上，抵達江蘇北部京杭大運河畔的商業重鎮清江浦，開創美南長老會江北教區；此後又陸續開辟了宿遷、徐州、淮安等傳教站；在鎮江潤州山創辦了男子學校潤州中學；1925 年卡羅琳在鎮江逝世，葬於鎮江西僑公墓；1931 年賽兆祥在廬山牯嶺別墅去世，葬在山上。

美國教會對華救濟會特卡

編者 Church Committee for China Relief
美國教會對華救濟會
語言 英文
印製 1930s., New York City（紐約）
尺寸 140mm × 85mm

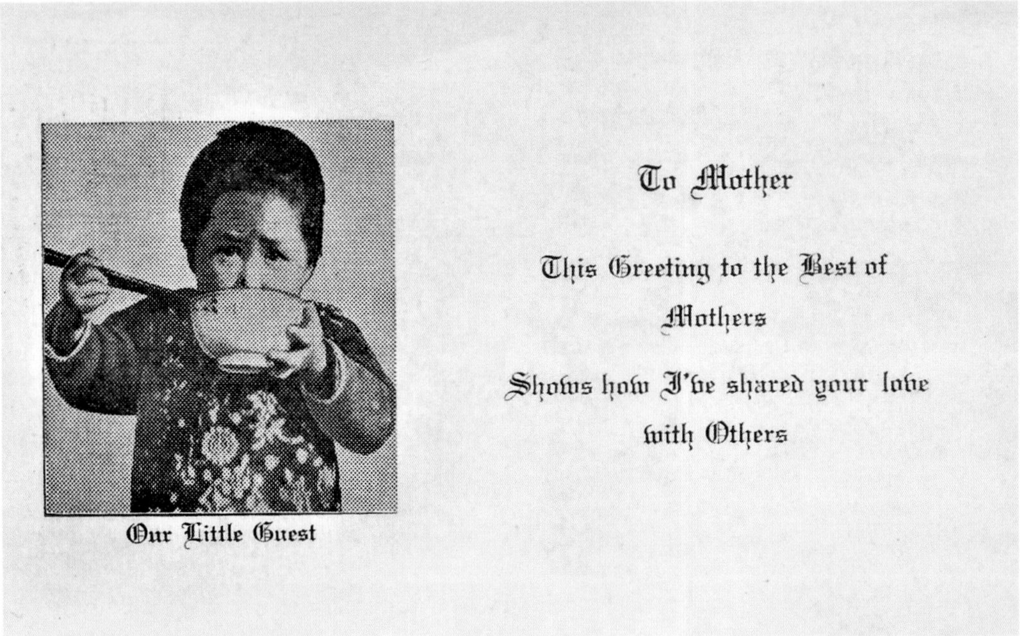
Our Little Guest
To Mother
This Greeting to the Best of Mothers
Shows how I've shared your love with Others

◉ **我們的小客人**

Our Little Guest

【原注】"對母親最好的祝福是與他人分享你對母親之愛。""購買這張明信片只需十美分，一個中國難民卻可以得到三天的食物和照料。請來紐約二十二街的教會對華救濟會吧！"

美國援華聯合會特卡

編者　United China Relief
　　　美國援華聯合會
語言　英文
印製　1941, New York（紐約）
尺寸　140mm × 85mm

◉ **中國娃娃**

【原注】"這個中國貧民家的孩子，他是在四年殘酷戰爭中失去父母、無家可歸的三千萬孩子之一，他是五千萬急需食物、衣物、住所和醫療援助的難民之一，他是對美國友好、曾經幫助過美國的四萬萬五千萬中國人之一。他現在需要我們的幫助賴以生存，中國將會成為一個自由、獨立、友好的鄰居。請支持美國援華聯合會！紐約百老匯大街1790號。"

《中國娃娃》這張攝影作品由著名華裔攝影記者王小亭（1900—1981）拍攝於1937年8月28日的上海火車南站。王小亭原名王海生，1900年生於北京，赴美學習攝影，1925年起任職於萬國通信社作攝影記者。後受聘於上海《申報》任新聞攝影部主任，1931年九一八事變起，王小亭便趕赴東北、華北、上海等前綫報道戰事。"淞滬會戰"期間上海鐵路交通被破壞，南站成為百姓逃生的唯一鐵路通道，日軍轟炸機輪番轟炸造成至少二百名平民死亡，上千人受傷，面對到處是殘肢斷臂、哀嚎聲、哭泣聲的讓人心碎、如同地獄一般的情景，王小亭邊參與救助傷者，邊拍下記錄日軍暴行的場面。1937年10月4日美國《生活》雜誌刊發這張照片，冠題《中國娃娃》，引起了國際輿論的強烈反響，紛紛指責日軍濫殺無辜的罪行，美國無數人主動為中國捐款，有的美國孩子拿出了自己的零用錢，有的獻出了自己的洋娃娃。

13

基督新教宣教展

與羅馬公教一樣，基督新教諸差會為了擴大自身影響力，獲得世界各國信徒和普通民眾在道義上和財務上的支持，時常舉辦定期博覽會和固定展覽，以豐富多樣的形式宣傳各個差會的傳道事業、傳道地民風民俗以及慈善工作所需要的支持。發行明信片的有“杜塞爾多夫博覽會宣教展”、“倫敦東方展覽會宣教展”和“波士頓世界佈道博覽會”。

1902 年德國舉辦杜塞爾多夫博覽會（Gewerbeausstellung Düsseldorf），博覽會分為幾個主題展館，有工業館、商業館、藝術館、宣教館等，有來自德國、歐洲、美國、亞洲的二千五百家參展機構。德國傳福音會參加了宣教展館（Düsseldorfer Missions-Ausstellung）的活動。

1907 年英國聖公會在曼徹斯特主座教堂聖詹姆斯堂（St. James's Hall）舉辦“曼徹斯特宣教展覽會”（Missionary Exhibition Manchester），時間為 2 月 6 日至 16 日，共計十一天。展覽會重點介紹英國聖公會傳道區域的宣教事務和人文風情，有“殖民地展廳”、“非洲展廳”、“馬達加斯加展廳”、“新幾內亞展廳”、“南海展廳”、“印度展廳”、“中國展廳”以及“大英聖書公會展廳”等。

1908 年倫敦水晶宮（Crystal Palace）舉辦了“倫敦東方展覽會”（“The Orient in London” Exhibition in 1908），展覽分為兒童館、農業館、宣教館等，展示了中國、薩摩亞、巴布亞新幾內亞、印度、馬達加斯、牙買加、贊比亞、博茨瓦納等國的人物、習俗、風光、古跡、宗教、文化等內容。宣教展館陳列了傳教士搜集的當地人們生活的實物和拍攝的照片，有傳教士現場解説，有學者做人類學知識講座。就策展來説“倫敦東方展覽會”非常成功，成為後來許多類似展覽仿效的榜樣。當年美國密執安大學出版社出版 *Orient in London: A Great Missionary Exhibition*（《在倫敦看東方——成功的宣教展》，University of Michigan Library, 1908）。倫敦會和巴色會參加了其中的宣教展。閉幕後巴色會將展品移至瑞士蘇黎世，繼續“巴色會民族學展覽會”（Die Ethnografischen Ausstellungen der Basler Mission），展期從 1908 年到 1912 年，每年側重有所不同。

波士頓世界宣道博覽會（The World in Boston Missionary Exposition）於 1911 年 4 月 22 日在馬薩諸塞州慈善工匠協會大會堂（Great Hall of the

Massachusetts Charitable Mechanic Association）舉辦，為期一個月，前後四十萬人次走進第一次在美國舉行的宣教博覽會，這個數字在那個年代是空前的。展覽的主題是"基督教在歷史和地理上的進步"（The historical and geographical advance of Christianity），觀眾可以了解中國、印度、土耳其、波多黎各、日本和其他地區的傳統習俗和宗教信仰，主辦者還著重介紹了美洲印第安人和非洲裔美國人的民俗。展會有兩萬名志願者，或組成合唱團為觀眾助興，或列隊遊行烘托氣氛，或直接參與各個展台的表演，再現遠隔千山萬水人民的生活。

Düsseldorfer Missions-Ausstellung

德國傳福音會杜塞爾多夫博覽會宣教展

編者　Deutsche China-Allianz-Mission (Barmer Zweig der China-Inland-Mission)
德國傳福音會（中華內地會巴門分會）

語言　德文

印製　1902, Düsseldorfer（德國杜塞爾多夫）

尺寸　140mm × 85mm

Habt nicht lieb die Welt, noch was in der Welt ist! 1. Joh. 2, 15.
Chines. Götzenpriester!
Düsseldorfer Missions-Ausstellung, den 1902.
Chines. Schauspieler!

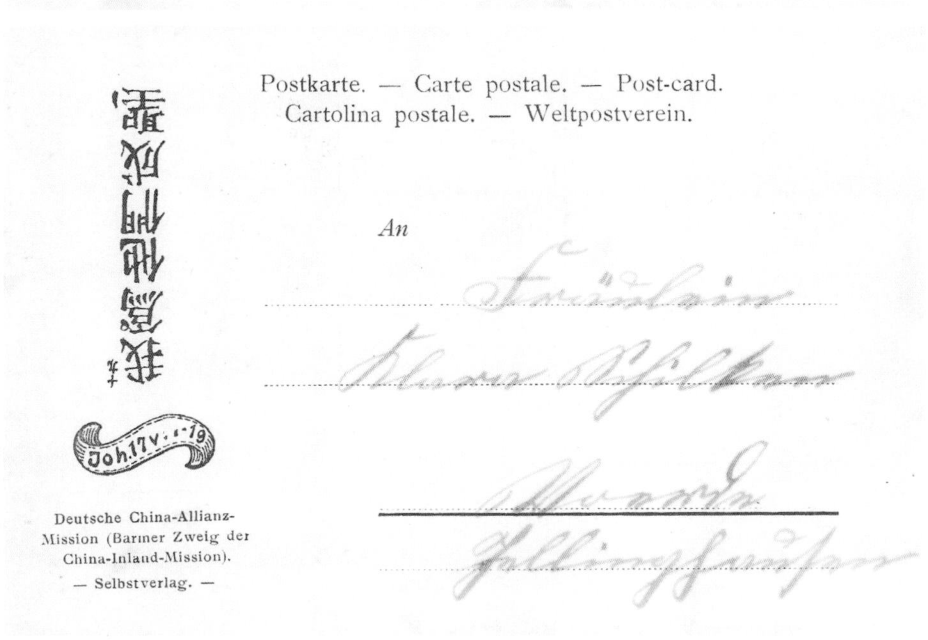
Postkarte. — Carte postale. — Post-card.
Cartolina postale. — Weltpostverein.
An
Joh.17v.1-19
Deutsche China-Allianz-Mission (Barmer Zweig der China-Inland-Mission).
— Selbstverlag. —

◉ **中國道士（左）｜中國演員（右）**

Chines, Götzenpriester | Chines, Schauspieler

這是張錯版明信片，編輯不懂中文，漢字排倒了。

曼徹斯特宣教展覽會

編者 Missionary Exhibition Manchester
曼徹斯特宣教展覽會

語言 英文

印製 1907, E.Hulton & Co., Ltd., M/c.（英國曼徹斯特赫爾頓印務社）

尺寸 140mm×90mm

❶

❷

Missionary Exhibition, St. James's Hall, Manchester, Feb. 6th to 16th, 1907. [Photo, E. Hulton & Co., Ltd., M/c.
CHINESE EXHIBIT.

Missionary Exhibition, St. James's Hall, Manchester, Feb. 6th to 16th, 1907. [Photo, E. Hulton & Co., Ltd., M/c.
CHINESE WEDDING.

❶ 中國展廳
Chinese Exhibit

❷ 中國婚禮
Chinese Wedding

The Orient Exhibition

倫敦東方展覽倫敦會系列

編者 London Missionary Society, Picture Postcard Department
倫敦會圖片明信片部
語言 英文
印製 1908, London, E.C.（倫敦）
尺寸 140mm × 90mm

❶ ❷

❶ 累贅

The baby, being a girl, was named 'One-Too-Many'. When she was 10 years old her father sold her for £1. To buy opium.

【原注】"這個被稱為'多餘'的女孩，十歲那年她的父親為了吸食鴉片把她賣了一個英鎊。"

❷ 中國乞丐

Chinese Beggars

Ausstellung der Basler Mission

倫敦東方展覽巴色會系列

編者 Basler Missionsbuchhandlung
巴色會宣教書局

語言 德文

印製 1908, Basel（瑞士巴色會宣教書局）

尺寸 140mm × 90mm

❶ **中國祠堂**

Chinesische Ahnenhalle

❷ **中國書房**

Wohnzimmer eines chinesischen Mandarinen

The World in Boston Missionary Exposition

波士頓世界宣道博覽會系列

編者 The World in Boston Missionary Exposition
波士頓世界宣道博覽會

語言 英文

印製 1911, Thomson, "The World in Boston"（波士頓托馬斯印務社）

尺寸 140mm × 90mm

❶ ❷
❸

❶ 中國展台

China Court

❷ 中國場景

China Scene

❸ 母親教孩子禮佛

Buddist Temple. Mother Teaching Child to Worship

14

聖書公會

翻譯聖經是傳道生活中最為精緻的工作，體現了傳道者在福音載體上的專致和用心，也蘊結著福音東傳與文化受體間的融匯和滋養。

天主教在翻譯聖經的政策上一貫採取嚴格限制的態度，教廷不允許神職人員在一切與聖事活動相關的事務上使用"民族語言"，不管是你是意大利人、法蘭西人，還是盎格魯—撒克遜人、日耳曼人，不管你是教宗還是平信徒，都必須使用拉丁文。要成為神職人員首先要到初級神學院（小修院）學習拉丁文，過了語言門檻才能邁入高級神學院（大修院）深造神學知識，繼而才有機會晉鐸，成為神父或輔理修士。

中國天主教歷史上翻譯聖經的嘗試有兩種類型。一是直接從拉丁文或希臘文翻譯聖經原本，一百五十年間只出現過三次。嘉慶年間耶穌會傳教士賀清泰[1]曾經嘗試把聖經譯成漢文和滿文，完成三十四篇，尚缺《雅歌》、《以賽亞書》、《但以理書》和《約拿書》，此計劃被教廷責令禁止，既沒有完成也沒有出版，直至民國年間土山灣印書館才整理遺存手稿出版《古新聖經》。1939年至1948年李山甫[2]、蕭舜華[3]、申自天[4]、狄守仁[5]等人翻譯了《新經全書》，由天津崇德堂出版。1935年雷永明[6]得到宗座駐華全權代表蔡寧[7]的允許，著手

1 賀清泰（Louis de Poirot, 1735—1814），生於意大利的法國人，1756年入耶穌會，1770年來華，進入宮廷供職，熟習漢語和滿語。作為宮廷畫師的賀清泰，擅長山水、人物、走獸，用筆細膩，保留著歐洲畫風。

2 李山甫（György Litványi, 1901—1983），又記李法尼，匈牙利人，1921年入耶穌會，1927年以讀書修士身份來華，1937年晉鐸，1950年離華。

3 蕭舜華，字先義，華人，生於1906年，1927年加入耶穌會，1945年晉鐸，讀書修士，執教北京德勝院和天津工商學院。

4 申自天（Renatus Archen），法國人，生於1900年，1915年入耶穌會，1934年來華，1942年晉鐸，天津工商學院教授；1950年赴台灣，曾在台北擔任本堂神父。

5 狄守仁（Eduardus Petit, 1897—1985），法國人，1917年入耶穌會，1923年以讀書修士身份來華，任職獻縣教區，1934年晉鐸；天津工商學院學監、理家、教授，北京德勝院教授；1950年回國；最有影響的著作是《簡易聖經讀本》。

6 雷永明（Gabriele Maria Allegra, 1907—1976），意大利西西里島人，1929年加入方濟各會，1930年晉鐸，1931年來華，在湖南衡陽教區任職，1945年在北京創立"思高聖經學會"；2012年教宗晉封雷永明為真福。

7 蔡寧（Mario Zanin, 1890—1958），意大利人，1933年任命宗座駐華代表，1934年接替剛恆毅任中國總主教，1946年離華。

翻譯中文版聖經，1945 年在北京李廣橋胡同的方濟堂（Domus Franciscana）創立“思高聖經學會”（Studium Biblicum Franciscanum），1948 年遷往香港，1960 年完成新約和舊約翻譯，1968 年出版《思高聖經譯釋本》，是教宗正式承認的唯一聖經中譯本。另一類是“打擦邊球”翻譯聖經注釋本。意大利神學家安德烈·費來第[1]主教 1865 年出版過《福音書合編注疏》，這部著作的特點是把四福音書相同或類似的故事整合在一起，精簡了一些重複的內容，給讀者清晰的聖史脈絡。清末至民國許多中國在教學者把這部名著譯為中文，比如光緒十三年土山灣慈母堂出版的沈則寬[2]《新史合編》、光緒十八年香港納匝肋靜院印書館出版的德如瑟[3]《四史聖經譯注》、光緒二十三年土山灣慈母堂出版的李杕《新經譯義》、1922 年河間勝世堂印書房出版的蕭靜山[4]《新經全集》、1913 年上海土山灣印書館出版的馬相伯《新史合編直講》、1931 年河間勝世堂印書房出版的巴鴻勳[5]《新經合編》、1949 年商務印書館出版出版的馬相伯《救世福音》，這些被後人視為“譯經”的工作都脱胎於費來第的《福音書合編注疏》和其他類似注釋本。即便這些譯者大都聲稱依據的底本是“武加大拉丁文本”，但其實只是參考罷了，當時倘若獲得長上批准付梓面世，他們在正式渠道一定要申明自己的譯品是注釋本。

使用民族語言本來就是新教徒向羅馬公教發起革命的旗幟之一。作為十六世紀宗教改革運動前階的十四至十五世紀的文藝復興運動，其核心的人文主義思想對中世紀作為神學基礎的拉丁文聖經之權威性提出過挑戰。宗教改革的領導者無不在聖經翻譯上做足文章，馬丁·路德決然否定羅馬教廷擁有解釋聖經的權威，信徒與上帝溝通的唯一介質是聖經，教廷尊奉的拉丁文聖經有許多錯誤既誤導了閱讀者，其生僻艱澀的語言也不利於信徒對基督精神的正確理解。1522 年馬丁·路德翻譯德文本聖經，同時帶動了他的宗教改革思想在民眾中普及。英文本聖經比較重要有 1525 年的英國聖公會的“丁道爾譯本”（Tyndale Version）和 1611 年的英王詹姆斯一世“欽定譯本”（King James Version），後者被讚為史上最完美的、最優雅、最受人喜愛的聖經。在此前後兩三百年間，把聖經譯為民族語言的工作常常與宗教迫害相

1 安德烈·費來第（Andrea Mastai Ferretti, 1751—1822），生於意大利人古老的費來第公爵家族，教皇庇護九世出自這個家族；1775 年晉鐸，1806 年出任意大利佩薩羅（Pesaro）主教，編箸 *Les Evangiles Unis, traduits et Commentes*（《福音書合編注疏》），經教皇庇護九世欽定，在他去世後出版。

2 沈則寬（1838—1913），字容齋，吳興人，1862 年加入耶穌會，1877 晉鐸，長期主掌土山灣孤兒院和土山灣印書館、土山灣畫館，出任過《聖心報》主編。

3 德如瑟（Ludger Delaborde, 1838—1878），法國人，1865 年畢業於巴黎外方傳道會神學院後晉鐸，同年來華在滿洲傳道；1879 年在遼東小黑山死於黑死病。

4 蕭誠信（1855—1924），字靜山，教名若瑟，1875 年入耶穌會，光緒五年秀才，1893 年晉鐸；1922 年出版《新經全集》，史學代表作有《聖教史略》和《天主教傳行中國考》。

5 巴鴻勳（Julius Bataille, 1856—1938），字世楨，法國人，1878 年入耶穌會，1882 年來華，1893 年晉鐸；任職獻縣天主堂。

伴行，等待翻譯者的命運或是囹圄囚徒，或是亡命海外，或是斧鉞之誅；換來的是德文、意大利文、捷克文、荷蘭文、西班牙文、冰島文、瑞士文、丹麥文、芬蘭文、葡萄牙文、挪威文、俄羅斯文等聖經的度及天下。

毋庸置疑，基督新教傳教士來華後往往把翻譯聖經作為自己的首選工作，也飽嚐與先驅者同樣的酸甜苦辣。1807 年倫敦會傳教士馬禮遜來華，因未開海禁，他借居在東印度公司廣州十三行的逼仄空間裏潛修中文。他編纂《馬禮遜字典》(*Dictionary of the Chinese Language*) 的同時著手翻譯聖經，嘉慶十八年（1813）新約脫稿，嘉慶二十四年（1819）在米憐牧師幫助下完成舊約譯本，兩約冠名《神天聖書》，1823 年在馬六甲刊付棗梨。稍後與馬禮遜做著同樣工作的還有英國浸信會傳教士馬殊曼[1]，他在一位會中文的傳教士幫助下完成漢譯聖經，1822 年在印度以鉛活字印行。馬禮遜和馬殊曼的譯本都得到大英聖書公會和愛丁堡聖經會（Edinburgh Bible Society）的資助。馬禮遜之後，荷蘭傳道會的郭士立、倫敦會的麥都思、美國公理會的裨治文、馬禮遜之子馬儒翰聯手修訂馬禮遜譯本，麥都思執筆的新約譯本 1837 年以《新遺詔書》書名在巴塔維亞出版，郭士立主持翻譯的舊約 1840 年以《舊遺詔書》書名在新加坡刊印。

道光二十三年（1843），也就是《南京條約》簽署第二年，由英國倫敦會、美國公理會、美國浸禮會等差會代表在香港成立翻譯聖經的“委辦譯本委員會”，各差會委派代表麥都思、文惠廉、裨治文、施敦力[2]、婁理華[3]、克陛存、理雅各、美魏茶。為彌合各差會對聖經理解和使用核心術語上的分歧，1854 年分別由大英聖書公會和美國聖經公會出版對造物主以“上帝”和“神”不同稱謂的兩種版本聖經（Delegate's Version）。“委辦譯本委員會”有進有出，有中國人王韜等人加入，而因意見分歧中途“退群”的人也不少，麥都思、施敦力離開後以南京官話改寫“委辦譯本”，1857 年出版中國第一本白話文譯本；裨治文、克陛存、文惠廉另起爐灶，搞了一套深文理版本《新約全書》、《舊約全書》，美國聖經公會分別於 1859 年和 1862 年出版。廣義講，這幾種譯本都可以稱為“委辦譯本”聖經。

自“委辦譯本”之後，聖經中譯事業如火如荼，比較重要的有 1853 年太平天國根據郭士立譯

---

1 馬殊曼（Joshua Marshman, 1768—1837），英國人，1794 年加入英國浸信會，1799 年受浸信會派遣到印度塞蘭波（Serampore）傳道；1809 年第一個《論語》英譯本出自他手，他和同事把聖經譯成六種文字出版。

2 施敦力（John Stronach, 1810—1888），英國人，生於愛丁堡，倫敦會傳教士，1838 年到新加坡，1843 年到香港，次年到廈門，參與“委辦本”聖經翻譯。

3 婁理華（Walter Macon Lowrie, 1819—1847），美國人，生於新澤西州，畢業於普林斯頓大學，受美北長老會派遣 1842 年抵達澳門，1845 年轉往寧波，參與“委辦本”聖經翻譯；1847 年在杭州灣被海盜殺害。

本編發的自己的《新遺詔聖書》、《舊遺詔聖書》，1866年的"胡德邁[1]譯本"、1885年的"楊格非譯本"以及後來比較盛行的各種白話文譯本。1890年新教來華各差會齊聚上海，議定由美國長老會的狄考文、美國公理會的富善[2]、中華內地會的鮑康寧[3]、英國倫敦會的文書田[4]等人挑頭，根據英文《修訂標準版聖經》(*English Revised Standard Version*)翻譯各家差會統一使用的中文聖經，只依中文文體分為"深文理"、"淺文理"、"官話"三種版本，1904年至1919年出齊，統稱"和合本聖經"(Chinese Union Version)，至今仍被視為最好的譯本而廣泛使用，其實天主教信徒讀經大多用的也是這個版本。

新教傳教士的譯經沒有就此止步，最為有特色的是同時還翻譯了各種方言本聖經，便於南腔北調中國百姓的需求，用心良苦。從道光二十七年(1847)上海美華書館出版麥都思翻譯的上海話《馬太傳福音書》伊始，一百多年間教會印書機構和聖書公會陸續出版了各種漢語方言版本聖經，吳語有上海話、羅馬字母上海話、蘇州話、羅馬字母蘇州話、羅馬字母寧波話、羅馬字母杭州話、羅馬字母溫州話、羅馬字母金華話、羅馬字母台州話，閩語有福州話、羅馬字母福州話、注音符號福州話、廈門話、羅馬字母廈門話、汕頭話、羅馬字母汕頭話、潮州話、羅馬字母潮州話、羅馬字母興化話、羅馬字母建陽話、羅馬字母邵武話，贛語有羅馬字母建寧話，粵語有廣東話、羅馬字母廣東話、三江話、粵語英語對照以及客家話、羅馬字母客家話等。

漢譯方言本聖經仍不是他們的工作的邊界，傳教士還翻譯了許多中國少數民族語言本聖經，有些民族本來沒有自己的文字，傳教士們還為這些民族創制文字。從新教機構出版的小語種民族語言聖經的品種之豐富，不難了解他們工作的深度和廣度，大英聖書公會陸續出版了小語種民族語言聖經[5]：

1 胡德邁(Thomas Hall Hudson, 1800—1876)，英國人，英國浸禮會牧師，1845年來華到香港，同年在寧波開設傳教站；著有《清明祭掃墳墓論》、《救魂論》、《邪性記》等，翻譯文理本聖經《新約傳彙統》(1867)和約翰·班揚的《勝旅景程》(《天路歷程》，1870)。

2 富善(Chauncey Goodrich, 1836—1925)，美國人，生於馬薩諸塞州，1865年受美國公理會派遣攜妻來華駐北京，參與華北大饑荒賑災，1891年被任命為官話聖經和合本的翻譯委員，1908年委員會主席。

3 鮑康寧(Frederick William Baller, 1852—1922)，英國人，中華內地會傳教士，1873年來華駐南京上海，後奉派至陝西開教；病故於上海，葬靜安寺外國墳山。

4 文書田(George Sidney Owen, 1843—1917)，英國人，生於彭布羅克(Pembroke)，1866年受倫敦傳道會派遣攜妻來華駐上海，1875年移居北京，擔任倫敦傳道會監督，1890年擔任和合本聖經翻譯委員會委員。

5 本表所列聖經版本多數為筆者所藏，少數參考 Matthias Gerner, *Bible Translation in China*, Research Foundation Language and Religion, 2019。

書名	語言	主要譯者	出版時間	出版者
新約聖經	滿語	〔俄羅斯〕利波夫佐夫[1] 〔英國〕喬治・博羅[2]	1835 年	大英聖書公會（聖彼得堡）
舊約全書	蒙古語（文言文）	〔英國〕史威廉[3] 〔英國〕施德華[4]	1840 年	大英聖書公會（新謝連金斯克胡敦）
新約全書	蒙古語（文言文）	〔英國〕史威廉 〔英國〕施德華	1846 年	大英聖書公會（上海）
馬太福音 馬可福音	滿語　漢語	〔俄羅斯〕利波夫佐夫 〔英國〕喬治・博羅	1859 年	大英聖書公會（上海）
約翰福音	藏語（文言文）	〔德國〕葉斯開	1862 年	大英聖書公會（拉胡爾）
路加福音 約翰福音	高麗語	〔英國〕羅約翰[5]	1882 年	大英聖書公會（橫濱）
新約全書	藏語（文言文）	〔德國〕葉斯開	1885 年	大英聖書公會（倫敦）
四福音書	高麗語	〔英國〕羅約翰	1885 年	大英聖書公會（橫濱）
新約全書	高麗語	〔英國〕羅約翰	1887 年	大英聖書公會（橫濱）
馬太福音	蒙古語 （喀爾喀白話文）	〔英國〕艾迪瑾 〔美國〕施約瑟	1894 年	大英聖書公會

1 斯捷潘・利波夫佐夫（Степан Васильевич Липовцов, Stepan Lipovtsov, 1770—1841），俄國科學院通訊院士，漢學家和滿學家；生於俄羅斯薩馬拉州（Самарской），1783 年入喀山神學院學習，1794 年至 1807 年為俄國東正教第八屆赴華傳教團成員到北京，1808 年任俄羅斯亞洲司滿漢語譯員直至去世；主要編譯有《明史》、《中華帝國大事簡記》、《理藩院則列》、《滿漢俄語辭典》等；1822 年翻譯完成大部分滿語《新約全書》。

2 喬治・博羅（George Henry Borrow, 1803—1881），英國作家、語言學家和旅行家；生於英格蘭東德雷漢姆（East Dereham），讀於愛丁堡皇家高中和諾維奇文法學校（Norwich Grammar School）；1825 年開始周遊歐洲，到過法國、德國、俄羅斯、葡萄牙、西班牙和摩洛哥，熟悉掌握當地語言；1833 年受大英聖書公會委託到達俄羅斯，其間到達過北京，從耶穌會神父手裏獲得賀清泰 1790 年滿文聖經譯稿，參考賀稿完成利波夫佐夫的滿文（《新約全書》），1935 年在聖彼得堡出版；後來大部分時間生活在西班牙，發表成名作 *The Zincali*（《辛卡利：或西班牙吉普賽人》，1841），*The Bible in Spain*（《西班牙聖經》，1843），自傳體小說 *Lavengro*（《拉文格羅》，1851），*Romano Lavo-lil, A dictionary of the language of the English Romanichal gypsies*（《吉普賽—英語辭典》，1874）等；逝於英格蘭洛斯托夫特（Lowestoft）。

3 史威廉（William Swan, 1791—1866），生於蘇格蘭法夫萊文（Leven Fife），蘇格蘭長老會牧師，十九世紀二十年代加入西伯利亞新教傳教團，1831 年返回英國，翻譯蒙古語聖經（1840 年至 1846 年出版）；1833 年試圖再次赴西伯利亞時在彼得堡逮捕，1840 年西伯利亞新教傳教團被正式驅逐。

4 施德華（Edward Stallybrass, 1794—1884），生於英國羅伊斯頓（Royston），就讀劍橋哈默頓學院（Homerton College），1816 年按立牧師，1817 年受倫敦會派遣到達聖彼得堡，1818 年前往莫斯科、伊爾庫茨克、新謝連金斯克的胡敦（Khodon）；1840 年遭東正教驅逐而回國；1836 年至 1840 年與威廉・斯旺合作翻譯蒙古語聖經；逝於肯特郡（Kent）。

5 羅約翰（John Ross, 1842—1915），生於蘇格蘭北部，畢業於格拉斯哥大學和愛丁堡神學院，1872 年受蘇格蘭長老會 派遣來華，初駐營口；1874 年在丹東地區巡迴考察，創立奉天朝鮮文印刷館，1876 年赴瀋陽開教，設立奉天文會書院，1888 年修建基督教東關教會；1875 年在朝鮮教徒幫助下開始翻譯朝鮮文聖經，1887 年出版《新約全書》；1910 年因健康原因回國。

續表

書名	語言	主要譯者	出版時間	出版者
四福音書	蒙古語（卡爾梅克語）	〔俄羅斯〕波茲涅耶夫[1]	1896 年	大英聖書公會（上海）
馬太福音	仲家語（布依語）	〔英國〕陳國棨	1904 年	大英聖書公會（上海）
利未記 民數記 申命記	藏語（文言文）	〔德國〕富朗開	1907 年	大英聖書公會（上海）
吾主耶穌基督新約聖書	滿語	〔俄羅斯〕利波夫佐夫 〔英國〕喬治．博羅	1911 年	大英聖書公會（上海）
舊約單行本	蒙古語（文言文）	〔英國〕史威廉 〔英國〕施德華	1913 年—1921 年	大英聖書公會（上海）
四福音書	傈僳語	〔英國〕王懷仁	1912 年至 1917 年	大英聖書公會（上海）
新約全書	喀什噶爾突厥語 / 維族語	〔瑞典〕阿維塔拉尼安	1914 年	大英聖書公會（保加利亞普羅夫迪夫）
使徒行傳 馬可福音 馬太福音	哈薩克語	〔英國〕胡進潔[2]	1917 年	大英聖書公會（迪化）
四福音書	蒙古語	〔美國〕富善	1919 年	大英聖書公會（上海）
新約全書單行本	安南語（國語字）	〔美國〕格蕾絲[3] 〔美國〕歐作光[4]	1922 年	大英聖書公會（上海）

1 阿勒科賽．波茲涅耶夫（Aleksei Matveevich Pozdneev, 1851—1920），俄羅斯蒙古學學家，生於奧廖爾（Orel），1871 年考入聖彼得堡大學東方語言系，1876 年畢業後受俄教育部派遣加入俄國皇家地理學會蒙古考察團，在庫倫學習蒙古語，於 1876 年至 1878 年、1892 年和 1893 年三次蒙古考察；1884 年返回俄國出任彼得堡大學蒙古文學教授，精通漢語、蒙文和滿文；1893 年奉沙皇俄國外交部之令攜同妻子從北京出發考察張家口、歸化城、承德、多倫諾爾、庫倫等地；逝於羅斯托夫（Rostov-on-Don）；代表作 *Mongolia and the Mongols*（《蒙古及蒙古人》，1892）。

2 胡進潔（George W. Hunter, 1862—1946），生於蘇格蘭金卡丁郡（Kincardineshire），1889 年作為中華內地會傳教士與妻子來華，在安慶學習兩年中文，奉派至山西霍州佈道，1895 年前轉駐蘭州，1899 年調至涼州，1904 年隻身赴新疆開拓，翌年在迪化北大街設福音堂，1908 年設立迪化總堂，佈道足跡遍佈莎車、巴里坤城、伊寧及阿爾泰山區；其間翻譯了哈薩克語《四福音書》、《使徒行傳》、《撒母耳記上》和《創世紀》；1940 年遭盛世才逮捕下獄，1942 年被遣送至蘭州；逝於張掖。蓋群英和馮貴石合著 *George Hunter, Apostle of Turkistan*（《新疆使徒胡進潔》，1948）。

3 格蕾絲．卡德曼（Grace Hazenberg Cadman, 1876—1946），生於美國伊利諾伊州富爾頓（Fulton），隨傳教士父母親在南非長大，在南非大學獲學士學位後赴加拿大多倫多大學主修希伯來語和希臘語；1913 年作為美國宣道會（International Missiongary Alliance）女傳教士到越南都蘭（現峴港），1915 年與英國傳教士威廉．卡德曼（William Charles Cadman, 1883—1948）在雲南昆明結婚，次年夫婦回到越南河內，開設印刷廠，修建福音堂，1917 年在丈夫輔助下著手用亞歷山大．羅德創制的安南羅馬字母國語字翻譯聖經，1922 年出版單行本；1943 年被日軍關押，因腦血管意外逝於西貢集中營。

4 歐作光（John Drange Olsen, 1893—1954），生於挪威卑爾根（Bergen），1910 年移民美國居紐約等地，1916 年大學畢業後在聖保羅的榛樹公園教堂任職，1917 年作為美國宣道會（International Missionary Alliance）傳教士來華駐梧州，掌握粵語，次年後轉赴越南，在都蘭和西貢等地宣教，1925 年任峴港聖經學院院長，主持翻譯安南文聖經，1942 年被日軍關押，戰後留在西貢；因交通事故逝於西貢。

續表

書名	語言	主要譯者	出版時間	出版者
四福音書 使徒行傳	哈薩克語	〔英國〕胡進潔	1922 年	大英聖書公會（上海）
四福音書	喀什噶爾突厥語 / 維族語	〔瑞典〕阿維塔拉尼安	1922 年	大英聖書公會（上海）
路加福音	納蘇語（黑彝語）	〔澳大利亞〕張爾昌	1923 年	大英聖書公會（上海）
使徒行傳	傈僳語	〔英國〕王懷仁	1926 年	大英聖書公會（上海）
新舊約 全書	安南語（國語字）	〔美國〕格蕾絲 〔美國〕歐作光	1926 年	大英聖書公會（上海）
四福音書	哈薩克語	〔英國〕胡進潔	1927 年	大英聖書公會（上海）
約翰福音	佤語（景頗語）	〔美國〕永偉里 〔美國〕永文生	1934 年	大英聖書公會（仰光）
舊約全書	藏語（文言文）	〔德國〕富朗開	1930 年	大英聖書公會（倫敦）
馬可福音	納西語	〔荷蘭〕斯淑添	1932 年	大英聖書公會（上海）
馬可福音	怒語（怒蘇語）	〔荷蘭〕斯淑添	1932 年	大英聖書公會（上海）
四福音書	花傈僳語	〔英國〕富能仁	1933 年— 1936 年	大英聖書公會（上海）
新約全書	藏語（文言文）	〔德國〕葉斯開	1933 年	大英聖書公會（上海）
新約全書	花苗語	〔英國〕柏格理 〔英國〕王樹德	1936 年	大英聖書公會（上海）
新約全書	花傈僳語	〔英國〕富能仁	1938 年	大英聖書公會（上海）
新約全書	佤語（景頗語）	〔美國〕永偉里 〔美國〕永文生	1938 年	大英聖書公會（仰光）
四福音書	藏語（文言文）	〔德國〕葉斯開	1947 年	大英聖經公會（上海）
新約全書	納蘇語（黑彝語）	〔澳大利亞〕張爾昌	1948 年	大英聖書公會（上海）
新舊約 全書	藏語（文言文）	〔德國〕葉斯開 〔德國〕富朗開	1948 年	大英聖書公會（倫敦）
新舊約 全書	藏語 （藏西白話文）	（藏族）索南噶甘	1948 年	大英聖書公會（拉胡爾）
新約全書	傈僳語	〔英國〕王懷仁	1951 年	大英聖書公會（上海）

來華專業聖經出版機構有三家：大英聖書公會、美國聖經公會和蘇格蘭聖經會。

大英聖書公會（British and Foreign Bible Society, BFBS），又稱倫敦聖教書會或倫敦聖書公會，1804 年成立於倫敦，從 1812 年資助馬禮遜兩百英鎊翻譯出版《神天聖書》開始介入中國事務，中國總部設在上海，各地有辦事處。麥都思和米憐的譯經工作得到大英聖書公會資助。大英聖書公會 1854 年出版"委辦本"聖經，1915 年和 1919 年承擔出版"和合文理本"、"和合官話本"聖經，還出版多種方言和小語種民族語言聖經。1860 年大英聖書公會與墨海書館結成出版聯盟，共同開拓中國和海外市場，1879 年又與中華內地會締約，在聖經派發和傳道拓展上密切合作。大英聖書公會在全世界曾以一千四百三十種語言出版聖經，年發行量一億七千多冊。

蘇格蘭聖書公會（National Bible Society of Scotland, NBSS），1861 年成立於愛丁堡，1863 年來華，在上海、漢口、天津、重慶、煙台設有分支機構。蘇格蘭聖書公會最矚目成績是 1885 年出版楊格非淺文理《新約全書》、1887 年出版楊格非的官話譯本《四福音書》、1889 年出版楊格非的官話譯本《新約全書》，這兩個官話譯本曾一度是中國銷售和派發量最大的聖經。因意見分歧，蘇格蘭聖書公會沒有參與"和合本"聖經的出版和發行工作。

美國聖經公會（American Bible Society, ABS）是美國諸家新教差會於 1816 年在紐約聯合成立的聖經出版機構，1875 年派遣工作人員進駐中國，在北京、上海、漢口、廣州、成都、重慶設立辦事機構，參與漢譯聖經出版工作，除了參與出版"和合本"外，也注重方言聖經、盲文聖經以及拼音文字聖經的出版。

光緒五年（1879）大英聖書公會和美國聖經公會在上海成立聯合出版機構"中國基督聖教書會"（Religious Tract Society），聖公會祿賜牧師和施約瑟牧師為正副會長。施約瑟（Samuel Issac Joseph Schereschewsky, 1831—1906）生於立陶宛猶太人家庭，後移居美國；咸豐九年（1859）他以美國聖公會傳教士的身份來華上海，在上海和北京傳道，1864 年與艾迪瑾、丁韙良等人組成了北京翻譯委員會，著手將聖經翻譯成北京官話。1874 年施約瑟出任聖公會上海區主教，1879 年創辦聖約翰書院，1881 年創辦聖瑪利亞女子中學。1886 年施約瑟因患中風回美，身殘志堅完成"淺文理譯本"。半身不遂的他只能用兩個指頭打字，此譯本被尊稱為"二指版"聖經。

BRITISH AND FOREIGN BIBLE SOCIETY, BFBS

大英聖書公會系列

編者 British and Foreign Bible Society, BFBS
大英聖書公會

語言 英文

印製 1900s.

尺寸 140mm × 90mm

“大英聖書公會系列”是一套跨國度跨區域明信片，記述大英聖書公會在世界宣道業績。

❶ **向中國學生發放聖經**

Distreroting Bibles to Chinese Students

【原注】“唯有建立在基督教原則上的文明才是真正文明。——伊藤博文”

❷ **橫幅宣道**

Preaching by Means of Banners

【原注】“你們往普天下去，傳福音給萬民聽。”（《馬可福音》第 16 章第 15 節）

大英聖書公會在日本北海道札幌聖公會教堂講道會的宣教場景。橫幅：“凡勞苦重擔的人，可以到我這裏，我就使你們得安息。我心裏柔和謙卑，你們當我負的軛，學我的樣子，這樣，你們心裏必得享安息。”（《馬太福音》第 11 章第 28 節至第 30 節）

Drawn by a Chinese Artist

大英聖書公會中國福音畫英文系列

編者 British and Foreign Bible Society
大英聖書公會

語言 英文

印製 1900s.—1910s., London（倫敦）

尺寸 140mm × 90mm

“大英聖書公會中國福音畫系列”有英文和德文兩種，圖片大致相同，文字差別較大。

❶

❷

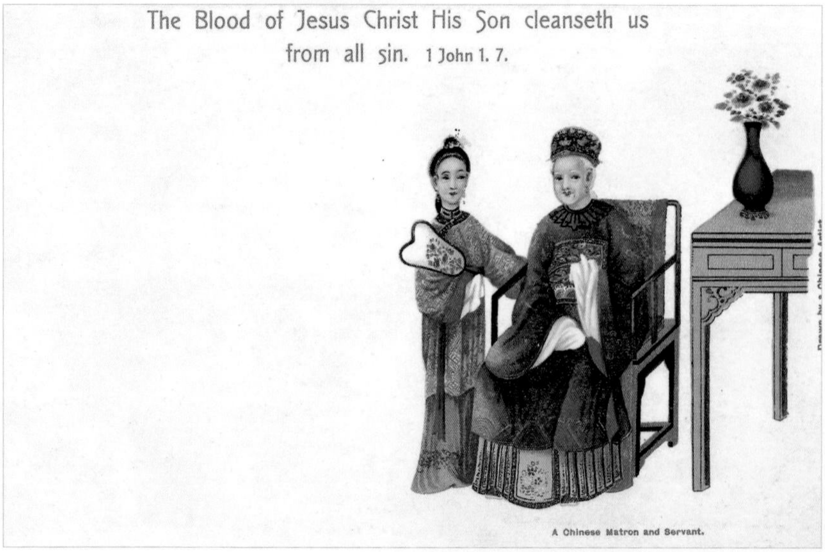

❶ 官員和僕人

A Mandarin and Servant

【題記】“耶和華在萬國眼前露出聖臂，地極的人都看見我們神的恩典了。”（《以賽亞書》第52第10節）

❷ 老夫人與女僕

A Chinese Matron and Servant

【題記】“這人來，為要作見證，就是為光作見證。”（《約翰福音》第1章第7節）

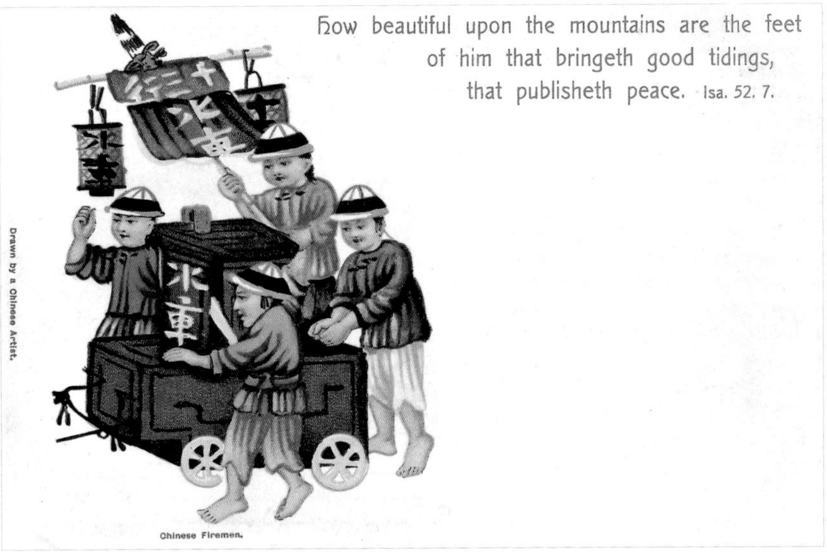
How beautiful upon the mountains are the feet
of him that bringeth good tidings,
that publisheth peace. Isa. 52. 7.
Drawn by a Chinese Artist.
Chinese Firemen.

God so loved the world, that He gave His only begotten Son,
that whosoever believeth in Him should not perish,
but have everlasting life. John 3. 16.
Drawn by a Chinese Artist.
A Chinese Fireman.

Pray ye therefore the Lord
of the harvest, that He will send forth
labourers into His harvest. Matt. 9. 38.
Drawn by a Chinese Artist.
Chinese Silk weaving.

❶

❷

❸

❶ 消防水車

Chinese Firemen

【題記】"那報佳音、傳平安、報好信、傳救恩的，對錫安說'你的神作王了！'這人的腳登山何等佳美。"(《以賽亞書》第 52 章第 7 節)

❷ 消防引導員

A Chinese Fireman

【題記】"神愛世人，甚至將祂的獨生子賜給他們，叫一切信祂的，不至滅亡，反得永生。"(《約翰福音》第 3 章第 16 節)

❸ 中國織絲

Chinese Silk weaving

【題記】"你們當求莊稼的主，打發工人出去收他的莊稼。"(《馬太福音》第 9 章第 38 節)

Nach Einem Chinesischen Original

大英聖書公會中國福音畫德文系列

編者 British and Foreign Bible Society
大英聖書公會
語言 德文
印製 1900s.—1910s., London（倫敦）
尺寸 140mm × 90mm

❶ 吸煙的太太

Eine chinesische Raucherin

【題記】“祂願意萬人得救，明白真道。”（《提摩太前書》第 2 章第 4 節）

❷ 闊太太

Eine reiche chinesische Dame

【題記】“少壯獅子還缺食忍餓；但尋求耶和華的，什麼好處都不缺。”（《詩篇》第 34 章第 10 節）

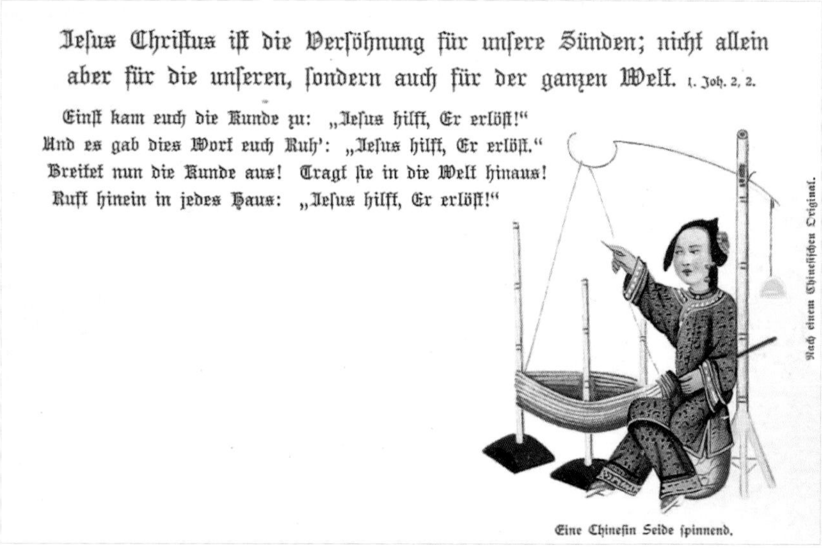

Eine Chinesin Seide spinnend.

Ein chinesischer Feuerwehrmann.

❶
❷

❶ 紡紗女

Eine Chinesin Seide fpinnenb

【題記】“衪為我們的罪作了挽回祭。不是但為我們的罪，也是為普天下人的罪。”（《約翰一書》第 2 章第 2 節）

❷ 持鈎的消防員

Ein chinesischer Feuerwehrmann

【題記】“傳和平的福音給你們遠處的人，也給那近處的人。”（《以弗所書》第 2 章第 17 節）

British and Foreign Bible Society

大英聖書公會聖經圖解系列

編者 British and Foreign Bible Society
大英聖書公會
語言 中文
印製 1910s., 中國
尺寸 140mm × 90mm

法利賽人與稅吏之禱告
路加十八章十至十三節
甲七

三人同行必有我師焉
馬可十六章十二節
乙六

❶ | ❷

❶ 法利賽人與稅吏之禱告

【典出】"我告訴你們，這人回家去比那個人倒算為義了。因為，凡自高的，必降為卑；自卑的，必升為高。"（《路加福音》第 18 章第 10 至 13 節）

❷ 三人同行必有我師焉

【典出】"這事以後，門徒中間有兩個人往鄉下去。走路的時候，耶穌變了形象，向他們顯現。"（《馬可福音》第 16 章第 12 節）

利百加汲水飲老翁
創世記二十四章十三節
乙一

浪子悔改
路加十五章十一至三十二節
丙八

耶穌使瞽者巴底買得見
馬可十章四十六至五十二節
丙七

保羅出險於大馬色城
歌林多後書十一章三十二節三十三節
丙十二

❶ 利百加汲水飲老翁

【典出】“拉班就跑出來往井邊去，到那人跟前，見他仍站在駱駝旁邊的井旁那裏。便對他說：‘你這蒙耶和華賜福，請進來，為什麼站在外邊？’”（《創世紀》第24章第30節）

❷ 浪子悔改

【典出】“父親對他說，‘兒啊，你常和我同在，我的一切所有的都是你的；只是你這個弟兄是死而復活，失而復得的，所以我們理當歡喜快樂。’”（《路加福音》第15章第11節至32節）

❸ 耶穌使瞽者巴底買得見

【典出】“耶穌說‘你去吧你的信救了你了。’瞎子立刻看見了，就在路上跟隨耶穌。”（《馬可福音》第10章第46至52節）

❹ 保羅出險於大馬色城

【典出】“在大馬士革亞哩達王手下的提督，把守大馬士革城要捉拿我，我就從窗户中，在筐子裏從城牆上被人縋下去，脱離了他的手。”（《哥林多後書》第11章第32至33節）

中國基督聖教書會聖經圖解佈道系列

編者　中國基督聖教書會
語言　中文
印製　1910s., 中國
尺寸　140mm × 90mm

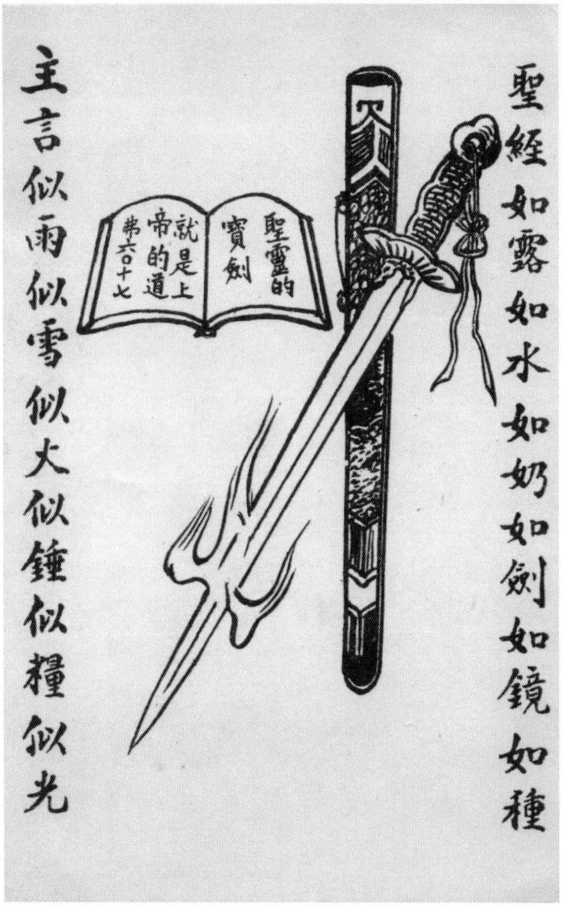

❶ ❷

❶ 聖靈的寶劍就是上帝的道

【典出】"拿著信德當藤牌，可以滅盡那惡者一切的火箭。並戴著救恩的頭盔，拿著聖靈的寶劍，就是神的道。"（《以弗所書》第 6 章第 17 節）

❷ 我的言語滴落如露

【典出】"我的教訓要淋漓如雨，我的言語要滴落如露，如細雨降在嫩草上，如甘露降在菜蔬中。"（《申命記》第 32 章第 2 節）

索引

西文索引

中文索引

參考書目

中華全國基督教協進會編：《中國基督教團體調查錄》，廣學會，1950 年。

〔英國〕羅素：《西方哲學史》，何兆武、李約瑟譯，北京商務印書館，1976 年，下卷。

〔英國〕蒲樂克：《戴德生與瑪麗亞》，嚴彩琇譯，校園書房出版社，1977 年。

伍昆明：《早期傳教士進藏活動史》，中國藏學出版社，1992 年。

〔美國〕梯利：《西方哲學史》，葛力譯，北京商務印書館，2004 年。

〔英國〕愛利莎．馬禮遜編：《馬禮遜回憶錄》，大象出版社，2008 年。

〔西班牙〕Fr. Mateo Goldaraz 編：《平涼歲月——二十七位嘉布遣的二十七年》，古偉瀛、潘玉玲譯，光啟文化事業，2010 年。

楊熙楠：《風隨意思而吹——艾香德與漢語神學》，道風書社，2010 年。

陳澤平：《十九世紀以來的福州方言》，福建人民出版社，2010 年。

〔英國〕李提摩太：《親歷晚清四十五年》，李憲堂、侯林莉譯，天津人民出版社，2011 年。

〔英國〕偉烈亞力：《1867 年以前來華基督教傳教士列傳及著作目錄》，倪文君譯，廣西師範大學出版社，2011 年。

〔英國〕羅夫．華德羅．湯普森：《楊格非：晚清五十年》，趙欣、劉斌斌譯，天津人民出版社，2012 年。

〔瑞典〕路得．安士普．奧德蘭德：《客旅——瑞典宣教士在中國西部的生死傳奇》，黎曉容等譯，團結出版社，2013 年。

張美蘭編：《美國哈佛大學哈佛燕京圖書館藏晚清民國間新教傳教士中文譯著目錄提要》，廣西師範大學出版社，2013 年。

蘇精：《鑄以代刻——傳教士與中文印刷變局》，台灣大學出版中心，2014 年。

〔英國〕金樂婷：《大西北的呼喚》，尚季芳、咸娟娟譯，甘肅文化出版社，2015 年。

〔美國〕小愛德華．布里斯：《邵武四十年——美國傳教士醫生福益華在華之旅》，安雯譯，中央編譯出版社，2015 年。

黃光域：《基督教傳行中國紀年》，廣西師範大學出版社，2017 年。

〔美國〕衛英士：《華南客家十五年》，丁立隆譯，廈門大學出版社，2017 年。

李伯重：《火槍與帳簿——早期經濟全球化時代的中國與東亞世界》，生活．讀書．新知三聯書店，2017 年。

容閎：《容閎自傳》，王志通、左滕慧子譯注，江蘇鳳凰文藝出版社，2018 年。

〔英國〕W. A. 格里斯特：《塞繆爾．柏格理——在華傳教士的開拓者》，東人達等譯，中國文史出版社，2018 年。

〔英國〕伊麗莎白．韋廉臣：《中國古道——1881 年韋廉臣夫人從煙台到北京行紀》，劉惠琴、陳海濤譯注，北京中華書局，2019 年。

周振鶴：《逸言殊語》，上海人民出版社，2020 年。

〔英國〕查爾斯．麥克法蘭：《太平天國》，喬國強譯，華文出版社，2020 年。

蘇精：《西醫來華十記》，北京中華書局，2020 年。

〔英國〕沈艾娣：《傳教士的詛咒：一個華北村莊的全球史》，郭偉全譯，香港中文大學出版社，2021 年。

後記

謹以此書獻給我親愛的父親和母親。

家父姚遠方（1922 年 7 月 20 日—2010 年 10 月 10 日），又名姚中、姚聲宏，生於福州銅盤三角井，其祖父姚守谷原籍杭州留下鎮，科考舉人，清末民初先後在餘姚、侯官、福清、閩清、連江、崇安、思明七地任知縣，家道中落，教書為生。家父自幼父母雙亡，過繼八叔姚耐，就讀福州理工學校化學系，1937 年加入中華民族解放先鋒隊，翌年北上延安，進入抗日軍政大學學習，加入中國共產黨，畢業後轉入魯迅藝術學院文學系。1939 年隨華北聯合大學赴晉察冀邊區阜平縣，任聯大文學院教員、聯大文工團兒童演劇團團長。1940 年作為《連隊導報》、《子弟兵報》記者參加百團大戰，發表〈炮火中湧現的子弟兵英雄〉、〈苦戰五百八十三天的大洋鎮〉等報道，此後還創作報告文學《曲定路上殲敵記》、《前衛戰士》、《從滹沱河到桑乾河》，兒歌《小木槍》、《邊區兒童團》、《小小葉兒嘩啦啦》，《小小葉兒嘩啦啦》現在仍是成立於西柏坡的北京育英學校的校歌。1948 年家父身為《子弟兵報》、《華北解放軍報》隨軍記者深入炮聲隆隆的前沿陣地，報道晉察冀野戰軍解放石家莊和新保安戰役。

父母相識於華北聯合大學。家母劉志（1923 年 10 月 4 日—1992 年 5 月 28 日）生於河北完縣北下邑村，就讀晉察冀邊區中學，1939 年參加抗日救亡運動，1941 年在華北聯合大學加入中國共產黨，1946 年畢業於晉察冀軍區白求恩衛生學校，在晉察冀軍區和平醫院、陸軍總醫院、北空後勤部擔任醫生。

新中國建立後，1951 年家父作為隨軍記者與魏巍一同到朝鮮戰場，回國後在新華通訊社華北軍區分社、《解放軍報》社、總政治部工作，1964 年下連隊代職"硬骨頭六連"屬部教導員。歷經文化大革命劫難，飽受摧殘，1975年任《解放軍報》副社長。他參與起草過新中國成立以來中共中央軍委和國防部的大部分重要文件，包括〈1960年軍委擴大會議決議〉、〈《毛主席語錄》再版前言〉以及軍隊系統發佈的社論和評論員文章。

1978年家父旗幟鮮明地推動實踐是檢驗真理標準問題大討論，率先轉載〈實踐是檢驗真理的惟一標準〉，又與吳江合作以《解放軍報》特約評論員名義發表〈馬克思主義的一個最基本的原則〉。1979年家父到老山前綫採訪對越反擊戰；1980年獨家披露聶榮臻元帥1940年在河北井陘救助日本遺孤美惠子姐妹的故事，發表報告文學《日本小姑娘你在哪裏？》、《戰爭．母愛．人道主義》、《敬禮，仁義之師》、《在元帥家裏作客》，電影劇本《將軍與孤女》（1988年八一電影製片廠拍攝），後陸續撰寫了〈磨難雖多心無暇——記羅瑞卿大將坎坷的革命生涯〉、〈將軍筆下的革命春秋——楊成武和他的戰爭紀實〉、〈訪蕭克上將〉、〈一事難忘少女時——與徐帥夫人黃傑大姐一席談〉、〈鄧拓與馬南村〉、〈白求恩辭世之後〉等文。

家父離休後，1988年創辦《中國老年報》並任總編輯。1991年撰寫《今日蘇聯見聞》，1993年出版《筆舞龍蛇走天涯》。1999年告老歸鄉，居故里福州銅盤。曾賦詩〈述懷〉：

北風吹老南國娃，太行延水慣為家。金戈鐵馬忘生死，筆舞龍蛇走天涯。青春已逝奉獻少，白髮豈肯遜朝霞。待到大地春華茂，拄杖共賞英雄花。

作者

2021年5月20日

自西徂東

策劃編輯　李　斌
責任編輯　劉韻揚
書籍校對　栗鐵英　王逸菲
特約校對　陳思宇
書籍設計　道　轍
書籍排版　何秋雲
封面題字　吳曉明

書　　名　自西徂東：中國近代基督新教明信片研究
著　　者　姚鵬　陶建平
出　　版　三聯書店（香港）有限公司
香港北角英皇道 499 號北角工業大廈 20 樓
Joint Publishing (H.K.) Co., Ltd.
20/F., North Point Industrial Building,
499 King's Road, North Point, Hong Kong
香港發行　香港聯合書刊物流有限公司
香港新界荃灣德士古道 220-248 號 16 樓
印　　刷　陽光（彩美）印刷有限公司
香港柴灣祥利街 7 號 11 樓 B15 室
版　　次　2024 年 1 月香港第一版第一次印刷
規　　格　大 16 開（215 mm × 278 mm）480 面
國際書號　ISBN 978-962-04-5351-9